"十三五"国家重点图书出版规划项目

国家社科基金重大项目"海外藏珍稀中国民俗文献与文物资料整理、研究暨数据库建设"（项目编号：16ZDA163）阶段性成果

海外藏中国民俗文化珍稀文献
编委会

主　编

王霄冰

编　委（以姓氏笔画为序）

刁统菊　　王　京　　王加华

白瑞斯（德，Berthold Riese）　　刘宗迪

李　扬　　肖海明　　张　勃　　张士闪

张举文（美，Juwen Zhang）

松尾恒一（日，Matsuo Koichi）

周　星　　周　越（英，Adam Y. Chau）

赵彦民　　施爱东　　黄仕忠　　黄景春

梅谦立（法，Thierry Meynard）

国家出版基金项目
NATIONAL PUBLICATION FOUNDATION

"十三五"
国家重点图书
出版规划项目

海外藏
中国民俗文化
珍稀文献

王霄冰 主编

[美]何乐益（Lewis Hodous）
[英]裴丽珠（Juliet Bredon）
[俄]米托发诺（Igor Mitrophanow）
著

杨沁
王玉冰 译

中国的风俗与岁时

Folkways in China
The Moon Year

陕西师范大学出版总社

图书代号　SK22N1912

图书在版编目（CIP）数据

中国的风俗与岁时 /（美）何乐益，（英）裴丽珠，（俄罗斯）米托发诺著；杨沁，王玉冰译 . —西安：陕西师范大学出版总社有限公司，2023.3

（海外藏中国民俗文化珍稀文献 / 王霄冰主编）

"十三五"国家重点图书出版规划项目　国家出版基金项目

ISBN 978-7-5695-3334-7

Ⅰ.①中⋯　Ⅱ.①何⋯ ②裴⋯ ③米⋯ ④杨⋯ ⑤王⋯　Ⅲ.①岁时节令—风俗习惯—研究—中国　Ⅳ.①K892.18

中国版本图书馆 CIP 数据核字（2022）第 232929 号

中国的风俗与岁时
ZHONGGUO DE FENGSU YU SUISHI

[美] 何乐益　[英] 裴丽珠　[俄] 米托发诺　著　杨　沁　王玉冰　译

出 版 人	刘东风
责任编辑	邓　微
责任校对	雷亚妮
出版发行	陕西师范大学出版总社
	（西安市长安南路199号　邮编　710062）
网　　址	http://www.snupg.com
印　　刷	陕西龙山海天艺术印务有限公司
开　　本	720 mm×1020 mm　1/16
印　　张	35
插　　页	4
字　　数	456 千
图　　幅	61
版　　次	2023 年 3 月第 1 版
印　　次	2023 年 3 月第 1 次印刷
书　　号	ISBN 978-7-5695-3334-7
定　　价	168.00 元

读者购书、书店添货或发现印装质量问题，请与本公司营销部联系、调换。

电话：（029）85307864　85303635　传真：（029）85303879

海外藏中国民俗文化珍稀文献
总序

◎ 王霄冰

民俗学、人类学是在西方学术背景下建立起来的现代学科，其后影响东亚，在建设文化强国的大战略之下，成为当前受到国家和社会各界广泛重视的学科。16世纪，传教士进入中国，开始关注中国的民俗文化；19世纪之后，西方的旅行家、外交官、商人、汉学家和人类学家在中国各地搜集大批民俗文物和民俗文献带回自己的国家，并以文字、图像、影音等形式对中国各地的民俗进行记录。而今，这些实物和文献资料经过岁月的沉淀，很多已成为博物馆和图书馆等公共机构的收藏品。其中，不少资料在中国本土已经散佚无存。

这些民俗文献和文物分散在全球各地，数量巨大并带有通俗性和草根性特征，其价值难以评估，且不易整理和研究，所以大部分资料迄今未能得到披露和介绍，学者难以利用。本人负责的2016年度国家社科基金重大项目"海外藏珍稀中国民俗文献与文物资料整理、研究暨数据库建设"（项目编号：16ZDA163）即旨在对海外所存的各类民俗资料进行摸底调查，建立数据库并开展相关的专题研究。目的是抢救并继承这笔流落海外的文化遗产，同时也将这部分研究资料纳入中国民俗学和人类学的学术视野。

所谓民俗文献，首先是指自身承载着民俗功能的民间文本或图像，如家谱、宝卷、善书、契约文书、账本、神明或祖公图像、民间医书、宗教文书等；其次是指记录一定区域内人们的衣食住行、生产劳动、信仰禁忌、节日和人生礼仪、口头传统等的文本、图片或影像作品，如旅行日记、风俗纪闻、老照片、风俗画、民俗志、民族志等。民俗文物则是指反映民众日常生活文化和风俗习惯的代表性实物，如生产工具、生活器具、建筑装饰、服饰、玩具、戏曲文物、神灵雕像等。

本丛书所收录的资料，主要包括三大类：

第一类是直接来源于中国的民俗文物与文献（个别属海外对中国原始文献的翻刻本）。如元明清三代的耕织图，明清至民国时期的民间契约文书，清代不同版本的"苗图"、外销画、皮影戏唱本，以及其他民俗文物。

第二类是17—20世纪来华西方人所做的有关中国人日常生活的记录和研究，包括他们对中国古代典籍与官方文献中民俗相关内容的摘要和梳理。需要说明的是，由于原书出自西方人之手，他们对中国与中国文化的认识和理解难免带有自身文化特色，但这并不影响其著作作为历史资料的价值。其中包含的文化误读成分，或许正有助于我们理解中西文化早期接触中所发生的碰撞，能为中西文化交流史的研究提供鲜活的素材。

第三类是对海外藏或出自外国人之手的民俗相关文献的整理和研究。如对日本东亚同文书院中国调查手稿目录的整理和翻译。

我们之所以称这套丛书为"海外藏中国民俗文化珍稀文

献"，主要是从学术价值的角度而言。无论是来自中国的民俗文献与文物，还是出自西方人之手的民俗记录，在今天均已成为难得的第一手资料。与传世文献和出土文物有所不同的是，民俗文献和文物的产生语境与流通情况相对比较清晰，藏品规模较大且较有系统性，因此能够反映特定历史时期和特定区域中人们的日常生活状况。同时，我们也可借助这些文献与文物资料，研究西方人的收藏兴趣与学术观念，探讨中国文化走向世界的方式与路径。

是为序。

2020年12月20日于广州

序

◎ 毛巧晖

《中国的风俗与岁时》包括美国何乐益撰写的《中国的风俗》和英国裴丽珠、俄罗斯米托发诺合著的《岁时》两书。两书的作者都是20世纪前半叶在中国有长期生活经验的西方人，他们通过观察与走访，以岁时为主线记录与描述了中国人的日常生活，但因作者的生活经历及著书的立意、出发点不同，两书在内容上各有侧重。

《中国的风俗》以中国传统的时间秩序为框架，描绘中国人的生活，旨在让世界了解中国。何乐益一生中到访中国三次，第一次以传教士的身份在福建逗留多年，第二次、第三次则是以中国文化研究者身份在北京、河北、五台山、福建、湖南、湖北一带进行考察。他的经历使得他对中国文化的理解有独到之处，他认为中国的风俗彰显的就是人与自然和谐相处，其生活方式重在顺应四时，故其著作以时节为轴，铺排中国人从春节到祭灶一个时间周期内的生活与情感，最后一章则描述了清朝皇室的祭天仪式。由于重在描绘中国人的民俗生活，所以他并未严格按照节日或节气名称来写，而是将玉皇大帝、临水夫人、土地神、五谷神、观音、文昌、魁星、吕洞宾、籍田礼、太岁、妈祖、泰山、地官、后土、关羽、牛郎织女、城隍、八蜡、猎祭、驱傩等民间信仰、礼俗穿插其中，最后还辅以清廷的祭天仪式。这恰说明其重心在风俗而不是岁时，想要呈现给读者的是中国人为了实现时节的平稳过渡，而顺应自然的生活日常与生活态度，他的生动描绘所展现的是其所闻、所见、所知的中国风俗。何乐益在福州一带传教期间，恰是清末中国社会最为动荡之时，而他再次来到中国，则已到20世纪二三十年代，这一时期的中国已经经历了新文化运动，正在如火如荼地开展着新生活运动、乡村建设运动等，中国传统的礼法社会受到西方文化的冲击出现了重大变革。何乐益作为一名异文化的观察者，敏感地意识到中国风俗与西方、印度的显著差异，并提出其分野的根本在于对自然的理解上，这也成为他阐述中国风俗的基础。同时，他目睹了处于转型期的中国风俗之变迁，像中国人文昌和魁星信仰的衰落。在具体论述中，他并非只是描绘了中国社会的移风易俗、文化变迁，而是结合中国古典文献及自己的见闻描述了"文昌帝君曾经住在离天帝最近的宫殿里，如今正慢慢从人们的记忆里消失"，文昌庙也逐渐变成现代学校或大众集会的场所。随着科举制度的消亡，魁星信仰被其他神明信仰取代，但它不会消亡，而是会"经历蜕变，适应新时代的需求"。这些夹杂理论阐释的民俗志描述，呈现了何乐益的民俗观。此著面向的是西方世界，为了让更多读者了解自己所描绘的对象，他将其与西方相似的民俗事象进行比对，如在寒食节禁火、后土的描述中提到了东西方文化的相似性，这当然也是当时比较民俗学理论的彰显。更为难得的是，他在对中国风俗变迁的描述中，看到了一些外来宗教通过节日与民众生活的"媾和"，如他提及基督教会用耶稣的死而复生故事和永生的思想丰富清明节内涵，让更多的中国人接受其信仰。他已经看到了中国风俗所呈现的文化多样性、复杂性及中国文化的包容性，当然由于时代局限性，他并未进行深入阐述。

　　裴丽珠和米托发诺合著的《岁时》一书，重在对中国节庆的记录，简单来说就是西方人撰录的"中国岁时记"。裴丽珠长期居住在中国，与其他异文化观察者、研究者不同，她通晓汉语，可以通畅地与中国社会不同阶层进行交流，所以她眼中的中国并不陌生。米托发诺则长期在中国学习、工作，对中文文献及俄罗斯有关中国文化的描述都较为熟悉。他的参与将俄文文献纳入写作的参照维度，进一步拓展了《岁时》的国际视野。《岁时》的作者长期生活在中国，他们看到了中国人生活方式的不同，并通过对农历纪年的描述，架构了中国人的岁时节日体系，以此阐述西方人所不懂的中国人生活中的文化逻辑及其精神世界。全书在中国年历、百神、国家祭典基础上以十二月为开端描述了中国人一年的生活日常，每个月他们都根据自己的理解冠以其标志性事象，即腊月、嘉月、芽月、睡月、牡丹月、龙月、荷月、鬼月、丰收月、菊月、良月、冬月，这些语汇既有中国本土原有表达，也有作者个性化的总结，包孕了他们对中国信仰生活、岁时习俗的理解。在岁时习俗描述中，写作间杂民间俗语、谚语、谜语等，这既增加了其民俗志书写的趣味性，也呈现了他们在原著序言中所强调的"只有在他们中间居住多年之后"才能深入地理解他们；再加上书中涉及的资料大多来自"我们从中国朋友那里收集"或作者们亲身经历、观察所得，使得这一民俗志书写脱离了一般西人所撰著作中的"异域感"。裴丽珠和米托发诺在中国生活的时代，恰是民国推行移风易俗之时，他们的记录展现了在政府的干预下，大都市中节日风俗在规范化的同时，古老的习俗、神话传说渐趋消逝，但他们也看到了岁时习俗在乡村、少数民族地区依然留存、盛行。这种不均衡，让他们意识到记录传统岁时习俗及相关民间叙事的重要性，尽管很多神灵、传统文化事象有适应变化的自我调节能力，但在现代知识的冲击下中国人的文化个性会渐趋隐匿。这一立意让作者在民俗记录与描绘中既注重传统民俗事象，也关注到了同一民俗事象在中国不同区域的样态，同时还注意对其变迁的呈现，如拜年宴会上，现代家庭女性与传统家庭女性就餐区域的不同；民国时期官员冬至休假，在家中举行简单的祭拜仪式；等等。由于裴丽珠的女性身份，她注意到很多节日习俗中的性别差异，除众所周知的祭灶、拜月外，在拜年、宴会、赏花等多种节日场域中亦是男女不同。另外，《岁时》一书也比较注重中西风俗的比较，而且较为难得的是，她们更多以"平视"的眼光来看中国风俗，在对中国八仙等的描述中，她们将其视为中国的民间智慧，在八月一章中更是提出了"最好是回顾西方人有关文明一词的定义与内涵，西方文明是否是进步的？"的问题。

当然，《中国的风俗》和《岁时》除了上述所言立意、描述侧重不同外，它们所记录的中国民众风俗、岁时的现状与变迁，为我们留存了20世纪初期至30年代处于转型期的中国社会的部分影像；同时，两书作者都是将中国民俗置于世界范围内进行论述，他们参考了当时西方传教士、汉学家的著述，同时也引用了中国古典文献、访谈了中国民众；而且这两本书的出版除在英语世界引起反响外，在中国学界也有回应，《中国的风俗》部分章节已被当时的学人译介到国内，《岁时》的作者则与中国本土学者有过交流。这些让我们看到当时中外民俗学领域交流与互动的文化图景。此外，中国民俗学学术史不能缺失国外学人所撰写的有关中国民俗或民俗学的理论著述，所以这两部著作的翻译，对学界梳理 20 世纪上半叶中国民俗学学术史乃至思想史都有重要意义。

写于望京西园二区寓所
（毛巧晖，文艺学博士，中国社会科学院民族文学研究所研究员、北方室主任）

目录

《中国的风俗》/ 001

［美］何乐益（Lewis Hodous） 著

杨 沁 译

《岁时》/ 201

［英］裴丽珠（Juliet Bredon）

［俄］米托发诺（Igor Mitrophanow） 著

王玉冰 译

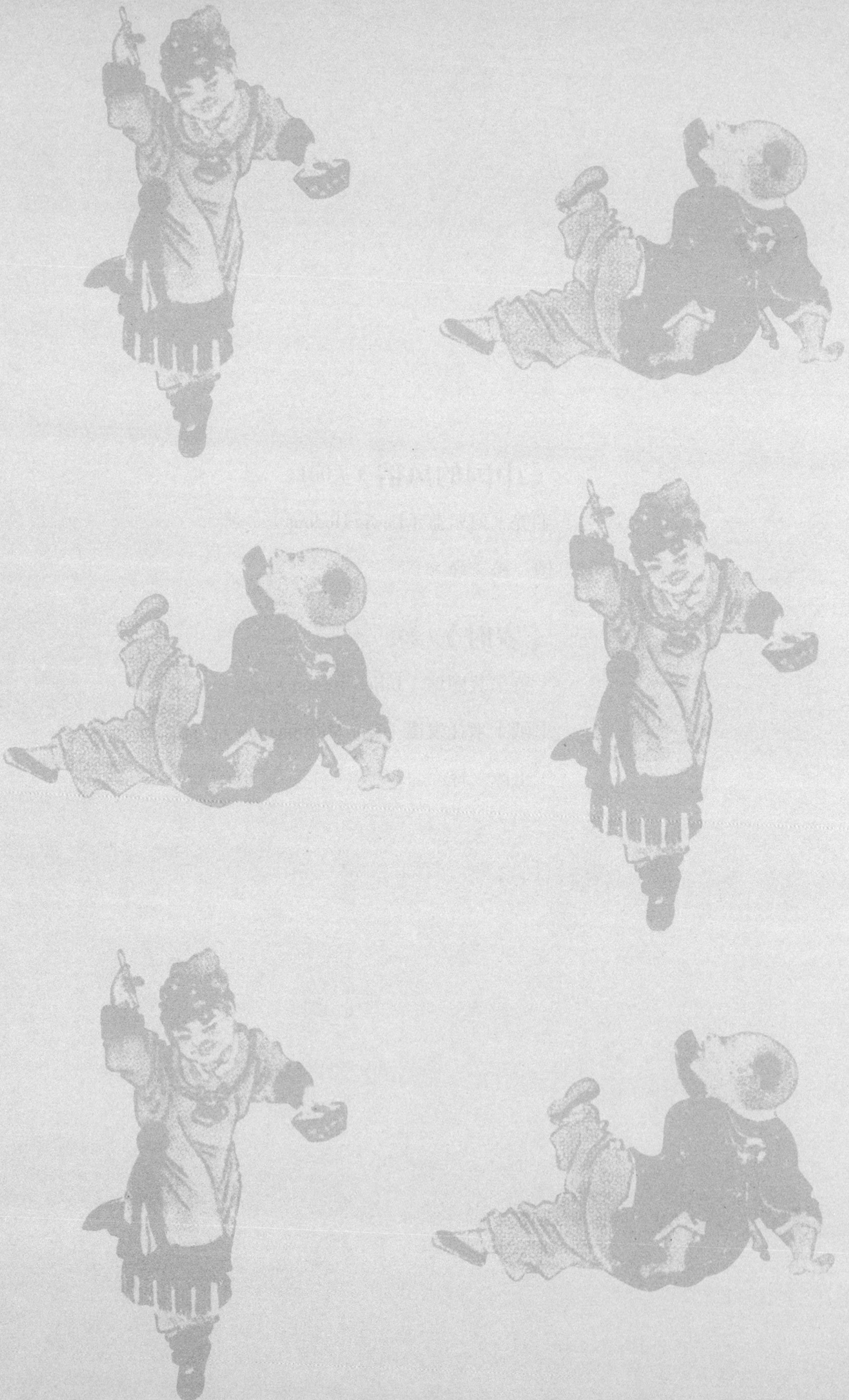

中国的风俗

[美] 何乐益（Lewis Hodous） 著
杨沁 译

导读：何乐益与中国岁时节日研究

◎ 王玉冰

民俗学成为一门独立学科以来，岁时节日一直是中国民俗学的重要研究领域。在民俗学发展的早期，受歌谣运动的影响，《妇女杂志》1921年就开创了《风俗调查》一栏，并持续整整一年，对学界产生了广泛的影响。[①]1924年，北大风俗调查会成立，《专件：北大风俗调查会征集各地关于旧历新年风俗物品之说明》可谓阐明了其宗旨："调查全国风俗（或与中国有关系的外国风俗），做系统的研究；并征集关于风俗之器物，筹设一风俗博物馆。"[②]1925年，《歌谣周刊》推出《专号三：腊八粥》[③]，分别介绍北京、南阳、山西、崇明四地的腊八习俗。1928年，中山大学民俗学会主办的《民俗》周刊出版研究中秋节、旧历新年的专号。[④]这些成果多是由学术团体提倡，学人结合田野调查而撰写的文章。1932年，娄子匡利用征集风俗调查而积累的资料[⑤]著述

[①] 有关节日的调查成果有，鞠式中：《风俗调查：四川新都风俗志》，载《妇女杂志》（上海）1921年第1期；许黄尚智：《风俗调查：浙江瑞安岁时记》，载《妇女杂志》（上海）1921年第3期；伍介石：《风俗调查：广东合浦风俗志》，载《妇女杂志》（上海）1921年第7期；等等。

[②] 《专件：北大风俗调查会征集各地关于旧历新年风俗物品之说明》，载《晨报·副刊》1924年1月18日，第4页。

[③] 《专号三：腊八粥》，载《歌谣周刊》第75号，1925年1月4日。

[④] 《中秋专号》，载《民俗》1928年第32期；《旧历新年专号》，载《民俗》1929年第53—55期合刊。

[⑤] 娄子匡：《风俗学资料征求部：绍兴元旦风俗（附图）》，载《新学生》1931年第1卷第3期。

《新年风俗志》，并邀请德国学者艾伯华（Wolfram Eberhard，1909—1989，又译爱褒哈特）为该书作序。二人的学术交往，可谓中国节日研究史上中西学者合作的典型案例。①

　　1949年之后长达七十多年的时间里，有关岁时节日的研究成果蔚为壮观。②在研究方法上，一种是利用历史文献解读节日和节日书写的体系，例如萧放的《〈荆楚岁时记〉研究：兼论传统中国民众生活中的时间观念》、刘宗迪的《七夕》、张勃的《唐代节日研究》等。③另一种是结合历史文献和田野调查考究单一的节日，例如简涛的《立春风俗考》、宋颖的《端午节：国家传统与文化表述》④等。中国节日研究的繁荣也许与国家和民众对传统文化的重视有关。众所周知，许多传统节日被列入非物质文化遗产名录，国家甚至在法定节假日的设置上也做出调整，将传统四大节日列为法定节假日。⑤2016年，中国申报的"二十四节气"被列入联合国教科文组织人类非物质文化遗产代表作名录。在学术刊物和科研方面，山东大学更是于2010年创办了专业杂志《节日研究》，刊载节日研究的文章，目前已出版十六辑。国家社科基金特别委托项目"中国节日志"，由文化部民族民间文艺发展中心主持，联合民俗学、民族学、艺术学等学科的学者，计划出版二百卷各地的节日民俗志。为了便于中外文化交流，让西方人了解中国节日习俗，一些学者出

---

① 娄子匡：《新年风俗志》，商务印书馆，1935年；爱褒哈特：《柏林来鸿：爱褒哈特博士致娄子匡氏书》，载《民间月刊》1933年第2卷第9期。

② 萧放、董德英：《中国近十年岁时节日研究综述》，载《民俗研究》2014年第2期；萧放：《岁时节日研究》，见叶涛主编：《新中国民俗学研究70年》，中国社会科学出版社，2019年。

③ 萧放：《〈荆楚岁时记〉研究：兼论传统中国民众生活中的时间观念》，北京师范大学出版社，2000年；刘宗迪：《七夕》，生活·读书·新知三联书店，2013年；张勃：《唐代节日研究》，中国社会科学出版社，2013年。

④ 简涛：《立春风俗考》，上海文艺出版社，1998年；宋颖：《端午节：国家传统与文化表述》，商务印书馆，2016年。

⑤ 刘魁立、陈连山、施爱东等：《四大传统节日应该成为国家法定假日》，载《河南教育学院学报》（哲学社会科学版）2007年第2期。

版了多部外文著作。①

在近代文化交流史上，也有一批来华西方人认真观察中国社会生活的方方面面，写作了数量可观的游记、短文、通俗读物乃至研究专著，涉及中国的计时系统、天文历法、岁时节日等风俗。

一、近代来华西方人对中国岁时节日的记录与研究

近代来华西方人的岁时节日研究成果，基本可以分为两种类型：一种是出于传教或认识中国的实用目的而记录节日，另一种则是将节日习俗纳入专业的学术研究。从时间上看，前一种研究的开端可追溯至15世纪末，研究者主要以耶稣会士为主。而对于岁时节日的专业学术研究，则在19世纪欧美大学设立汉学教席之后。这段时间还有大量在洋行、教会、领事馆、海关等机构任职的来华西方人，以记录节日为业余爱好。

在15世纪末，早期来华的耶稣会士为了便于在中国传教，不但将西方观测天文的仪器如浑天仪、地平晷、望远镜等带到中国，而且部分博学的传教士还参与到历书的编撰工作中。耶稣会士利玛窦（Matteo Ricci，1552—1610）记录了中国的春节和元宵节活动，以及祭拜孔子的仪式。② 汤若望（Johann Adam Schall von Bell，1592—1666）在顺治元年（1644）被皇帝任命为钦天监事，主持编撰历书。

17—18世纪，传教士以及其他的来华西方人，将书信、日记、游记等资料源源不断地寄往西方，这些文献不但记录了他们在东方传教、经商、旅游的经过与见闻，也记录了中国的历史、宗教、社会、气候、物产、风俗等知识。一些信件或游记被欧洲的知识分子整理出版，部分

---

① He Beijian, *Chinese Spring Festival: Journey Home & Celebrations*, Liu Yi & Zhang Xiaoguo trans., Beijing: China Intercontinental Press, 2015; Wei Liming, *Chinese Festivals*, Yue Liwen & Tao Lang trans., Cambridge, New York: Cambridge University Press, 2011.

② ［意］利玛窦、［比］金尼阁：《利玛窦中国札记》，何高济、王遵仲、李申译，中华书局，1983年，第81页、103—104页。

被多次重印。①

至19世纪下半叶，西方人积累了大量有关中国岁时节日和其他社会风俗的知识。较为瞩目的有美国公理会传教士卢公明（Justus Doolittle，1824—1880）基于福州十余年见闻，整理出版的《中国人的社会生活》（Social Life of the Chinese，1865）。该书全面细致地观察和描述了清末的福州社会生活，还花了上百页的篇幅详细记录福州的岁时节日风俗。②在广州居住多年的英国传教士格雷（John Henry Gray）了解当地的风土人情，在《中国：民众之法律、礼仪和习惯的历史》（China: A History of the Laws, Manners and Customs of the People）中记录了广州城的春节、土地诞、龙舟节、七夕、中元节、中秋节等节日（festival），也描述了广州人过生日、祝寿的家庭节日（family festival）。③1877—1878年来访广州的格雷夫人（Mrs. John Henry Gray），在中文老师和仆人的指导下游遍了大小寺庙，记录了广州的北帝诞、药王诞、华光诞、孔子诞、赛龙舟、盂兰盆等神诞节庆仪式。④

如果说上述这些节日研究，目的是在中国传教，抑或满足西方人对中国的好奇心，那么之后的来华西方人则尝试将中国岁时节日的研究纳入专业学术研究。英国外交官戴尼斯（Nicholas Belfield Dennys，

---

① 其中巴多明（Dominique Parrenin，1663—1741）神父结合中国人的回答和古籍《事物纪原》《千家类书》考据中国元宵节的起源，并指出中国的灯节可能源自古埃及。参见[法]杜赫德：《耶稣会士中国书简集：中国回忆录4》，耿昇译，大象出版社，2005年，第137—138页。

② [美]卢公明：《中国人的社会生活》，陈泽平译，福建人民出版社，2009年，第239—276页；Justus Doolittle, *Social life of the Chinese: with some account of their religious, government, educational, and business customs and opinions: with special but not exclusive reference to Fuhchau*, New York: Harper & Brothers publishers, 1865, Vol. 2, pp.13-90。

③ John Henry Gray, *China: A History of the Laws, Manners, and Customs of the People*, Vol. 1, London: Macmillan,1878。

④ [英]格雷夫人：《广州来信》，[美]邹秀英、李雯、王晓燕译，[美]李国庆统校，广东人民出版社，2019年。原著为《在广州的十四个月》（*Fourteen Months in Canton*），由格雷夫人在广州居住14个月间给母亲写的43封书信编辑成书。

1838—1900）主编汉学期刊《中国评论》（*The China Review: Or Notes and Queries on the Far East*）时，出版了《中国民俗学》（*The Folk-Lore of China*, 1876）。在这部重要的著作中，戴尼斯较早把欧洲民俗学的研究方法运用到观察中国风俗上，并建立起民俗的分类体系，有关岁时节日的内容被放在第一类。① 在戴尼斯之后任《中国评论》主编的骆任廷（James Stewart Lockhart, 1858—1937），在征集中国民俗学材料时，也将岁时节日纳入民俗学研究。②

基于 1877—1878 年在厦门的调查观察，荷兰汉学家高延（Jan Jakob Maria de Groot, 1854—1921）在巴达维亚（今印度尼西亚首都雅加达）出版了《厦门岁时记》（荷兰文原题名为：*Jaarlijksche Feesten en Gebruiken van de Emoy-Chineezen*, 1881—1883；英译名：*The Yearly Festivals and Customs of the Amoy Chinese*）。1886 年，受吉美博物馆创始人吉美（Emile Guimet）的赞助，两卷本的《厦门岁时记》被翻译为法语在巴黎出版。据笔者所知，这是来华西方人系统研究中国岁时节日的首部专著，法语译本在一百多年的时间里也多次再版和重印。③ 1894 年，戴遂良（Léon Wieger, 1856—1933）出版了系列方言民俗教材《汉语入门》（*Rudiments de parlerchi-nois*），其第四卷《民间道德与民俗》大篇幅记录了各个"节日里的传说、穿戴、饮食、行为、俗语等"④。

至民国年间，来华西方人撰写了多部有关中国岁时节日的专著。如法国汉学家葛兰言（Marcel Granet, 1884—1940）有关上古岁时节日的博士论著《中国古代的节庆与歌谣》（*Fêtes et Chansons Anciennes de la*

---

① Nicholas Belfield Dennys, *The Folk-Lore of China*, London: Trübner, 1876, pp. 6-7.

② J. S. Lockhart, "Contributions to the Folk-Lore of China", *The China Review, or Notes and Queries on the Far East*, 1886, Vol. 15, No. 1, pp. 37-39.

③ J. J. M. de Groot, *Les Fêtes Annuellement Célébrées à Émoui (Amoy): Étude Concernant la Religion Populaire des Chinois*, C. G. Chavannes trans., Paris: Ernest Leroux, 1886, pp. 121-123.

④ 卢梦雅：《近代河北方言的文字化尝试——晚清方言民俗教材〈汉语入门〉底本考论》，载《民俗研究》2021 年第 1 期。

Chine，1919）[1]；多年在江南地区传教的法国耶稣会士禄是遒（Henri Doré，1859—1931），1911—1938 年陆续出版了共计十八卷的《中国民间崇拜》（Recherches sur les superstitions en Chine），1918 年出版的第五卷专门记录春节、元宵节、端午节等岁时节日与习俗；[2] 日本民俗学者永尾龙造曾多次参与中国民俗调查，在 1922—1942 年出版了《中国民俗志》上卷（1922）、《中国的民俗》（1927）、《满洲的习俗》（1938）、《中国民俗志》第 1 卷（1940）、《中国民俗志》第 2 卷（1941）、《中国民俗志》第 6 卷（1942）等著作，记录了汉族和满族的岁时节日等风俗[3]；晚清海关税务司英国人赫德爵士（Sir Robert Hart，1935—1911）的外甥女，英国女作家裴丽珠（Juliet Bredon，1881—1937）长期侨居北京，著有《中国的春节》（Chinese New Year Festivals，1930）、《岁时：中国的风俗与节日》（The Moon Year: A Record of Chinese Customs and Festivals，1927）（与人合著）等著作[4]；美国公理会传教士何乐益（Lewis Hodous，1872—1949）自 1912 年起，就陆续写作有关中国岁时节日习俗的文章，如《福州端午节见闻——民间信仰研究》（The Great Summer Festival of China as Observed in Foochow）、《清明节》（The Ch'ing Ming Festival，1915）、《中元节超度亡灵》（The Universal Rescue，1917）、《寒

---

[1] 英译本见 Marcel Granet, *Festivals and Songs of Ancient China*, Evangeline Dora Edwards trans., New York: E. P. Dutton & Company, 1932；中文译本见 [法] 葛兰言：《古代中国的节庆与歌谣》，赵丙祥、张宏明译，广西师范大学出版社，2005 年。

[2] Henry Doré, *Researches into Chinese Superstitions*, Kennelly Martin trans., Shanghai: Tusewei Printing Press, 1918, Vol.V, pp.619-671；中译本见 [法] 禄是遒：《中国民间崇拜》第五卷《岁时习俗》，沈婕、单雪译，上海科学技术文献出版社，2014 年。

[3] [日] 永尾龙造：《支那民俗志》（上卷），满洲考古学会，1922 年；[日] 永尾龙造：《支那の民俗》，矶部甲阳堂，1927 年；[日] 永尾龙造：《满洲支那の习俗》，满铁社员会，1938 年；[日] 永尾龙造著，娄子匡增补：《支那民俗志》（全三册），中国民俗学会、东方文化书局影印，1971 年。

[4] Juliet Bredon & Igor Mitrophanow, *The Moon Year: A Record of Chinese Customs and Festivals*, Shanghai: Kelly & Walsh, 1927; Juliet Bredon, *Chinese New Year Festivals: A Picturesque Monograph of the Rites, Ceremonies and Observances in Relation Thereto*, Shanghai: Kelly and Walsh, 1930；《阴历》多次再版，而且被翻译为德语，见 Juliet Bredon & Igor Mitrophanow, *Das Mondjahr: Chinesische Sitten, Bräuche und Feste, Darstellung und Kulturbericht*, Richard Hoffmann trans., Berlin: Zsolnay, 1937。

食节》(*The Feast of Cold Food*，1922)等发表在当时著名的英文期刊如《皇家亚洲文会北华支会会刊》(*Journal of the North China Branch of the Royal Asiatic Society*)、《教务杂志》(*The Chinese Recorder*)、《新中国评论》(*New China Review*)等，一些篇章修改后收入专著《中国的风俗》(*Folkways in China*，1929)中；科林·兰姆(Corrinne Lamb)1934年出版的《中国的年节筵席》(*The Chinese Festive Board*)系统介绍中国人岁时节日的饮食习惯[①]；德国学者艾伯华20世纪30年代末曾来华收集过中国的民俗文物和民俗资料，40年代写作有《中国岁时节令》(*Chinese Festivals*)一书[②]。1941—1945年，美国陆续出版了一系列《中国经典介绍》的英文小册子，《华人庆会》(*Chinese Festivals*，1941)图文并茂地介绍了中国的节日习俗。[③]

海外众多有关中国岁时节日的研究文章，还散见于当时的汉学杂志上。英国内地会女传教士孔美格夫人(Mrs. J. G. Cormack)留居北京期间经常参加专为外国妇女设立的中国事物研究会(the "Chinese Things" Club)的学术活动[④]，在《东方时报》(*The Far Eastern Times*)发表了一系列的节日风俗文章，后收入专著《中国人庆生及婚丧喜庆等习俗》(*Chinese Birthday, Wedding, Funeral, and Other Customs*，1922)中[⑤]。英

[①] Corrinne Lamb，*The Chinese Festive Board*, Peiping: Henri Vetch，1935；相关的书讯见 *Bulletin of the School of Oriental and African Studies Journal*，1937，Vol. 8，No. 4，pp.1133-1134。

[②] 德语本具体信息暂未找到，疑似为1941年出版；英文版见 Wolfram Eberhard, *Chinese Festivals*, New York: Henry Schuman，1952；中国台湾在1972年也出版了英文版：Wolfram Eberhard, *Chinese Festivals*, Taipei: Orient Cultural Service，1972。

[③] Harry Titterton Morgan, *Chinese Festivals*, Los Angeles: Quon-Quon Company，1941。

[④] 胡适在1922年5月23日为该会做过《中国诗中的社会问题诗》的演讲，见胡适：《胡适全集》第29卷，安徽教育出版社，2003年，第629页。

[⑤] Annie Cormack，*Chinese Birthday, Wedding, Funeral, and Other Customs*, Shanghai: Kelly & Walsh Ltd.，1922；The Commercial Press（北京商务印书馆）1923年推出第二版，题目不变；China Booksellers Ltd.（北中国图书公司）1927年推出第三版，题目仍不变；The Moray Press（莫雷出版社）1935年推出第四版时，改名为 *Everyday Customs in China*，随书出现的中文名为《生婚丧》。

国军官博尔克德（V. R. Burkhardt, 1884—1967），1913年作为汉语学习生首次来到北京，之后在北京、天津、香港留居多年，对这些地方的风俗习惯进行了广泛的观察与调查。直至50年代，博尔克德才陆续出版了三卷本《中国风俗》（*Chinese Creeds and Customs*，1953、1955、1958），第一卷的前半部分记载有关中国的岁时节日与民间信仰习俗，后半部分则记录香港疍民的风俗习惯。[1]

在中国岁时节日文献的翻译方面，1931—1937年留学北京的美国人卜德（Derk Bodde，1909—2003）翻译了富察敦崇的《燕京岁时记》（*Annual Customs and Festivals in Peking*，1936），译作出版后周作人撰文指出翻译中的问题。直至1975年卜德才出版代表作《古代中国的节日》（*Festivals in Classical China: New Year and Other Annual Observances During Han Dynasty, 206 B.C.—A.D.220*）[2]，并且重新修订其英译的《燕京岁时记》。

近代一些与来华西方人接触较多的中国知识分子，用外文撰写了关于中国岁时节日的文章。外交官陈季同自1875年赴欧旅行之后，曾有十六年时间生活在欧洲，并且以法语出版了多本著作。1890年出版的《中国人的快乐》（*Les plaisirs en Chine*）描写了中国人私人娱乐和节庆活动如端午节、中秋节、元宵节、花朝节、立春迎春牛、春节等岁时节日的活动。1895年，此书还被翻译为英文出版。[3] 曾留学美国的中国牧师刘强（Liu

---

[1] V. R. Burkhardt, *Chinese Creeds and Customs*, Vol. I, Hong Kong: The South China Morning Post Ltd., 1953; Matthias Eder, "Reviewed Work: Chinese Creeds and Customs by V. R. Burckhardt", *Folklore Studies*, 1957, Vol. 16, p. 293.

[2] Tun Li-Ch'en, *Annual Customs and Festivals in Peking*, Derk Bodde trans., Peiping: Henri Vetc, 1936; Derk Bodde, *Festivals in Classical China:New year and other annual observances during the Han dynasty, 206 B.C.-A.D.220*, Princeton：Princeton University Press，1975；中译本见［美］德克·卜德：《古代中国的节日》，吴格非等译，学苑出版社，2017年；有关卜德的翻译情况，参见顾钧：《卜德与〈燕京岁时记〉》，载《民俗研究》2011年第3期。

[3] Tcheng Ki-Tong, *Les plaisirs en Chine*, Paris：G. Charpentier et Cie, 1890, p. 2; Tcheng-Ki-Tong, *Chin-Chin, or the Chinaman at Home*, R. H. Sherard trans., London：A. P. Marsden, 1895；［清］陈季同：《中国人的快乐》，韩一宇译，广西师范大学出版社，2006年，第11—45页。

Chiang）参加了 1933 年 7 月 25 日在福州鼓岭召开的宗教教育大会,《福建的习俗与宗教》（*Fukien Folkways and Religion*）随后发表①。毕业于辅仁大学,之后留校任教的赵卫邦,有相当数量的民俗学术文章发表在辅仁大学的西文学术期刊《民俗学志》（*Folklore Studies*）上。在专门讲述节日的一期,赵卫邦翻译了明代文人杨嗣昌的《武陵竞渡略》,并在注释中指出龙舟竞赛在湖南常德地区仍然盛行,尽管传说将龙舟竞渡的起源归于纪念屈原,但实际起源于古代的驱邪仪式;《广东中秋节游戏》则记录了其在广东所观察到的中秋节习俗。②

概言之,来华西方人有关岁时节日的记录与研究,经历了为传教而记录到学术研究与业余记录并存的发展过程。从地域上看,研究囊括了以北京为中心的北方地区、以杭州为中心的江南地区、以福州和厦门为主的闽文化地区、以广州和香港为主的岭南地区等的岁时节日风俗。从时间上看,既有梳理上古时期或中古时期节日的研究,也有梳理历代岁时节日变迁的,还有分析清末至民国时期岁时节日的著作。在研究方法上,主要以文献研究与田野调查为主,兼用两种方法的也层见叠出。从学科分布上看,受到社会学、历史学、民俗学、宗教学等学科的理论与方法的指导。

然而,如此丰富的岁时节日研究成果,除了葛兰言的著作为中国学界所熟知外,别的研究成果还有待学界深入了解。这些研究成果没有得到广泛关注的原因,其一或许是它们的出版时间距今较为久远,获取原文献的难度较大,尤其是零散发表在外文报刊、期刊上的文章,国内外

---

① Liu Chiang, "Fukien Folkways and Religion", *Chinese Recorder*, Vol. 64, 1933, pp. 701-713; 龙金顺、蒋莹、甘庭芳等编译:《近代闽台社会风貌:〈教务杂志〉文章选译》(1867—1941),厦门大学出版社,2017 年,第 85—98 页。贝德士所辑《中国基督徒名录》(*Bates' List*)考证 Liu Chiang 是"刘强,福建人。留学美国爱荷华大学时曾任中华基督教留美青年会干事。1921 年起就比较活跃。福建协和大学社会学教授。好像有一段时间去了东北。在《教务杂志》上发表了一些文章,但并没有显示出杰出才华"(见章开沅、马敏主编:《社会转型与教会大学》,湖北教育出版社 1998 年,第 462 页)。

② Yang Ssǔ-ch'ang, "The Dragon Boat Race in Wu-ling, Hunan", translated and anotated by Chao Wei-Pang, *Folklore Studies*, 1943, Vol. 2; Chao Wei-Pang, "Games at the Mid-Autumn Festival in Kusngtung", *Folklore Studies*, 1944, Vol. 3, pp. 1-16.

的图书馆等机构鲜有保存完整的；其二是这些著作除了英语外，还有以荷兰语、法语、德语、日语等语言写作的，这要求研究者具备较好的语言能力。可以说，资料的难获取与民俗志的外语书写，阻碍了国内学界对之进行深入的研究。

二、何乐益与中国的风俗调查

何乐益1872年12月31日出生在波希米亚维塞克地区（Vesec, Bohemia），1882年随父母移居美国，1893年高中毕业于俄亥俄州克利夫兰中学阿德尔伯特学院（Cleveland High School），1897年从西储大学阿德尔伯特学院（Adelbert College of Western Reserve University）本科毕业，1900年在哈特福德神学院（Hartford Theological Seminary）毕业后赴德国哈勒大学（University of Halle）进修一年。1901年9月18日，何乐益成为俄亥俄州克利夫兰地区伯利恒教堂的牧师；11月16日，携新婚妻子安娜·耶利内克（Anna Jelinek）从旧金山出发来华传教，并于12月18日到达福州，受雇于美国公理会差会（American Board of Commissioners for Foreign Missions）。1909—1910年，何乐益曾到荷兰莱顿大学，跟随高延学习有关中国宗教研究的理论知识。[1]1917年，何乐益辞去教会的工作返回美国，在哈特福德神学院基金会肯尼迪传道学校（The Kennedy School of Missions of Hartford Seminary Foundation）任中国文化教授一职。1928—1941年，兼任哈特福德神学院宗教学教授。

在哈特福德神学院任职期间，何乐益曾两次返回中国。第一次在1920年，主要活动范围集中在北京等周边地区，包括出席佛教界太虚大师的演讲，参观在河北定县开展的乡村教育运动，在哈特福德神学院

---

[1] 何乐益与高延的学术交往，也许还涉及高延三次应邀访问美国。1908年，高延为哈特福德神学院的学生讲授关于中国宗教的知识，以使即将被派往东方传教的学生了解当地人的历史、信仰和习俗。1910年，在美国宗教史讲座委员会的支持下，高延在哈佛大学、耶鲁大学、巴尔的摩大学、波士顿大学、芝加哥大学等讲授中国宗教史。1911年，普林斯顿大学授予高延荣誉博士学位。而何乐益返回美国后，即任教于哈特福德神学院。

前同事威廉·马瑟（William Mather）的陪同下走访五台山。① 第二次是 1934 年，何乐益与夫人一起返回中国，并在北京华北协和语言学校（North China Union Language School）发表有关中国文化、宗教、习俗的系列演讲。② 同年 10 月 24 日得到北平政府的允许，从北京出发到福建。③

1945 年，何乐益从神学院退休，搬到马萨诸塞州诺斯菲尔德镇（Northfield, Massachusetts）居住。第二次世界大战期间，何乐益作为译员为美国政府服务。1947 年，何乐益的夫人去世，生前与何乐益育有两个儿子和一个女儿。1949 年 8 月 9 日，何乐益在女儿家中去世，随后葬在赫蒙山附近（Mount Hermon），终年七十六岁。何乐益在中国佛教、中国风俗研究方面的代表性著作有：《中国的佛教和佛教徒》（Buddhism and Buddhists in China，1924）、《中国的风俗》（Folkways in China，1929），和英国传教士苏慧廉合编《英汉佛学大辞典》（A Dictionary of Chinese Buddhist Terms: With Sanskrit and English Equivalents and a Sanskrit-Pali Index，1937）等。作为一名教育学家，何乐益与中国牧师林友书（Lin Yu-shu）合作翻译了美国教育学家陶尔戴（Edward Lee Thorndike，现通译为桑代克）所著的《教育学》（Principles of Teaching: Based on Psychology，1906）。④ 主编有《中国语言与文化读本》（Careers for Students of Chinese Language and Civilization，1933）。

《中国的风俗》共三十七章，二百四十八页，附插图十八幅，由伦敦的亚瑟·普罗布斯坦书店（Arthur Probsthain）出版。亚瑟·普罗布斯坦书店 1903 年开张，位于大英博物馆对面，目前伦敦大学亚非学院附近

---

① 何乐益：《基督教以外的中国宗教》，见中华续行委办会调查特委会编：《1901—1920 年中国基督教调查资料（修订）》，蔡咏春等译，中国社会科学出版社 2007 年，第 107—119 页。

② 美国传教士、汉学家博晨光（Lucius C. Porter，1880—1958）曾撰文纪念何乐益，参见 Lucius C. Porter, "Lewis Hudous, December 31, 1872-August 9, 1949", The Far Eastern Quarterly, 1950, Vol. 10, No.1, p. 65。

③ 《福建省政府公报》，1934 年，第 435 期，第 9—10 页。

④ 该书由加拿大传教士季理斐（Donald MacGillivray，1862—1931）作序，1918 年在上海的广学会发行出版。

还有一家规模较小的分店。在20世纪上半叶，依托该书店出版社出版的"普罗赛因东方文学丛书"（Probsthain's Oriental Series）粗略统计有数十种。《中国的风俗》正文无注释，书后附有的参考文献列了十九本西文专著目录和一百本汉语古籍目录，还附录有汉字与威妥玛拼音对照列表，以及英文关键词的索引。

从《中国的风俗》的序言中，我们得知何乐益运用了田野调查与文献研究相结合的方式。在调查的范围上，何乐益收集的材料主要来自福州地区，以及福建其他地区，如厦门至福建西部等。此外，还包括游历山西、湖南、湖北等地的所见所闻，以及中国朋友提供的信息。何乐益特别指出，获得了来自广州和香港有关春节的一手材料，但是没有详细介绍调研的经过。① 除书中所附录的十八张图片外，何乐益在田野调查中注意收集有关中国民俗的图片。笔者通过网络得知美国加州大学圣塔芭芭拉分校图书馆（Santa Barbara Library, University of California）藏有何乐益的《中国相册》。据介绍，该相册包含大约七十张照片和三十张明信片，是何乐益在留居福州期间拍摄或收集的，一些照片附有英文说明，相册的内容包括居民的日常活动照如种植水稻、捕鱼等，以及人物照如平民、演员、佛教僧侣、修女等，风景照如官衙、寺庙、闽江等。② 遗憾的是我们目前未能得到馆方授权，因而未能就此展开更多的讨论。

除亲自从实际观察的民俗实践中搜集风俗资料外，何乐益勤于阅读中外民俗文献，认为中国大量的文献古籍记录了编撰者家乡的风俗礼仪，可弥补实地调查的不足。《中国的风俗》引用了《礼记》《风俗通》《古今图书集成》《钦定大清会典》《福建通志》《鼓山志》《功过格》等共一百种古代中文典籍。在西文资料的运用上，何乐益直言主要参考了高延、卢公明、顾路柏（Wilhelm Grube, 1855—1908）、沙畹（Emmanuel Chavannes, 1865—1918）的记录。禄是述、梅辉立（William Frederrick

---

① Lewis Hodous, *Folkways in China*, London: Arthur Probsthain, 1929, pp. v-vi.
② Lewis Hodous China Photograph Album, ca. 1904-1911, UCSB Special Collections, Bernath Mss 244LOCAL，网址：https://oac.cdlib.org/search?style=oac4;descriptions=show;idT=990039060550203776，查阅时间：2021年1月12日。

Mayers，1831—1878）、翟理思（Herbert Allen Giles，1845—1935）、阿瑟·魏理（Arthur Waley，1889—1962）、庄士敦（R. F. Johnston，1874—1938）、艾德（Ernest John Eitel，1838—1908）等人的著作也有所提及。上述汉学家有关中国各地风俗的观察与记录，使何乐益可不受田野调查的限制，了解整个中国不同地区的节日风俗。在论述具体的节日时，何乐益将福州地区的情况与其他西方汉学家的记录并置，使读者可以了解某一节日习俗是仅流行于特定地域还是普及全国各地。

三、何乐益的风俗观

1.Folkways 一词的中译小史

《中国的风俗》英译为 Folkways in China，其中 Folkways 一词由美国社会学家与民俗学家萨姆纳①（William G. Sumner，1840—1910）提倡，此后一度流行于美国社会学界。萨姆纳1905年当选为美国社会学会的首届会长，1906年出版的《民俗》（Folkways）不但在美国社会学界受到推崇，还被民国时期的中外学者引入国内的社会学、民俗学研究。关于 Folkways 的中文翻译，自民国至今，国内学术界有不同的译法。岳永逸梳理后发现，孙本文和吴景超将之译为"民俗论"，而游嘉德、赵承信译为"民俗学"，黄迪等人译成"民风论"，李安宅和杨堃则译为"民风"，岳永逸在行文中则基本采用了"民俗学"的译法。② 高丙中则将萨姆纳 Folkways 一书翻译为《民俗》。③

据笔者目前掌握的资料，国内最早介绍何乐益民俗学研究成果的学者是杨成志。1936年中山大学研究院文科研究所《民俗》复刊时，杨成志在《〈民俗〉季刊英文导言（汉译）》一文中指出有许多位西方学者

---

① 将 William G. Sumner 译为孙末楠在20世纪二三十年代的中国学界是较为通行的做法。

② 孙末楠理论在国内的译介与传播情况，详见岳永逸：《孙末楠的 Folkways 与燕大民俗学研究》，载《民俗研究》2018年第2期。

③ 高丙中：《民俗文化与民俗生活》，中国社会科学出版社，1994年，第77页。

对中国民俗学做出了贡献,包括何乐益的《中国的民间风尚》(1929)。[①] 杨成志在此将 Folkways in China 译为《中国的民间风尚》,但在 1962 年发表的《我国民俗学运动概况——在中国民间文艺研究会学术讲座会上的报告》一文中,杨成志在列举外国人对中国民俗的调查研究和著述时,又把何乐益的 Folkways in China 翻译为《中国民俗》[②]。前后两篇文章,杨成志把何乐益的英文名字写为 Hadons、国籍归于英国,而对书名的翻译从《中国的民间风尚》改为《中国民俗》,或许是杨志成对于 Folkways 以及民俗的内涵有了新的理解,可惜的是作者并未展开论述。此外,杨志成在 1936 年《民俗》复刊的第 1 期《介绍外人对中国宗教研究的十八部书》中也列举了何乐益的一篇文章《中国人的天堂观念》[③] (Chinese Conceptions of Paradise),这篇文章的一些内容收录在《中国的风俗》中。

1942 年,唐敬杲在《东方文化》上发表的《近世纪来西洋人之中国学研究》一文中指出"描写民间的习惯的,有荷道斯(L. Hodous)《中国民间之习惯》(Folkways in China,1929)"。[④]1945 年,四川华西大学博物馆馆员宋蜀青节译了何乐益有关端午习俗的"龙舟节""赛龙舟""龙"三章,并将 Folkways in China 翻译为《中国之民风》,这是笔者目前所见国内唯一摘译何乐益《中国的风俗》的文章。[⑤]

依据上述零星的资料,可以窥见中文学界对 Folkways 的理解,早有

[①] 杨成志:《杨成志民俗学译述与研究》,高等教育出版社,1989 年,第 120 页。
[②] 杨成志:《杨成志民俗学译述与研究》,高等教育出版社,1989 年,第 222—225 页。
[③] 有竟:《介绍外人对中国宗教研究的十八部书》,载《民俗(复刊号)》1936 年第 1 期,第 126 页。
[④] 唐敬杲:《近世纪来西洋人之中国学研究》,载《东方文化》1942 年第 1 卷第 2 期,第 23 页;也可参考李孝迁编校:《近代中国域外汉学评论萃编》,上海古籍出版社,2014 年,第 28 页。
[⑤] 何乐益:《龙舟节龙舟与龙:选译"中国之民风"(Folkways in China)之一章》,宋蜀青译,载《文史杂志》1945 年第 5 卷第 9/10 期,第 67—72 页。或许也有其他的学者在研究基督教、教会史、教育史时提及何乐益其人及其著作,但都不是专门的翻译,也没有从民俗学的角度出发。宋蜀青,也叫宋蜀清,女,华西边疆研究学会会员,1942—1949 年任华西大学博物馆馆员,1949 年调北京工作。

民间风尚、民俗、民风、民间习惯等不同译法。国内学者们之所以采用不同的中文术语对译Folkways，一方面表明Folkways的内涵有待厘清，另一方面也许体现了中文里指涉风俗的相关术语，如民俗、民风、风尚等正发生着微妙的变化。王晓葵梳理"风俗"概念在近代的变迁时，便指出近代知识分子在研究风俗的时候，携有以风俗改良社会的诉求，融入了以风俗表征国民性的现代意识。①

2. 何乐益眼中的中国风俗

放下中国学者对Folkways的翻译不表，且看何乐益如何定义Folkways。在开篇《春节前的准备》一节，何乐益写道："一位中国现代哲学家认为，印度人研究自然是为了逃避它，西方人研究自然是为了掌控它，而中国人研究自然是为了顺应自然规律。中国人崇尚的风俗是人与自然和谐相处、顺应四时变化的生活方式。"②何乐益比较了不同文明研究自然规律的目的，发现Folkways的产生与自然的研究有密切关联，然后指出Folkways是中国人在自然规律影响下逐渐形成的生活方式。此外，何乐益认为节日集中地反映了中国人的风俗。"在汉语中，'节日'的'节'意为关节、连接。节日是大自然呼吸吐纳、时节交替的重要过渡期。在此期间，人们会通过生活中的各种形式，让过渡圆满完成。风俗正是社会群体为顺应时节更替而产生的情感表达。"③

在阐明了风俗的定义后，何乐益继而指出风俗产生、变化、消失的过程由社会操作与引导，目的是要顺应社会的发展。以文昌信仰为例，何乐益认为文昌帝君崇拜由盛转衰，正好诠释了神明由产生、慢慢发展成型、达到顶峰盛极一时，再渐渐式微、最终被其他崇拜取代的过程。在民国初年，"学子崇拜别的神明，修建其他庙宇，文昌庙变成学校或大众集会的场所，文昌神像斑驳破落。文昌帝君曾经住在离天帝最近的宫殿里，如今正慢慢从人们的记忆里消失"④。

---

① 王晓葵：《"风俗"概念的近代嬗变》，载《文化遗产》2010年第3期。
② Lewis Hodous, *Folkways in China*, London: Arthur Probsthain, 1929, p.1.
③ Lewis Hodous, *Folkways in China*, London: Arthur Probsthain, 1929, p.1.
④ Lewis Hodous, *Folkways in China*, London: Arthur Probsthain, 1929, p.77.

何乐益对风俗的理解，有三点值得关注。其一，何乐益指出创造、传承风俗的主体是社会群体。这个社会群体并不以阶级做划分，囊括了社会中共享风俗的所有人。上至皇帝官员，下至普通民众，都是传承风俗的主体。其二，何乐益认为风俗无论是稳定发展还是变异乃至消失，皆由社会发展主导，社会群体维持其共享的风俗不变或移风易俗，其目的在于使风俗合乎社会的发展规律。在中国的亲身经历，使何乐益认识到"今日的世界，是一个过渡的世界；社会里头有许多部分，日见变迁，日见发动，生长兴盛，如同树木生芽成叶一样；社会方面是如此，宗教方面也是如此"[1]。因此，《中国的风俗》更关注风俗的变迁，并探索风俗发生变迁的社会原因。其三，何乐益对风俗的理解包含了对风俗伦理性的思考。例如，何乐益指出中国人的春节蕴含着丰富的道德内容，有感谢神明的恩赐、祭拜祖先、敬爱长辈、和睦友邻等节日习俗。这与国内传统的风俗观有相似之处。民俗学者萧放指出传统的风俗观具有三种特点："一、风俗具有较强的伦理品性；二、风俗具有流动贯注的传习性与扩散性，又有着难于变化移易的凝固性；三、风俗习惯虽然难于改变，但它还是能够移易的。"[2]

在明确风俗的定义后，《中国的风俗》按农历的时间顺序，记载了包括春节、元宵、清明节、端午节、中秋节、重阳节等中国传统岁时节日，还穿插描述了在玉皇大帝、临水夫人、观音、文昌帝君、吕洞宾、妈祖、关羽等民间神灵诞辰时的祭祀活动，以及官方主导的立春鞭春牛、东岳大帝诞、城隍诞、八蜡、腊祭、驱傩、祭天等祭祀典礼。无论岁时节日、神灵诞辰，乃至于国家祭典，在何乐益眼中都是为了适应自然而存在的风俗。

然而对于《中国的风俗》所涵盖的内容，美国圣公会传教士施赖奥克（J. K. Shryock，1890—1953）曾质疑："如果'风俗'囊括了很多事物，

---

[1] 何乐益：《佛教归主》，见中华续行委办会编：《中华基督教会年鉴》（第6期），中华续行委员会，1921年，第90—91页。

[2] 萧放：《中国传统风俗观的历史研究与当代思考》，载《北京师范大学学报》（社会科学版）2004年第6期。

如果皇帝祭天的仪式是风俗，那为何不描写儒家崇拜呢？"[1]对此，何乐益并没有正面回应。但是，理解了何乐益有关风俗的定义，就会明白他将由皇家主导的祭天大典纳入《中国的风俗》的原因。祭天大典相当复杂，也相当完备，表达了人们向大自然的最高代表——天，祈求风调雨顺、丰衣足食的朴素愿望。祭天的出发点是顺应自然，与风俗是中国人用以顺应自然规律的生活方式的含义具有一致性。而且何乐益认为传承风俗的社会群体也包括了传承特定风俗的官员乃至皇帝。因此，祭天大典无疑是风俗。由于祭天仪式每年在固定的时间节点——冬至日举行，纳入《中国的风俗》并不显得违和。

四、何乐益研究中国风俗的方法

除前文提到何乐益善于从实际的民俗实践中收集资料外，《中国的风俗》还运用了风俗比较的方法和描述社会学的方法。

1. 风俗比较的方法

风俗比较的方法，指的是将不同地域的同一风俗进行比较，或将同一地域不同时间段的风俗进行比较，以及将国内与国外的相似风俗进行比较。在定义风俗时，何乐益将印度人、欧洲人和中国人对自然的认识进行比较，指出风俗是社会群体为了顺应自然而采用的生活方式。在分析具体的节俗时，何乐益处处强调中国人的节日民俗活动是为了顺应自然的变化，驱除邪祟，和平安康地生活。以寒食节为例，何乐益列举了古人在寒食节有以榆木和柳木取新火、插柳枝、荡秋千等的节俗，指出这些习俗都是为了帮助大自然重获新生，反映了人们希望顺应自然的情感。[2]

在描写具体的中国节日风俗时，何乐益指出欧洲也有与中国相似的传统，这些相似的习俗表明古人有相似的目的与相似的心理。例如在分

---

[1] J. K. Shryock, "Folkways in China by Lewis Hodous", *Journal of the American Oriental Society*, 1930, Vol. 50, pp. 169–170.

[2] Lewis Hodous, *Folkways in China*, London: Arthur Probsthain, 1929, pp. 89–91.

析《周礼》中的司烜氏以木铎令禁火这一记录时，何乐益认为中国的木铎类似于西方的铃铛。在中国的大街上可以看到小贩摇着铃铛，以吸引孩子们的注意；在复活节前后，欧洲各地也会出售类似的铃铛。①

何乐益将中西方的节日故事进行比较，指出中西方的一些民间故事生动而形象地展示了大自然周而复始的规律。在《玉皇大帝》一章，何乐益指出西方也有类似玉皇大帝的神话传说。"以西结（Ezekiel）在梦境中看见一个女子为巴比伦农神坦姆斯（Tammuz）哭泣。坦姆斯在秋天死去，死后去往冥界。他的死导致了作物枯萎。伊什塔尔（Ishtar）追去冥界，希望将他带回。故事中女子的哭泣对应了玉皇的故事中礼尚道教、祈求子嗣的情节。希腊神话借鉴了坦姆斯的形象，在希腊神话中他叫阿多尼斯（Adonis）。类似地，古希腊的厄琉息斯（Eleusinian）秘仪在春天和秋天举行，与春天万物新生、秋天草木渐枯的自然法则相适应。"②

李约瑟（Joseph Needham，1900—1995）在谈及中西文学、民间传说和艺术中类似的事物时，指出："这个领域在引导人们思考问题和进行比较研究方面是一片肥沃的土壤，因为对中国的民间传说和神话虽已做过许多工作，可是得到的结论仍不免近于推测。"③他认为虽然何乐益、文仁亭（T. C. Werner，1864—1954）和禄是遒等汉学家比较了中西民间故事和神话，但是在科技的中西传播方面的研究结论还不能令人信服。

2. 描述社会学的方法

所谓社会科学化的民俗学，就是采用社会学的研究方法研究民俗，以自身的体验和观察获取实际的资料，关注社会生活中的民俗主体。④同时期来华的英国人查得利（Herbert Chatley，1885—1955）认为何乐益

---

① Lewis Hodous, *Folkways in China*, London: Arthur Probsthain, 1929, p. 86.
② Lewis Hodous, *Folkways in China*, London: Arthur Probsthain, 1929, pp. 31-32.
③ [英]李约瑟：《李约瑟中国科学技术史》（第1卷），袁翰青等译，科学出版社2018年，第167页。
④ 岳永逸：《民俗学志与另类的中国民俗学小史：重读杨堃博士旧文》，载《民俗研究》2013年第6期。

对中国风俗进行了系统的描写，并且提及文仁亭尝试以描述社会学方法（Descriptive Sociology）研究中国风俗。[1] 作为斯宾塞学派的成员，文仁亭是较早尝试对中国社会做系统描述的汉学家。1910年，他出版了专著《描述社会学：中国人篇》（Descriptive Sociology: Chinese），系斯宾塞《描述社会学》（Descriptive Sociology: Or Groups of Sociological Facts）丛书的第九部。[2] 另外，在《中国的神话和传奇》这本书的第一章"对中国人的社会学研究"（The Sociology of the Chinese）中，文仁亭对中国人的种族起源、人口、历史、制度、农业、文学、艺术、风俗节日等做了高屋建瓴的梳理，之后才转入对神话与传说的译介与阐述。从文仁亭的阐释来看，所谓描述社会学方法，即对中国社会包括种族、环境、历史、人群、制度、农业、艺术、风俗习惯等，进行系统的记录与描述。[3] 其关注对象是社会生活中的民俗实践如节日、庆典、仪式等，与英国民俗学关注神话、故事、歌谣等口头传统的学术志趣相异。可惜的是，20世纪初为一些西方汉学家所熟悉的描述社会学方法，在一段时间后几乎无人再提。

何乐益的民俗志书写在某些方面与描述社会学方法的主张有较为近似的部分，然而《中国的风俗》并没有直接提及描述社会学方法。何乐益描述节日庆典或神诞，在于借风俗揭示中国人的精神风貌，指出中国人社会生活中的风俗都是为了顺应自然的规律。或许由于高延、文仁亭等汉学家的提倡，何乐益曾间接地了解斯宾塞的社会学观念，只是没有在民俗志书写中直接提及。高延多次提及斯宾塞的研究，并吸收了斯宾塞的进化论社会理论和社会有机体理论思想去构建一个庞大的中国的宗教体系。社会有机体理论认为社会是一个有机的实体，构成这个实体的各个部分相互联系，因而需要从社会结构的运转意义方面去理解社

---

[1] Herbert Chatley, "Folkways in China by Lewis Hodous", *Journal of the North China, Branch of the Royal Asiatic Society*, 1929, Vol. 61, p. 156.

[2] E. T. C. Werner, *Descriptive Sociology: Or Groups of Sociological Facts, Chinese*, Edinburgh: Williams and Norgate, 1910.

[3] E. T. C. Werner, *Myths and Legends of China*, London: George G. Harrap & Co., 1922, pp. 13–60.

会"。① 具体到学术研究中,高延将节日、丧葬仪礼、祖先崇拜、风水信仰、驱邪仪式、民间佛教、民间道教、国家祭祀等都纳入中国宗教体系。

何乐益民俗志书写所表现出的社会学倾向,与同时期燕京大学民俗学研究路径似乎更契合,岳永逸将燕京大学的民俗学研究特征总结为社会科学化的民俗学。无论是燕京大学的同人,还是何乐益,在研究中国民俗学时,他们都有着共同的学术渊源,即美国社会学家、民俗学家萨姆纳的民俗学说。岳永逸曾将受 Folkways 影响下的学术研究视为中国民俗学运动的另一支流。同样在中国进行田野调查,试图以社会学的眼光研究中国民俗的何乐益,也许算得上这一支流中一朵小小的浪花。② 然而,身为传教士的何乐益,不可避免地受到宗教立场的影响。他有关中国风俗的观察与研究,目的在于把握中国的社会动态,以服务美国的在华传教事业。在《中国的风俗》出版后,一些评论从基督徒的立场出发,认为何乐益没有注意到外来因素对中国风俗的影响。③ 在过去,外来影响因素多指向以佛教为主的印度文化。到了 20 世纪初,希望基督教顺利传入中国的西方人,无疑更关心以基督教为主的西方文化是否会改变中国的传统风俗。例如在介绍清明节时,何乐益指出教会已意识到清明节的价值,并主张将其保留,以基督教中耶稣死而复生的故事去丰富清明节的内涵。④

20 世纪 30 年代之后,仍有一些福州学人以 Folkways 统称福州地区的社会习俗。曾留学美国的中国牧师刘强,1933 年参加在福州鼓岭召开的宗教教育大会,做了题为《福建的习俗与宗教》的演讲。刘强所言的 Folkways,包括了除夕、春节、迎春、元宵、拗九节、土地公诞、清明、大暑、端午、七夕、中元节、秋祭、中秋、孔子诞、重阳、送寒衣、冬

---

① 贾春增主编:《外国社会学史》(修订本),中国人民大学出版社,2000 年,第 47—50 页。

② 岳永逸:《Folklore 和 Folkways:中国现代民俗学演进的两种路径——对岩本通弥教授〈东亚民俗学的再立论〉的两点回应》,载《西南民族大学学报》(人文社科版)2020 年第 7 期。

③ Anonymous, "Folkways in China by Lewis Hodous", *American Journal of Sociology*, 1929, Vol. 35, No. 2, p. 345.

④ Lewis Hodous, *Folkways in China*, London: Arthur Probsthain, 1929, p. 93.

至、祭灶共十八个节日，以及人生礼仪、民间信仰等内容①。由于能找到的资料有限，笔者目前难以厘清这是直接受了 Folkways 学说的影响，还是间接受到何乐益《中国的风俗》一书的启发。

五、《中国的风俗》的学术价值

《中国的风俗》出版后，一些学者从西方汉学的角度肯定了何乐益对中国风俗的研究，也指出何乐益对中西文献不加以辨析，没有细致描绘中国人的祖先祭祀，也没有更详细地观察宗族在节日的实践及其作用。施赖奥克认为：

> 这是一本非常有趣和有价值的书，同时也是一本令人恼火的书。很难说这是一部学术著作，还是一部通俗作品。何乐益教授利用他在中国的丰富经验和对中国典籍的了解，对中国的宗教习俗进行了令人钦佩的辑录，这本书包含了许多从未出版过的材料，填补了我们中国宗教研究中存在的几个空白，例如鞭春牛仪式（原书第21—25页），妈祖婆习俗（第103—112页）。其他的一些风俗，例如妙善传说（第70—73页）已经有很多欧洲人论述过。这本书最让人恼火的是，作者连续不断地引用中国典籍，却没有给出准确的参考信息，而且在引用时似乎没有辨析。例如，作者经常引用《周礼》，好像给出了古代的实际做法，但是人们普遍认为这本书的描写很大程度上是子虚乌有的。《周礼》的引文与《礼记》《史记》等作品中的引文有很大出入，但是作者没有去甄别。
>
> 这本书的编排大体上遵循中国历法的顺序，尽管很难理解为什么某些章节会被随意地插入到目录中。作者也遗漏了一些内容。书中没有描述祖先祭祀，如果"风俗"囊括了很多事物，如果皇帝祭天的仪式是风俗，那为何不描写儒家崇拜呢？章节有些

---

① Liu Chiang：《福建的习俗与宗教》，见龙金顺、蒋莹、甘庭芳等编译：《近代闽台社会风貌：〈教务杂志〉文章选译（1867—1941）》，厦门大学出版社，2017年，第85—98页。

不平衡，这也许是不可避免的。考虑到书目中提到的资料来源，关帝部分的引文（第164—174页）本应该处理得更好。如果何乐益教授把这本书的资料限定在福州，而且标示清楚中国其他地方的习俗就更好了。如果这本书的用意是学术性著作而非通俗读物，那么缺乏脚注是令人遗憾的。

西文的参考书目不够丰富。虽然作者参考了沙畹（Edouard Chavannes）的《封禅书》，但是有关社稷神部分显然没有参考沙畹的《中国古代的社神》（*Le dieu du sol dans la Chine antique*），而《中国古代的社神》仍然是这一主题的权威。何乐益教授显然没有看过白汉理（Henry Blodget）的《中国皇帝对天地的祭祀》（*The Worship of Heaven and Earth by the Emperor of China*），这篇文章涵盖了书中的一些主题。许多其他的书籍和文章也应被列入参考书目。中文的参考书目要好得多，尽管很难理解作者为何要参考某些书籍。

总之，何乐益教授展示了大量的中文资料，以及丰富的调查经验和对中国宗教实践的了解。这本书对我们了解中国宗教有着实实在在的贡献。遗憾的是，由于缺乏对历史的了解，这本书未能成为一流的学术著作。[①]

还有评论认为何乐益没有注意到影响中国风俗的外来因素。因为在过去，外来因素指向以佛教为主的印度文化，而在西方人希望基督教顺利传入的20世纪初，则更多指向以基督教为主的西方文化对中国风俗的冲击，西方学者关注基督教的传入是否会改变中国传统的风俗。

何乐益教授是研究中国宗教的美国主要学者之一。在这本书中，作者描绘了中国人日常生活的仪式，围绕着对普通人来说更重要的大众信仰和岁时节日展开论述。这些非常古老的仪式和信仰，与孔子所描述的形式截然不同，而且作者在追溯这些仪式和信仰的最早记录方面，做了很好的梳理。然而，何乐益没有考虑到中国的风俗可能是从外国传入的。虽然这本书记

[①] J. K. Shryock, "Folkways in China by Lewis Hodous", *Journal of the American Oriental Society*, 1930, Vol. 50, pp. 169-170.

录了中国人生活中的诸多仪式，但是读者几乎不能了解这些习俗对中国人的真正含义。中国人生活的诸多方面还没有被讨论，作者几乎没有谈论宗族组织、祖先崇拜、婚礼、葬礼仪式、民众的宇宙观和巫术。作者也很少关注西方对中国的影响，以及由此而带来的渗透整个中华文明的根本性变化。[1]

尽管存在一些缺憾，但是《中国的风俗》不但注重分析在福建地区所搜集到的材料，还留意同时期其他地区的民俗现象，以典型地反映整个中国的民俗信仰风貌，揭示晚清至民国时期中国人的民俗实践所反映的中国人的思维方式，为当时的西方学界提供了有关中国人民俗实践非常丰富、翔实的资料，帮助他们更好地理解中国以及中国人的生活。正如英国博物学家、杂志主编苏柯仁（Arthur de Carle Sowerby，1885—1954）指出的那样，《中国的风俗》"这本书写得很好，除了好读之外，也是一本非常有用的参考书。难能可贵的是，书中描写的习俗在中国不可避免地消失了。民国政府明显倾向于镇压所谓的迷信，我们知道在许多地方，寺庙里的神像已经被摧毁，寺庙本身也被用作了学校。这从公共利益方面来看是合理的，但是肯定会使许多有趣的中国民间习俗消失；因而，有关风俗的记录，比如这本书中所包含的内容，对以后研究东方民俗、风俗和宗教的学生具有极大的价值"[2]。

对于今天的中国学术研究，尤其是民俗学的中国岁时节日研究而言，《中国的风俗》仍然有极大的民俗史料价值与借鉴意义。通过来华西方人的文字记录或图像记录，我们或许可以考察民国时期福州地区的岁时节日风俗，甚至于了解来华西方人看待中国风俗的心态。从何乐益民俗志英文标题中的Folkways这条线索出发，一方面可发现民国时期的学者对于Folkways的译介选择了不同的中文术语，另一方面可以看到何乐益对中国民俗的研究一定程度上受到了美国社会学、民俗学家萨姆纳Folkways学说的影响。虽然萨姆纳自身并没有提供有关中国民俗的民族

---

[1] Anonymous, "Folkways in China by Lewis Hodous", *American Journal of Sociology*, 1929, Vol. 35, No. 2, p. 345.

[2] A. de C. S., "Folkways in China by Lewis Hodous", *The China Journal*, 1929, Vol. 10, No. 6, p. 311.

志著作，但是何乐益却从实际的民俗实践中收集资料，运用比较的方法分析民俗，使民俗志书写呈现出社会学化的特征。可以说，何乐益的民俗志书写是运用萨姆纳 Folkways 学说来研究中国民俗的尝试，并且与国内接受萨姆纳 Folkways 学说的民俗研究一起，构成了中国早期民俗学运动的另一股潮流。

由于学术渊源的不同以及对风俗理解的差异，近代来华西方人有关中国节日的民俗志书写呈现出多种样貌。搜集、翻译、整理、解读近代来华西方人有关中国民俗志的研究成果，考察书写者的学术交往活动，从中选择值得借鉴的部分，将有助于我们理解不同的民俗志写作方式，丰富当代民俗志的书写。

2021 年 3 月 10 日，广东广州康乐园

《中国的风俗》原序

◎ 何乐益

本书的创作基于笔者常年在中国生活的所见所闻。为了收集资料，笔者走访了中国许多地方，旅途充实有趣。调查工作大部分在福州完成，其他地区也有涉及。笔者曾走访山西，行程两百余里，收集了一些故事记录在书中。另一些素材来自湖南和湖北。有一年春节期间，笔者走访了广东和香港，证实了在其他地方的见闻。另外走访调查还包括从厦门到福州的一段旅程，以及穿越福建西部、行程逾千里的一段长途之旅。

走访中之所以能够搜集到不少重要物料，离不开当地居民的贡献和帮助。他们不仅向笔者提供素材，而且同我一起交流思想，我们彼此结下了友谊，度过了愉快的时光，我在此向他们表示衷心感谢。

除走访和调查外，笔者也阅读了大量中文书籍。各地地方志中记载了许多有趣的风俗。此外，还有一些关于中国习俗礼仪的专著。《礼记》记载了中国最古老的礼仪。另外，他国学者的著作对本书也大有裨益，特别是高延（J. J. M. de Groot）、卢公明（Justus Doolittle）、顾路柏（Wilhelm Grube）和沙畹（Emmanuel Chavannes）的著作。

书中的插图选自笔者多年收集、积累的照片。一些图片相当独特、珍贵，经过长时间的外交协商才获得。如今在中国拍摄变得容易许多，但在几年前，这比拍摄日军的军事要塞还要困难得多。

希望本书能够帮助人们更多地了解生活劳作在这片土地上的中国人。

写于美国康涅狄格州哈特福德市

目录

《中国的风俗》插图目录 / 031

第一章　春节前的准备 / 033

第二章　春节 / 038

第三章　迎春 / 045

第四章　玉皇大帝 / 049

第五章　元宵节 / 056

第六章　临水夫人的故事 / 061

第七章　社稷——土地神与五谷神 / 066

第八章　拗九节 / 071

第九章　观音 / 073

第十章　文昌 / 079

第十一章　魁星 / 082

第十二章　吕洞宾 / 084

第十三章　寒食节 / 087

第十四章　清明 / 091

第十五章　籍田礼 / 093

第十六章　太岁 / 096

第十七章　上巳节 / 099

第十八章　帝国与信仰——海洋女神妈祖 / 101

第十九章　泰山 / 106

第二十章　立夏 / 113

第二十一章　龙舟节 / 115

第二十二章　赛龙舟 / 119

第二十三章　中国龙 / 124

第二十四章　地母后土 / 128

第二十五章　夏至 / 131

第二十六章　地官 / 134

第二十七章　武圣关羽 / 138

第二十八章　牛郎和织女 / 143

第二十九章　中秋节 / 145

第三十章　重阳节放风筝 / 152

第三十一章　城隍爷 / 154

第三十二章　冬至 / 158

第三十三章　八蜡 / 161

第三十四章　猎祭 / 162

第三十五章　驱傩 / 163

第三十六章　灶神 / 169

第三十七章　清朝的祭天仪式 / 173

参考文献 / 180

索引 / 185

附录　何乐益著作目录 / 196

《中国的风俗》插图目录

图 1-1　天坛祈年殿，皇帝举行新年祈福的场所 / 039

图 1-2　祭拜菩萨 / 043

图 1-3　舞狮 / 058

图 1-4　观音 / 074

图 1-5　弥勒佛 / 077

图 1-6　南京古代科举考场（现已拆除，建材用于修建现代学校）/ 080

图 1-7　南方的春耕 / 094

图 1-8　供奉太岁 / 097

图 1-9　泰山王掌管的地府第七殿 / 108

图 1-10　龙舟 / 120

图 1-11　松江沃德将军圣祠（一名美国士兵的神化）/ 135

图 1-12　问卜姻缘 / 149

图 1-13　祈求长寿 / 155

图 1-14　驱鬼之神天王君 / 159

图 1-15　道士表演吞剑 / 165

图 1-16　送瘟 / 167

图 1-17　灶神 / 170

图 1-18　天坛 / 174

第一章　春节前的准备

一位中国现代哲学家认为，印度人研究自然是为了逃避它，西方人研究它是为了掌控自然，而中国人研究自然是为了顺应自然规律。中国人的风俗正是中国人与自然和谐相处、顺应四时变化的一种方式。

在汉语中，"节日"的"节"意为关节、连接。节日是大自然呼吸吐纳、时节交替的重要过渡期。在此期间，人们会通过生活中的各种形式，让过渡圆满完成。风俗正是社会群体为顺应时节更替而产生的情感表达。

大自然时节交替的众多节点中，最重要的就是春节。春节前许多天，人们便开始着手准备。腊月的某天对前厅进行大扫除；拆下大门，用沙子擦洗；揭下门上的旧春联，换上新的。春联表达了户主的美好愿望。经商的人家祈求财源广进，为官的人家祈求步步高升、光耀门楣，而所有家庭都推崇孝顺和尊敬的美德。近些年，他们开始祈求政府成立、国家繁荣以及世界和平。春联横批通常是"天赐百福"或"五福临门"。福气包括富裕、繁荣、长寿、康健。更理想化的五福指的是长寿、富贵、康宁、好德和善终。人们在家中张贴春联，这些春联表达了各家虔诚的渴望，而上面的汉字也被认为拥有神奇力量，能招来对应的福气。

许多家庭仍会在门前张贴神荼和郁垒的画像。神荼和郁垒是两兄弟，在东北方有座度朔山，两人负责管理山上的鬼魂。他们捉住作乱的恶鬼，用苇草捆住，送去喂虎。这传承自太阳能够消灭一切黑暗和恶灵的远古神话，也是后来冥府概念的核心。

度朔山上有棵巨大的桃树，绵延三千里，结的桃子食之可长生不老。

所以至今人们仍会在门上张贴两位门神的画像，挂桃木挂饰。红色的画纸象征红色的桃子，蕴含了仙桃的神力，而仙桃的神力来自太阳。

每年的最后一个月里，各家各户都会为春节囤积一批物资：鸭、鸡、猪肉、大米，以及其他谷物和柴火等。因为正月里头几天很少开门做买卖，所以这些准备就必不可少。

3　　春节也是年底清算账目的重要日子。虽然也有其他的账目结算日，比如五月初五端午节和八月十五中秋节，但春节是最为重要的一个。如果欠债人不能还清欠款，那他不仅会吃苦头，来年也很难再获得借款。商家为了回笼资金，获得现钱，通常会降价打折。当铺人满为患，人们急于典当物品套现。为了还债，土地、房屋、个人财物，甚至是孩童，都在买卖之列。这一时期商业活跃，市场兴旺，如果手里有现钱，这时正是购买各种物品的好时候。欠债人为了躲避追债会躲进戏院，而债主凭借直觉也能找去戏院。这时候观众席中就会上演堪比舞台上的"全武行"。教堂也会为春节举办一些活动，不过必须诚实地说，这些活动并不流行。债主讨债可以从除夕夜持续到年初一。债主提着灯笼讨债，只要灯笼里的蜡烛不灭，就可以继续讨债。一些债主便带许多蜡烛，偷偷替换，这样大年初一他们也能够继续追债了。西方的商业模式改变着古老的习俗，不过年底清账这一习惯保留了下来。

4　　年末不仅是凡间结算账目的日子，也是祭神以感谢神明的庇护、祈求来年保佑的日子。献上祭品是神和信众的沟通方式，在年末举行祭祀尤为合适。中国各地都有的家神包括灶神、财神、观音。除此之外，每个地方有各自本地的神，供奉于每家每户中。年末，人们向这些神明献上香火、蜡烛和供品。

除了祭神，人们还会祭祀天地，以及过去一年中所有庇佑过一家人的神明。这种祭祀非常古老，著于公元前的《礼记》中已有记载。关于腊月的祭祀，书中写道："凡在天下九州之民者，无不咸献其力，以共皇天、上帝、社稷、寝庙、山林、名川之祀。"①

祭祀在面向庭院的正厅举行。案桌上会摆放香炉、蜡烛、插着鲜花

---

① 《礼记·月令》。——译者

的花瓶以及十碗不同的肉类、十杯水酒、十碗蔬果。"十"代表了圆满，在祭祀中寓意美好。素食家庭的祭品中不设肉类。一切准备就绪后，一家之主会点燃三炷香，双手持香，虔诚地举至前额，再插入香炉中，然后跪地祭拜三次，每次跪拜以头磕地叩首三次。一些家庭祭祀时会向上天祷告，感谢过去一年的保佑。一些家庭祭祀时保持沉默，家庭成员围站在周围，祭祀有条不紊地进行。通常在祭祀的最后，人们会在陶罐中烧纸钱，燃放爆竹。

中国人不仅向神明献上礼物，他们也会互赠礼物。丈夫会给岳父岳母送礼，父母也惦念着出嫁的女儿，会为其准备合适的礼物。礼物的名字或是上面印的汉字寓意富贵、幸福、多子和其他美好的愿望。常见的年礼当属年糕。年糕是一种深棕色有黏性的圆形面点，直径有八至十五寸①，厚三寸，用米粉、红糖、花生和大枣制作而成。年糕的"糕"与"高"字同音，年糕作为年礼传达了年年高的美好祝愿。在某些地区，羊脚、猪脚也是相当受欢迎的年礼。各式年礼表达了中国人对长寿、多子、健康、财富、功名的渴望。

一些地方，除夕当晚会在门前点燃火堆。人们会燃烧旧的竹制灯笼或其他物件，往蹿起的火焰上撒盐，火堆就会发出噼里啪啦的响声。孩子们站在周围，戴着面具，据说这样可以保佑孩子不得天花。

关于这一习俗的来源，福州有种说法。有个人名叫担当，为其邻居所不喜，除夕夜，邻居摆了一副棺材在他门前，意图寻他晦气。担当毫不畏惧，劈了棺材，一把火烧了。他在毕剥作响的火堆旁唱道："担当棺材烧，晦气变福气"。

当然这一习俗比担当的故事要古老得多。人们告别过去的方式，不仅是迎来新年翻开新一页，还要烧掉过去的霉运。人们跳过火堆，烧掉灾厄污秽，避免将坏运气带入新年。我们发现其他国家也有类似的习俗。比如在墨西哥，印第安人会烧掉部分旧器具来告别过去。

几乎所有的节日和祭祀都会燃放爆竹。最早，人们燃烧竹子，竹管里的水汽蒸发膨胀，竹子就会发出响亮的声音。人们最早注意到这一习

---

① 由于原书作者只用"feet"和"inch"两个词表达中国的计量单位，没有其他说明，所以译者统一将"feet"译为"尺"，"inch"为"寸"。——译者

俗是在公元 6 世纪，但燃烧竹子用来驱邪避恶毫无疑问要早得多。如今爆竹的主要产地在湖南、江西，特别是广东云浮一带。近些年来，爆竹中加了明矾，用来中和硝烟。祭祀时也会燃放爆竹，为的是吓退在附近徘徊的邪祟。除夕之夜，鞭炮齐鸣，不时响起的巨大爆炸声响彻云霄。

通常来说，中国比西方更早使用火药，但中国人用火药来驱邪，而西方有记载的是使用火药轰炸攻城。攻城时将火药装进铁壳子或替代的陶瓷容器中，投掷到敌方大营。所以，从直观和实际的功能来看，将火药作为炮弹使用是西方的发明。

除夕夜，无人供奉、游荡街头的孤魂野鬼也能享受到祭品。人们会在门前地上摆一只托盘，上面放一碗蔬菜汤、一碗米饭和一只饺子，托盘前插两根蜡烛、点三炷香，还会将画了棉衣的大量纸画当作冬衣烧给野鬼。路过的乞丐会吃掉托盘里的米饭和饺子。祭祀结束，一家之长转身走向欢乐的家人，他深知自己做了件有意义的事，能够保佑家人避开这个季节的病厄。

除夕当晚，店铺关门前，会在前门门板上挂纸钱。在中国的许多地方，门板是用来关闭店铺前门的。来年再开张时，取下纸钱在门前烧掉，用以供奉门神。

春节是个阖家团圆的日子，每个人都会回到父母的家中。春节不仅是生者团聚的日子，也是祖先同享家族荣耀和兴旺的日子。在主会客厅或屋子后头的祠堂里摆有祖先的牌位，过节时人们会首先准备丰盛的佳肴供奉祖先。五代之内先祖的牌位按父母辈分依次向上排列，牌位前，桌案的正中间摆放了一只巨大的香炉，香烟袅袅，两旁摆着插着鲜花的花瓶和毕剥燃烧的红烛、十碗热气腾腾的菜肴、勺子和筷子。旁边十杯醇香美酒依次排开，一切都准备得仿佛祖先也在场。

在汉语里，相同的读音会代表不同的事物。供奉用的食物便有许多同音寓意。例如，"鸭"与"压"同音，代表了镇压邪祟；"鸡"在某些地区的方言里音同"羁"，案桌上摆的鸡肉，代表了一家人永远团结在一起的愿望。吃细长面寓意健康长寿，珠蚶寓意着多子多孙，年糕寓意一年更比一年高。

一切准备就绪后，所有的家庭成员会穿着过节的衣服，聚在一处。

一家之长点燃三炷香，双手持香，高举至前额，再将香插在祖先牌位前的香炉中，行三跪九叩之礼，然后其他家族成员按照辈分依次行礼。祭拜的最后烧纸钱，放鞭炮。

晚上，孩子和仆人会收到红纸包的红包，寓意好运。除夕夜，祖先们享受供奉，而家族成员们围在一起吃年夜饭。大家饮宴，嗑瓜子，喝酒划拳，通宵达旦，把烦恼都留在过去的一年。每个人都沉浸在群体的氛围中，感受着先祖们与他同在，感受着与亲人在一起倍增的快乐，与祖先们一起跨入新的一年。

第二章　春节

10　　历法方面，中国官方采用阳历，但民间仍然沿用农历，以太阳运转过黄道十二宫的摩羯宫后的首个朔月日作为新年的开始。农历新年的第一天一般在阳历的1月21日至2月19日之间。一年有十二个月，按一月、二月顺次排列。每月初一为朔月，每月十五为满月。月份分大小，每月有二十九天或三十天。由于基于月相变化的农历年比阳历太阳回归年天数少，为了协调两者天数，就产生了闰月，闰月会在黄历中提前标明。融合了阴历和阳历的中国历法，有其特有优势。农历前三个月是春季，四月至六月是夏季，七月至九月为秋季，十月至十二月为冬季。春分、秋分分别在春季和秋季的第二个月，夏至、冬至分别在夏季和冬季的第二个月。

　　新年的第一天不仅是一年的开始，也是之后每天、每月、整年以及未来所有事物发生的原点。人们在大年初一的行为会影响往后一整年。中国人在年初一有许多禁忌，确保为新年开个好头。

11　　中国人以天为父，以地为母，在新旧年交替之际，人们会祭拜天地。各地都有祭拜天地的习俗，祭拜形式多种多样。在福州地区，新年日出前，房屋前厅须打扫一新，桌案上摆满祭拜天地的祭品。桌子中间摆放一个装满了蒸好的白米饭的红色漆制饭甑和一只饭勺，米饭周围插十双红色筷子。其中一双筷子上挂了新年黄历。米饭上放橘子和瓜子、枣、花生、柿饼、栗子等五种瓜果。米饭上还会插一束象征四季的纸花，其中一朵花上有小男孩画像。兰花象征春天，荷花象征夏天，桂花象征秋天，梅

图1-1 天坛祈年殿，皇帝举行新年祈福的场所

花象征冬天。上面还有两根用红带扎起来的大蒜、一种根部红色的蔬菜、两根柏枝。筷子头上是一只八角鼓状物，由纸元宝制成，象征银钱。

供桌上摆一只香炉、两根红色高烛、两个插着鲜花的花瓶和一个圆形大盘。盘里分别摆放了橘子、枣、瓜子、糖果和其他蜜饯瓜果。桌上还有十个杯子，杯中只放茶叶，供桌旁摆着一个瓮，用来烧纸钱。

除了在前厅祭拜天地的活动，人们还会祭神祭祖，为祖宗和各路神仙奉上香烛。

12　黎明前一切祭品准备就绪后，一家之主点燃三炷香或一炷大高香，双手持香，举高至前额，再将香插入香炉中，然后跪拜或鞠躬三次，最后烧纸钱、放鞭炮。家族的其他成员和仆人们安静地站在祭祀人周围。有些家庭会出声祷告，不过一般情况下，祭祀在静默中进行。事实上，语言在这个时候显得多余，因为供品已经代表了人们的新年祈愿。例如，米饭和饭勺代表五谷丰登；十双筷子的"十"，是最圆满的数字，筷子（箸）在福州话里读音也有驻留的意思，代表一家人整整齐齐、团结圆满的心愿；橘子色泽红艳，谐音同"吉"，象征吉祥好运；瓜子和鲜花寓意多子多孙；松柏象征名望，四季青寓意健康长寿；黄历可以驱邪避凶；纸元宝代表财源滚滚。

中华民族是一个古老的民族，古老的春节习俗在不同的地区略有不同，但都共同反映了人们的需求和愿望，即衣食富足、多子多孙、事业有成、健康长寿、财源滚滚以及消灾度厄。上至文人墨客，下至平头百姓，或在宫廷，或在茅舍，共同举行着祭祀活动。它不仅仅是一种祈愿，更表达了对世界和生活的态度：依存、敬畏、顺从，个人服从于集体，集体服从于上天——这些正是中国文化的根本。

13　祭天地后，开始祭神祭祖，一家之主向神明和祖先的牌位上香，其他成员按照辈分依次鞠躬跪拜。

祭祀活动结束后，所有的家庭成员聚在前厅，给长辈拜年。祖父母和父母坐在大厅里侧的尊位上，叔伯站两旁。晚辈们给长辈跪拜行礼，然后是仆人们跪拜行礼。有些地方，还会向父母敬酒。

大年初一，许多人家为了身体健康食素。在许多农村，人们一般按照习俗待在自己家中，不过如今在城镇里，人们会走出家门，走上街头。

早年间，新年头几天是有忌讳的，在云南和贵州的一些原始部落里，至今仍然如此认为。街上店铺都关门了，一般要歇业三到五天。古时候，一些店铺甚至要歇业到正月十五才开始营业。

新年年初这几天，要格外注意，有些话不能说，有些事不能做，否则会带来坏运气。忌责骂诅咒，忌口出污秽。妈妈会用草纸给孩子擦嘴，意为童言无忌。新年头几天忌打扫房屋，避免将福气扫地出门。忌打水，忌放火，忌花钱。

初一适宜补身防疾，为一整年打下基础。不少人会喝各种药汤，除了它古老、传统和奇怪的味道，便没什么可推荐的了。茶由核桃仁煎制而成，包含五行元素，因此被认为可以驱邪镇恶。燃烧艾草产生的烟雾和浓重气味，可以赶走疾病。有的人向水井里抛洒七种豆类，一共抛洒三次，有的人则撒入少量硫黄，用来预防瘟疫。还有种古老的做法是取一块古坟上的砖头，悬挂在门上预防疾病。

传统中医讲究根据四时节气养生。公元7世纪的孙思邈提出的养生法，至今仍颇具影响力。他说道："正月肾气受病，肺脏气微。宜减咸酸增辛味，助肾补肺，安养胃气。勿冒冰冻，勿极温暖，早起夜卧，以缓形神。"①

上述这段话的意思是，冬属水，主肾气收藏；春属木，主肝气生发。肾脏属水，在冬春交替之际，水转化为木，因此肾脏因缺水疲弱。咸酸的食物会消耗水，因而应少食。而辛味的食物属金，金生水，宜多食。

新年第一天的天气决定了农作物的生长情况、粮价，甚至能预示叛乱和各种灾祸。根据公元6世纪一位官员的说法，如果大年初一，四方生黄气，这将是富饶的一年；如果气分布均匀，粮食将会大丰收；如果天空中是黄蓝相间的云层，当年会发生虫害导致庄稼枯萎。红色的气代表大旱，黑色的气代表洪灾。如果岁星周围出现蓝色的气，当年适宜桑树生长，红色的气适宜豆类，黄色的气适宜大米。岁星，即木星，是年岁的守护神，也是命星，每十二年为一个循环。

风的方向同样富有含义。吹南风，粮价低；吹北风，粮价高。

---

① ［唐］孙思邈：《摄养论》。——译者

正月初一也是促进自然生长变化的日子。在福州周边的地区，鸡鸣五更，人们会用火把照亮桑树、枣树等果树，驱虫防病害，用斧头或砍刀砍去树上多余的枝杈，用利刃刮去桃树的树皮，刺激果树生长。

当夜幕降临，繁星当空，人们在供奉天地摆满祭品的案桌上，在前厅或房屋侧柱悬挂的香炉里，在神明和祖先的牌位前，点上几炷香。伴随着香烟袅袅，升上天宫，人们的新年第一天就结束了，正如它开始的那样。初一这一天的习俗，表达了人们对内心信念以及自然界恒久不变的事物的信仰与依赖。

正月初二

正月初二以及接下来的四天，每日早晚须给天地、神明、祖先上香。这一天，门禁解除了，人们穿着过年的新衣走上街头，大街上挤满了喜气洋洋的人们。有的人走亲访友，互相问候"过年好""恭贺新春"。商人会说"恭喜发财"，另一人回道"同发"。有的人去庙里上香，祈求神明保佑。大街上，男男女女，十分热闹。

每家都打开大门，欢迎亲朋好友。主人会招待客人吃瓜子、橘子和蜜饯，沏茶递烟。来拜年的孩子会收到红橘子，寓意吉祥如意。

虽然店铺都关着门，但是棋牌坊生意兴隆。在紧闭的大门之后，时常能听到麻将的哗啦声和洗纸牌的声音。

黄包车夫、轿夫、驴车夫和船夫会双倍收费。这一天，他们似乎尤其殷勤和开心。

正月初三、初四

初三延续了初二的庆祝活动。初四迎接上天庭向玉皇大帝述职归来的灶神。重新蒸热用来祭天地的盛在饭甑里的米饭，摆上和之前相同的东西，供桌上摆上献给神明和祖先的祭品。一家之主如之前一般在神明和祖先的牌位前祭拜行礼。

这一天，前厅的墙上会挂一幅红底绘有福禄寿三星的巨幅年画。画像正中是笑容和蔼的福神，他的左边是脚穿银鞋或手捧元宝的禄神，右边是寿星，高额头，手托一只代表长生不老的寿桃，身边的童子代表着

图 1-2 祭拜菩萨

快乐和子嗣。靠近福神的地方站了一位身材高大、手持战斧、不怒自威的神灵，他负责捉鬼驱邪。画像的最上面是一个"福"字，一角画着一只蝙蝠，"蝠"与"福"同音。由此可见，在新年伊始，中国人聚焦生活的基本问题，如长寿、繁荣、子嗣、快乐，以及神的庇佑。仪式举行后，对许多家庭来说，就正式结束了春节，需要回归正常工作和生活了。

正月初五

初五可以打扫房屋了，人们将收集的垃圾拿出屋外，倒在垃圾堆里，并取回一块石头，寓意吉祥好运。这里有个小故事。唐朝有一位商人，买了一个奴隶少女。自从女孩来到他家，他的生意蒸蒸日上。有一次在年三十，商人发脾气打了女孩，女孩就消失在了扫帚里。那日之后，厄运降临到商人身上，他一贫如洗，在困顿中死去。如今，人们不会在正月头几日打扫，担心会赶走有元——那个奴隶女孩，即扫帚神，在一些地方，人们会把垃圾扔到河里。人们用这样或那样的方式将好运留了下来。

这天又叫米日，之前用来供奉天地的米饭会重新蒸一遍，分给家人食用。

如此，中国人带着神明的祝福和家人的善意，信心满满、欢欢喜喜地开始了新的一年。

第三章　迎春

清朝时期，一年之中最欢乐的时候，莫过于在城镇东郊举行迎春的活动。中国历法中不仅将一年分为四时八令、十二个月，还将一年分为二十四个节气。第一个节气叫立春，即太阳位于水瓶座15度（黄经315度）的日子。

迎春的习俗有着悠久的历史。《礼记》关于一年中第一个月如此描述："是月也，以立春。先立春三日，大史谒之天子曰：某日立春，盛德在木。天子乃齐。立春之日，天子亲率三公、九卿、诸侯、大夫以迎春于东郊。还反，赏公卿、诸侯、大夫于朝。"[1]

迎春的习俗遍布全国上下，百姓积极参与，热情高涨，迎春成为最受人们喜爱的活动。在福州，立春前一日，知县、丞尉及其副官们会穿上毛皮里的官服，乘轿子前往县衙门。在一顿丰盛的宴席后，知县带着一帮僚属前往城外东郊。队首是鼓乐队，一路敲锣打鼓开道。队伍中有记录官员职位的牌子，一把或几把万民伞。万民伞是一方名声不错的官员离任时，百姓为他送的伞。为显隆重，游行的队伍排开全副仪仗。知县轿子后面跟着随从，排成一列长长的队伍，每人手上捧一束春花。这日，知县有最高道路通行权，因此住在福州的总督和其他高级官员会选择在这一日休沐，避免在街道上相遇时，必须给下级官员让道的尴尬。

队伍穿过热闹的街道，出东城门，到达郊外的春牛社坛。祭坛上有

---

[1]《礼记·月令》。——译者

一头春牛。春牛用桑树枝做骨架，用泥塑身，再糊上各色彩纸。春牛旁边是掌管当年的神仙——太岁。太岁在《礼记·月令》中被称作句芒。太岁与岁星即木星有关。岁星运行每十二年为一周期。在中国人的观念里，岁星具有强大的力量，能够影响人间年岁运势。春牛和太岁前设一张桌案，上面摆放了香烛、香炉、水果和酒水。桌前地上放着蒲团。只有文官可以参与这个仪式。仪式开始，知县站在桌案前，其他人位于其后。前后各有一名礼官主持祭拜。礼官呼跪，所有官员下跪，跪拜三次后起身。知县左侧侍从递给知县一只酒杯，倒入酒，知县将酒杯高举至前额，如此敬酒三次后递还侍从，三拜，随后其他人同样拜三次。然后鼓乐队排成一列，开始奏乐。最后，春牛和太岁的神像被装上花车，运进城去，官员跟随其后。春牛经过街道，沿途民众会争相向春牛撒盐米。据说这是为了驱除邪气。这种抛撒盐米的行为也许呼应了《礼记》里提到的习俗："（天子）命有司大难，旁磔，出土牛，以送寒气。"①

迎春的队伍抵达县衙后，官员们将春牛围在中间站成一圈，拿各色木棍敲打春牛三次，敲落春牛身上的陶土。数字"三"谐音"生"，敲打三次，代表吉祥如意。之后，百姓会将陶土和春牛的各个部件捡回家，丢到猪圈里，据说可以让猪长得更快。

迎春是官民同庆的习俗，除了官方的迎春礼，普通百姓也会在自己家中迎接春的到来。他们在前厅中摆放香案、香炉、香烛、鲜花和三杯水酒。一家之主点燃三炷香，高举至前额，再将香插入香炉，跪拜三次，然后烧纸钱，放鞭炮。一些家庭还会在立春当日请来道观的道长做法事。

立春这天不可打骂孩子，要避免一切不和气的事情；不可倾倒粪便，拒绝一切有强烈气味的东西。

迎春牛、拜太岁有何意义？春牛和太岁是未来一年的具象化。春牛和太岁的造型、身上每个部位采用的颜色和材料，在上一年的六月就由钦天监研究制定好，在冬至后第一个申日制作。春牛的骨架用桑树枝制作，因为桑树发芽很早，属阳。制作春牛的陶土，取自开闽王庙前的土地。开闽王是过去福建闽国的皇帝。春牛身高四尺，象征一年四季；身长八尺，

---

① 《礼记·月令》。——译者

象征农耕八节；尾长一尺二寸，象征一年十二个月。

我们已经了解了春牛的结构，接下来只要掌握一些基本概念，就容易理解了。中国历法有十天干和十二地支。十天干和十二地支依次搭配，组成六十个基本单位，称为一甲子。最早，天干地支用来纪日。大约汉朝，开始用干支纪年。十二地支对应一天十二个时辰。十天干和十二地支分别对应金、木、水、火、土五行元素。五行对应五种颜色。五行相生相克，例如水克火、水生木。现在我们已经了解了这些基本概念和原理，运用它理解事物时，必须牢记天干地支不是单一的指代，它同时肩负双重含义，对事物有重要影响。

春牛身上不同部位有不同的颜色，由年干支决定。例如，1911年用干支纪年是辛亥年。春牛牛头由年天干辛决定，辛属金，金属白色，所以1911年的春牛牛头就是白色。牛身由年地支亥决定，亥属水，水属黑色，所以清王朝的最后一次春祭，1911年的春牛牛身是黑色。

春牛身体上的每个重要部位，都对应当日的干支或迎春牛时辰的地支。所以根据活动时间的不同会做修改。有了这些基本原则，整个体系就发展起来了，逻辑严密。

年分阴阳。阳年，牛口张开；阴年，牛口合上。阳年，牛尾摆向左边，因为皇帝坐北朝南，他的左边面向东方，所以左属阳。

岁神句芒，即春神的神像有固定规制。神像高三尺六寸五，中国度量单位一尺等于十寸，神像高度代表了一年三百六十五日。句芒手执鞭子，鞭长二十四寸，代表二十四节气。神像的年纪、衣服的颜色、腰带的颜色、发饰的位置、手捂左耳或右耳的形态以及鞋子、裤子等每个细节都取决于当年、当日、当时的天干地支及对应的五行五色，取决于五行相生相克。

春牛鼻子上戴桑树枝做的鼻环，句芒手中拿鞭子。牛绳用亚麻、夏布或丝绸，具体用哪种质地，由立春当日的天干地支决定。如果立春在春节前，则岁神在前，春牛在后；如果立春在春节五日之后，则岁神在后，春牛在前；如果立春在两者之间，则岁神与春牛并排站立。岁神的站位提示农民春耕时间的早晚。如果岁神在春牛前，说明今年要早早开始春耕。民间认为，如果岁神双手捂耳，预示今年有很多雷雨；如果单手捂耳，表明今年雨水较少。

更多的细节不必赘述。春牛和岁神是未来一年重大事件的缩影。迎春礼不仅是太阳带来吉祥的象征,也是一种吸引太阳回归、赐福人间的方法。迎春礼之后,人们满怀信心和希望,春天有了良好的开局,定能自然过渡到夏天,迎来丰收的秋天。

中国的迎春礼,既朴素又美好。在欧洲,有相似的节日——五朔节(May Day)和各种迎春的习俗。迎春礼将两者联系起来了。

第四章　玉皇大帝

中国民间普遍认为玉皇大帝是最高神。古代中国的帝王供奉上帝——执掌上天的神明。只有天子，即一国之君，才有资格祭祀上帝。官方信仰中有掌管万物的上帝，民间自然就产生了大众化的天帝。民间信仰的天帝叫作玉皇大帝，或玉帝。"玉"寓意纯净无瑕。"皇"在《说文解字》中，由"自"和"王"两个汉字组成。"自"是鼻子的意思，中国人认为鼻子是首先形成的，因此，最早出生的儿子叫作"鼻子"。"王"上有"自"，代表此人是第一位帝王，第一位诞生的帝王。

玉皇大帝也叫作玉帝。"帝"指神明和帝王。麦克斯·缪勒（Max Muller）将"帝"与梵文的"deva"，希腊语的"theos"和拉丁语"dues"进行类比，梵文词根"div"意指光明。

玉皇名字的由来，最早可追溯到《易经》，其中写道："乾为天、为圜、为君、为父、为玉、为金……"[①]"玉"为上天的特征，天即为君。

在民间，何时开始用玉帝指代天界至高神，已不可考。《搜神记》中提到天公，可能就是玉皇。唐代的文人在作品中多有提到玉帝。成书于公元 8 世纪末的《酉阳杂俎》，记载了一位天翁的故事，正是玉帝的前身。书中写道："天翁姓张名坚，字刺渴，渔阳人（渔阳为直隶省地区名）。少不羁，无所拘忌。常张罗得一白雀，爱而养之。梦天刘翁责怒，每欲杀之，白雀辄以报坚，坚设诸方待之，终莫能害。天翁遂下观之，

[①]《易经·说卦传》第十一章："乾为天、为圜、为君、为父、为玉、为金、为寒、为冰、为大赤、为良马、为老马、为瘠马、为驳马、为木果。"——译者

坚盛设宾主，乃窃骑天翁车，乘白龙，振策登天。天公乘余龙追之，不及。坚既到玄宫，易百官，杜塞北门，封白雀为上卿侯，改白雀之胤不产于下土。刘翁失治，徘徊五岳作灾。坚患之，以刘翁为太山太守，主生死之籍。"

宋朝年间编写的《高上玉皇本行集经》，描写了玉帝来历的另一个版本。书中记载："往昔去世有国，名号光严妙乐。其国王者，名曰净德。时王有后，名宝月光。其王无嗣，尝因一日，作是思惟：我今将老而无太子，身或崩殁，社稷九庙，委付何人？作是念已，即便敕下诏诸道众，于诸宫殿，依诸科教，悬诸幡盖，清净严洁，广陈供养，六时行道，遍祷真圣。已经半载，不退初心。浮黎元始玉皇大天尊无边神韵尽在显化。忽夜，宝月光皇后梦昊天上帝，金姿玉质，清净之俦，驾五色龙舆，与诸仙真，拥耀景旌，荫明霞盖。是时，帝又分身，浮黎元始天尊安坐龙舆，化一婴儿，身诸毛孔，放百亿光，照诸宫殿，作百宝色。幢节前导，浮空而来。是时皇后心生欢喜，恭敬接礼长跪帝前，语上帝言：'今王无嗣，愿乞此子为社稷主。伏愿慈悲，哀悯听许。'尔时帝答皇后言：'愿特赐汝。'是时皇后礼谢上帝，而乃收之。皇后收已，便从梦归。觉而有孕，怀胎一年，于丙午岁正月九日午时，诞于王宫。当生之时，身宝光焰，充满王国。色相妙好，观者无厌。幼而敏慧，长而慈仁。于其国中，所有库藏，一切财宝，尽将散施穷乏困苦、鳏寡孤独、无所依怙、饥饿癃残，一切众生。仁爱和逊，歌谣有道。化及遐方，天下仰从。归仁太子，父王加庆。当尔之后，王忽告崩。太子治政，俯念浮生，告敕大臣，嗣位有道。遂舍其国，于普明香严山中运筹演绎道真，超度过是劫已历八百劫，身常舍其国为群生，故割爱历道于此后经八百劫，行药治病，拯救众生，令其安乐。此劫尽已，又历八百劫，广行方便，启诸道妙，演说灵章，恢宣正化。敷扬神功，助国救人，自幽及显。过此已后，再历八百劫，亡身殒命，行忍辱，故舍己血肉。玉皇大天尊玄穹高上帝，在渺渺亿劫中不同时期显化不同名号，如是再历三千二百劫，玉皇先天一炁道体又以金仙号曰：清净自然觉王如来。以万天之帝诸佛之师，教诸佛菩萨顿悟大乘正宗，入虚无妙道。又经亿劫，往劫显化俱复一体，号曰玉帝。"

其他国家的神话传说中，有许多与玉皇的故事相似。以西结（Ezekiel）在梦境中看见一个女子为巴比伦农神坦姆斯（Tammuz）哭泣。坦姆斯在秋天死去,死后去往冥界。他的死导致了作物枯萎。伊什塔尔(Ishtar)追去冥界,希望将他带回。故事中女子的哭泣对应了玉皇的故事中礼尚道教、祈求子嗣的情节。希腊神话借鉴了坦姆斯的形象,在希腊神话中他叫阿多尼斯(Adonis)。类似地,古希腊的厄琉息斯秘仪在春天和秋天举行,与春天万物新生、秋天草木渐枯的自然法则相适应。

在古埃及神话里也有相似的故事,故事关于冥神奥西里斯(Osiris)。奥西里斯教人们种植小麦和大麦,制造农业生产工具,制定法律和婚姻制度,管理社会,教导人们祭祀神明。尼罗河谷两岸在其统治下,日益昌盛,奥西里斯开始向其他地区扩张,用音乐和口才征服其他国家。不幸的是,弟弟赛特(Typhon)趁哥哥不在国内,夺取了政权,并最终杀死了他。不过妻子伊西斯(Isis)又复活了丈夫。据传神牛阿比斯(Apis)是奥西里斯的化身。神牛是春天的象征,古埃及人敬奉神牛即敬奉大自然的新生。

上述提到的故事,都生动而形象地展示了大自然周而复始的奇妙现象。夏至日后,万物逐渐衰退,人们悲伤哀恸,春天万物复苏,大自然重获新生。在中国的故事中,净德国王代表太阳,宝月光皇后代表月亮。国王无子,夏至日后作物逐渐凋零,大自然变得贫瘠而孤寂。国王下令道士举行祭祀,持续祷告半年,半年正好是夏至日到冬至日的时间。孩子的到来代表自然重生,春天来临,万象更新,赐福人间。这个孩子放弃王位,克己修身,代表年轻活力的春天的力量已到达极限,开始过渡到秋天,万物衰减,草木凋零。

玉皇的名字最早在唐代出现,唐代之前的几个世纪,很可能用的是天公这个名称,具体前文已有论述。唐代是个深受道教文化影响的朝代,玉皇的概念有极大可能性是在这个时期逐渐丰满完善的。唐代中国与西方商贸往来频繁,基督教的传教士和佛教的僧侣相继来到中国,促成了一个宗教蓬勃发展的时代,虽然只能从一些零星诗句里见证其影响,但玉皇的概念很可能就是在此时发展起来的。

公元1012年,宋真宗统治时期,玉皇大帝成为官方信仰。公元1013年,皇宫中建造了一座玉皇大帝的巨大神像。公元1014年,宋真宗赐玉皇号"太上开天执符御历含真体道玉皇大天帝",封玉皇妻子为天后。公元

33 1017年，玉皇大帝出现在国家祭典中。

明清时期，玉皇信仰式微。明代不流行敬奉玉帝，清代更是禁止供奉，将其列为邪教。福建地方志记载有当地学政推倒玉皇庙，用来修建孔庙的事情。

玉皇大帝的宫殿位于北极附近星座的太微垣。最高天是万物生命和自然力量的来源，是世界内在活力的中心。玉帝的住处在最高天，位于诸天之上，无上天，称"渺渺紫金阙""太微玉清宫"。

玉清宫中，玉皇大帝面南而坐。在供奉玉皇大帝的庙宇中，玉帝的形象是默默无声、无为朴素的。他手持玉板，头戴镶嵌宝石垂玉珠的冕冠，蓄着长及胸前的胡须，穿绣龙长袍，身后站两名随从，手持掌扇，两旁各站两名手执玉板的官员。殿中有一副楹联，上联意为天地秉公无私，下联意为神明体察万物。玉皇像前立一牌位，上面写着玉帝能辨世间正邪、定人间贫富尊卑。在省会和大城市，都能见到玉皇的庙宇。

34 玉帝又叫"玄穹高上帝"。清代道家善书《东山录》中描写玉皇"无极无上圣，廓落发光明。寂寂浩无宗，玄范总十方"。玉皇是万天之主，众神之尊。

玉皇统领天界的规则，与人间帝王相似。五方上帝、诸天神佛、十殿阎罗，众神皆在玉皇御下。玉皇颁布诏令，接受上书奏表，管理天界。道教的天师，是他在凡间的代言人。

在民间观念里，玉帝经常主持世间正义，通过神鬼以及冥府一套奖惩机制来执行。事实上对百姓来说，这可能是玉皇大帝最主要的职能。

道家善书中的一些记载阐明了这一点。书中写道，善恶之道，古来分明，然而鲜有人知。恶果和善报历历分明，但一意孤行和视而不见者甚众。前世犯下的罪行，根深孽种。前世不修今世苦，今世不修来世愁。灾祸来临前，人们应该好好思考。有的人在寺院护法看着时，尚能小心

35 谨慎，一旦发现佛祖闭了眼，又开始道德败坏、放纵自己。别人劝他修行，他反驳对方言过其实。别人劝他行善博爱，他充耳不闻。他徒劳地追求名望，大肆挥霍钱财，如今家徒四壁。他曾经爱护同伴，最后爱消失了。曾经讨好他的人，现在无视他。更糟的是，父母饥寒交迫，他却漠不关心。与兄弟反目成仇，他也毫不在乎。小人奉承他，乡邻谴责他，他回答：

"这些谩骂是嫉妒。"有些人的情况更糟糕。他们与妻子争吵,准备刺伤兄弟,霸占遗产,视父母为毒瘤。他们敛财贪婪,暴饮暴食,滥杀牲畜,好色淫荡。这种人如果今世福厚,报应会降在子孙身上;如果今世福薄,自身就会尝得恶果。他们的豪宅大院眨眼间就成土丘,他们的灵魂在轮回之轮中受刀剑之苦。他们的儿子成了乞丐,认识他的人对他指指点点;他们的女儿靠他人施舍为生,认识她的人嘲笑道:"这是某某的漂亮女儿。"前世犯下的罪孽,死后也无法弥补。每件伤害他人的事都将受到惩罚。一说到这儿,不禁悲从中来;一想到这件事,不禁冷汗直流。你们应该付诸行动,行万般好事。从现在开始,虔诚孝顺,全心全意,竭尽全力。如果有母亲引导,她会教你禁杀生,多放生;如果有朋友引导,他会教你积德向善。遇争吵退后一步;不言人短长;经常有人令你受伤,这些就像人参和草药一样能够滋养生命;乐善好施;真诚做事;遇险时互相帮助;做事竭尽全力。即使你生活困苦,你的孩子会光耀门楣。如果你前世作恶多端,今世好好修行,偿还前债。你默默行好事,天地尽知,自会佑你瘟疫不侵,福满盈室。回去劝导你的家人好好修行。将这些话写在你座位的右边,向所有的朋友宣读。

善书中列举了许多行善举得善报的例子。《玉历抄传警世》中就有一例子。此书详细介绍了十殿阎王及各殿刑法因由,警醒世人。此书也是玉皇大帝的启示录。本书引用的是1809年版,此后该书多次印刷再版。

书中记载:"(浙江)湖州蔡佩兰先生,平素孝顺父母,友爱长上,节俭持家,乐于布施。凡是遇有贫穷困苦而生病的人,必定布施医药。孤独伶仃、家境贫穷的人来向他借钱,绝不收取利息。路上遇见妇女、小孩遗失金钱财物,不敢回去见长辈的,就代他设法赔偿。一天,发现玉历的内容真可警惕世人,就提供金钱给会书法的人,抄写流传,劝化世人。享年八十四岁,念佛无疾坐化。邻居有人见一对仙童、仙女引导他登上天车升天。曾孙启樽,是康熙庚戌年的状元;玄孙升元,是壬戌年的状元。"

《高上玉皇本行集经》中详细介绍了其他方面:"是此帝也,诸佛之师,众圣之王。是故凡夫值遇是经,致以帝君辅翼名,使神仙,御役神官，运导阴阳。千真敬仰，万神慑伏。百邪避路，群魔束形。命过之后，即得南宫受炼，飞步上清。逍遥自在，与道长存。又设复世间众生，曾闻是经，心常渴仰。能于家中择清净处，画帝尊像，日夜虔虔，晨昏济济。香花灯果，尊重供养，称名瞻礼，是人当得三十种上妙功德：一者诸仙赞重，二者先亡天在，三者宿殃解脱，四者所往通达，五者无盗贼事，六者所求遂心，七者除水火厄，八者横事潜消，九者夜梦吉祥，十者疾病不临，十一者智慧聪明，十二者人见欢喜，十三者衣食丰盛，十四者子孙荣贵，十五者六亲见喜，十六者门族和睦，十七者除三恶报，十八者转女成男，十九者形容端严，二十者为国大臣，二十一者生为帝王，二十二者鬼神钦仰，二十三者得宿命通，二十四者诸神护念，二十五者九族受荫，二十六者处世长年，二十七者有情赖善，二十八者魔王保迎，二十九者决超三界，三十者白日上升。"

上述这段话与其他精心描绘的文字相比，更清楚明白地阐释了以玉帝为首的天道体系的运作。这个体系通过今生报应、地狱刑罚以及赐福今生、许诺来世的方法，来实现消除罪孽、教导正义的目的。中国经典中教导的观念，在这套体系中得到了强化。那些观念在日常生活中发酵成形，虽取自其他宗教体系，但中国人视之为本土的理念。而玉皇大帝正是这个倡导正道的体系的最高执掌人。

玉皇大帝的诞辰在正月初九。奇数九属阳。一代表阳的开端，九代表阳的结束。初一或初九都可以庆祝玉帝诞辰。

玉皇大帝诞辰的祭祀虽简朴，但令人印象深刻。正月初九天一亮，每家每户会在正厅门内和中庭相接处摆上香案，案上设一香炉，两支红烛，两瓶鲜花。另有三只小杯，杯中仅放茶叶不倒水。一大碗生日必吃的象征长寿的长细面，放在桌子一边。另一边是面粉做的寿桃堆成面塔。寿桃形似西方极乐世界吃了可长生不老的仙桃。托盘上摆放福橘，"橘"谐音"吉"，象征吉祥如意。福橘周围分别摆放五果，即瓜子、柿饼、大枣、花生、龙眼，寓意子嗣。桌下置一瓮，用作烧纸钱。

祭品准备就绪后，一家之主烧香祭拜，家庭成员分立周围。祭拜后烧纸钱，燃爆竹。这天不一同聚餐，祭品摆放半小时后撤走。

玉皇大帝的庙宇中，聚集了众多道士参加祭祀，有时还会有戏曲表演。

长久以来，中国人一直都在追寻神，偶尔甚至可能感觉找到了，其实神离我们并不遥远：我们的生活、行动、存在都在于他。①

---

① 参见《圣经》Acts 17:28 "For in him we live, and move, and have our being"。——译者

第五章　元宵节

41　　正月十五，即新年第一个月圆之夜是元宵节，也叫上元。上元代表天，春回大地，万物复苏。七月十五为中元，代表地。十月十五为下元，代表水，掌管衰亡。

　　这三种自然力量代表了作物的新生、成长和衰亡，最早被视为天地水三元之气，随着时间推移，逐渐人格化，以三官配三元，发展成为掌管季节的天官、地官、水官，受到供奉。传说，天帝迎娶龙王三公主，生下三个孩子，天地水三元分别代表这三个孩子。天官、地官、水官掌管无数生灵，由三百六十位神女辅佐。人们把一年中的三个时段和三个日期人格化，举行祭祀。三官掌管人间许多事物。

　　元宵节的一大特色是元宵花灯。花灯用竹篾编成灯笼骨架，周围糊纸，外形模仿蔬菜、水果、动物、鱼、人物等各种形象。有的花灯由琉璃制成，外覆绸纱；有的花灯随着蜡烛燃烧温度升高，灯上的图案能够自动旋转；

42　有的花灯外形制成巨大的南瓜，最引人注目的当属龙形花灯。

　　这一晚，大街上挤满了过节的民众。在这一日如果没有给孩子买各式各样的花灯，没有给新妇送花灯，那这家主人确实是一贫如洗了。男方父母给新媳妇送花灯，寓意早生贵子。"灯"谐音"丁"，送灯寓意添丁。在福州，第一年送的灯上写"观音送子"。如果这一年没能如愿，第二年的灯上会画有一童子坐在澡盆里。第三年会送一盏大大的福橘灯，上面写"早生贵子"。一些相似寓意的礼物也会一同送给媳妇，比如甘蔗，谐音姊；牡蛎，谐音弟；或是两根大蒜，谐音孙。

元宵节会举办许多竞技活动。因为人们认为太阳结束南行,开始回归,但遭遇黑暗力量的阻挠,举行竞技活动,能够为太阳助力。如今,举办这些活动可以打破一成不变的生活,不过在许多地区,闹元宵的活动仍然具有某种神秘的力量。

舞狮是元宵节最受人喜爱的活动。狮子用绢布制成,舞狮时,两人披着假狮皮,一人舞头,一人舞尾。两只狮子在专门搭建的舞台上腾挪跳跃,模仿狮子的各种形态动作。春天邪祟也活跃了起来,人们认为狮子是可以镇压邪祟的神兽。

在福建南部,人们会在城隍庙举办斗鸡大赛庆祝元宵节。旭日东升,公鸡报晓,公鸡是太阳力量的化身,元宵节举行斗鸡活动十分合适。在城隍庙里,所有的公鸡都摆在桌子上,面前燃香。最大的公鸡摆在最荣耀的位置,一般会被叫作"能干的宝贝",取得斗鸡比赛的胜利被视为生意兴隆的好兆头,邻里会纷纷恭贺公鸡的主人。

在福建西部光泽县,人们在轿子上摆一尊雕像,称为"定光镇邪虎"。轿椅上绑金属丝,人们抬着轿子飞奔过大街小巷,口中喊"老佛爷",金属丝嗡嗡作响。当轿子通过狭窄拥挤的街道时,小伙子们互相拍打着对方的头和肩膀。

舞龙灯是十分受人喜爱的娱乐活动。一条长二十至三十尺的龙灯由多个部分组成,每部分长三至四尺,各自悬挂固定一支蜡烛。即使龙灯舞起来,蜡烛也能一直保持直立。每个部分下面有木杆,由一名男童举在手中。这些男童经过专门的舞龙培训,于元宵之夜,穿街走巷,表演舞龙。龙头前有一盏巨大的圆形球灯,象征太阳,寓意飞龙逐日。村民表演逐日同样表达了希望将太阳安然无恙地带回北方的愿望。

还有一项早年间十分盛行,如今逐渐弃用的风俗是搭鳌山。搭鳌山就是在开阔处搭建一个木制建筑,形状似山峦,装饰有花、草、树木。鳌山上有满挂彩灯的茶楼,或立悬崖,或隐沟谷,林间飞禽走兽,栩栩如生。整个鳌山挂满五颜六色的彩灯,灯火辉煌,美轮美奂。山峦象征了力量和长寿。《诗经》中有云:"如南山之寿,不骞不崩。"[①] 搭鳌山

---

① 《诗经·小雅·天保》。——译者

图 1-3 舞狮

表达了人们在春回大地、朝气蓬勃之时，对力量与长寿的祈盼。

公元713年，长安搭建了一座高两百尺的巨大灯轮，轮上装点金花银花，悬挂五万彩灯，从远处望去，仿佛一座花树。一千名宫廷侍女，身着华服，头戴珠翠羽毛，脸着香妆，与头簪鲜花珠钗、精心打扮的民间选出的少女们一起，在灯轮下载歌载舞，欢庆三日三夜。灯轮代表了太阳，象征太阳的力量。

元宵节也是祭神祭祖的日子。神明和祖先分享人间的喜悦，满足人们通过各种庆祝活动传达的心愿。这一日会拜观音或临水夫人，她们是掌管生育、保护孩童的女神。一般祭祀结束，神明享用过供品后，供品会由家人分食。

人们祈求的愿望与各自的需要和职业有关。关于祭蚕神，河南有个传说。有一男子于深夜见到家中东南角站了一名女子。女子对他说："我是你家中蚕房的神灵，在正月十五这天，你须向我供奉羹肉，我会让你的蚕和桑树增加百倍。"男子遵从蚕神的吩咐。每年元宵节，人们会祭祀蚕神，在食用供品时会说："蚕花娘娘，带上羹汤，带走鼠疫。"老鼠吃蚕虫，蚕神保护桑蚕。

元宵节也适合占卜，预测未来。根据月亮的影子，可以占卜天气、粮食收成、粮油价格以及其他重要事情。在福州，妇女用裙子罩住筲箕，焚香燃烛后说出心愿，如果愿望会实现，筲箕就会移动，谓之箕卜。

许多人家会用爆孛娄进行占卜。爆孛娄即炒米花。如果糯米爆成了米花，则代表好运。

官方常常反对元宵节的节庆习俗，虽然皇帝和官员都会参加庆祝。对国家来说，元宵节庆活动会产生一些问题，比如花费巨大，男女混杂，不合礼仪（礼是儒家最核心的价值观），滋生犯罪。这些问题妨碍了人们的节日狂欢。隋朝有官员上书请愿，希望皇帝禁止元宵节出格的庆祝活动。他在奏折中写道："（窃见京邑，爰及外州，）每以正月望夜，充街塞陌，聚戏朋游，鸣鼓聒天，燎炬照地，人戴兽面，男为女服，倡优杂伎，诡状异形，以秽嫚为欢娱，用鄙亵为笑乐。内外共观，曾不相避，高棚跨路，广幕陵云，袨服靓妆，车马填噎，肴醑肆陈，丝竹繁会。竭赀破产，竞此一时，尽室并孥。无问贵贱，男女混杂，缁素不分。秽行因此而生,盗贼由斯而起。浸以成俗,实有由来,因循敝风,曾无先觉。"①

隋朝禁元宵活动不是特例。1910年,清王朝覆灭的前一年,清政府颁布禁令:"近日福建舞龙灯活动引起诸多混乱,应予以迅速纠正,坚决禁止。已接到上级命令,向兵民颁布此禁令。自禁令颁布之日起,烧毁所持全部龙灯。不可留作私藏,不可私下戏耍。如有违者,下令搜剿,严惩不贷。诸人应皆谨记不犯。"

不过这些禁令丝毫没有影响元宵的风俗。春天以及古老的习俗在召唤人们,忘掉寒冷黑暗、沉闷枯燥的冬季,帮助春天将祝福带到这片土地上。

---

① 《隋书》卷六十二《柳彧列传》。——译者

第六章　临水夫人的故事

　　仲夏的夜晚，中国山村的乡道上，说书人支起摊子，面对周围挤满的听众，开始讲述那些古老而熟悉的故事。他讲孟子早年的坎坷；讲三国英雄关帝；讲观音菩萨在参观冥府时将地狱变成了净土，阎王惧怕失去权力，最后不得不将她送回凡间。不过，他最常讲的还是临水奶的故事。临水奶是保护妇女的女神。

　　很久以前，在福建泉州城外，江上的桥被洪水冲垮了，两岸的百姓必须乘船在河流上通行，湍急的水流经常打翻船只，将整船的人甩在江底礁石上。仁爱世人的观音菩萨知道了，深感痛心，她询问龙王是什么原因妨碍了搭建桥梁。龙王表示，没有其他原因，只是银钱不够。观音马上想出了一个筹集善款的办法。

　　她变成一名年轻美丽的女子，将一节竹枝变作一叶扁舟，找来当地的土地神当船夫，然后站在船中间，对村民说，她正在筹集善款重建桥梁，谁能用铜板砸中她，谁就能够娶她当妻子，期限一百年。这个消息一传十，十传百。男人们无论年长年幼，都带着铜钱来到岸边，希望能赢得这个美丽的女子。富人掷金子、银稞，穷人掷铜钱。观音用神力避开了每个铜板，同时让钱都落到船里，很快就筹集了大量造桥善款。

　　有一天，一名菜农路过，被聚集的人群吸引。他见到观音，一下就迷住了，立即放下竹筐，掏出身上所有的银钱，碾成细细的银粉，含在嘴中，然后走到离观音最近的地方，朝观音喷出口中银粉。银粉像云雾一样笼罩着观音，有些落在她衣服上，有些落在她秀发上。观音吓了一跳，摘下头巾扔到一边，变成一团云慢慢消失了。

可怜的菜农只能站在岸上，看着那团云雾带着他所有的钱财和希望消失在空气中了。绝望之中，他跳河自尽了。

因果循环，观音和菜农逃不开各自的宿命。观音进入轮回，投胎到福州城郊一名妇人腹中，按时出生了，就是临水奶。菜农的魂魄被阎王投到了一户贫穷却善良的人家。从小到大，他都是善良的典范。他参加了乡试，排名第九，当上了一个小官吏，和临水奶订了婚。但这个年轻的女孩心思不在结婚生子上。她喜欢给观音上香，背诵佛经，斋戒不眠。女孩的父亲十分恼火，打翻了观音像，撕毁经书。悲伤之下，女孩离开了家，带着一名随从，住进了闾山上一间寺庙里。

路上她遇见了自己的宿敌，这是对她的考验。一个是猴精，变化成人的样子；另一个是蛇妖。他们想吃掉临水奶和她的同伴，临水奶将佛珠投向两妖，暂时吓退他们。两妖跟着她来到寺院里，看到寺院门上写着"十年一开"，便用头叩门，门上的字却变了，变成"千年一开"。他们只好放弃进寺。

在寺庙里，临水奶过着普通尼姑的生活，从舂米这种杂务做起，然后慢慢开始学习佛家经典。她非常勤奋，经文覆盖周身，最后化作眼睛。三年之后，她完成了修行，决定回家。师傅特别嘱咐她往前走不要回头看。走了二十四步之后，感怀于师傅的恩情，她回了头。师傅非常忧虑，提醒她在二十四岁那年务必小心，不要动用法术。

回到家中，父亲非常高兴地接纳了女儿，父亲为自己以前的行为忏悔，如今他已经是名虔诚的信徒了。媒婆找上门来，让她完婚。两个妖怪跟踪临水奶来到山下，始终没放弃破坏她的生活。未婚夫正在参加官府考试，妖怪中的一人变化成仆人，偷走了未婚夫的文章，将他掳去古田一山洞中，在他茶水里下了健忘的药，想让他和另一名女子成婚，但他没有答应，妖怪于是拘了他的魂魄，令他无法逃走。当地的土地神得知山洞里发生的事，马上告诉了临水奶。开始，临水奶怀疑这又是妖怪引她出动的阴谋，犹豫不决，直到未婚夫的父母找到临水奶，请求她去搭救自己的儿子，于是她制订了搭救计划。她让未婚夫的父亲准备两桶鞭炮、一坛混合了硫黄的白酒，并找了一些精怪帮忙。一行人在法术的保护下，砸开了山洞大门，临水奶点燃鞭炮，将混合了硫黄的酒撒向妖怪。小妖都死了，但是头目逃跑了。在山洞深处，一行人找到了被倒吊在那里的未婚夫。临水奶救活了他，将他带回家。在她的精心照料下，未婚夫很快恢复了，两人在亲友的见证下成婚了。

后来,临水奶的丈夫成了受人尊敬的一方父母官,而临水奶扶弱济贫,保护百姓。但是并不像西方的故事就此结束了,真正的故事婚后才开始。观音化身临水奶一如既往帮助百姓。在她所有的善举中,渔民们最津津乐道的是她降服海怪的事迹。海中有一条巨大的鱼妖,一天它来到岸边,用法术变出了一座宫殿,宫殿里亭台楼阁,高低错落,乐师鼓乐,少女起舞,华丽热闹。它的舌头变成一座通往宫殿的桥,两角变作柱子,双眼变作宫灯,牙齿变成僧侣。岸上的人们听到鼓乐声,看到宫殿,纷纷走上妖怪舌头变的桥,走进妖怪的口中,成为妖怪的盘中餐。临水奶知道后,用法术变出一把匕首,将鱼妖杀死,救出了百姓。

终于,临水奶到了二十四岁这一年,师傅曾经警告过她不可使用法术。临水奶有种不祥的预兆。最开始一切都很顺利,直到有一天传来一个消息，她的兄弟，一个道家弟子，祈雨失败，愤怒的百姓要将他杀死。这时的临水奶已经怀孕了,这种情况下她无法作法帮助兄弟,情况十分危急。最终她决定帮助自己的兄弟。她先将腹中胎儿精魂取出,装进罐子里。为了保护胎儿,她将筛子变作八卦挂在门前,将簸箕变成张着大口的老虎,在后门绑一根绳子,变作蛇,又把整个屋子变成荷花池。她找来母亲,守在屋里,再三叮嘱她,无论外面发生什么,都不要开门。然后她动身前去帮助兄弟祈雨。

蛇妖和猴妖很快得到消息,临水奶留下了胎儿,他们打算抢夺她的孩子。猴妖幻化成一个小孩子,到处寻找临水奶的房屋,但一无所获,只能回去禀报说,那里没有房屋,只有一个荷花池。蛇妖马上有所怀疑,变作小鸟,飞到荷花池停在一朵荷花上,叽叽喳喳地鸣叫。临水奶的母亲听到了鸟鸣声,问道:"如果我女儿平安顺利,请鸣叫三声。"小鸟叫了三声,确定了这就是他要找的房子。

蛇妖立刻又变作一孩童敲门。临水奶的母亲开了门,看到只是个孩子,便让他进门了。孩子说想要喝茶,临水奶的母亲让他去厨房倒茶,孩子走了几步马上又被盘在地上的蛇吓退了回来。临水奶的母亲毫无所觉地道出真相，告诉他，那只是绳子，不必害怕。孩子又要喝水，临水奶的母亲让他去前门，他被老虎吓得又跑回来，临水奶的母亲保证说那只是簸箕。孩子又问门上挂的八卦，得知只是筛子。蛇妖这下放心了，他找到装着临水奶孩子的罐子，毁了它，然后消失了。

与此同时，临水奶正站在江中一块芦苇垫子上施法祈雨。孩子被杀时，她感到腹中一阵剧痛，马上知道了发生的事。很快，蛇妖和猴妖追了过来，想把她拉进水中。她感到水流上涌，意识到危险，马上施法向师傅求救。师傅向河中掷出三块石头，变成鸭子，驮着临水奶回到岸上。临水奶身心遭受重创，没过多久就去世了。

临水奶死后成了女神，帮助那些遭受生育之苦的妇女，成为母亲以及所有遭受苦难的女性的保护神。

有趣的是，满足女性需求的女神临水夫人的故事就是以临水奶的形象和经历为原型。根据一些记载，临水奶的原型生于公元767年福州下渡。她嫁给了一名叫刘杞的男子，在她二十四岁时，为给大旱地区祈雨，脱胎作法。根据记载，大旱发生在790年，正好是临水奶的原型二十四岁那年。

临水奶崇拜经历一段时间后，终于获得官方承认。大约在926—935年间，临水奶获封"顺懿夫人""慈济夫人"。在宋代的1241—1253年间，福州知事的妻子怀孕十七个月，产下蛇数斗，临水奶显灵，治好了知事的妻子。知事上书皇帝请封，临水奶被封为"崇福昭惠慈济夫人"。道光皇帝的皇后生产时难产，福州有位高官建议皇后祭拜母亲之神临水奶，女神显灵，婴儿顺利出生，临水奶获封"陈太后"。

临水夫人的诞辰在正月十五。这日正午，福州的每个家庭都会在家中祭拜临水夫人像，献上丰盛的祭品。祭品中有鸭蛋，但鸭子不能用于祭祀，因为鸭子救了临水夫人。祭祀由妇女和儿童进行，她们按照年龄大小，依次在神位前上香叩拜。

夜晚临水夫人庙里人潮涌动。她的神像前摆放了一只巨大的花瓶，花瓶中插满鲜花。上香后，妇女会请一枝花和一炷香回家。花象征孩子，也寓意开花结果，顺利生子。妇女会给神庙的看护人三十三文铜钱，富裕的会给三百三十三文，因为"三"谐音"生"。通常，妇女会带走临水夫人的一只鞋，怀孕之后将这只鞋连同一双新鞋一起送还给临水夫人，作为还愿。

十五当晚，庙宇的管理人会组织一些庆祝活动。典型的当属载满孩童的花车巡游，它象征临水夫人送子助产的职责。临水夫人神像的膝上放有一个花瓶，装满鲜花，妇人们就从其中取花。

临水夫人在妇女的生活中占有重要位置。妇人怀孕五个月时，丈夫要去庙里向母亲之神临水夫人还愿，通常会说，某某的妻子怀孕五个月了，感谢女神赐给他当父亲的机会。他带来了祭品表达谢意，希望女神继续保佑妻子余生身体健康，顺利诞下孩子，如果顺利，会再来向女神献上祭品。

临近产期，人们会择一黄道吉日，举行仪式驱赶伤害孩子的猴妖和蛇妖。祭司焚烧纸做的螃蟹，或者放生螃蟹，因为"蟹"谐音"邪"。

如果发生难产，人们会为临水夫人表演布袋戏，祈求顺利。婴儿出生三日后，举行洗礼，祭祀临水夫人以还愿。婴儿出生满十四日，再行祭祀礼。满月后，女孩在临水夫人神像前剃发，男孩在祖先牌位前剃发。孩子满四个月和一年时，也要还愿献祭品。孩子满周岁时，会进行抓周：将孩子放在大竹盘中间，面前摆一架称银两的磅秤、一把剪刀、一把尺子、一面铜镜、一副笔砚、几本书、一把算盘、若干金银首饰和水果。摆放这些物品是为了预测孩子的未来，他第一个抓起的物件预示着以后从事的职业。

此后每年临水奶诞辰时，人们都要去临水庙祭拜，直到孩子十六岁成年。

虽然临水奶崇拜在福建以外的地区并不流行，但在各地都有与她相似的人物。妇女的需要和渴望以及对子嗣的需求，令临水奶走上神坛，享受供奉，她的寺庙常年香火鼎盛。

第七章　社稷——土地神与五谷神

58　　在中国，最古老也是最热门的神明当属土地神和谷神。人们对神的信仰经常变化，但对社稷的信仰有数千年的历史，相比其他神明，社稷拥有更多的庙宇和信众。

中国最早的历史中提到了家宅神。最早人们住在黄河两岸黄土坡上的窑洞里，或住在木头搭建结构、草和泥土堆砌而成的茅草屋里。所有的房屋有个共同特征，就是屋顶有一个通风口，用来排烟。烟囱下方屋内的这块地面，称为"中霤"，受雨露滋养，被阳光温暖，对此地的守护神来说是圣地。

早期的村庄环绕着土地神祭坛建造。在周朝，每二十五户人家围绕一座祭坛而居，为"一社"。在古代，"社"这个汉字指的是土地神，或围绕土地神祭坛而居的社会群体，是一种基层行政单位。如今，"社"多用社会的意思。

59　　中国历史上，每个行政级别都受到当地土地神的庇护。在清朝，皇帝在北京南城设有一座大型祭坛。省府县各级均设有土神祭坛。皇帝在紫禁城中有私人祭坛。这些祭坛都为方形，规模大小由所属的行政级别而定。北京南城的祭坛铺设不同颜色的土，来自国土的不同区域：东方青土，南方红土，西方白土，北方黑土，中央黄土。每个村庄，甚至城市的不同区域，都各自拥有土地神的庙宇。墓地有祭坛，寺院有土地神的圣祠。

按习俗，祭坛周围栽种树木，象征受到上天祝福，这也是受远古树木崇拜的影响。公共场所的祭坛是露天的，代表了大地的孕育之力汇聚于一处。这种稍显粗糙的祭坛的出现，反映了早期人类试图将大地之力具象化，并与自身需求联系起来。祭坛是大地之力的具象化，因此，新王朝建立时会掩埋旧王朝的社稷坛，避免上天的力量让旧朝死灰复燃，重新崛起。被破坏的祭坛旧址会用来作为审判和处刑的场所，以便破坏前朝聚集的能量。

人们的生产生活都离不开祭坛。天子出巡前，需在祭坛举行祭祀，告知土地，祈求出行顺利、马到成功。其他大事诸如立皇储、皇帝或皇后患病，也都需要在祭坛昭告天地；将士远征前，会在祭坛举行祭祀，勉励士兵忠于生他养他的土地。

与土地神关系密切的是五谷神。最早，稷谷（粟）受人敬奉为神明。后来，一位有名的上古人物被分配掌管稷谷农事，成为土地神，受人崇拜。土地神和谷神经常被一同提起，两者合称为社稷。

每年春、秋季第二个月的戊日，会举行国家级别的祭典祭祀社稷。这项祭祀从远古时期开始，一直延续至清朝末年。通常都城外会设社稷坛，周围古树环抱。社稷坛为两层的方形平台，坛高两尺，长二十五尺，造型简单古朴。

祭祀典礼的主祭一般是总督或巡抚，同知等副官级别以上的文官、千夫长级别以上的武官皆陪祭。祭祀前三天，所有官员进行斋戒，禁食味道浓重的食物，禁乐，禁欲，禁止公开买卖。祭祀大典前夜，正式挑选、宰杀用于祭祀的牲畜，动物的血和毛发被埋于地下。

接下来布置祭坛。坛中央放一案桌，案桌上供奉土地神和谷神的神牌位。祭品除了常用的香火、香烛、鲜花外，还有一头羊、一头猪、一碗羹，两簋黍稷，两簋稻粱，四笾盐、枣、栗、鹿脯，四豆莱菔、鹿醢、芹菹、兔醢。上述所需祭品如有缺乏，可以用当地的食物替换。除此之外，另设有尊爵，盛放粟米酿的酒，以及两卷白纸象征帛。不远处桌上放着祭祀官方祝文。祭坛一侧摆放一盆水用于净手。

出席祭典的人员有固定的站位。文官列队祭坛东面，武官列西面，皆面向祭坛而立。赞引、司祝，代表皇帝的巡礼官都有各自的位置。

祭典开始，相关人员检查祭品陈设准备，承祭官被引至一旁洗手盆处盥洗，其他陪祀人员各自站在对应位置。通赞礼生宣布开始祭祀社稷，首先进行迎神和接神。

赞引礼生引承祭官至摆放神位的供桌前跪立，左侧司香从桌上拿起炷香，递于承祭官，承祭官三上香，将香递给右侧司香。之后，引承祭官回到原来的位置，所有参祭人员一同行三跪九叩之礼。

下一步是"初献"，仪式与迎神仪式相同，不同的是祭品换成纸帛和酒爵，进行奠帛、奠爵。

接下来，司祝宣读祝文："某年月日某人（名），敢昭告于社稷之神。惟神奠安九土，粒食万邦，分五色以表封圻，育三农而蕃稼穑。恭承守土，肃展明禋。时届仲春（秋），敬修祀典，庶丸丸松柏，巩磐石于疆；翼翼黍苗，佐神仓于不匮。尚飨！"①

宣读祝文后，所有人再行三跪九叩之礼，之后进行第二轮、第三轮献祭。然后分食酒肉，饮福受胙，人们认为经过祭祀的食物，已受神的赐福。之后举行相应的仪式送神。所有祭品清理撤下，祭文和纸帛埋于地下，参祭人员退场。

国家层面的社稷祭祀自1912年中断了，社稷坛也疏于管理。不过在农村地区，社稷崇拜盛行一如往昔。每个村子都有一座神庙，有些神庙仅有一祠、一钟、一树；另一些有华丽精致的建筑，屋顶有龙等脊兽。神庙中除了土地神和谷神，还供奉其他神明，例如观音菩萨、天花娘娘、武神关帝、五路神。

土地神的职位相当于一村的治安长官，他是上天和冥府的代表。其职责是记录村里发生的一切事情，并如实报告给上天和冥府阎罗。随着习俗的演变，人们的出生、死亡以及村中其他大事会在神庙中被宣布。

每年从当地乡绅中选出人，组成族老会，负责管理寺庙。族老会组织各种节庆活动，并负责筹集活动资金。族老会的领头人叫"乐头"。筹款金额会根据各家的经济实力而定，通常一次付清。如果出现资金不足的情况，将由族老会自行补足。筹款的账目明细会公告在寺庙门前。

---

① 《（道光）永定县志》卷十三《祠祀志》。——译者

村里的民间信仰活动主要有各种游行、宴会和祭祀。每年正月，有游神的习俗，人们请出当地供奉的神明及陪神，举行全村的巡游。参与巡游的人穿上特定的节日服装，排成一条长队。走在队伍最前面的是负责敲锣打鼓的乐人，紧跟着众人吹笛、捧香、举板，板上书颂神之词，然后是一把火红的伞，代表官府威严，走在最后的是坐在轿上的神像，由四名大汉抬轿。常有其他村子的人过来观礼，留下吃席。人们相信，这样的游神活动能够带来吉祥和安宁。

福州周边的村庄有个习俗，在正月十五元宵节当晚"伴神"。哪家如有喜事发生，例如添丁或者升官，族老会会要求其准备一份礼物，叫作"喜金"。喜金用来举办宴席和演出。当晚，寺庙里灯火通明，举办宴席。首先，由族老会进行祭祀，然后村民们就可以一同饮宴，观看演出。世界各地都有陪伴神明、与神同饮同乐的习俗。这种仪式将神与信众联系起来，向人们传递神的力量，消灾祛病。

除了常规的祭祀活动，产妇难产也会到寺庙祈求神明保佑。如遇瘟疫、大旱及其他灾害时，寺庙的道长或僧人会举办法事。

寺庙除了是民间信仰的主要活动场所，还承担了管理村庄的责任。中国人的生活以家庭为单位，绝大部分事情都能在家庭内部自行解决。村民的共同利益则在寺庙集中体现。寺庙的族老会制定各项规定，涉及市场管理、街道管理、路灯等公共设施管理以及治安维护和村庄戍卫。对村民来说，族老会既是乡规的制定者，又是审判者和地方管理者。当然他们受当地政府管辖。

一个村庄就是一个自治的主体。村与村之间经常会宣战、捉人质、和谈，用其他各种方式彰显自己的独立性。村里的乡绅一般禁止将本村的粮食卖给其他村，以防粮价过度上涨，因此他们经常能获得当地政府的支持。

如今在中国农村地区，土地神仍有很大的影响力。在一些大城市，同样也能找到土地神的庙宇，因为大城市也是由一个个围绕土地庙而建的村社区构成的。这种社会结构是最原始也是最有效率的，它比伟大的帝国和强大的统治者存在得更久。无论在现代的上海还是在偏远的四川，这种社会结构同样行之有效。它展示了中华文化的源远流长。这些围绕土地庙而建的村社区管理良好，人们安居乐业，它们是帝国和统治者建立的礁石。朝代更迭，统治者变换，但村庄依然运作如常，相信它会在如今混乱的局面中创造一方平静安宁。

第八章　拗九节

正月二十九的拗九节是福州最盛行的节日之一。这一日，每家每户用糯米煮粥，再佐以红糖、花生、大枣、豆子、荸荠、枇杷、杏仁，烹制成"拗九粥"。人们用拗九粥祭祀天地、祖宗，也会将拗九粥同其他食物一起馈赠亲友。拗九粥表面一般会用花生或其他果仁摆成一个"寿"字。这一天，人们烧掉从正月十五元宵节开始一直挂在家中的灯笼，"灯"谐音"丁"，希望通过此举向神明求子。

据说，拗九节来源于目连的故事。目连的母亲发愿，永不沾荤腥，但有一天，她得了重病，有人告诉目连，吃一点肉就能帮她恢复健康。于是目连偷偷在母亲的食物里加了一点肉沫。正是因为这一点肉沫，母亲违背了誓言，死后被打入阿鼻地狱。目连悲痛异常，想给母亲送些食物，但每次都被看门的小鬼拿走了。于是他灵机一动改变方法，煮了一碗粥，里面加了各种黑色的东西。看门的鬼怪被粥难看的样子蒙蔽，让他成功地给母亲送了饭。为了纪念目连的孝心，人们保留了这个习俗。

拗九节也叫后九节，第一个九在正月初九，第二个九在正月十九，拗九节在最后一个九，即正月二十九。九过后就是十，十代表完结或尽头，所以九并不吉利。这天对年龄中带九或九的倍数的人来说有许多禁忌。这类人要去朋友的家中吃拗九粥，如果在自己家中，他们不能自己做拗九粥，只能由朋友送来。

在中国其他地区观察到的大约同一时期的习俗有另外的解释。在福州附近，农民把拗九粥叫作青羹。吃青羹可以赐福农田，驱疾避疫。

在直隶的一些地方，这一天人们包饺子，做春饼，过填仓节——希望粮食丰收，填满谷仓。那里的人将炭灰撒在打谷场上，画成粮囤的形状，中间撒上谷粒，象征粮仓，然后用棍棒敲打。在直隶的另一些地方，人们会用捣杵敲打房子周围的场地，叫作打空打缺。到了正月二十，人们会画一幅粮仓，上面堆放炭灰和谷物，放在院中。第二天在粮仓里做相同的布置，代表把粮仓填满的意思。

其他省市在正月末这段时间，也有相似的习俗，抱着相同的目的，即提醒天地，是时候让粮仓充盈起来了。孝敬父母拗九粥寓意祈福之人并不自私，眼中有年迈和贫困的人。目连的故事就是很好的解释。农民如果想有好收成，就必须尽基本的孝道。

第九章　观音

观世音或观音，是中国最家喻户晓的神明。到处可以见到她的庙宇，每个家庭女子的房间里几乎都供奉观音的神位。观音的意思是观照世人的祈愿。她能够听到有需要之人、受压迫之人、身处危难之人，尤其是妇女和孩童的祈祷。通常她的称号是"大慈大悲观世音菩萨"，其他称号重点强调她的力量、智慧，尤其是对世人的悲悯。

观音以多种形象出现，常见的形象是一位美丽的女性，怀抱婴孩，与圣母玛利亚有相似之处。她的称号之一"观音祖师"①突出了这种相似。

观音有着悠久的历史和多元的背景。观音是公元3世纪至7世纪印度大乘佛教信奉的男性神明（Avalokitesvara）。自古以来，观音菩萨以不同的面貌，在不同的地方出现，不过都是男性形象。其道场在普陀珞珈山，马来半岛以东。他保护出海的船员，拯救虔诚的信徒，类似于毗湿奴（Vishnu）。

观音随大乘佛教传入中国，一起传入的还有另一位文殊菩萨，其道场在山西五台山。在这一过程中，观音成了女性神明。最开始，观音仍是男性。公元668年一书中提到观音只作男性。公元10世纪出版的文集中，观音似僧人。公元12世纪出版的画集中，观音没有佩戴妇女的头饰，也未穿女性服装。但是也有事实表明，在一些地区，观音很早就是女性神。公元6世纪，有提到观音是一名女子，传说原是一位公主，后来出家为尼，

---

① 此处为直译，原文为"ancestor of Buddha who hears prayer"。——译者

图 1-4 观音

叫作观音。公元12世纪，有宋词描述她：笑容和煦，面容清秀，双目熠熠，来自西方极乐界。

观音由男相转变为女相的时间和原因，仍待研究。有人认为是受基督教影响，特别是景教。唐贞观九年（635），基督教聂斯脱利派传入中国，发展为景教。不过，观音转变为女相的原因，比受两种宗教影响要复杂得多。圣母玛利亚的概念是基督教创立之前就已存在的，即使聂斯脱利派没有来中国，观音的形象很可能仍会发生转变。不过，观音的男相和女相都留存至今，有些甚至出现在同一座寺庙里。询问僧人，他回答，佛经中记载，菩萨既不是男性也不是女性，其真相是无相之相，所以能现一切相。这是菩萨的能力。这种说法看起来比较合理。

另有一种较大的可能，观音是佛教中的观音菩萨的形象与各地原有的众多本土女性神明的结合体。

关于观音的书籍有很多，现今流行的一本初版于公元1416年，此后多次再版。其记载了观音作为西方极乐世界之主阿弥陀佛的化身修行成道的故事。

书中写道，一日，阿弥陀佛"在大罗天宫，逍遥胜景，座八宝金莲，受用无疆，慧眼遥观，见东土众生，贪迷酒色财气，利锁名缰，造染罪愆，六道轮回，转报不一，醉生梦死，脱骨如山。冤缘相报，皆无了期。尊者不觉慈心悲念曰……观此众生冤孽，何能解消。黑气盘空，实实骇人。吾观男子哩，亦有知觉三教之理，明善穷原，嗳，但视女子，不明天理循环，世所禁戒，有堕落不堪者也。细思尘苦，可悲可叹。吾不如下世，脱化女身，解此五浊之灾，以作后世榜样。使妇女亦好知非改过，逃脱轮回之苦，免却地狱诸刑，血河之报。同登菩提觉路，共享极乐美景"①。

于是阿弥陀佛禀明瑶池金母，获准下凡。观万国四部洲，决定脱胎到东南方兴林国国王妙庄王家中。

一晚，兴林国国母伯牙在睡梦中见到一轮太阳落于怀中，不久腹中有孕。十月胎足，娘娘生下一名公主，取名妙善。国母怀孕之后，

---

① 《观音济度本愿真经·上卷》。——译者

不食一切荤腥之物。妙善公主"自幼荤乳不食。及长至五六岁时,秉性善良,心灵异常。凡读书,过目不忘。出言吐辞,比众不同。庄王、国母喜爱至切"。

妙善公主十六岁时,庄王想将其许配给邻国王孙,加强政治同盟。出乎庄王意料,妙善不但拒绝联姻,还表示想持斋修行,终身不嫁。庄王大怒道:"你若修行,不依我劝,将身上衣服一概脱下,只留遮体衣衫,去到花园挑水润花。"妙善欣然承担起仆人的工作,诸神暗中相助,减轻她的负担,她养的花鲜妍更胜往日。庄王气怒过后有些后悔,派妙善的两位姐姐前去劝解,但妙善初心不改,意志坚决。

庄王只得将妙善送往一处寺庙修行,并叮嘱寺庙尼僧让她做最苦的差事,如果能劝她回心转意,放弃修行,听话嫁人,便重重有赏。寺中长老安排妙善扫地、劈柴、挑水、舂米,干最卑微的活儿。但在诸神的帮助下,妙善做完各项差事,毫不觉劳苦。主持和寺院的尼僧都劝她摆脱这种被贬斥的困苦生活,依然毫无效果。

一日,谣言传了开来,称妙善公主与附近寺院的年轻男主持过从甚密,还生下一个孩子。谣言传入庄王耳中,羞愤之下,庄王一把火焚毁寺院,五百僧尼,皆葬身火海。妙善公主被带到庄王面前,仍然"冥顽不灵"。庄王判处她死刑。但处刑的钢刀一挥下就碎成了碎片,最终,妙善被处以绞刑。紧接着,金光大盛,黄龙真人出现在法场,妙善的魂魄与仙人一同离去。

瑶池金母预见其爱徒该有斩绞之灾,立刻命人引妙善魂魄回西方极乐世界,又命太白星君遣神虎,将公主尸骸送于松林。

妙善魂魄面见金母后,由黄龙真人引领参观十殿地狱。她的良善仁慈逐渐将地狱这个罪恶之地度化成净土。阎王心存畏惧,匆匆送妙善还阳。

公主的尸身存于松林中由仙人看守。妙善从地狱归来,重回肉身,来到了离兴林国首都不远的一处寺庙。此时的庄王已是衰弱的老人,生了怪病,浑身长满恶疮,每个恶疮代表一个他烧死的僧尼,代表他的罪孽。上帝知晓他犯下的罪行,命人缩短其阳寿二十四年。

庄王来到寺庙,一位老僧人告诉他,此病治好不难,但药方难办,需要亲人手眼,配熏丹药,即刻见效。庄王以江山相酬,两个女儿愿意

图 1-5 弥勒佛

牺牲自己，献出手眼，但她们的丈夫不同意。老僧又建议庄王戒荤腥，重修烧毁的庙宇以表忏悔，举行法事超度枉死的五百僧尼，助他们早登极乐。

一日，庄王发现寺庙的祭台上悬挂了一眼一手。将手眼与草药同煮成药，涂抹在恶疮上，庄王终于康复了。后来他才知道手眼是自己小女儿妙善的。庄王追悔莫及，至此大彻大悟，将王国交给大臣后皈依佛门。女儿妙善得道成观音。阿弥陀佛在最后展示了一位女儿对曾经抛弃过自己的父亲尽孝道，至此圆满完成了转世之旅。所以，观音也是中华美德中孝的化身。

在西天之主阿弥陀佛、大势至菩萨的庙宇中，经常能找到观音的神像。三者合称西方三圣，三圣是引渡世人去往西方极乐世界的使者。

观音不仅以慈悲观照世人，救人于苦难，她还可以为信徒预示未来，通过免费分发的劝世小书册劝人向善。

每月的初一、十五祭拜观音。二月十九观音生辰，六月十九成佛日，九月十九出家日（另有说法为忌日），人们都会举行特别的祭祀仪式。这几日，人们送上蔬果作为供品。新婚一月的新娘子会收到公婆赠送的观音像、香炉和香烛。遇上干旱、洪涝、瘟疫等灾害，人们会祭拜观音以求平安。

观音是理想的中国女性形象，其神像受男女老少供奉祭拜。她是美丽、温柔、慈悲的化身，观照救助世间一切危难；她是女性的保护者，看顾女性的方方面面，尤其是求子和分娩方面。观音在中国女性心目中和生活中，占据中心地位。

第十章　文昌

中国人一贯认为诗词文章是上天的馈赠，对能够写出锦绣文章的文人十分尊重。因此，文昌，又名文昌帝，在中国的万神殿中占有重要地位。

文昌帝君崇拜由盛转衰，正好诠释了神明由最初产生，慢慢发展成形，达到顶峰盛极一时，到渐渐式微，最终被其他崇拜取代的过程。周朝时人们信奉司命星君，司命二星在虚北，掌管福、禄、寿，古代露天燔柴堆祭祀。汉代仍然延续这一崇拜。后来人们从北斗中挑出六颗星，分别赐予它们与国家职能对应的功能：一曰上将，大将建威武；二曰次将，尚书正左右；三曰贵相，太常理文绪；四曰司禄、司中，司隶赏功进；五曰司命、司怪，太史主灭咎；六曰司寇，大理佐理宝。六星合称文昌六星。冬至后第一个亥日祭祀文昌，这一习俗一直沿用至清朝。清朝，在阴历二月初三和八月择一吉日，祭祀文昌。

到了宋朝，宋真宗封文昌为"九天辅元开化主宰真君"，其夫人获封圣天妃。三台司命、司中（司命夫人）、司禄，配祀天坛。后来，文昌被敕封为"帝"。

宋朝时（具体何时未知），文昌帝君入轮回，变作凡人，出生于梓潼。文昌六星是他天上的宫殿所在，人们为他在凡间建起了华丽的庙宇。清朝各级省府州县的中心城市（首府），都设有官方文昌庙，此外还有众多乡绅捐建的庙宇。仅福州就有约四十座文昌庙。

文昌的庙宇和神像保持了良好的形象。文昌帝君的神像外形似高官，

图1-6 南京古代科举考场（现已拆除，建材用于修建现代学校）

穿绣龙蓝色长袍,身边站两名侍童,右边的名叫地哑,左边的名叫天聋。天聋身穿道士长袍,头发扎成两髻,手捧通过考试的学子名单和心想事成灵石。凤凰是文昌帝君的信使,白特[①]为帝君坐骑。孔子在《论语》的一篇文章中提到了两只神兽的名字,文章主要表达天神履行职务时朴素不张扬。这篇文章警示士人,不要自满于取得的成就,要像天地一般踏实、谦虚。文昌像前通常摆有魁星像,魁星是另一位掌管文运的神明。两者在文人圈子里都有极高的地位。

文昌庙也是附近文人集会的场所。他们在这里谈论文史,举行诗歌比赛。每年农历二月初三文昌帝君诞辰,会在此处举办祭祀的活动和宴席。

甚至今日,文昌帝君在中国人热衷的劝世文学中,同样占据重要位置。上天通过他向人们传达道德和信仰的要求,一般通过扶乩,或者更神秘的抛册问卜的方法。

现在这一代的学子崇拜别的神明,修建其他庙宇,文昌庙变成学校或大众集会的场所,文昌神像斑驳破落。文昌帝君曾经住在离天帝最近的宫殿里,如今正慢慢从人们的记忆里消失。

---

① 文昌帝君的坐骑为马头、骡身、驴尾、牛蹄,俗称"四不像"。——译者

第十一章 魁星

中国人有种说法：人离了神，一切照旧；神离了人，磕磕绊绊。这句话正是本章主角——主宰文章兴衰的魁星与封建士大夫的真实写照。魁星崇拜有着悠久的历史，现在他只是在等待破茧成蝶的时机。

魁星是北斗七星中 α 星、β 星、γ 星和 σ 星的总称。四星位于斗首的位置，所以魁的意思是头或首。与现在相比，古代北极与北斗七星距离更近，对中国人来说，北斗七星可以指示季节和星体位置。北斗勺柄春天朝东，夏天朝南，秋天朝西，冬天朝北。魁字由代表勺子的"斗"字和代表灵体的"鬼"字两部分组成，所以"魁"的意思就是组成斗状的四颗星形成的神明。

最初，人们祭祀魁星，并不是将他当作文运之神，而是掌管星宫、四季和人运的神明。司马迁将四星分别称为天枢、天璇、天玑、天权。不久后，人们认为四星执掌阴阳、灾难和刑罚。天枢星，主阳德，天子之象，与帝王相关。慢慢地，文人阶层，同时是统治阶层，将自己的想法投射到四星身上，魁星崇拜逐渐盛行，以此确立自己的地位。

清代，魁星的形象是头顶双角，面赤丑陋，单脚站在海怪身上，另一只脚悬空。他脚下踩的怪鱼很可能是四大神兽之一的青龙，位置看起来与北斗七星的斗柄相接。魁星右手执毛笔和北斗七星，左手托官帽、银锭，这些是官位的象征。魁星曾经也用于主持科举考试。

1314 年魁星受到元仁宗的推崇。传说魁星下凡化作人身参加殿试。他通过了考试，但皇帝看到他丑陋的面貌，拒绝授他金花。魁星失望之下，跳入河中，河里的大龟游过来托住他，魁星飞升上天，成了掌管文运的神仙。

清朝在会试、殿试中取得好成绩的被称为"魁"。文昌帝君春祭后第二个月的第三日举行魁星祭祀。在文人的家庭里，每逢初一、十五或祭祀众神时，人们都会在魁星神像或写了魁星名字的红纸前添上香火。

今天，古代的科举考场几乎都消失了，取而代之的是现代学校。曾经一批又一批的学子拥进考场，拥向魁星和文昌的庙宇祈福烧香，如今已经再难见到。新的思想新的神明取代了它们的位置。不过，在一些家庭和宗祠中，仍然能看到魁星的身影。或许它会走上潘神的老路，但是它不会消亡，它或许会经历蜕变，适应新时代的需求。

第十二章 吕洞宾

81 吕洞宾是另一位掌管文章的神明。不同于文昌帝君和魁星，吕洞宾是一位真实存在的历史人物。吕洞宾位列"八仙"之一，八仙在中国艺术和神话传说中占有重要地位。吕洞宾是一位隐士，隐士是指住在深山河谷、丛林茂原，离群索居的一类群体，他们视黄帝和老子为祖师。

隐士追求长生不老、永生不灭。他们崇尚克己的生活，尽可能减少进食，尽量吸入更多空气。他们认为，食物产自大地，属"阴"和死亡，因此，吃得越少离死亡就越远，最终修成正果的人根本不需要进食。而气属"阳"，如果一个人吸的气越多，并维持憋气状态不呼气，他就能拥有更长的生命，就能永生。传说，隐士中的大能者能够通过皮肤上的毛孔呼吸，有一位甚至能通过脚后跟呼吸。

隐士不但追求食物等物质层面的解放，也追求精神上的解放，灭私欲、私利、肉欲，克制对权力、名声、财富等世俗的欲望。这一追求借
82 鉴了道家的思想，即无私无欲，所为皆为大爱。他们舍家弃业，散尽家财，放弃世俗生活的舒适便利，选择回归自然，过着朴素简单的生活。

除此之外，他们推崇无为而治。隐士过着清静无为的生活。道家不会刻意追求某样东西，但正是这种顺其自然、无为而治，使一切水到渠成。舜统治时期，只是坐在朝南的王座上，但将部族治理得很好。这些隐士追求同样的无为而治。

最初，隐士的理想高远，但随着时间的推移慢慢转淡消失，取而代之的是寻找长生不老药、训练呼吸和锻炼身体柔韧性，以期实现长生不

老。隐士们研究药理药性，是中国医学发展的先驱。他们采集草药，建立起了最早的植物学。他们行踪飘忽不定，在突然消失又突然出现于偏僻的某处这方面，也堪称专家。

他们的终极理想是进入西方极乐世界。西方极乐世界位于昆仑山脉上，由西王母掌管。东边有座蓬莱仙岛，可能在日本附近，也被认为是仙人居住的地方。

隐士处于人、神之间，道教祖师吕洞宾正属于这一阶层。吕洞宾最为人熟悉的身份是八仙之一。八仙中有七位男性、一位女性。有中国学者认为，八仙身份的明确开始于元朝。

吕洞宾，名喦，字洞宾，公元755年四月十四出生于河中府。从他的个人故事看，他一出生便不同于一般婴儿。他出生时，一只白鹤从天而降，满室异香扑鼻。吕洞宾身似金属、头似鹤、背似龟，身形如虎，面如苍龙，眉如翠鸟。他的长相神似许多在中国神话故事中拥有特殊力量的瑞兽。

吕洞宾长大后通过层层考试，考取进士，出任江西德化县县令。他曾游历庐山。庐山位于九江市南面，在庐山遇见了八仙中最早成仙的人——八仙之首钟离权。相传钟离权生活在周朝。

吕洞宾希望拜钟离权为师，向世人宣讲道之真义。钟离权不确定他是否足够坚定，能够承担这项职责，于是设了十次考验。

第一试，吕洞宾远游归来，回到家中，看到家里人全死了。此时他并没有悲痛欲绝、意志消沉，而是去买棺材准备埋葬家人，但买完棺材回到家里时，发现全家人又都完好如初地活了过来。

第二试，吕洞宾到市场上去卖东西，价钱已经说定了，买主却突然反悔了，只肯给他一半的价钱。吕洞宾也毫不争执，连那一半钱也不要了，丢下货物就走了。

第三试，在大年初一那天，吕洞宾出门后，一个乞丐走过来乞求他施舍。吕洞宾给他钱物，但乞丐贪得无厌，指责吕洞宾小气吝啬，并恶语相向。乞丐又掏出一把刀来威胁，吕洞宾接过刀感谢了乞丐，毫无惧色地离开了。

第四试，有一天吕洞宾在山中放羊，遇到一只老虎向羊群扑来。他毫无惧色，将羊群赶到了安全的地方，并将老虎赶跑了。

第五试，吕洞宾独自在山上小屋中读书，忽然走进来一位千娇百媚的美丽女子，对他说自己迷路了，疲惫不堪，请求他收留。整整三个夜晚，女子极尽挑逗，可是吕洞宾却正襟危坐，稳如泰山。

第六试，吕洞宾离家时，家中遭遇抢劫，所有的财物都被偷走了，无以为生，但他并不恼怒，而是亲自耕种。锄地的时候，一锄头下去突然发现有许多金子，他马上又用土把金子埋上，没拿半点。

第七试，吕洞宾在集市上买了一些铜器，拿到家里一看全都变成了金的，他便寻访卖主，全部退了回去。

第八试，吕洞宾在集市上遇到了一个卖药的道士，声称吃了他的药十日内必死无疑。吕洞宾便买了道士的药吃了下去，结果却安然无恙。

第九试，吕洞宾乘船渡河，突然河水大涨，没过堤岸，人们只能艰难涉水而过。当时风狂浪大，吕洞宾乘坐的小船剧烈摇晃，可是他仍旧端坐不动，将生死置之度外。

第十试，一日吕洞宾独坐一室，忽见无数鬼怪拥向他，嘲笑他，有的打骂他，有的甚至想杀了他。吕洞宾一动不动，不闻不问，毫不反抗。又来了几十个厉鬼押着一个血淋淋的死囚，死囚哭号着说吕洞宾害了他的性命，现在要他杀人偿命。这时，忽听空中一声大喝，诸鬼突然消失，一人从天而降，便是钟离权。

最终，吕洞宾通过了十次考验，钟离权赠予他一柄宝剑，派他入世间做三千八百件好事。自此，吕洞宾上山下海，灭猛虎斩恶蛟，斩尽天下妖魔。

12世纪，人们为吕洞宾建起了庙宇，以他的道号"纯阳"命名。①

在对吕洞宾的描述中，他通常手执宝剑，他的宝剑用来斩灭人的贪、嗔、痴、欲及烦忧。

吕洞宾也是理发之祖。很难说在现代理发师中他的地位如何，因为现代的理发工具和技术大多来自西方，也许这些新兴的理发师会忘了他们的始祖。

---

① W. F. Mayers, *Chinese Reader's Manual*, p. 158.

第十三章　寒食节

寒食，意为食冷食，在寒食节这一天及其后几日，厨房中禁火，无法生火煮饭，只能吃冷食度过，因此，寒食节也叫"禁烟"节。寒食节在西方复活节前，清明节前两日。如今，人们不再过寒食节，它已经成了"化石节日"。

古时候，每年的这个季节都有禁火传统。《周礼》中记载："司烜氏仲春以木铎修火禁于国中。"[①]这种木铎流传了下来，现在大街上还能买到。卖木铎的小贩，摇着铃铛走在街上，吸引孩子们的注意。复活节前后，在欧洲各地也能看到出售类似的铃铛。在相隔遥远的两地，出现了相似的玩具，说明两地习俗可能也有着相似的目的。

春季禁火的习俗在太阳崇拜的群体中广为流行。原始社会的人们认为，春分对太阳来说是至关重要的时刻。代表黑暗和死亡的阴气仍然活跃，春日的阳气正拼尽全力与之战斗，各处逐渐显露出胜利的迹象。柳树开始抽芽，青草长出新叶，山丘向阳的一面逐渐覆盖了翠绿色。阴气兴起风暴，最后一搏，企图消灭阳气。但风暴过后，阳光愈加明媚，清风徐徐而来。

原始社会的人们认为，自己也是这场阴阳之争的参与者。因为只有阳气获得胜利，人们才能够愉快地生活。而且他们相信，通过自己的行动、举行仪式，能够帮助阳气在这场争斗中取胜。由此可见，虽然世界各地

[①] 《周礼·秋官·司烜氏》记载，司烜氏为专管取火的小官，摇着以木为舌的铜铃，在街上走，下令禁火。——译者

在这个时节有各种各样的习俗，但都有同一个目的，就是帮助春天的太阳战胜黑暗和死亡。

相助阳气的方法多种多样，其中最好的一种就是在炉灶中禁火，食用冷食。寒食的习俗古已有之。根据《周礼》的记载，最早的禁火是国家推行的。到了曹魏时期，坚持寒食的习俗，经常造成老人、小孩死亡的情况，于是国家在公元474年颁布了法令禁止寒食，但法令难以实施。在山西介休有法令禁止寒食，但在其他地方，依旧有寒食的习俗。寒食被禁之后不久，发生了一场冰雹灾害，造成了大量百姓死亡，庄稼被毁。当时人们迷信地认为这场天灾是国家颁布法令禁止寒食引发的。于是，496年，重新恢复了寒食的习俗。

在唐代和宋代，到了寒食节，皇帝会向重要的文武大臣分发榆柳之木所生的新火，谓之"改新火"，改火的目的是调和阳气。这一天，宫中负责膳食的奴仆的孩子，会比赛钻木取火。谁先取得新火，献给皇帝，就能获赏几匹绢帛和一个金碗。

寒食节禁火的习俗，起源于春秋时期的义士介子推的故事。据《左传》记载，晋文公有一名忠心的臣子名叫介子推。公元前654年，晋文公在外流亡，介子推不离不弃，始终陪伴左右。直到公元前635年，晋文公重新归来做了君主，但介子推拒绝了所有的封赏和官职，功成身退。为了躲避晋文公的寻找，他躲进了山西的绵山。晋文公进山遍寻不得，最后将绵山改名为介山①，纪念介子推。

据后来的传说，晋文公为了逼介子推露面，放火烧山。介子推和他的母亲抱着一棵大树，在大火中烧死了。大火发生在三月，于是在三月禁止动火，食用冷食，以此纪念介子推。这就是今天关于寒食节的故事。可以看出，对这个节日的解释有所不同。

不同朝代不同地方在春季还有众多具有特色的习俗，表明这个节日的起源和意义。管子写道："雕卵，然后瀹之。""所以发积藏，散万物。"②生命储存在蛋中，在泥土里，此时获胜的春日太阳打破了蛋壳，将生命从黑暗中释放了出来。

---

① 介山位于山西三市交界处。
② ［南朝梁］宗懔：《荆楚岁时记》。——译者

在今天的福州，用切碎的薄荷混合大米或蔬菜为馅做成团子，与上述的鸡蛋具有相同的寓意。

毽球，即如今学生当中十分流行的踢毽子，由黄帝发明，可能也是源于寒食节的习俗。

中国某些地方，有荡秋千和转轮秋千的娱乐活动，也来自寒食节的习俗。荡秋千最早是为了帮助春日与黑暗对抗。山东地方志《寿光县志》中记载了寒食节荡秋千的习俗："寒食清明二日，禁火、踏青，作戏场，或演梨园，或扮巫鼓，士女云集，阗喧于道。人家植双木于院落，系绳板为秋千，唐人所谓半仙戏也。又或于市町广场竖巨木，高数丈，缚车轮于木梢，而垂屈板于周遭，有多至三十二索者，横木于下，而以人力推转，妇女靓装，盘旋空中，飞红扬紫，翩若舞蝶，千百为群，蹴尘竞赴，大抵皆齐民中下之家也，失其阃教矣。"

寒食节去郊外踏青，是人们自古以来一直遵循的传统。在宋代，福州当地府衙旁有一座花园，寒食节时人们可以去花园里游玩赏花。去郊外踏青的人，会采摘有药用价值的草药带回来，这个季节野外有许多草药。如今在乡村，人们会带回松枝插在门上，松枝寓意健康长寿。

寒食节前几日，人们会折柳条插在屋檐瓦片下。柳树发芽很早，象征春天的太阳战胜黑暗，万物复苏，因此，柳树成为寒食节的象征，经常在寒食节被使用。在欧洲和美国，棕树节（复活节前的星期日）这天，人们会带褪色柳的枝条去教堂，接受神父的祝福。

古代寒食节过后，人们用榆木和柳木取新火，称为"改新火"。负责取新火的人会受到祝福，幸运一整年。在直隶的某些地区，流传着一种说法，寒食之后如果不取新火、不戴柳条，年轻人也会变白头。直隶地方志中有一篇文章写道，寒食之际，人们总是忧心忡忡。每年他们都焦急等待榆树、柳树发芽，以便摘下新叶。人们将其视为粮食的象征。

北京的清明节有个特别的习俗，有助于阐明我们的观点。在清明这一天，北京大街上会卖冰，人们用两只青铜小杯击打冰块，象征消灭黑暗和死亡。

古代的中国人通过这些习俗，帮助大自然重获新生，这也反映了人们渴望能够掌控死亡和死后的生命——大自然每年的变化更替象征生命的循环。今时今日，只有"寒食"一词流传了下来，向我们展示了一点古代人眼中与自然的亲密关系。

第十四章　清明

中国人将一年分为二十四个节气，表示自然节律。清明节气，在春分之后，冬至过后的第一百零六天，紧跟着寒食节。清明开始于阳历4月5日前后，结束于4月20日。此时，在代表光明的阳气和代表黑暗的阴气的争斗中，阳气获胜。《礼记》记载了人们通过祭祀，帮助阳气的过程："天子乃鲜羔开冰，先荐寝庙。"① 公羊能增强阳气，破冰象征阴气失败。这一时节，气清景明。

清明要祭拜亡故的人。人们自发地走进山里，祭拜已故的亲朋。老老少少一同来到墓前，先拔除荒草，清除杂物，给墓碑上的刻字重新上色，再祭拜亡故的人和守护陵墓的神灵。在墓碑上倒上少许酒。亡故的人享用过后，祭品再由一旁的生者分食。

如果家中有人生病或倒霉，一般会归咎于祖先在阴间过得不开心。在风水师搬迁祖坟的建议下，他们取出祖先的骸骨，重新挑选一块风水宝地安葬祖先。如果棺材腐烂了，他们取出骸骨，刮去腐烂处，再将骸骨包在丝绸布包里，重新安葬在新墓地中。如果有亲人在最近一年去世，要去哭坟。

清明节，除了祭祖扫墓，人们也会走出家门踏青，感受春风和煦、日光明媚，汲取大自然的能量。人们会折一枝象征长寿的松枝，带回家插在门上。

---

① 《礼记·月令》。——译者

屋檐下大门上方会插柳枝。唐朝时，黄巢准备起义，他告诉那些支持自己的人在门上方插柳枝，用以区分。那天正好是清明节，于是这个习俗就流传了下来。柳树属阳，将柳条插于大门上方，可以镇压尚未完全消失的邪祟。

近些年，在中国的基督教会看到了清明节的价值，予以保护，并用基督教中耶稣死而复生的故事和永生的思想丰富其内涵。

第十五章　籍田礼

务农是数千年来中国百姓的主要职业。中国社会士、农、工、商的阶级分类中，农民排名第二。因此，上至皇帝，下至各级地方官员，都通过籍田礼的仪式表达对农业的重视也就不足为奇。籍田礼一般在每年春季第二个或第三个月举行。

《礼记》中关于籍田礼有记载："是月也（孟春之月），天子乃以元日祈谷于上帝。乃择元辰，天子亲载耒耜，措之参保介之御间，率三公、九卿、诸侯、大夫，躬耕帝籍……命曰：劳酒。"① 这项仪式被后来的朝代继承了下来。在举行籍田礼之前通常会先祭祀神农。神农即炎帝神农氏，传说中他尝百草发明医药，制耒耜用于耕种，开辟集市交换物品。

祭祀先农在城东门外先农坛。根据仪制，先农坛高二尺一寸，深广二丈五尺。供奉的神牌高二尺四寸，阔六寸，座高五寸，阔九寸五分，红底金字，上书"先农之神"。祭坛后有一间小型神庙，供奉神牌，存贮祭器农具、籍田谷石。祭坛前设籍田四亩九分，约为四分之三英亩。

祭祀一般在春季第二个月或第三个月的亥日举行，参祭人员包括同知官级以上的文官和千夫长级别以上的武官。在福州，由督抚或藩台主持祭祀。祭祀前两日，参祭的官员进行斋戒。祭坛进行打扫和修缮。祭祀当日，祭坛正中摆一张供桌，面朝南。桌上摆放十三盘供品，包括羹、粟稷、水果。桌前有两只巨大的木盘，分别盛放羊和猪。最前面设一张

---

① 《礼记·月令》。——译者

图 1-7 南方的春耕

小案，上面摆放香炉、蜡烛和祝文。案桌东面摆放一匹纸帛、一樽、三爵、祭肉和祭酒，另有洗手盆用于盥洗。祭祀开始，官员们各就其位，立于祭坛前。督抚或他的副官，走上祭坛，接过香跪于桌前，举香三拜。礼官读祝词："惟神肇兴稼穑，粒我蒸民。颂思文之德，克配彼天；念率育之功，常陈时夏。兹当东作，咸服先畴。洪惟九五之尊，岁举三推之典。恭膺守土，敢忘劳民？谨奉彝章，聿修祀事。惟愿五风十雨，嘉祥恒沐于神庥；庶几九穗双歧，上瑞频书于大有。尚飨。"①

祭祀完毕，官员更换补服蟒袍，来到籍田行籍田礼。耕牛已经套上了犁耙，督抚右手扶犁，左手执鞭，一名身披蓑衣的农夫牵牛。督抚走一两步后，将犁耙交给另一个农夫，农夫犁出九条犁沟，然后督抚拿起锄头，锄地九次。仪式结束，所有人在祭坛前列队，在礼官引导下行三跪九叩之礼。整个祀农典礼结束，所有参祭人员列队有序退场。

通过举行籍田礼，皇帝以及各地方官员们亲手扶犁耕种，祈求来年风调雨顺，保佑农民大获丰收。

---

① 《（道光）永定县志》卷十三《祠祀志》。——译者

第十六章　太岁

97　　太岁神正是指木星。与其他国家的人一样，中国人也认为星体主宰世间的事情。上至国家兴亡、朝代更替，下至个人的出生，人间所有吉凶祸福都由太岁神掌管。中国的历史通常由一张天体图开始，图上标注了不同的星体掌管不同地区。

在所有星体中，人们起初认为木星最为重要。这并不是因为它的体积或距离，当时的中国人对这方面知之甚少，而是因为它的公转周期大约为十二年，准确地说是十一点八六年，不过这点误差难不倒中国人。岁星即指木星，是掌管时间的神明。年、月、黄道十二宫，每日十二个时辰，皆由岁星的位置决定。

中国人很早就发明了天干地支法。十天干和十二地支各由一个汉字代表，两两相配，组成六十种组合，每六十循环一次。最早干支之法用于纪日。从公元前 103 年开始，干支之法用于纪年。十二地支有各自对
98　应的生肖动物，十天干有对应的金木水火土五行元素。如今，每个时间单位，即年、月、日、时都可以用天干地支法表示。

岁星是时间的代表，而时间主宰一切生灭。年、月、日、时是岁星的属官，它们通过控制对应的五行、十二生肖和黄道十二宫的运动变化，发挥作用。五行不同的元素相生相克，例如水生木，火克木。十二生肖的动物之间有关系友好的，也有敌对的。岁星位于这个体系之首，每件发生的事皆由此事发生时的年、月、日、时共同影响控制。这是这个复杂的星象学体系的基础。

图 1-8 供奉大岁

在寺庙中，人们用具体的形象代表这一体系。在福州城隍庙中，有一处是供奉岁星和他下属的。岁星的神像长黑色胡须，身穿黄色长袍，脖子上佩戴骷髅项链，手中执扇，放置于琉璃神龛中。骷髅项链代表岁星执掌人们生死的权利。神龛左后方有三座小神像，高不过一尺，代表去年、今年和明年。岁星左右两侧各有六座神像，代表十二个月份或十二地支。旁边是代表二十四节气的图画。除此之外，据书中记载，日和时也有各自的代表神明——虽然在此庙中没有看到。通过这种方法，整个体系都形象了起来，即使没受过教育的人也能明白。

　　太岁是整个复杂体系的掌舵人，而人仅仅是其中的一个小齿轮，人能做的是理解这个体系，善用它创造利于自己的条件。事实上，一个身处劣势的人，通过一些方法，排列出与此时的形势相克的元素，就能化解危机。

　　古代的灾祸例如饥荒等都归咎于岁星。如遇房屋搬迁、建楼动土，必须祭拜太岁。太岁还有一项特别的职能就是掌管人的命运，通过掌管时日的神明，降下赏罚。如果有人病了，医生会判断他的病是否是犯了太岁，如果犯太岁，病人就要在生日时拜太岁化解。在福州，祭拜时会剪纸人或纸老虎放在桌上，用作替身转移疾病灾祸。另外，祭品还有公鸡血、生鸡蛋和生肉。祭拜结束，烧掉纸人或纸老虎，鸡蛋和生肉是供给带走疾病的纸虎的。

　　现代天文学正在取代太岁的位置，但要消除以太岁为代表的宿命观念，仍然需要一些时间。

第十七章　上巳节

农历三月初三前,福州百姓会将荠菜用红带子扎成束,挂在屋外正门两侧。如果家中有人去世,就用蓝色带子。荠菜这种野菜在福州方言里的叫法是"Ci-ci-cai",又叫"He-ci-cai",意思是"娘娘下令挂起的荠菜"。

关于这个习俗,民间广为流传着一个故事。曾经该地附近发生叛乱,朝廷派出军队剿灭叛军。凑巧的是,皇帝一位后妃的亲眷也住在此处。后妃得知后非常担心自己的家人,她找到带军的将军,与他商定,家门前悬挂荠菜的人家就是自己的亲属,请将军放过他们。后妃的亲属又将此方法告诉了朋友和邻居。于是就这样一传十,十传百,等将军到达的时候,他看到每家每户门口都挂着荠菜。将军只好折返,未逮捕一人。为了纪念这件事,每年三月初三,人们都会在自家门前挂上荠菜。

书中将这个节日称为"上巳"。"巳"在十二地支中排行第六。从远古时期开始,人们已经用天干地支法纪日。每月有三个"巳"日,第一个"巳"日称为"上巳"。中国历法将一年分为十二个月,每个月用十二地支中的一个字代表。第四个月是"巳"月。《说文》中记载:"巳也。四月,阳气巳出,阴气巳藏。"[1]司马迁在《史记》中写道:"巳者,言

---

[1] 《说文·巳部》:"巳也。四月,阳气巳出,阴气巳藏,万物见,成文章,故巳为蛇,象形。凡巳之属皆从巳。"——译者

阳气之已尽也。"①"上巳"的"上"意思是"第一个、上面的"。到了三月初三,阳气尚未发育完全,但其力量已经胜于代表黑暗和死亡的阴气。阳气扩散开来,包容万物,驱逐阴气。这个节日的意义在于庆祝代表光明和生命力的阳气战胜了黑暗和死亡的力量。

上巳节的习俗非常古老。《周礼》记载:"女巫掌岁时被除衅浴。"②东汉末年著名经学家郑玄,结合当时三月上巳日的习俗,对上面这段话做了注释。祓禊的仪式也在秋天举行。中国人冬季不沐浴。天气变暖之后,被污垢堵塞的毛孔容易滋生疾病,对此中国人用另一种说法解释:天气变暖,阳气进入身体,驱逐了体内的阴气和疾病,由此排出体外的污垢必须洗去。在周代及其以后的朝代,春季沐浴洗去排出阴气成为普遍的习俗。

《论语》中有一则关于春天沐浴的小故事,展示了上巳节少年行冠礼的成人仪式。故事中,孔子询问弟子各自的理想是什么。弟子们逐个陈述。最后孔子问曾点,曾回答:"莫春者,春服既成,冠者五六人,童子六七人,浴乎沂,风乎舞雩,咏而归。"③孔子听后,赞叹一声说:"吾与点也!"赞同曾点。

在汉朝,上巳节有临水饮宴的习俗。到了宋朝,这项习俗在福州已经很普遍了。参宴的人在水中环成一圈,投杯于水上,杯子漂向谁,谁就饮下杯中的酒,这种活动称为招魂,同样隐喻了光明战胜黑暗、生战胜死。

今天,人们依旧认为悬挂荠菜可以驱邪消厄。一些人用荠菜煮水,给患皮肤病的孩子洗澡。这项习俗流传甚广,足以证明了它的有效。从现代卫生学来看,清洗也为其他卫生措施做了准备。

---

① 《史记·律书》:"清明风居东南维,主风吹万物而西之。轸。轸者,言万物益大而轸轸然。西至于翼。翼者,言万物皆有羽翼也。四月也,律中中吕。中吕者,言万物尽旅而西行也。其于十二子为巳。巳者,言阳气之已尽也。西至于七星。七星者,阳数成于七,故曰七星。西至于张。张者,言万物皆张也。西至于注。注者,言万物之始衰,阳气下注,故曰注。五月也,律中蕤宾。蕤宾者,言阴气幼少,故曰蕤;痿阳不用事,故曰宾。"——译者

② 《周礼·春官·女巫》。——译者

③ 《论语·先进》。——译者

第十八章　帝国与信仰——海洋女神妈祖

　　远古时期中国人认为大地为方形，四面环海，每一面海域有一位守护神。成书于周朝的《山海经》中记载，掌管北海之神名叫禺疆，人面鸟身，两耳各悬一条青蛇，两脚间缠绕两条青蛇，支配北方。掌管东海之神名叫禺䝞，两耳悬挂黄蛇，两脚间缠绕黄蛇。据说禺䝞是黄帝之子、北海之神禺疆之父。掌管南海之神名叫不廷胡余，人面人身，两耳挂两条青蛇，脚缠两条赤蛇。还有一位类似的神明掌管西海。

　　海洋崇拜有着悠久的历史。在尧舜时期——儒家追求的理想时代——已经开始祭祀四海。《礼记》中记载天子委任大臣专门负责该项祭祀。自汉代开始，各朝的史书中多有对这项祭祀的记载。到了唐代，正式确立了对海洋的祭祀。东海祭祀在山东莱州，南海祭祀在广东，西海祭祀在陕西同州，北海祭祀在河南洛州。随着贸易的发展扩大，海洋的重要性日渐显现。在唐朝，南方各省归入中国版图，同化和教化当地居民成为一项重要的任务。在这过程中，宗教发挥的作用不可小觑。公元781年，四海之神各自获封为王。到了北宋时期，南海，即长江以南的海域，变得十分重要，主要体现在1040年，南海的封号在"王"前加了"圣"字。海寇首领侬智高骚扰南部海域，最终于1053年兵败。人们认为，这次胜利主要得益于南海神襄助，南海神因此获封"洪圣广利昭顺王"。

　　直到北宋末年，四海之神都是男性，但在1123年，南海神成了女性。这种性别的转变受多种因素影响，最终海洋女神妈祖出现了。妈祖婆出生于福建沿岸兴化一个名叫湄洲岛的小岛。她的父亲出身于官宦世家，祖上做官可追溯到唐朝。她的父母都是虔诚的信徒，经常做好事，发放救济物资，信仰观音菩萨。父亲年过四十了，仍然没有儿子，十分伤心，因此夫妻俩朝夕焚香祝天，祈求早赐麟儿。有一天晚上，观音菩萨出现在妻子的梦中，赐给她一枚药丸，告诉妻子上天听到了她的愿望。妻子服下药丸，十月怀胎生下的却是一名女婴。父亲大失所望。而这名女婴正是妈祖，她出生于公元960年三月二十三。关于妈祖的出生日期，有多种说法，在其他资料里有不同的记载。

她出生之时一道红光从西北天空照进家中，屋内光芒四射，弥漫着奇香。婴儿自出生至满月未曾啼哭一声，故父母为她取名林默。林默从小聪明颖悟，胜于其他女孩，八岁时就能诵读解释经典，十岁诵经礼佛，十三岁时从一知名道长手下学得通灵变法，十六岁时遵照当地习俗窥井照镜，井中出现一位神仙，送给她一枚铜符。

她能够坐于草席之上，飞渡海洋，能够排云直上，漫游诸岛。村里人都叫她"龙女"。她精通变化，降妖除魔，救人于危难。为此，她终身未嫁。公元987年九月初九，林默去世，羽化飞升成为海洋女神。

有一种说法是，她是为了救自己遇难的父亲和兄长，跳入了大海。先不论这种说法是否属实，有较大可能的是，妈祖肯定做了一些感动乡人和周边百姓的不寻常之事。不管怎样，乡人在其死后为她立祠，世代供奉。妈祖崇拜在以海为生的人群中广为流传，常见于浙江、福建和广东地区。这种崇拜不是个别现象。相似地，临水奶出生于公元767年，临水夫人崇拜在今天的福州仍然十分盛行。

对海洋女神的崇拜只是民间的信仰，与各朝代举行的官方的四海祭祀有很大不同，这种情况持续了很多年。后来统治者将目光转向南方，开始重视南方地区，承认了当地的海洋女神，在国家信仰的万神殿中给了她一席之地。自此之后，妈祖崇拜便伴随着帝国的南部扩张而传播。我们可以从授予妈祖的封号中看出南方诸省和偏远的海岛对国家的重要性。从这个角度来看，妈祖的封号不仅仅是华丽的溢美之词，它同时彰显了统治者开疆拓土的努力和野心，他们不满足于陆地的领土，还希望将海上的岛屿纳入版图。换句话说，妈祖崇拜的发展与国家政治、经济方面的斗争有密切关系。

公元 1125 年，金人在北方建立了国家，初定都辽阳，后迁都北京。他们将矛头对准了宋朝，逼迫宋迁出首都开封。公元 1127 年，金人实际控制了长江以北地区。宋被迫迁都南京，此后称为"南宋"，统治长江以南。宋高宗赵构，南宋的第一位皇帝，无力直接与金国对抗，请来蒙古人。蒙古人发源于贝加尔湖附近。金人和蒙古人展开了战斗，最后蒙古人在忽必烈的带领下取得胜利，金被灭国。蒙古人乘胜而下，一举击败了风雨飘摇的南宋，于公元 1280 年建都北京。

南宋被迫龟缩长江以南，与南方各省联系更为紧密。宋人发现，妈祖崇拜在当地人的日常生活中十分重要，而妈祖的影响不止于此，她能影响更大层面的活动，例如征服远海岛屿，平定海寇，驱除瘟疫。久而久之，各项大事都与她有关。

公元 1123 年，路允迪等人奉命出使高丽。在海上突然遭遇风暴，狂风大浪下，船队八艘船，翻了七艘。路允迪的船在湄洲岛附近获救。船长和船员都认为是海洋女神妈祖解救了他们，因为妈祖显灵了。回到大宋后，路允迪向皇帝禀明了此事，妈祖因此获赐"顺济"之名。

除救助海上遇难的出使大臣外，妈祖还相助平定海盗。公元 1159 年，妈祖刮起一场台风，很多经常骚扰福建沿海的海盗葬身于这次台风中。她救治身患严重瘟疫的人，因此获封"灵慈昭应崇善福利夫人"。公元 1192 年，她帮助百姓度过大旱，获封"灵惠妃"。南宋时期，妈祖共获册封十四次，其中十次都称"妃"，这些册封是为了表彰她平定海盗，在海难、大旱、瘟疫时救人治病的功绩。

忽必烈梦想建立一个帝国，囊括中国和沿海岛屿。元朝定都北京，当时的北京正如今天一样，难以养活它庞大的人口，需要从南方调运粮食，供养军队和仆从。为此，忽必烈重修了大运河，将其延伸到天津。这样南方上供的粮食可以通过内陆水运安全送到都城，避免走海路遭遇沿海倭寇的拦截。他计划出征日本，最后无功而返。他又出兵柬埔寨和缅甸，这次结果不错，但热带的气候是阻挡他们前进的最大困难，就像当年成吉思汗进攻印度的情形。所有这些南征北讨都依赖于南方各地的物资、船只、人力，以及南方这个安全的大本营。

妈祖崇拜的发展紧紧跟随着帝国向南扩张的脚步，对此我们一点也不惊讶。公元1278年，忽必烈统一中国前两年，他授予妈祖"天妃"的封号，这个封号相比宋朝的更进了一步。在元朝统治的短短几十年间，妈祖获封五次，每次都是因为对国家做出了贡献。国家为她建起了许多神庙，进行官方祭祀。元朝崇尚佛教，也许正因如此，他们对这位形似观音的女神颇有好感。

到了明朝，南方海域的重要性更胜往昔。永乐年间，东京（越南北部）成为中国的附属国。公元1516年，葡萄牙人最早来到了广东，此后欧洲其他国家的人也相继来到了中国。不满足于正当贸易时，他们就采取海盗的方式。公元1522年起，日本的海寇经常骚扰中国沿海，洗劫富裕的城市。福州水门外坟冢难以计数，里面躺着倭寇入侵时死去的人们。

明朝开国皇帝洪武帝在妈祖之前的封号上加了"圣"字。他规定，每年春、秋仲月祭祀妈祖。永乐帝为妈祖修建了天妃宫，规定每月初一、十五上香，三月二十三日妈祖诞辰，举行盛大的祭祀。祭祀一切事宜由礼部负责。

清朝将妈祖的地位提升到史无前例的高度，称妈祖为"天后"。每年春、秋两季仲月举行官方祭祀。每月初一、十五，由当地官员派代表上香。祭祀时会诵读祭文，由祭文可看出当时妈祖的地位。祭文如下："某年月日，某人（名），某职，敢昭告于'护国庇民妙灵昭应弘仁普济福佑群生诚感咸孚'天后之神。惟神菩萨化身，至圣至诚。主宰四渎，统御百灵。海不扬波，浪静风平。舟航稳载，悉伏仁慈。奉旨崇祀，永享尝蒸。兹届仲春（秋），敬荐豆馨。希神庇佑，海晏河清。尚飨。"①

在浙江、福建、广东的沿海城市，随处可见妈祖婆的神庙天后宫，由当地的商人组织负责修建和维护。妈祖像通常立于巨大的壁龛中，周围环绕祥云和雕刻的飞龙。妈祖头戴珠翠冠冕，身穿红色绣金龙华服，手执一枚玉板。这种玉板，是大臣上朝时拿在手中用于记录的，妈祖手执玉板，象征她能够上达天庭，向上天提出请求。

妈祖有两位随从。一位身着红衣，立于天后宫进门右侧。雕像眼露

---

① 《（道光）永定县志》卷十三《祠祀志》。——译者

金光，单手搭在眉上，举目眺望远方，名为"千里眼"。进门另一侧同样立一雕像，身着蓝衣，单手举在耳旁，做倾听状，名为"顺风耳"。两者象征妈祖具有"千里眼"和"顺风耳"的神通，能够迅速知晓有人遇难，以便前往救助。随从衣服的颜色与外来船只上灯光的颜色相同。天后宫后院是一座戏台，每逢三月二十三妈祖诞辰，以及九月初九妈祖羽化之日，都会在此处搭台唱戏，进行庆祝。

中国的商人每到一处新地方通常会建会馆，会馆是他们生活的中心。在这些沿海城市的会馆里，妈祖婆总被摆在显眼的位置。

现代社会，往来于中国各个港口的轮船、内陆水上的汽艇，乃至舢板小船上，都有一座小小的神龛用来供奉妈祖。每次出航，船员早、晚各向妈祖上一炷香。妈祖生辰和羽化之日，会举办特别的祭祀活动，祭祀之后有宴席。蒸汽机被引入中国水运行业，丝毫没有降低妈祖的地位和声望。

如果一个人要出海远行，出行前会到妈祖庙求签，卜问旅程是否顺利，再从神像前的香炉中拾一小撮香灰，缝入小香包中随身携带，用于避邪消灾。妇人求子也会前往妈祖庙祈愿。

1912年，中华民国元年，官方没有祭祀妈祖，民间的庆祝活动也不比过去的声势浩大。妈祖经历了许多盛衰变迁。四海之神取代了《山海经》中记载的远古神话人物，又为妈祖崇拜所取代。现代社会又会对这一古老的信仰产生何种影响？这是个有趣的问题。

第十九章　泰山

泰山，中国五大名山中最负盛名的山脉，位于泰安北部，海拔高出山东平原五千零六十尺。目前泰山顶上拥有儒释道三教的寺庙，每年春天上山朝圣者络绎不绝。

泰山崇拜与五岳文化有关。五岳代表五个不同方位。泰山代表东方，位于陕西的华山代表西方。民间认为泰山主金，掌管禽类、四足走兽和爬行动物。湖南的衡山代表南方，河北恒山①代表北方。周朝，河南嵩山加入五岳之列，代表中部。

中国史学界一致认为祭祀泰山可追溯到中华文明产生之初。著于公元前1世纪的《史记》中提到了太昊在泰山设祭坛，祭祀山神。太昊，公元前2852—前2737年在位，定都于陈，今河南东部。成书于公元前5世纪的《管子》和《尚书》中记载了大量上古时期中国帝王祭祀泰山的事迹。历朝历代创立之初会祭祀泰山，许多帝王改变年号时也会举行祭祀泰山的特别仪式。

帝王祭祀泰山是因为泰山被视为国家的守护者。从很早的时候开始，人们便认为泰山是流云聚居之处。云层带来雨水和河流，雨水和河流滋润大地，大地孕育果实，人们得以耕种和收获，生活富足安宁。泰山因其地理位置处于东方，成为五岳之首。东方属春，春生发万物。东方青帝，和四象之一东方青龙（包括处女座、天秤座、天蝎座）皆掌管泰山。

---

① 现在常说的恒山位于山西，清代才被确认为五岳之一。此前的北岳恒山一直在河北，即今天河北省保定市的大茂山。本书指河北的古北岳恒山。——译者

岁星即木星，也被认为在泰山之上。泰山属春，主掌万物生发，不难联想到泰山掌管人们的生活，它不仅决定了人活着时的身份地位、寿命长短和悲欢喜乐，而且管理人死之后的魂魄。

首先我们来看官方祭祀泰山的活动，再介绍民间的祭祀。祭祀泰山发生在春天，因为泰山被视为生命的主宰，而生命生发于春天。最早祭祀泰山时，设立方形露天祭坛，在祭坛上举行祭祀。这类祭祀一般在距离泰山遥远的某地，面向泰山的方向举行。当时还没有专门的神庙。到了唐朝，有了祭祀山川神明的神庙，泰山作为山神在神庙中受到祭祀。明初，在南京修建了一座供奉泰山的大型神庙。而今天，供奉泰山的神庙数量众多，其中一些规模十分宏大。

在唐朝，或许更早，出现了泰山的神像。书中记载宋太祖向山川河流祈福求雨。成功降雨后，太祖还愿，下令为泰山制作衣袍、冠冕、宝剑和鞋履。清朝官方祭祀后土的仪式上，泰山的牌位同五岳其他神山一起受到祭祀。在中国各地的泰山神庙中，有众多泰山神及其皇后、嫔妃、宦官和继子的塑像，造型华丽，栩栩如生。

祭祀的祭品各朝各代不尽相同。魏明帝时祭品用牛、羊、豕。北魏时期以玉帛牲牢祭祀。明朝用牛、羊、豕，以及五果祭祀。清朝沿用明朝礼制。祭祀时演奏礼乐，诵读祝文。下面是一段清朝福州祭祀东岳的祝文："维某年月日，某人（名），敢昭告于东岳泰山之神。圣朝御宇，怀柔百神。维神灵应，锡福全闽。位居东岱，惟岳之尊。德隆下土，泽配上穹。出云降雨，物阜时丰。康慈兆姓，食报宜宗。春（秋）仲享祀，万福攸同。灵其陟降，格此菲蒳。尚飨！"

泰山也像官方信仰的其他神明一样，因其功绩受到册封。唐玄宗开元十三年（725），封泰山神为"天齐王"。玄宗在去往泰山封禅的途中，突然刮起大风，掀翻了銮驾的华盖，折断了车柱。随行的官员称这是东海之神前来迎接。祭祀之日，玄宗登上祭坛，顿时祥云环绕，奏乐之时，有暖风自南而至。待玄宗献祭时，天上出现五彩祥云，太阳散发出光晕。

宋真宗统治时期，泰山受封为"仁圣天齐王"，后又加封为"天齐仁圣帝"，赐夫人封号"淑明"，泰山夫人首次出现。册封举行盛大的仪式，并记录在册。明太祖年间，诏改神号，简化为"东岳泰山之神"。

图 1-9　泰山王掌管的地府第七殿

现今的泰山庙中能够看到这些封号。清朝祭祀时使用"东岳泰山之神"。

除了常规祭祀，每有大事发生，也会举行祭祀，昭告泰山。每有皇子出生、立储，或变更年号，都会举行相应的仪式，以告泰山神。每有帝王出行途经泰山，必驻足停留祭祀一番。

官方对泰山的祭祀与民间的信仰密不可分，民间的泰山信仰可能很早就已经出现。前文已提到泰山神管理人间，掌人寿、贫富。此外，泰山神也管理人死后的鬼魂。这两项职能使泰山信仰在民间流传甚广。佛教地府的体系引入后，泰山神治鬼魂的职能变得更加清晰。《博物志》记载了公元3世纪的奇闻异事，书中写道：泰山"天帝孙也。主召人魂魄……知人生命之长短"①。《后汉书》记载了公元25—220年的史事，其中有一段记叙，许曼祖父许峻"自云少尝笃病，三年不愈，乃谒泰山请命"②。陆机，西晋评论家、诗人、将军，写有一首关于泰山的诗《泰山吟》，其中有两句"幽涂延万鬼，神房集百灵。"

从上述的记载可以看出，泰山神不仅掌管人们生前的命数，也掌管人死后的命运。泰山神管理鬼魂的职能被人们不断演绎，直至今天，成为掌管地府第七殿的泰山王。泰山神在地府地位崇高，因此在民间很有影响力。在中国文化中地府是一个古老的机构。人们的社会生活高度组织化，因而需要地府的存在。《南史》记载了公元420年至529年的历史，书中提到了十八层地狱。这说明地府的概念在当时已经很完善，其起源应该追溯到更早的时候。

下面介绍泰山王掌管的地府第七殿，这有助于我们理解泰山神的地位，以及泰山庙中描绘的场景。内容主要来自《玉历钞传警世》，该书专门描述了地府十殿，在民间十分流行。我手中这本的引言写于1809年。该书如今在民间十分畅销，花几分钱应该就能买到。泰山王掌管的第七殿位于大海底，西北方沃燋石下，名为热恼大地狱，下设十六小地狱：

一名搥钮自吞小地狱。

二名剐胸小地狱。

三名笞腿火逼坑小地狱。

---

① 《博物志》卷一。——译者
② 《后汉书·方术列传》。——译者

四名桠杈抗发小地狱。

五名犬吠胫骨小地狱。

六名燠痛哭狗墩小地狱。

七名刐顶开额小地狱。

八名顶石蹲身小地狱。

九名鹴鸨上下啄咬小地狱。

十名剺皮猪拖小地狱。

十一名吊箪足小地狱。

十二名拔舌穿腮小地狱。

十三名抽肠小地狱。

十四名骡踏獾嚼小地狱。

十五名烙手指小地狱。

十六名油釜滚烹小地狱。

凡是在阳世，曾犯以下罪事，发入本地狱受刑：炼食红铅、阴枣、人胞。饮酒费用，较过本身日常应用银钱之数。抢夺、略诱、略卖。盗取棺内衣饰。取死尸骨殖为药。离散他人至戚。将养媳卖与他人为婢妾。任妻溺女。闷死私孩。朋赌分财掉帛。师长教导不严，误人子弟。不顾轻重上下，拷打门徒婢仆致令暗伤得病。鱼肉乡里。装醉违悖尊长。枉口嚼舌，尖酸搬斗，变生事端者。①

上述即泰山神管理的地府第七殿及入此殿受刑的鬼魂的情形。从描述中可以看出，生时伤害他人身体的人死后会入此地狱受刑。泰山神掌管生命，在地府第七殿惩罚的也是伤害身体的罪行，尤其是致人死亡，或盗取人骨做药的行为。

福州的泰山庙坐落于东门之外，在福建小有名气。泰山庙特别受满族人欢迎。泰山庙管理委员会的成员来自满、汉族中最富庶的、最杰出的书香门第或官宦之家。神庙中有一座泰山神的镀金神像，头戴宝石冠冕，身着黄色华服。泰山神有妻有妾，有侍奉的宦官、太子和养子，还有大臣、传令官和听差。在暗处的角落展示了地府第七殿的部分场景。整个神庙规模宏大。

---

① 《玉历钞传警世》清同治十二年文元斋重刻本"第七殿泰山王"。——译者

来自满、汉族高门第的女性组建了一个妇女组织，负责装扮泰山王王后和侧妃。在春季祭祀游神前几日，她们在神庙集合，为女性神像梳洗、挽发，换上衣裙。通常会花上几个晚上，每年如此。这种团体有好几个，她们还会向当过学徒的人颁发认证。这类组织相当排外，只有来自高门大户才有资格加入。

曾经一度有超过四十个不同的组织和泰山庙有关。这些组织主要是为了筹备祭祀巡游，有的负责泰山神，有的负责太子，有的负责泰山神的某位养子，或是负责神庙中的其他神明。他们筹集资金，资金来自各自佃租或房租，然后用筹得的钱财举办大巡游和之后的宴席。

每年三月二十四日人们会在福州南郊举行盛大的游神活动，并于第二日在城内巡游。游神队伍沿途经过的人家皆设香案，上面奉香和供品。巡游队伍中，走在泰山神前面的依次为，随行的太子、养子，大小鬼，宦官、随扈，一长队衣着讲究手执香火的游行人员以及紧随其后的捧花、奉供人员。队伍的最后是一顶明黄色的轿子，由十六名身穿黄衣的壮汉抬着，轿子上坐的正是泰山大帝。泰山神所过之处，一片静默，每个人都面向泰山神虔诚注目。当晚，泰山神会"住"在专门为其准备的豪华大屋内，由屋主斥巨资打造。第二天，大巡游绕着整个福州城继续进行。最后神像回到神庙中，接下来几日会有戏班表演及宴席。

据说，年轻漂亮的女子不能去观看大巡游，因为担心泰山神会爱上她们，强迫她们成为自己的小妾。这里有个传说。曾经有名屠夫，他的漂亮女儿生了重病，女儿在意识混乱之时说，泰山神要娶她当小妾。她死后，屠夫又悲又怒，愤而冲进泰山庙，砍下了泰山神像的脑袋。据说这割痕永远无法修复。

每年，有成百上千的人代表自己生病的父母或祖父母，来到泰山庙请愿。这些孝子，提前进行斋戒，在脖子上套上锁链，手上带上镣铐，穿上红色罪服，手奉香，每走几步便下跪磕头，一直走到泰山庙。到了庙里，在泰山神像前陈情并问卜。离开时，求得一张黄色平安符，用来消灾解厄。如果愿望实现了，父母恢复健康，他们需要再到泰山庙还愿。

父母生病是因为子女犯错，这种观点在中国十分普遍。儿子戴枷锁、镣铐，穿红衣罪服，惩罚自己，借此消除至亲身上受到的惩罚、苦难。

福州的泰山庙在辛亥革命期间经历了一段难熬的日子。福州起义后，青年学生组建了一支几百人的同盟团，准备北伐消灭帝制。同盟团就驻扎在泰山庙。学生们平时闲来无事，就用庙中的神像练习斩首。泰山神像的脖子断了，头上的珠翠冠冕也不翼而飞。原来管理泰山庙的委员会成员也被要求捐款，资助同盟团的开销。同盟团离开后，周围村庄的乡长在泰山庙里办了一所学校。

　　如今动荡的大环境影响了每年的泰山大巡游。不过，泰山神仍然是地府第七殿之主。只要存在地狱的制裁，泰山神的独特地位就不会改变。

第二十章　立夏

　　立夏，中国历法中二十四节气之一，一般在阳历 5 月 5 日前后。立夏之时，人们会有一些特殊习俗，以适应自然中气的变化，同时帮助大自然顺利度过这段时期。立夏时节的特征是阴阳之争，所有的风俗都是为了平衡阴阳，消灾避厄。这一时期疾病容易传播，这无疑强化了这些习俗。

　　立夏日没有什么特别壮观的场面。它由来已久，众所周知，早在《礼记》中已有记载。根据书中所写，立夏之日，天子会提前斋戒，亲率三公、九卿、诸侯、大夫等祭祀炎帝。炎帝是南方之神，夏五行属火，火主南方。迎夏于南郊之后。天子行赏、封诸侯。

　　汉朝时，迎夏的大臣身着红色的礼服，在都城南郊七里处设祭坛祭祀炎帝。祭坛分两层，坛上立神龛，高七尺。随行的马车、马车上的装饰都是深红色。马车上装有长矛，用来协助阴气斗争。典礼包括祭神和特别的仪式。仪式经过改良，由八名男子击鼓进行表演。数字"七"对火来说是神圣的数字，而偶数代表了阴。隋朝时，在"五镇"之一浙江会稽山修建了炎帝庙。之后的朝代在会稽山和都城南郊祭祀，祭祀的形式各有不同。

　　如今，福州人民在立夏时，会向祖先和家神献上用米粉、切碎的蔬菜和肉做成的光饼。光饼可以送给亲朋好友，吃光饼时需要坐在门前台阶上或石磨旁。他们希望通过这种方法避开灾厄，吸引吉祥和顺遂。光饼中的笋和洋葱据说对视力有好处。

这天，卖猪肉的摊主会给乞丐等人送一些猪肉丸子。这样做可以预防可能患的疾病，同时可以避免这些人总是围在摊位前，影响摊主做生意。

在江苏，人们会向邻居讨米做饭，他们相信这样可以免除夏日疾病。

立夏这天，也是人们开始换上夏装的日子。过去，甚至是今天，人们仍然认为这一习俗可以对自然产生一些影响，不过过不了多久，这就会彻底成为一个穿着打扮的问题。

为了祛除疾病，人们会提前做一些准备。在云南，人们将皂荚枝插于门上，用以驱邪挡灾；在小路边撒灰以避蛇。

立夏日有许多禁忌：不能坐在门阶上，会腿脚无力；不能午睡，会疲倦多病；不能役使耕牛，以免牛在难熬的夏天过于疲惫。

作为夏季的第一天，立夏日决定了整个季节的天气。人们用各种方法预测天气：当天太阳有光晕，夏季多雨；刮北风，多疾病；刮南风，某些地区渔获丰收；立夏正值初一，会有地震。

立夏虽然不是重要的节日，但有着悠久的历史和传统。人们普遍存在的不确定心理，会增加药品的需求，报纸上会大版面刊登药品广告。

第二十一章　龙舟节

龙舟节是端午节的俗称，是中国最普及、最独特的节日之一。正如其他季节性节日一样，龙舟节的出现也是为了平衡阴阳二气。阳气，在夏至日前到达顶峰，而阴气逐渐产生，慢慢壮大，直到冬至日。阴阳二者处于一种此消彼长的状态中。人类不只是旁观者，也有责任协助自然演变，最终使其达到正常的状态。人类通过各式各样的方法协调，并顺便满足自己的需求。中国人称这个节日为"端午"——抵抗之点、"端阳"——阳气汇聚的顶点。还有一个名字是"天中节"。这些名称都反映了自然之中的阴阳之争。

端午节在五月初五，过节的习俗可以分为家中的和户外的。这一日清晨，家家户户会在正门两边悬挂菖蒲或艾草，用红带扎成一束。菖蒲或艾草需要在天亮之前连根采摘。它们散发的强烈气味，代表阳气，能够祛除阴气产生的疾病和鬼怪。门梁上通常会张贴有驱邪作用的符箓。据说有道教张天师印章的符箓是最灵验的。最普遍的一种是画有雷神的符箓，画中的雷神挥舞武器，击雷闪电。另有一种符箓画着一名僧人，手执刷子，能够扫去疾病和邪祟。许多人会张贴五色符纸。黑色代表北方，红色代表南方，蓝色代表东方，白色代表西方，黄色代表中部。民间传说中，端午节这日，五毒神会降临凡间，五毒出没，毒气四散，五色符能够抵挡瘴毒之气。

这些符纸宽四寸，长八寸，用模具印刷制成后在大街小巷兜售。在某些地区，当地寺庙的看管向信众提供这些符箓，以抵抗鬼怪的世界。

也有人将符箓贴在床头，几周后取下烧掉，烧成的灰掺在水中，给肚子不舒服的孩子喝下。

十二点左右在祖先牌位前进行祭祀。祭祀的供品摆放一会后，由家庭成员分食。其中最特别的一种供品是粽子。粽子由竹叶包裹糯米，做成三角形状，里面包上花生、大枣、水果等馅料。所以粽子也象征了阴阳，即阴中有阳，阳中有阴，互相包裹。

128　　白天有各种预防疾病的习俗。在屋子的角落、床底、凳腿熏雄黄，净化房屋，据说也可以驱蛇。将菖蒲根和雄黄加水混合，倒入井水中。也可将菖蒲水煮成药水沐浴。在孩子的鼻子和耳朵上抹上菖蒲水，用来驱虫解毒。

这天，会为孩子们准备一种肚兜，上面绘有老虎和五种毒虫。五毒，即蜘蛛、蛇、蜈蚣、壁虎、蟾蜍。夏天，年幼的孩子只穿着肚兜。肚兜很有用处，不仅是因为上面画的图案，还因为肚兜保护孩子腹部不受凉。

人们预防疾病的方法多种多样，佩戴香包是其中之一。香包里面装有气味强烈的草药，人们将其挂在外衣的纽扣上。香包缝成各种形状，有老虎、青蛙、八卦、手表、金鹿、寿桃、简化的日历等，这些东西有避邪的作用。有人甚至将樟脑丸挂在脖子上。日历记载了大道秩序，由天子颁布，对邪恶极有威力；寿桃，在春天早早开花，阳气极盛，能够战胜邪祟，延年益寿；老虎，能够吞食鬼怪。用这些武装自己，就能够百病不侵。这些方法给了人们信心，因此能够一直流行。

129　　人们的行为遵循的基本原则是和自然相适应，也就是说人们的生活应该顺应自然的四季变化。《礼记》给出了这一时期的行为规范，要求士人和官吏遵循，对人们的社会生活影响巨大。《礼记》中写道："日长至，阴阳争，死生分。君子齐戒，处必掩身，毋躁。止声色，毋或进。薄滋味，毋致和。节嗜欲，定心气，百官静事毋刑，以定晏阴之所成。"①这些行为规范沿用了很多年，已经成了一种习惯。这段时间官府禁止死刑，减少对犯人的拷打刑罚。许多人会进行斋戒，以至于肉铺生意

---

① 《礼记·月令》。——译者

116 ｜ 中国的风俗与岁时

冷清。

端午节有各式各样的禁忌，其中一些非常合理。例如，人们最好不要逗留在潮湿的地方；这段时间不要将身体暴露在月光和星光下，因为月亮是阴的化身，月光会带来疾病；不要探望生病的人，因为这样会刺激病魔重新活跃。

为了庆贺夏季的到来，人们会互相赠送礼物。新出嫁的女儿会收到娘家送的夏衣、粽子和扇子。赠送扇子、写扇面的习俗来源于唐太宗。当时唐太宗将亲手写的扇面送给了大臣，取其"庶动清风，以增美德"的作用。

端午节户外的习俗众多，意义重大。五月初五清晨采摘的药草和植物有很高的药用价值。这背后的理论是，每种疾病在自然界中都有对应的药物，病越严重，药物的药效就会越强——总的来说，这是一种对大自然相当乐观的看法。中国的医书中有大量相关的药方。公元7世纪孙思邈的药方至今还在使用："五日取瓦上青苔或百草霜，入盐漱口，效。或水煮羊蹄跟，或醋煮川椒，俱能治齿百疾。"①

明代的医药典籍《本草纲目》，收药一千八百九十二种，书中写道："五月五日采一百种草，阴干烧灰，和锻石为团，研，敷金疮止血，亦敷犬咬。又主腋臭，烧灰和井华水作团，白，以酽醋和作饼，腋下夹之，干即易，当抽一身尽痛闷，疮出即止，以小便洗之，不过三度愈。"②

书中另一药方写道："五月五日午时有雨，急伐竹竿，中必有神水，沥取为药。心腹积聚及虫病，和獭肝为丸服。又饮之，清热化痰，定惊安神。"③

又有药方写道："辙，乃车行迹也。主治疬疡风，五月五日取洗之，甚良。牛蹄中水亦可。"④

这些形式多样的习俗旨在协助大自然在这一时期顺利过渡，同时五

---

① 《遵生八笺》："《千金月令》曰：五日取瓦上青苔或百草霜，入盐漱口，效。或水煮羊蹄根，或醋煮川椒，俱能治齿百疾。"——译者
② 《本草纲目》草部第二十一卷"草之十一·杂草九种"。——译者
③ 《本草纲目》水部第五卷"水之一·神水"。——译者
④ 《本草纲目》水部第五卷"水之二·车辙中水"。——译者

中国的风俗 | 117

月容易滋生疾病，这些习俗保护人们免受疾病侵扰。不过这并不能解释所有这类节俗。一些仪式带有娱乐的色彩，缓和了紧张的氛围，让人们在欢笑中度过了生活中一个关键的时刻。

第二十二章　赛龙舟

在中国一些容易发生洪水的地区，有赛龙舟的习俗，给端午节增添了一抹生动的色彩。其他地区有赛马或其他竞赛活动，目的都是一个，帮助大自然平稳过渡。

在中国南方，福州城附近临水的每个村子，都有自己的龙舟。龙舟一般形状狭长，长四十至六十尺，船头和船尾向上翘起。船头是龙头，有胡须和鳍；两侧船身绘成龙身的样子。龙舟赛最早起源于湖南北部，那里的龙船据说长达七十五至一百一十五尺，能载四十至八十人。福州的龙船能载二十八至三十六人。

每艘船上有名船长，船长由当地村委会挑选，必须技术过硬、大胆敢闯。通常水上龙舟赛的胜利，还需要岸上的一番拳脚争斗才能最终确认。船长负责从船手当中挑选队员。船长和自己的搭档站在船头，船中间有一名鼓手和一名敲锣手，负责敲击节奏，令桨手划船步调一致。船尾站舵手，手握长二十尺的船橹，摇橹掌控方向。桨手分坐船两侧，迅速划动船桨，推动龙舟前进。

龙舟常年存放在村中神庙旁一间低矮狭长的棚屋内。四月，庙委会会拜访每家每户，收取定期的捐款。这件事通常由女性船员来做，她会捧一个浅浅的竹托盘，上面放着代表龙舟的旗子，和锣鼓手一起，从一家商铺走到另一家商铺。

到了四月底，龙舟被请出棚屋，扫去蛛网，修缮一番。龙舟队利用闲暇的时间开始抓紧训练。

图1-10 龙舟

龙舟下水前，会举行一些仪式告慰神明，防止比赛受到神明干扰。湖南长沙附近的地方，会准备食物、酒祭祀。一名巫祝表演空翻，从船头一直翻至船尾，然后在船上撒上荞麦，用火净化龙舟，其间敲锣打鼓，吓退妖魔邪魅。龙舟赛当日，桨手各自就位后，巫祝点燃少量油，如果火焰蹿得很高，预示着胜利；如果火光微弱，则预示失败。不过即便是不好的兆头也有办法用咒语化解，咒语的名字就足以震慑一切妖邪。例如"止阴兵咒""搬山填海咒""雷霆万钧咒"。巫祝反复吟唱："天火灼耀日，地火焚灰烬。雷火照四方，妖邪皆躲藏。今净以雷火，龙舟四海航。"

龙舟下水后，最后一项仪式由巫祝用草束扫去邪祟，船员将一只桃子和一壶米、豆投入水中，祭祀水中诸神。在每个地方的龙舟赛中，人们都会举行类似的水神祭祀。

每条龙舟都有各自的守护神，福州附近一个村子的龙舟守护神是猿猴。龙舟的船头通常会刻绘守护神的图像。一般而言，守护神是某些特殊情况下溺死的人的魂灵。

龙舟赛场面壮观，生动热闹。狭长的龙舟，桨手半裸的黝黑皮肤，木桨翻动溅起的闪亮水珠，踩着锣鼓的节奏整齐划一的动作——诸般画面，令人过目难忘。龙舟赛不是特别正式的比赛，起点和终点没有明确的规定，也没有发令员和裁判，实际上没有人有胆量担任这些职位。不过，约定俗成地，一条龙舟超过其他龙舟并一直保持领先就算胜利。龙舟赛是一项比较随性、不论成败的节日活动，从某些方面来说，参赛的所有人都是胜利者。

这种弹性的规则增加了人们对龙舟赛的兴趣，也留下了比拼策略和竞争的空间。为了在水中占据一个有利位置，每条龙舟都会使尽手段。常见的一个套路，就是卷起旗帜，停止击鼓敲锣，假装要退出比赛，趁对手放松警惕之际，突然启动龙舟，出其不意，取得优势。还有个套路是以逸待劳，一直等着，直到有队伍在前面的比赛中耗尽体力，这时就能去谈判了。还有一项常见的技巧是将船尾又沉又重的船橹抬出水面，这样能减轻重量。有时经过一番商讨会为比赛设置一些障碍，例如在龙舟长度方面。

中国的风俗 | 121

胜负难料的比赛、比赛结束后的盛宴，以及能够光明正大地一展拳脚的机会，吸引了众多厌倦了单调乏味的乡村生活的年轻人。每年都会有一些人溺亡，一些人在最后争夺输赢的打斗中受伤或死亡。官方记录里有大量禁止龙舟赛的公告，有理有据地陈述了比赛的负面影响。但龙舟赛热度不减，尤其在发生严重的大旱或洪灾之后，人们认为这些天灾是没有举办龙舟比赛引发的。

龙舟比赛结束后，人们会进行祭祀。巫祝吟诵道："暗黑之水随流逝，带走疾病、瘟疫和死亡。"

之后，旗帜收起，锣鼓声歇，龙舟靠岸，重新停放到神庙旁的棚子里。

如果没有盛大的宴席，没有给参与者的奖励，比赛就算不上完整。宴席在当地的土地庙里举办。每个人都有两大碗不同的食物，碗比普通的大很多。奖励中有一样——扇子，尤为引人注目。土地庙中举办宴席，将人和神聚在一起，在夏至这个关键时刻，人和神和谐共处，相互理解，在吉祥的气氛中结束了这个节日。

如果询问中国学者龙舟赛的起源，他一定会提到司马迁，即"中国的希罗多德"。关于龙舟赛的起源，他在自己的书中提到了公元前314年楚怀王时期的屈原。屈原十分有才能，为楚怀王看重。一天，楚怀王令屈原草拟新法令。屈原的对头想在法令颁布前获得法令内容，但屈原拒绝了。于是对头怀恨在心，伺机向楚怀王进谗言。楚怀王听信了小人之言，非常生气，疏远了屈原。屈原伤心沮丧，写下一首《离骚》抒发情志。在诗中他质疑了现世的公平，也对未来充满迷茫和不确定。在这种绝望的心情下，他在胸口绑上一块巨石，跳进了湖南北部的汨罗江。这是迄今史书上的记载。后世评注补充，这件事发生在五月初五，屈原投江后，渔民纷纷撑船在江中寻找屈原的尸体，此后楚国人每年在这一日举行龙舟赛，将米做的祭品投入江中，祭祀屈原。

关于节日的起源，纪念屈原说并不是唯一的说法。另外的版本是纪念孝女曹娥。曹娥的父亲是一名男巫，在大约公元前180年五月初五这天溺水而亡，尸体一直没能找到。曹娥，当时年仅十四岁，在河岸边苦苦寻找不得，最终跳入了河中。几天后，她的尸体浮上水面，怀中抱着父亲的尸体。这个故事发生在浙江绍兴。

中国的其他地区关于这一节日的起源也有其他传说。一位自杀的失意政治家或一位孝女就能产生影响如此广泛的节日，这种可能性微乎其微。屈原没有实现爱国抱负，他只是一个不幸的人，这类人在中国历史上有很多。但他的名字还是以另一种并非失意政治家和浪漫诗人的方式与这个节日联系在一起。

人们将屈原和其他溺死在水中的人奉为强大的水中神灵，他们能够控制河流引发洪水，摧毁村庄，破坏人们的生活，也能够行云布雨，滋养作物，带来丰收和繁荣。这些神灵与掌控洪水的最高神龙神相关。龙舟赛和祭祀都是为了安抚这些神明。在中国的其他地区，也有其他的方式，但都是出于同一个目的。例如：在直隶某地，遇上大旱，五月初五这天妇女会在河边洗筛子求雨；山西某地会祭祀龙神，在院中和田野里烧纸钱；在中国沿海的琉球群岛，人们举行特别的仪式祭祀谷神；在福州，人们说龙舟赛能带来和平和丰收，祛除疾病。

综观中国各地，都视端午节为一个大自然的重要时刻。各种习俗和龙舟赛，缓解了人们内心的不安，激发希望和团结的力量，释放压力，调节了一成不变的生活。节日中那些神秘的因素慢慢淡入幕后，娱乐和节日的气氛越来越浓厚，走到了幕前。

第二十三章　中国龙

139　　龙是中国最古老和最广为人知的形象之一。事实上，龙的形象可以说无处不在。无论是在艺术、宗教、社会生活还是政治中，它都曾占据、如今依然占据着重要位置。皇帝的王座叫作"龙座"，皇帝的面容叫作"龙颜"，皇帝去世叫作"龙驭上宾"。祖先牌位最上方是龙头，新娘的嫁衣上绣有龙的图案，还有龙舟节和龙灯。信佛的人会向龙王求雨。龙的形象与社会和政治生活的各个阶段交织在一起，它体现在艺术中，并在文学中得到表达。

　　龙是神话中的生物。毫无疑问，龙的形象最初应该起源于活跃在亚洲中部的大型野兽，它们巨大的尸骸存留在岩石中成为化石。其中有一些可能与早期人类同处一个时期。即便不是，在中国各地洞穴中找到的巨大化石，也足以让处于封建时期的人们产生对神话生物的想象。

　　无论龙的起源是什么，大众的想象在龙神的形象构建当中起到了重大作用。最初，龙被认为是一种非常著名的蜥蜴科动物，有一段时间

140　这种动物在亚洲活动。早期，龙的图案是马首蛇身，两侧有翼。大约在公元前后，龙的形象发展为由九种动物组成：角似鹿、头似驼、眼似魔鬼①、项似蛇、腹似蜃、鳞似鱼、爪似鹰、掌似虎、耳似牛。龙同时具备这些动物的优点。

　　龙作为神灵，拥有众多能力，其中一项能力尤为突出，即龙能够随

---

① 疑错，"魔鬼"应为"兔"。——译者

124 ｜ 中国的风俗与岁时

心意改变大小或进化成不同形态。古书中记载，"龙能大能小，能升能隐；大则兴云吐雾，小则隐介藏形；升则飞腾于宇宙之间，隐则潜伏于波涛之内。鳞甲者千年化为龙，龙五百年为角龙，千年为应龙"①。

很早之前，人们就将龙与星象中的处女座、天秤座、天蝎座联系起来，称为东方苍龙。角宿为苍龙的龙首。在古代人们看来，苍龙似乎总是追逐着太阳，因此，龙的形象前总会出现一个圆球，象征太阳。

佛教传入中国后，龙的形象被人格化，成为龙王。如今中国人求雨时出现的龙王形象完全不像龙，反而更像人类。

龙都有哪些职能呢？自古以来，人们将龙与风雨联系在一起。因此，龙被认为是善神，能够带来繁荣、丰饶和幸福。在这方面，中国传统中的龙与波斯神话中的恶神阿里曼、基督教文化中代表邪恶的龙，有很大的区别。不过这并不代表龙在任何时候都不会带来伤害。人们认为，猛烈的台风和暴雨，以及有时伴随的地震，都是因为龙王在沿着海岸巡视。不过基本上，普通的刮风下雨是主旋律。旱季，龙在休眠；到了雨季，龙飞上天空，开始行云布雨。

从远古时候起，龙就与帝王权位有关。许多古籍中提到，有位皇后踩了龙的脚印或被云雾包裹后怀孕，诞下一位伟大的帝王。"御六龙"指成为帝王；"飞龙在天"表示新君即将到来。

除了帝王，人们也会将杰出的人比喻为龙。孔子曾经探访道教的创始人老子，回来后对他的学生说："鸟，吾知其能飞；鱼，吾知其能游；兽，吾知其能走。走者可以为罔，游者可以为纶，飞者可以为矰。至于龙，吾不能知，其乘风云而上天。吾今日见老子，其犹龙邪！"②

在中国古代，龙也常作为传达启示的使者。有记载提到河流中出现过龙书。杰出的人也时常会遇到龙，为他们传授世间智慧。

龙不仅在宗教和社会生活中有影响力，它的骨头、牙齿和唾液都有药用价值。公元6世纪的一位作家写道，人们在山西找到了大量龙的遗骨，泰山的山谷、悬崖上数量尤其众多。此外，四川、陕西、湖南、浙江和湖北都发现过龙的化石。当然，这些被当作龙的遗骸的化石，是

---

① 《三国演义》《述异记》。——译者
② 《史记·老子韩非列传》。——译者

在洞穴或河岸中找到的动物残骸。中国人用多种方法将它们分类。龙角是功效最佳的。头部和背部的骨头有药用价值，白底锦纹者尤佳。如果舐之着舌，则是真正的龙骨。骨细纹广者，属雌性的骨头；骨粗纹狭者，属雄性的骨头。

这些化石在药店里有出售。龙骨一钱 0.05 分①。龙齿价格稍高，零售价一钱 0.5 分。龙涎价格最高，一分②售价 20 分。专家仔细研究后发现，这些龙骨主要来自披毛犀、乳齿象、亚洲象，以及某种马属动物。

龙骨的药用方法有很多。有一种药方，使用龙骨时，先煎香草汤浴两度，然后将龙骨捣粉，用绢袋盛之。用雏燕一只，去除肠肚，将袋子放入其中，悬挂于井面上，一宿取出，研粉。主要治疗心腹鬼疰，精物老魅，咳逆，泻痢脓血，女子漏下，症瘕坚结，小儿热气惊痫。另外，烦憎、愤怒、生疮和麻木无力，使用此药方，也有疗效。

龙的形象在艺术中运用极多。古代中国人在祭天时使用绣有龙图案的旗子。龙很早就出现在祈雨的仪式中，玉器被雕刻成雌龙和雄龙的形状。龙的形象融入了绘画和建筑。在文学方面，有不少诗歌词曲都描绘、赞美了龙。

自古以来就有对龙的崇拜。王充提到，早在公元前 2 世纪就有人供奉泥塑的龙像。佛教中有五方龙王。五方除了东、南、西、北四方外，中国人认为中为第五方。五方龙王在公元 1110 年受赐封号，不久后龙母也得到承认受封。

清朝延续了前朝开创的祭祀龙神的传统。遭遇严重旱灾之时，朝廷官员祭祀龙王祈雨。首先，禁杀生三日，如果仍然不下雨，就要举行祭祀。祭祀在龙王庙和社稷坛举行。祭祀时，主祭诵读的祝文，反映了这场仪式的核心。祝文如下："某年月日，某人（名），敢昭告于延庥显应分水龙王之神。维神德洋寰海，泽润苍生。允襄水土之平，经流顺轨；广济泉源之用，膏雨及时。绩奏安澜，占大川之利涉；功资育物，欣庶类之蕃昌。仰藉神庥，宜隆报享。谨遵祀典，式协良辰。敬布几筵，肃

---

① 分，民国前期货币单位。——译者

② 分，重量单位，一钱等于十分。——译者

陈牲币。尚飨。"①

在长期干旱的时候，人们会以竹子做骨架，用黄纸或黄布扎成龙王像。龙王像龙头人身，由一名男子或男孩扛着，在锣鼓声中游行。男子和男孩组成队列，手举旗帜，旗上写"雨来了""下雨吧"。一人肩挑扁担，扁担两头装着两桶水，一边用柳条沾水，洒向路边，一边口中喊道"雨来了，雨来了"。全城巡游后，一行人来到府衙，当地地方长官向龙王像跪拜进香。

在某些地区，发生严重的旱灾时，人们会将一块铁投入黑龙池。这源于五行相生相克的理论。发生干旱是龙受火影响，而金生水，铁块投入水中，就能生出水元素，带来降雨。

古往今来，龙代表中国人的理想形象。辛亥革命后，龙的地位受到了一些影响。毫无疑问今后龙会越来越多地出现在神话和故事当中，愉悦年轻的一代又一代。

---

① 《晋江县志·祠祀志》。——译者

第二十四章　地母后土

146　　无论是在亚洲还是在欧洲，古老文明中对大地之母的崇拜非常普遍。巴比伦神话中有伊什塔尔女神，迦南人受巴比伦文化影响，有女神阿什脱雷思（Ashtoreth）。史诗《伊利亚特》中提到希腊人以黑羊献祭大地女神、丰收之神该亚（Ge）。所以，中国古代有大地女神崇拜也就不足为奇。

大地之母在《书经》中被称为"后土"，意为大地之主。后土的名字经常与皇天一同被提起，称为"皇天后土"。后土，又叫"后土祇"，意为大地女神。《书经》中"后土"的名字只出现过一次。公元5年，王莽为了自己的篡权计划，称后土为"皇地后祇"，将后土祭祀提升到与"上帝"祭祀同等的地位。他将女儿嫁给病弱的汉平帝，希望通过这种方式，提升女儿的地位，顺带也能提高自己的地位。北宋宋徽宗将其封为"承天效法厚德光大后土皇地祇"。

上面介绍了后土的名字和头衔，下面来看大地之母的起源。汉代
147　著名经学家郑康成说，地母住在西藏昆仑山脉。昆仑山高两万尺，终年覆盖积雪，是亚洲大陆的脊背。许多著名的河流正是发源于此地，滋养下游的大平原。山脉向四方延伸，形成亚洲大陆，亚洲大陆又由四片海洋包围。古代中国人认为，大地是方的，周围由四片海洋环绕，昆仑山脉区域是世界的中心，掌管万物。汉代另一位学者认为，昆仑山脉东南方的平原叫作神州，中国就位于神州内。神州大地当然也有一位女神，掌管一切事物，隶属昆仑山女神。自古以来，大地女神就与昆仑山和神州有关。这两个名字经常出现在历朝历代的祭祀仪式上。普通民众将后

土人格化，认作财神的妻子。事实上，在中国许多地方并没有提到后土与昆仑山的关系。

后土女神与社稷神不同。后土掌管整个国家范围内的事务，而社稷神掌管地方性事务，管理的地域以省、县、乡、村划分。

最早的时候，在"泽中方丘"祭祀后土。方丘祭坛分为两层或四层，象征大地，水泽象征四海。祭坛为象征大地的黄色，通常在城外北郊。汉朝首都在长安（今陕西省西安市），昆仑山脉在其西北方。大地属阴，北方代表阴。

汉朝建了一座著名的后土祠，位于脽（葵丘）之北的汾河旁（汾阴）。汉武帝在那里修建了后土祠，其不远处有五座祭坛，代表五个方位。后土祠中有后土的神像。此后，各个朝代都会定期到此处祭祀后土，直到元朝废止。

清朝的后土祭坛位于紫禁城北城墙外。祭坛占地辽阔，周围满栽树木。公元1860年，英法联军占领北京，军队就驻扎在地坛。地坛中有许多建筑，用于祭祀典礼。祭坛分两层，每层高六尺，由两条石阶拾级而上。坛墙铺黄色琉璃瓦，坛台环绕方形泽渠和护墙，两层护墙为黄色。

自古以来，后土祭祀在每年的夏至清晨举行。这一日，阴诞生，开始壮大，而阳开始衰退。因此，根据道的自然规律，要在此时祭祀大地。在不同朝代，祭祀时间有所不同。在汉朝，许多帝王在三月举行祭祀，此时万物新生。在夏至日祭祀昆仑山女神。神州女神的祭祀有时在夏季，某些朝代在冬季第一个月。

古代，后土总是与去世的帝王、帝后联系在一起。后土的神牌位或神像放置在祭坛的第二层，与后土相关的神灵根据等级高低分列两侧。公元50年，汉朝开国皇帝汉高祖的皇后吕后配祀后土神。但因为这位皇后名声不佳，在同年被废去祭坛上的位置，替换为高祖的妃子、汉文帝的母亲薄姬。在曹魏时期，祭坛上配祀的是舜的妻子。在唐朝，唐太宗与后土一同被祭祀。清朝，自清太祖高皇帝以后皆列位祭祀。

祭坛下一层是五岳五镇、四渎四海及名山大川的牌位。这种位次安排很可能沿袭自古代。

祭祀大地由皇帝本人或派人举行，仪式的细节各朝各代不相同，诸般变化难以一一枚举。目的都是顺应大地的本性，以求大地之母赐福百姓。在祭典中，皇帝或其遣官代表所有百姓，是最高祭司。祭祀祝文很好地解释了这场祭祀。祝文内容如下："维某年月日嗣天子［臣］御名，敢昭告于后土皇地祇，时当夏至，群物方亨。生长发育，有生咸赖。功德至厚，上配皇天。谨以玉帛牲醴齍盛庶品用将祇祭，尚飨。"① 不同地母祭祀的祝文皆相同。

祭祀后土不仅在夏至日和其他规定的时间，早在远古时代，每有重大事件也会昭告后土。《尚书》中记载了商汤对天下发表的公告："肆台小子，将天命明威，不敢赦。敢用玄牡，敢昭告于上天神后，请罪有夏。聿求元圣，与之戮力，以与尔有众请命。"② 《周礼》中记载："王大封，则先告后土。"③ 这项习俗一直沿用至今。革命党人显然并不打算废弃这一习俗，福建军阀战胜封建势力后，于孔子牌位前昭告；中华民国的临时大总统在南京明孝陵举行了相似的祭告。

民间信仰中，将大地之神人格化，奉为财神的妻子，每年二月初二举行祭祀。而有些地方仍然保留了该习俗更广泛的意义。在福州，人们会用糯米、糖、大枣、花生、豆子、马蹄、枇杷、白杏仁熬成粥。清晨，将供桌置于正厅门内，面向庭院，桌上摆香炉、香烛、三碗粥。一家之长，点燃三炷香，举至额前虔诚祭拜，插入香炉中，然后跪在供桌前拜三拜。跪拜后放鞭炮、烧纸钱。祖先及家中供奉的其他神明牌位前，也会供奉十碗用上述方法熬成的粥。

出嫁的女儿会送来一碗这样的粥，配上一碟或四碟佐料。粥中的果实种子象征丰收和繁荣。出嫁的女儿送粥是为了让地母娘娘想起家中的老人，展示年轻一代的孝心，祈求赐予丰收和富足。这种习俗延续了一年又一年，地母娘娘一定对他们青眼有加。因为中国人不但拥有这片土地，而且实现了生存中最重要的一件事，即历经千年传承到了今天。

---

① 《钦定大清会典四库本》卷八十三。——译者
② 《尚书·商书》。——译者
③ 《周礼·春官·大宗伯》。——译者

第二十五章　夏至

夏至节并不是个十分流行的节日。无疑是因为其地位被五月初五的端午节取代了。夏至日现存的习俗都是古礼的遗俗。

在福州，夏至节没有大型的庆祝活动。大概十户有六户人家会制作一种薄饼。做法是将米粉贴在加热后的米锅边沿，米粉变干变硬后，碎成碎片掉入锅底，在薄脆片中加入蔬菜、肉，当作早饭。这种饼在一年中的其他时候也会做，不过在夏至日食用有特别的寓意，即食用的人能够健康快乐、兴旺发达、消灾祛病。

在福州附近的莆田，此时田间已经停止播种。农民们或在神位前或在野外，以香烛和食物祭祀大地之神。祭祀结束后，全家一起享用丰盛的一餐。

自中华文明产生以来，在不同时代、不同地方，夏至节就已经存在。它的基础是人们的自然观，宗教和社会秩序也基于此。中国传统文化中认为太阳、月亮、星宿等所有肉眼能看见的天体都围绕着大地运转。天体运行产生二十四节气、四时八节、十二时辰和昼夜更替。天体运转产生了气，在这些时间节点上气的变化尤其活跃。天体的运行称为道。更精练和抽象的说法为，道是因，是天体运行和外在结果背后的规律和智慧。道通过阴阳两元素的相互作用体现。阴，代表黑暗、寒冷和死亡；阳，代表温暖、光明和生命。阳诞生于冬至，逐步发展壮大，直至夏至，春天伴随阳气的发展到来，带来生机和祝福。到了夏至，阳气发展到达顶点，此时，阴气滋生。阴与阳不断斗争，争夺主导权。

阴气苏醒后，随之而来的是成熟、衰退和死亡。它带来了鬼怪和邪气。阴属水，阳属火，两者与其他三种元素——金、木、土，互相影响，相生相克。水生木，火克木，金生水。一切事物的本质都由一种或多种元素组成，元素互相作用，事物的发展会因阴阳元素的作用受到增强或阻碍。了解了上述理论，我们就知道在一年中的这个时节人们的习俗以及活动背后的逻辑。

中国人用了许多方法来确定夏至这一天。《尚书》中记载："日永，星火，以正仲夏。"[①]在古代早期，人们用更原始的方法确定夏至日。在《左传》中可以看到这种方法的影子。书中记载，上古时代曾以鸟名（伯劳）设官职，掌管夏至的典仪，这种鸟夏至鸣而冬至止。到了汉朝，采用日晷测量法，通过影子的长短确定夏至日。《汉书》中记载："日有中道，月有九行。中道者，黄道。一曰光道……夏至至于东井，北近极，故暑短；立八尺之表，而晷景长尺五寸八分。"[②]这种测量方法直到今天仍在使用。

从远古时候至今，夏至日帝王会举行盛大的仪式祭祀地母皇地祇。《周礼》中记载："夏日至，於泽中之方丘奏之，若乐八变，则地示皆出，可得而礼矣。"[③]祭坛方形，象征大地，周围水泽环绕。奏乐是为了顺应大地的属性。帝王的祭祀承认了皇地祇的地位和作用。地母执掌万物出生、成长和死亡。地母赐福人类。祭祀是为了向地母祈福，避免降罪和惩罚。祭祀的外在形式随着朝代更替不断变化，但祭祀的目的从未改变。在汉朝，每三年在地母祠举行一次祭祀。其他朝代，每年在都城北郊祭祀地母。

不仅帝王在这一日会举行祭祀，君子和普通百姓也会在这一天改变自己的行为，以顺应这一时节自然的变化。《礼记》记载："是月也，日长至，阴阳争，死生分。君子齐戒，处必掩身，毋躁。止声色，毋或进。薄滋味，毋致和。节嗜欲，定心气，百官静事毋刑，以定晏阴之所成。"[④]这些规范一直被遵守，民间百姓将其扩展，发展成更具体的规则。

---

① 《尚书·尧典》。——译者
② 《汉书·天文书》。——译者
③ 《周礼·春官宗伯·大司乐》。——译者
④ 《礼记·月令》。——译者

《风俗通义》记载:"夏至著五彩,辟兵,题曰游光。游光,厉鬼也,知其名者无温疾。五彩,避五兵也。"① 另有一书中写道,夏至日阴气开始活跃,但不强大。所以,不动兵戈,不擂鼓,不行市,这样做可以帮助弱小的阴气慢慢成长。

民间的习俗将这些准则更具体化。江南地方志中有记载,在江苏嘉定,夏至日食夏至粥,以小麦、蚕豆、赤豆和米煮粥。禁止坐在门槛上,否则会患上夏季疾病。夏至过后三小时内不能洗澡、倒夜香,不能争吵、责骂、诅咒。据说这天天帝会下凡来到人群之中。如果这天天气晴,那么夏季温度不会太高。

在浙江海宁,人们在夏至日祭祀祖先。在绍兴,夏至日农民们聚在一起,举行龙舟赛,给孩子穿衣打扮,一同唱民谣。一条龙舟上载十人,在河中竞渡,看客如云。浙江东阳,每年夏至,"凡治田者,不论多少,必具酒肉祭土谷之神,束草立标,插诸田间,就而祭之,谓祭田婆"②。因为这时正是小麦丰收、谷物繁茂之际,为了迎接丰收,感谢土地,人们准备了这些祭祀,祈求土地神的保佑。

夏至日有一些禁忌。明代的《遵生八笺》中写道:"夏至后,夜半一阴生,宜服热物,兼服补肾汤药。"书中继续写道:"夏至后宜浚井改水,以去瘟病。"

夏至日可以预测天气。《隋书》中记载,夏至日属第三十卦离卦。想要预测未来,就在这日正午观察南方天空中是否出现红色像马的云霓。这正是离气,利农事。如果未见离气,则日月不明,五谷不丰,人易患眼疾,同年冬天十一月无冰冻。如果离气同时伴随风,则这年会是个丰收大年。

在直隶肃宁流传,夏至日如果刮东风,预示许多人会患上疾病;如果刮南风,称为顺风,预示气候温暖;如果刮西风,秋天会降暴雨;如果刮北风,会有溪水以山上流下。

借由这些习俗,中国人顺应自然的变化,获得自然的祝福,驱除邪祟。

---

① 《风俗通义·佚文》。——译者
② 《(道光)东阳县志》卷四《风俗·夏至》。——译者

第二十六章　地官

158　在中国道教思想中，世间有三种本原力量，即天、地、水，分别由一位神明执掌，即天官、地官、水官。一年中有三个重要时段，由这三位神明掌管。第一个时段在春天，自然诞生，由天官掌管，以其诞辰每年的正月十五为上元节，上元节各处挂满灯笼；第二个时段开始于夏末或秋季第一个月，此时自然开始成熟，由地官掌管，以七月十五为中元节；第三个时段由死亡和分裂的力量主宰，开始于冬季第一个月，即十月，由水官掌管，以十月十五为下元节。

地官的节日在中元节前几日就开始庆祝，七月十五这天达到高潮。在其悠久的历史中，中元节的主题主要是关爱长者、祭祀祖先，以及抚慰孤魂野鬼。

祭祀祖先的祭品数量在日常祭祀的基础上大大地增加了。祭品主要有纸钱、纸画，纸画上画有精美服饰及其他在冬季需要用到的物品。这
159　些图画上写有祭祀对象的姓名。更豪华的祭品包括纸质豪宅。豪宅以竹子作骨，用纸扎成，还附带护卫和奴仆。举行仪式后，会将这些祭品焚烧，送给亡者使用。在远古时代，这些物品会随死者陪葬。最近在中国北方各地发掘出的新石器时代的壁炉内，找到了随葬的类似物品，多为死者生前使用的，其中甚至包括妻子和奴隶。

在中国的信仰中，安抚游魂是一项重要的内容。在封建时代，省、府、州、县各级，会定期举行祭祀，抚慰游魂。祭祀由地方长官或委派的代表主持。祭祀时的祝文或者说公告，反映了祭祀的目的。例如：

图 1-11 松江沃德将军圣祠（一名美国士兵的神化）

普天之下，后土之上，无不有人，无不有鬼。神、人、鬼之道，幽明虽殊，其理则一。故制有治人之法，即制有事神之道。念厥冥冥之中，无祀鬼神，昔为生民，未知何故而殁。其间，有遭兵刃而损伤者，有死于水火盗贼者，有被人取财而逼死者，有被人强夺妻妾而死者，有遭刑祸而负屈死者，有天灾流行而疫死者，有为猛兽毒虫所害者，有为饥饿冻死者，有因战斗而殒身者，有因危急而自缢者，有因墙屋倾颓而压死者，有死后无子孙者。此等孤魂，死无所依，最堪怜悯。或依草附木，或作妖为怪。徘徊于星月之下，悲号于风雨之中。

今迎尊神，以主此祭，谨设坛于城西。兹当某月某元佳节，谨备牲醴羹饭，专祭本县合境无祀鬼神等众，灵其不昧，来享此祭。凡或一县人民，倘有不孝不睦、侮法欺善、种种奸邪不良之徒，神必报于城隍发露其事，使遭官府，轻则笞决杖断，重则流徙绞斩。若事未发露，必遭阴谴，使举家并遭灾害。如有克孝克睦、守法为善、正直之人，神必报于城隍，阴加护佑，使其家道安和，农事顺遂，父母妻子，保守乡里。我等官府，如有上欺朝廷，下枉良善，贪财作弊，蠹政害民者，灵必无枉，一体昭报。如此，则鬼神有鉴察之明，官府非谄谀之祭。尚飨。①

在这一天，孤魂野鬼被人们记起。祭祀的祭品摆放在夜晚正门前的街道边，香烛插在地上，另有一盘馒头和面饼。一家之主，走出大门，三拜，然后取来许多纸钱和画着衣服的纸画，在门前焚烧。人们会往大街上扔一些馒头，让乞丐捡起食用。大商铺或富裕的家庭，祭祀的规格更高。在商铺或家中正厅内，设立三层的祭台，第一层摆放香炉、香烛、酒，以及米粉和红糖做成的馒头。馒头可能有十盘、二十盘或三十盘，每盘四十九个。中国人认为人死后七七四十九天就会离开地狱转世投胎。

祭品准备就绪后，三名道长站在第二层，中间的那位为主祭，他手执象牙笏板，效仿古代大臣上朝面圣的样子。祭台第一层有五名道长，一边摇铃、击鼓、击掌，一边反复念诵咒语。直到十二点，祭祀结束。十二点之前，由阴间的力量主宰，十二点之后，阳间的力量接管。祭祀

---

① 《（道光）永定县志》卷十三《祠祀志》。——译者

后会燃烧纸钱、纸衣,第二天早晨,祭品会分给邻里。

人们觉得,孤魂野鬼会让儿童患上皮肤病。因为这些鬼魂生前大多是乞丐、麻风病患者和流浪汉,而这个群体容易患有各种皮肤病。抬轿子的苦力会祭祀孤魂野鬼,希望它们不会在自己抬轿子时故意使绊子。

所有的这些仪式中,好像都忘了地官。事实上确实如此。中元节的主要目的是防止孤魂野鬼伤害人类。在普通百姓眼中,地官十分神秘。不过在道教的咒语中,地官有着突出的地位。下面一段来自道教道长在中元节念诵的经文《三官经》,将不同的节日联系起来,突显了地官在道教体系中的地位:"青灵洞阳,北都宫中。部四十二曹,偕九千万众。主管三界十方九地,掌握五岳八极四维。吐纳阴阳,核男女善恶青黑之籍;慈育天地,考众生录籍祸福之名。法源浩大而能离九幽,浩劫垂光而能消万罪。群生父母,存没沾恩。大悲大愿,大圣大慈。"

草木逐渐成熟、衰败,冬季即将来临,都在提醒着古代的中国人,在世间游荡的孤魂野鬼需要供养。人们举行祭祀,安抚游魂,防止它们妨害人类。这是如今中元节日的意义,与千百年前并无不同。

第二十七章　武圣关羽

164　关羽，通常被称为武圣，是忠义的化身。他是充满传奇色彩的三国时期的将领。关羽成神之路是中国文化中将历史人物祀为神的典型案例。

汉朝由开国皇帝刘邦建立，创立之初，汉朝领土北至陕西，东到河南，范围主要集中在汉水流域。汉朝是中国最著名的朝代。中国人称自己为"汉人"，中国人使用的语言是"汉语"。第一位皇帝秦始皇，战胜了半独立的六大封建诸侯国，统一中国，但他没能够实现真正的融合和长久的稳定。汉朝成功地做到了这一点。为了实现真正的统一，汉朝修桥建路、开凿运河，实现国土内部交通通畅。汉朝的疆域扩展到了广东、福建、云南、四川和辽东。与印度和罗马帝国展开交流。汉朝另一项重要的成就是统一了中国文化。汉朝时期，搜集整理经典子集，雕刻在石碑上，作为标准版本；修订刑法典，沿用直至被现代法律取代；组织文化考试，直到 1905 年被废止；将儒教提升到国家信仰的地位。在汉朝，中国成为亚洲大国。

165　汉朝完成其使命后，由三国取代。曹魏政权占据北方和中部诸省，定都洛阳，持续了五十年。东吴政权占据湖南、湖北、江西、浙江地区，定都南京，持续了四十六年。最后的蜀汉政权，是大汉正统，占据四川地区，定都成都，持续了四十四年。蜀汉的建立者是昭烈帝刘备，出身汉朝宗室。

自此，中国进入三国鼎立、割据争霸的时期。昭烈帝刘备和他的忠心大将关羽，如今的武圣，进攻东吴失败。刘备之子（公元223—258年）联合东吴共同对抗北方曹魏，最终不敌司马昭率领的魏国军队。司马昭之子司马炎于公元265年取代曹魏，建立新王朝西晋。西晋从265年持续到290年，结束了三国鼎立的分裂局面，实现了表面的统一。

公元2世纪，关羽出生于山西解州。传说，关羽早年间是卖豆腐的，但一直都在坚持学习。很早开始，他就追随昭烈帝刘备，与刘备、张飞在桃园结义，留下美谈。刘备最初希望匡扶汉室，发现难以实现后，决定自己建立王朝。

史书上一致赞扬关羽勇猛，尤其是其忠君爱国的精神。一次战役中，关羽手臂中箭。虽然伤口愈合了，但在潮湿、下雨的天气，受伤部位仍会作痛。医生说，箭上的毒已入骨，要想医治，必须切开伤口，刮骨去毒。关羽请来一帮朋友喝酒，在吃喝谈笑中就将伤臂切开了。

关羽不仅忠义勇猛，而且足智多谋，他的机智历来受到中国商人的推崇。公元200年，关羽被曹操俘虏。曹操使尽种种手段，离间关羽和刘备，想将关羽收为己用。一天晚上，曹操让关羽和刘备的两位夫人同住一室。关羽提着灯笼在前厅站了一整夜守门放哨，保全了两位嫂嫂的名声。曹操还赐给关羽各种封赏，但都徒劳无功。

对于曹操的厚爱关羽并非无动于衷，他寻找机会报答曹操。曹操与颜良的战斗给了关羽机会。在两军对阵之时，关羽策马直入颜良大军，冲到位处队伍中间的颜良面前，手起刀落，斩下颜良首级，献给曹操。报恩之后，关羽退回了曹操送来的所有书信，告辞离开，回到刘备身边。

上述是关羽早期的生平事迹。关羽的最后一役发生在湖北中部的荆门州。他在此处殒命，葬在荆门附近的玉泉山上。此地一直流传着关羽忠义英勇的事迹。公元260年，关羽死后四十年，刘备之子蜀汉后主追谥关羽"壮缪侯"。公元583年，隋朝加封关羽为"忠惠公"。

到此时为止，他死后的事迹与许多其他英雄人物一样。时间过去了一年又一年。到了唐朝，公元676年，唐高宗在玉泉山为禅宗六祖修建寺庙，陵墓就在附近的关羽被封为守护神，负责护卫佛祖，守护律法和秩序，降妖伏魔，护正驱邪。关羽逐渐替代了印度的因陀罗成为中国的护法神。

关羽在玉泉寺受封后，声名迅速传遍各大小寺院，因为僧人经常四处游历和传道。关羽降妖伏魔的能力马上得到了道教和普通百姓的认可。从关羽被视为妖魔的克星开始，其未来的成神之路可见一斑。

他随后的经历非常简单。据山西解州的地方志记载，公元1008—1017年，皇帝下令修缮解州的关羽庙。公元1096年，玉泉山关帝庙受赐匾额，上书"显烈王"。公元1108年，受封"义勇武安王"。公元1129年，宋高宗赐封号"壮缪义勇武安王"，定期举行祭祀。

明朝嘉靖年间律法规定，将每年五月十三定为关羽诞辰。事实上，关羽的诞辰在六月二十四。关羽的儿子关平生日在五月十三，出于对父亲的尊重，父亲的生日庆祝不能晚于儿子，因此五月十三被定为关羽诞辰。这日将举行盛大的祭祀。祭品包括牛、羊、豕、五果，以及象征帛的卷纸，由主祭献上。所有重大事件都会昭告关帝。1614年，即明朝万历年间，关羽受封"三界伏魔大帝神威远镇天尊关圣帝君"。礼部官员为关羽准备了九旒冠冕（帝王十二旒，侯爵九旒）、宝石衣带、龙袍和镀金的神牌，神牌上写有关帝的封号。

清朝又进一步加封。1856年，因襄助镇压太平天国运动，关羽的地位与孔子等同。在北京以及各级省城、府（州）城、县城，都能看到关帝庙，总共约有一千六百座官方庙宇。此外，还有无数的地方小庙。关羽的庙宇遍布世界各地，有中国人的地方就有关帝庙。关帝庙中通常还有另外两座神像，一位是关羽的儿子关平，另一位是周仓。关平至死追随父亲，周仓也是关羽虔诚的追随者。

官方祭祀关羽在每年的阴历二月十三、八月十三和五月十三。正月十三，人们也会举行特别的祭祀。

官方祭祀时，关帝庙会被打扫一新。关帝神像前摆放牛、羊、豕，五果和纸帛，点燃香烛、高香，取出古老的乐器，当地学校的孩子用羽毛表演行军作战的阵形变化。祭祀当日天亮之前，参加祭祀的官员及随行人员一同行三跪九叩之礼。祭祀结束后，祭品的肉类由参与祭祀的人员分享。除了每年上述时间的祭祀，每月十五这天人们会定期上香。

关帝崇拜在民间，特别是在商人中间十分流行。每年阴历六月二十四，福州人民庆祝关帝诞辰之日，商人们会准备各种肉类、香、烛，摆放在关羽神像前，同时烧纸钱、燃爆竹。掌柜作为代表行叩拜之礼。祭祀结束后，商铺的店员会一同分享祭祀的食物。我们很容易理解关帝为什么受商人欢迎。关帝的品质是忠诚、勇敢、公正和慷慨，中国的商人有相似的品质。他们对商会的同伴忠诚，大胆探索商机，有强烈的公平意识，最重要的是他们出名的慷慨。当然，关帝崇拜盛行很大一部分原因，归功于其降妖除魔的能力。这点之后会提到。

关羽还是"五文昌"之一，有护持文运的职能。关羽熟读《春秋》，能够从头至尾背诵，所以他通常被描绘为手持一卷《春秋》。《春秋》是中国经典之一、科举考试的内容之一。

可能有人会问：是什么让关羽在各个阶层的人群中都受到欢迎？答案并不难找。他受到欢迎是因为他能够镇压邪祟。在唐朝，关羽被赐予护法神的地位，自此流行开来。在中国文化中，最重要的职能就是降妖伏魔，关帝是镇压邪恶最有力的神明之一。

下面是《关帝历代显圣志传》中众多故事之一。宋真宗大中祥符年间，关羽老家山西解州发生了一场灾害。作为国家财政收入的大头，解州盐池产量减少了。皇帝派人前去调查。调查的人回禀说，自己做了一个梦，梦里有一位老人自称城隍神，老人告诉自己是当年被黄帝打败的蚩尤在作乱。蚩尤奉上帝之命管辖盐池。因为皇帝在盐池附近修建了黄帝庙，蚩尤大为不满，减少了盐池的产量。蚩尤让城隍神带来消息，如果拆了黄帝庙，他就不会阻碍盐池产盐了。如果不按蚩尤说的做，他就会制造更大的灾害。这下问题严重了，皇帝派了道教的张天师前往。张天师烧符作法，念诵咒语，请求关帝前来相助，驱赶妖魔。关帝手执宝剑答应了。很快，解州被狂风暴雨笼罩，天空黑沉沉一片，空气中充满了兵戈声和马蹄声。等到天空再次放晴，盐池已经恢复了以往的产盐量。为了感谢关帝，皇帝翻修了关帝庙，并举行了祭祀。

古本《桃园明圣经》自述为关帝在梦中赠予玉泉山僧人，僧人醒来传述。湖北玉泉山正是关羽埋骨之地。书中有许多晦涩之处，所以后来王天君在梦中作了讲解（1810年）。我手中的版本于1884年在福州出版。从书中，我们可以看到关帝在人们生活中的影响和地位。下面一段是书中关帝承诺人们的祝福："家宅供此经，妖魅化为尘。船舟奉此经，风波即刻平。行人佩此经，路途保安宁。书生看此经，不久步青云。妇人诵此经，二女五男成。若为亡化念，亡化早超生。若为父母念，父母享遐龄。焚香高诵念，其福即来临。日念三五遍，或诵百千声。人能抄印送，诸疾不相侵。诸神皆欢喜，宅舍并光明。或赐福与寿，或荫儿与孙。凶事化为吉，福禄寿重增。"

《桃园明圣经》提到了上述承诺将如何实现，内容令读者信服：所有神明，五岳雷电神，五湖四海，日月斗星辰，天下城隍，万方土地都将听从太上老君号令，各自遵行。众神差遣值年值月将，值日值时神，夜差黑煞帅，日令皎洁兵，细细监察，送去奖赏，不得遗漏。

书中同样提到了持诵之法。首先，设一座关帝像，如果没有神像，用一张黄纸中间写上"伏魔大帝关圣帝君"。关帝左边摆放长生天尊，右边摆放灵光天尊（这两位神明都十分受欢迎），祭品摆放在房间中间神像前。诵读前需要斋戒、净手，穿上干净衣物，点起香烛一对，奉上三炷香，摆上茶、酒、水果。行三跪九拜之礼。结束后，一边念"王灵官玉启"，一边三跪九叩，重复三遍。继续跪拜三遍，念"关圣帝玉启"三遍。跪拜一遍念扶乩真经。然后起身，休息片刻，举起净化后的香两遍，涤荡灵魂。跪念"桃园明圣经"，叩首，起身。休息片刻，平复灵魂。体弱疲劳者，可站立双手合十念诵圣经。每念到圣帝姓名，跪下叩首，以示尊敬。

念诵在于心诚，不在次数多少。以夜晚诵读为宜。夜晚念诵的最佳时间为天亮之前，五更前段。此时，人的灵魂力量最强。万物寂静。人的灵魂不被打扰。

念诵之时，需要点上香、烛，灯火明亮，心神一致。这样念诵的效果最佳。

真经需要用干净的布包好，放在高处。女人和孩子不许触碰。念诵之前需要净手。

袁世凯当上大总统后，关羽的地位被提升到新高度。所有军官和士兵需要在关帝像和岳飞像前，向袁世凯立誓效忠。岳飞是宋代的英雄将领。自此之后，关羽在军队中也有着突出的地位。

第二十八章　牛郎和织女

　　七月初七是七夕节，七夕节日仪式和故事传说中，包含了已婚和未婚年轻女性的渴求、希望与畏惧。牛郎和织女的故事是这样的：牛郎和织女成婚后，如胶似漆，难舍难分，甚至忘记了自己的职责。因此，织女的父亲天帝，将两人分开，一人在银河这头，一人在银河另一头。两人终年不能见面，只有在七月初七这一晚，喜鹊在银河之上搭一座桥，夫妻俩才得以见上一面。他们分开之后，经常会下起小雨。

　　织女指的是织女星以及天琴座的两颗星，牛郎由天鹰座的三颗星组成。七夕节起源于中国北方。在北方，人们认为阴历七月意味着收获的季节接近尾声，女人停止了田间工作，转而投入纺织工作。她们坐在自家的台阶上，编织着各种手工织品，此时明亮的织女星正在她们的头顶熠熠生辉，散发着幽蓝的光芒。织女成了纺织者的守护神。在银河的另一端，是苦苦等候爱人的孤独的牛郎。这个故事的主题源自一个存在已久的问题，即年轻人在责任和享乐两者之间的挣扎。

　　远古时期就已经开始庆祝七夕节了。织女，身为纺织的守护神，掌管瓜果、丝织、采集和储存，是祭祀的主角。牛郎只是起到一个陪衬和劝诫的作用——尽管某些地方将这一日视为牛的生日。牛角上会被挂上鲜花和树枝，牧童会收到面条和面饼。

　　在福州，女子会准备特别的祭品祭祀织女。祭品包括七盘不同种类的瓜果、七盘菜、香、烛和纸钱。通常供桌旁的桌子上会摆放针、线、剪刀，以及其他妇女使用的工具。点香后，每个女子轮流三拜，然后点燃纸钱，在纸钱燃烧期间,女子要尽力穿好七根针。她们的技术高低由穿针的多少来评判。某些地方人们会将一只蜘蛛放在盒子里,如果蜘蛛织网了,则象征人们乞巧成功,会拥有高超的针线技术。

在全国各地七夕的祭祀之中,都伴有妇女乞巧的习俗,形式各有不同。在直隶,人们将西瓜切成带花瓣的花朵的样子,然后在花瓣上插上针,摆在盘中,供奉在织女面前,先放着不管,片刻之后如果有蜘蛛在瓜上结网,则预示着女主人将拥有高超的缝纫技术。

在山西,女子将麦子和豆芽装在一只水罐中:如果影子是尖的,代表女子会有一双巧手;如果影子模糊不清,则代表相反的意思。

在河南,祭祀时如果银河上飘着白云,代表家中的女主人受到祝福。

在福州,有一种方法用来鉴别妻子是否背叛丈夫,一直沿用至今。首先捉一只蜥蜴,杀死风干,磨成粉,掺入一些水,涂在女子的身体上,会呈现各种形状。然后将朱砂粉抹在身体上。如果朱砂一直存在,说明女子没有背叛丈夫;如果朱砂消失,则说明女子做了对不起丈夫的事。

七月初七采集的草药制作的药方有特殊疗效。将大麻的花朵晒干,磨成粉,浸泡在麻籽油中,可以用来预防眉毛脱落。百合根煮后磨成粉,抹在长白头发的毛囊上,可以令新长出的头发乌黑。如果孩子吞下七粒豆子,这一年都会身体健康。如果身上长疣,坐在北面房间,面朝南,用七种瓜的叶子擦拭,疣子就会消失。

诗歌中,很多提到了七夕和七夕的传说,下面这首是个很好的例子:

拟迢迢牵牛星诗

晋·陆机

昭昭清汉晖,粲粲光天步。
牵牛西北回,织女东南顾。
华容一何冶,挥手如振素。
怨彼河无梁,悲此年岁暮。
跂彼无良缘,睆焉不得度。
引领望大川,双涕如沾露。

第二十九章 中秋节

中秋节，或秋收节，在阴历八月十一日至十五日，是一年当中最欢乐的时刻之一。此时正是收获的季节，有一部分粮食已经收割了。天高气爽，阳光明媚。秋收之月，又大又圆，高悬在天空，整个中秋庆典都沐浴在柔和的月光下。中秋节之际，人们感谢自然的馈赠，欢庆上天的慷慨，人神同乐。

在各式各样的庆祝仪式中，月亮是当之无愧的主角。"追月""拜月""赏月"等词，显示了月亮的重要地位。月亮经常与收获联系在一起，月亮也是神明的宫殿，因此象征能够掌控生死、未来的神秘力量。因为上述两个原因，月亮的形象经常出现在艺术、传说和许多习俗中。

在中国有各种各样的节日习俗，以福州的庆祝仪式为例。中秋节，人们要以丰盛的供品祭祀祖先和供奉的神明，尤其是守护儿童的临水奶，还有住在大熊星座上的七星妈。拜月时，会在正厅门内或庭院中设香案，案上摆一只四边形的斗升，斗底部有米，里面插上十双筷子和童偶，童偶代表家中的孩子。童偶高六寸到一尺，插一根木棍，上面绘有孩子的容貌。如果孩子夭折了，童偶会放在棺材中陪葬。孩子年满十六岁之后再将童偶扔掉。如果家庭经济条件不错，祭拜时还会请来道长作法念咒。仪式进行到某个时刻，一家之主和孩子会在祭台前跪拜。人们相信，这些仪式能够驱疾避疫，保佑他们健康长寿，斗升底部的米粥吃了能够延年益寿。

富裕的家庭和商铺在院中或店铺门前，搭设多层的祭台。最上层摆放宝塔和香炉。其他各层摆放十八罗汉、三清五老、肉桂以及其他代表月宫的物品。祭祀由道长或僧人主持进行。

在八月十五以及八月十五前的几晚,福州的两座宝塔用数百盏灯笼装饰一新。十四日晚上,数以千计的男男女女来到福州三座山的山顶上香,祭拜天地——世间的父神和母神。

中秋节是孩子们的欢乐时刻。糕点铺和糖果铺散发着香甜的气味,每个地方都声称自己有做月饼的秘方。月饼用面粉和红糖制作而成,上面印着月亮和月宫的图案。玩具铺里摆满了泥捏的小型宝塔和各种动物。这些玩具的头或手足能转动,用力一捏,还会发出声响。街上,孩子们用瓦片搭宝塔。很多宝塔最后都没能搭完,有个谚语形容人做事半途而废,就来源于此。

十五日晚是节日的高潮。这一晚,人们将桌子摆在庭院或屋顶的平台上。据说,这晚月亮上会撒下鲜花,女人看到了会子女成群,男人看到了会兴旺发达。宴席会一直持续到深夜,人们作诗、弹奏、做游戏,一片欢声笑语。

像其他大型节日一样,中秋节也是结算账目、偿还借款的日子。债主拿出账单票据,希望欠债人至少能偿还一半,剩下的部分可以在年底结算。

此时,人们会使用各种道具,卜测问询生活中的事情。女子将一块布盖在篮子或花瓶上,等到月亮升起,拜请月神下凡,说出自己的愿望后,静听声响。如果敲击数是偶数,则愿望能够实现;如果是奇数,则不会实现。

这天,人们也通过月亮预测未来天气。如果月亮藏在云后,来年的元宵节会下雪;如果这天看不见月亮,整年都会徒劳无收。

诗歌和小说中时常能看到对中秋的描写。中秋节还有很多传说,零散地流传在不同朝代和亚洲的不同地区,这些传说是人们共同的财富。

漫游月宫

书上有各种游览月宫的记载,比坐飞机更有趣。其中,最出名的是唐明皇夜游月宫的故事。写于公元 12 世纪的传奇小说《龙城录》记载:

"开元六年上皇与申天师、道士鸿都客八月望日夜,因天师作术,三人同在云上游月中……寒气逼人露濡衣袖皆湿……下若万里琉璃之田,其间见有仙人道人乘云驾鹤往来若游戏……下见有素娥十余人皆皓衣乘白鸾,往来笑舞于广陵大桂树之下,又听乐音嘈杂亦甚清丽……次夜上皇欲再求往,天师但笑谢不允。"

登天摘月

道教有种术法可以摘下天上的月亮,特别受欢迎。《宣室志》记载,在唐朝,有位修习道术的周生,对宾客说:"我可以把月亮摘下来,放进袖子里。"他让宾客们离开房间,又拿出几百双筷子,用绳子连接起来,对他们说:"我要用这个筷子做成的梯子爬到天上去取月亮。"然后把门窗都遮住,房间顿时暗了下来。过了一会,他打开屋子的门,说月亮就在一位宾客的衣服里。衣服掀起后,露出了直径一寸多的月亮,整个屋子忽然全都亮了,寒气凌凌,刺人肌骨。这个故事显然是利用了人们之前对月亮的刻板印象。直径一寸的月亮是他藏在衣服中的灯笼,他提前设计好,让同伴在黑暗中偷偷放进衣服里。

玉兔捣药

人们很早就相信,月亮上住着一只兔子。屈原,楚怀王的大夫,在《离骚》①中问道:"夜光何德,死则又育?厥利惟何,而顾菟在腹?"东汉哲学家、评论家王充,研究了月宫中玉兔和金蟾的传说,得出结论:月亮上并没有这些动物。不过,张衡在他的天文学文章中说:"月者,阴精之宗。积而成兽,象兔。阴之类,其数耦。"②有个古老的传说,世间所有的兔子都是雌性,只要凝望月亮上的玉兔就能怀孕,从嘴中吐出幼崽。

写于公元646年的《西域记》中记载了一则玉兔的故事,十分著名:"劫初时,于此林野,有狐、兔、猿,异类相悦。时天帝释欲验修菩萨行者,降灵应化为一老夫,谓三兽曰……今正饥乏,何以馈食……狐沿

---

① 此处有误,应为《天问》。——译者
② 《灵宪》。——译者

水滨衔一鲜鲤，猿于林树采异华果，俱来至止，同进老夫。唯兔空还，游跃左右。……兔曰：'仁者，我身卑劣，所求难遂。敢以微躬，充此一餐！'辞毕入火，寻即致死。是时老夫复帝释身，除烬收骸，伤叹良久，谓狐、猿曰：'一何至此！吾感其心，不泯其迹，寄之月轮，传乎后世。'故彼咸言，月中之兔自斯而有。"①

后来在道教传说中，人们将玉兔描绘为拿臼捣药的形象，捣的药正是长生不老药。

月下老人

月亮上住着月老，掌管人间姻缘、婚配。根据中国古代的习俗，"姻缘天注定，月老最灵签"。有一则月老的小故事。有人名韦固，一天晚上，他在宋城遇到了一个老人在月下看书，韦固问老人看的是什么书，老人告诉他是天下之人的姻缘书。说着他从包中拿出一根红绳，说："我会用这绳子系住男女的脚，不管他们是仇敌之家，还是相隔两地，最终都会结为夫妻。你的妻子是在那里卖菜的陈婆的女儿。"韦固上前查看，发现老妇人带着一个相貌丑陋的女孩，大约两岁。韦固非常生气，决定雇人杀掉女孩。但杀手最终没能杀掉女孩，只在她的眉毛上留下了一个小伤疤。十四年后，韦固娶了一位漂亮夫人，婚后数日，韦固发现夫人总是在眉上贴一片金叶子。追问之下得知，夫人是收养的孩子，她的亲生父亲死在了宋城。小时候奶妈抱着她时，她被盗贼袭击，留下了这道伤疤。

今天，做媒的人称为月老，不过通常是女性。订婚时会交换婚书。男方婚书为阳，女方为阴，婚书中有两根针用一根红线穿起。婚礼上，新人用两只被红绳系在一起的酒杯喝交杯酒。从远古时代开始，月老就用红绳为男女牵线、缔结婚姻，并在夫妻爱意转淡时，通过这种方式拴住双方。

月神嫦娥

月亮上不仅住着月老，还住着月神嫦娥，或者叫姮娥。《山海经》

---

① 《大唐西域记》卷七。——译者

图 1-12　问卜姻缘

186 有载:"大荒之中,有山名曰日月山,天枢也。吴姖天门,日月所入。有神,人面无臂,两足反属于头山,名曰嘘。……有女子方浴月。帝俊妻常羲,生月十有二,此始浴之。"①

张衡提到了后羿的故事。后羿生活在公元前25世纪,擅长射箭。文中写道:"羿请无死之药于西王母,姮娥窃之以奔月。将往,枚筮之于有黄。有黄占之曰:'吉。翩翩归妹,独将西行。逢天晦芒,毋惊毋恐,后且大昌。'姮娥遂托身于月,是为蟾蜍。"②

嫦娥离开之后,后羿日夜思念,最终病倒了。有个年轻人在正月③十四的夜晚,前来探望他,告诉后羿:"我是嫦娥的信使,她知道了你的思念,但她已经不可能回来了,不过,明天月亮最圆的时候,将象征月亮的月饼放在房屋的西北角,呼唤你妻子的名字,她就能下凡三日。"后羿照他说的做了,果然在约定的时间见到了嫦娥。

187 **月宫金蟾**

从民间传说中,我们知道了金蟾是怎么来到月亮上的。上古时期开始,中国的哲学思想将月亮和水联系在一起。被誉为"中国《圣经》"的《易经》中写道:"坎,为水,为月。"④写于公元前122年的《淮南子》记载:"积阴之寒气为水,水气之精者为月。"⑤

月亮为水之精华,掌管水。很早之前,人们就发现了月亮和潮汐的关系。月亮也能带来雨水。《书经》中写道:"月之从星,则以风雨。"⑥

月亮不但能带来水,也掌管所有生活在水中的生物。《淮南子》有载:"月者,阴之宗也,是以月虚而鱼脑减,月死而蠃龙焦。"⑦又曰:"蛤蟹珠龟,与月盛衰。"⑧《陆子》中写道,阴气来源于月亮,月盈时,

---

① 《山海经·大荒西经》。——译者
② 《灵宪》。——译者
③ 此处有误,应为八月。——译者
④ 《易经·说卦传》——译者
⑤ 《淮南子·天文训》。——译者
⑥ 《书经·周书·洪范》。——译者
⑦ 《淮南子·天文训》。——译者
⑧ 《淮南子·坠形训》。——译者

贝壳变得饱满，所有属阴的事物疯狂生长；月缺时，贝壳空瘦，所有属阴的事物变得衰弱。不过只要能看到空中的月亮，所有属阴的生物都会在深海中变化。

在印度神话中，青蛙代表云，青蛙的叫声象征雷声。雨水足够时，青蛙才会停止鸣叫。月亮带来或预报雨水，所以与雨水有关系的青蛙也与月亮联系在一起。青蛙黄绿色，这两种颜色也会在月亮身上呈现。很有可能，印度神话中青蛙的形象最早来源于中国。而且，青蛙在古代中国似乎被归类为昆虫，而不是水中生物。

月宫桂树

中国人提到月亮上至少有八种树木，最出名的一种当属桂树。桂树在秋天开花，香气扑鼻。桂树之美，许多歌曲和故事中都有描述。科举考试中成功考取被称为"折桂"。

桂树有极大的药用价值。生长在月宫的桂树，能让人长生不老，能让身体变得透明，飞上云端，遨游天地。

在宋朝，佛教中与释迦牟尼有关的神树婆娑树就是桂树。从前有个人名叫吴刚，他十分渴望成仙，但是触犯了天规，被罚到月宫砍桂树。每次砍下一刀，桂树又会重新长好，如此循环往复，桂树永远无法砍断，他的一生也耗费在这个不可能完成的任务上。

一只公鸡将月宫桂树的嫩芽撒向了中国的南方大地，在不同的时间，桂树的种子一粒粒落到地上，如下雨一般，有的白色，有的黄色，有的黑色。杭州一座寺庙的僧人种下了这些种子，长出了二十五棵桂花树，自此，桂树长满了中国各地。

第三十章　重阳节放风筝

190　　重阳节在每年九月初九，又叫"重九节"。东亚各地人们用各种方式庆祝这一节日。它标志着秋霜的到来，庆祝这个节日是为了帮助人们安全、轻松地过渡到冬天。

公元 6 世纪的一本小说集中记载了重阳节的起源。汝南桓景随费长房游学累年，长房谓曰："九月九日，汝家中当有灾。宜急去，令家人各作绛囊，盛茱萸，以系臂，登高饮菊花酒，此祸可除。"景如言，齐家登山。夕还，见鸡犬牛羊一时暴死。长房闻之曰："此可代也。"今世人九日登高饮酒，妇人带茱萸囊，盖始于此。[①]

这个故事以戏剧化的手法，描写了中国北方和中部地区入冬后的首次霜冻灾害。那里也是重阳节的发源之地。

重阳节曾经的很多习俗都是为了消灾解难，帮助人们抵挡死亡的力量。事实上，今天也是如此，虽然另外一些习俗演变升华后，有了不同的意义。重阳节喝菊花酒、插茱萸，因为这两种植物不会遭霜冻危害。重阳节登高，因为山上不像低处那么快被寒气侵袭。

191　　住在汉地以北的少数民族也庆祝重阳节。建立于辽东半岛的辽国，重阳节这天，皇帝会举行宴会，赐菊花酒给大臣。官员们比赛射箭，箭靶上是老虎的画像。射中较少的人要设宴招待其他人，酒席中菊花酒必不可少。他们将茱萸粉撒在门上，用来驱邪消厄。金朝会在重阳节这天

---

① 《续齐谐记》。——译者

祭天。

如今在中国许多地方，重阳节最著名的活动是放风筝。七月初，风筝就开始出现在各大商店和田间山头。临近重阳节，能看到越来越多各式各样的风筝。风筝的种类繁多，有的像鸟，有的像南瓜且上边画有日月，有箱形风筝，有的风筝拖着长长的尾巴，有的则没有。有的风筝飞起后会发出奇怪的声音。晚上，风筝上挂上灯笼，灯火满天，仿若星辰。老老少少聚在山顶上，一边欣赏美景，一边野餐。放风筝的人互相比拼，看谁放得最高。有人会故意钩住对手的风筝，使其掉落。空气中充满了欢笑和叫闹。晚上，人们喝着菊花酒，吃着用米、面、花生、大枣做成的九层饼，度过愉快的一夜。

放风筝在中国有悠久的历史。相传墨子在公元前4、5世纪，制作出了木鸟，经历三年试验，终于飞上天空。韩信，汉朝开国皇帝刘邦的大将，攻打未央宫时，利用风筝测量未央宫下地道的距离。

在山上放风筝的习俗可以追溯到公元7世纪。当时，科举考试重新开启，考试结果出来的那天，人们会放风筝庆祝。

风筝从中国传到了欧洲。欧洲最早提到风筝的是1690年的一本法英词典。英文单词"paper-kite"是汉语"纸鸢"的直译。德语"fliegender Drache"和法语"cerf-volant"都源于汉语。

中国的风俗

第三十一章　城隍爷

193　　城隍，是守护城池之神。几乎每个省城、县城都有城隍的庙宇，这些庙宇在封建王朝时期得到了很好的保护。近些年来，城隍庙多用来驻扎部队，原先的意义已不复存在了。

据说上古时代的尧帝是祭祀城隍的第一人。最早，城隍的祭祀在露天举行，不过城隍庙修建得很早。随着城市数量越来越多，地位越来越重要，城隍崇拜也越来越流行。公元 934 年，城隍被封为王。元朝，封城隍夫人为王妃。明朝初年，起初官方在露天的祭坛祭祀城隍，后来改为在庙中祭祀。清朝，城隍的官职与所在地最高长官相同。城隍由道教天师任命，任期三年，期满升迁或罢免。城隍候选人通常是已故的官员。这种任命已故官员的权力，在一个百姓常思常忆、个人忠诚度极高的国家，可能最终会向政治方向演变。为了防止职权滥用，候选人名单会提交礼部最后审批。

194　　城隍的主要职责是保护城市免受妖邪侵扰。城隍代表上天，在佛教建立起地狱体系后，也代表地府阎王。他的主要工作是留意世人的所作所为，汇报给上天，以及将罪人送到阎王处治罪。城隍同时是官府衙役的保护神。

城隍庙一般位于城中心，常年香火鼎盛。春天人们会将城隍爷抬出神庙巡游，释放鬼魂。七月初一，再一次举行巡游，清点鬼魂。十月初一，城隍召集鬼魂，将它们关起来过冬。

十月初一的巡游最为盛大。清朝时期有专门的组织、负责照管城隍

图 1-13 祈求长寿

爷及其众多儿子神像的管委会，并在特定的日子请出巡游。管委会的人来自上等家庭，他们的职位常被想方设法挤入上流社会的人垂涎。管委会的人负责筹集善款，用于神像涂漆、服装，以及其他可能会用到的物品，作为回馈，他们能参与游行队伍，负责捧香。巡游之后，大家一同参加宴席，观看庆祝表演。

巡游本身场面壮观，规模之大不亚于攻城胜利后将军进城的场面，是中国丰富宗教文化的一个缩影。巡游队伍最前方，数人举着"肃静""回避"的大牌子；后面跟着两列长长的队伍，每人怀抱木牌，上面用镀金大字写着城隍的各种封号。其后依次是，鼓乐队，一路吹吹打打；护卫队，头戴黑色圆锥形高帽，这种帽子是元朝留下的，手中或执乌鞘鞭，或拖行竹竿，制造声响震慑宵小；后面跟着一把象征身份的红色多折大伞以及仪仗扇；城中的名人精英排成长队，两两并排；然后是黑白无常，白无常高十余尺，以木为首，以竹作骨架，外面披上长袍，内有一人举人偶，黑无常面泛油光，眼露精光，慢慢跟在白无常之后，两者是神明的代表，能够震慑鬼怪和恶人。

再后面跟着一队人挑着扁担，扁担两头的竹筐里摆放了鲜花、水果和高香。队伍慢慢行进，神像在马背上一颠一颠；孩子们身穿七彩服装，坐得像骑在蒙古马上的雕像。

队伍中最引人注意的是一面巨大的圆形黄铜镜子。它象征了阴曹地府的业镜，能够照出人生前所犯恶行和死后将会受到的刑罚。镜子上面写着："业镜之前无完人。"

游神的队伍充满了缤纷的色彩和宗教形象。在队伍的最末是城隍的神像。他头戴珍珠冠冕，身穿绣龙官袍，坐于轿中。

游神的队伍穿过整个城市。街道两边的商铺和人家会设香案，上摆香烛、鲜花和三盏香茶。游神队伍经过时，一家之主就在临时搭设的祭坛前祭拜。

在福州城，游神进行两天。第一天城隍巡游到城外，夜晚宿在农村某户富裕家庭。虽然花销巨大，但是招待城隍神的殊荣仍然是人人争抢。城隍借宿的家庭在未来一年能够诸邪不侵。如果家中正好有人鬼怪缠身，城隍一来他就会恢复，因为城隍能镇压恶鬼。第二天，游神队伍走过乡村的主要街道，回到城中的城隍庙。巡游之后的宴席特别丰盛，有着重要的社会意义。

节日的庆典也是许愿的好时机，如果父母生病，或者家中遭遇不幸，这家的大儿子需要穿上犯人的红色罪服，或在脖子上缠绕铁链或戴上枷锁，来到城隍面前。途中，每三步或九步，跪拜叩首。枷锁上或衣服上写着"愿母长寿""恭奉楮钱"等。为了实现愿望，大儿子会花几天时间，收集纸钱，在一个特制的炉子里焚烧。城隍庙中会定期举行烧香和祭拜活动。

巡游多在一年中发生瘟疫、霍乱，以及其他疾病的时候举办。人们认为这些灾害是邪祟带来的。虽然游行之后，病菌会更广泛传播，疾病可能会更加流行，但这些习俗仍然保留了下来，因为它促进了社群合作，带来了乐观的精神。而人们在面对艰难的处境时，这种精神不可或缺。

第三十二章　冬至

冬至是一年中最重要的节日之一，基本上是亲人间的节日。这一天，每位家庭成员都应尽可能回到家中。在过去，冬至日这天允许犯人回家过节，如今很多地方仍然保留着这一习俗。

在福州，冬至的一大特色就是全家一起"搓米时"。冬至前一天晚上，在厨房或在正厅后边的房间、祖先牌位前，摆放一张桌子，家中所有成员围坐在桌旁。桌子上放一只竹托盘，托盘上摆放十双筷子、十个橙子和若干蜜橘。蜜橘上插着代表四季的花朵。牡丹花代表春天，荷花代表夏天，桂花代表秋天，梅花代表冬天。花朵中间，有一个小男孩的缩小版人像，托盘两边是大一些的男孩像。大蒜用红绳串成一串，加上蜡烛、插满鲜花的花瓶和香炉，所有的东西就准备好了。这些东西代表了人们的美好心愿。十双筷子寓意家庭完整。数字十是个完整圆满的数字。筷子——"箸"与"祝"同音，"橘"与"吉"谐音。花朵代表季节，男孩人像用来求子。"蒜"谐音"孙"，寓意多子多孙。

一切准备就绪后，一家之主按照习俗进行祭拜。祭拜后，取出一块米粉团，米粉团由今年刚娶进家门的新媳妇制作，然后家中的所有成员，一起聚在桌前用米团搓米时。期待的情绪在众人间扩散，其间不能说笑嬉闹，以免说出不吉利的话。

第二天天亮前，将米时煮熟后，在面粉、红糖和芝麻里滚一滚，送到祖先和家中供奉的神明面前。一些人会将米时粘在门上和门柱上。这一天的早餐就是米时。出嫁的女儿会给自己的母亲送一盘米时。在某些

图 1-14 驱鬼之神王天君

地方，人们会准备一些红小豆，吃完小豆后，将水泼在地上，代表驱除瘟疫。中午或晚上，举办宴席。晚上，在祖先和神明的面前点烛、燃香。

根据民间传统，圆圆的米时象征完美、圆满，代表了人们希望家人团结、和谐融洽、相亲相爱的美好心愿。

冬至这天有一项古老的习俗，在中国许多地方一直保留至今。即儿媳妇要给公公婆婆送绣了鸳鸯的鞋袜，祝愿他们能够健康长寿，一直走得动。

冬至日不仅替老人祈福，高级官员在天亮之前还要前往供奉帝王牌位的太庙叩头祭拜。

中国人寻找各种方法准确确定冬至的日期。现在当然是使用现代天文手段，但过去使用的一些方法也十分有趣。冬至这天，据说雄鹿会换角，蓝百合会发芽，河水会涌动。一个原始的方法就是将等量的泥土和木炭放在秤的两头，令秤保持水平，因为冬至气发生变化，木炭会变得比泥土重。另一种常见的方法是用日晷测量影子的长度，通过太阳的位置来判断。

古代人们认为，冬至太阳会变动火属性。为了帮助太阳，人们也会改火。根据《周礼》中记载，夏天燃烧长在山南的树木，能促进阳气发展。冬天砍伐山北的树木带回来，浸泡在水中，能够助长阴气。

这一天也一直用来预测未来一年的天气、收成、粮价和许多其他事物。刮东风代表会发生灾害，刮西风代表粮食丰收，刮南风预示粮食价格高，刮北风预示来年会是大丰收。如果太阳升起之前或之后天上有云，预示来年将会繁荣兴旺，没有战争和疾病；如果没有云，则预示来年收获不佳，年成不好；如果云是红色的，预示将会发生旱灾，黑色预示洪水，白色预示战争，黄色预示丰收。

这一天也有许多禁忌。在四川，不能喝汤，如果喝了汤，来年出行时会阴雨绵绵。饭后将米饭放在果树身上的凹坑里"喂树"。有本古书上建议人们冬至靠北墙睡稻草，以便获得来自北方的灵气。

最重要的是遵守此时的饮食规律和行为准则，帮助阴阳调和。这一日，阳气诞生，阴气开始衰退。君子应该隐其身而默其言，禁乐禁欲，禁食刺激的食物。

这一天，天子会在北京南郊的天坛举行祭天仪式。

第三十三章　八蜡

　　八蜡祭在收获季的最后,祭祀农业之神八蜡神。八蜡祭由神农开创,他发明了耕犁,教导人们耕种。八蜡分别为神农、农官后稷、农、邮表畷、猫虎、坊、水庸、昆虫等的守护神。随着时间推移,又增加了其他一些,到了宋朝,八蜡神增加到了一百九十二位,不过名字没有改变。

　　在远古时代,官方和民间都会举行八蜡祭祀。有一首《蜡辞》总结了祭祀的目的:"土反其宅,水归其壑,昆虫毋作,草木归其泽。"① 同其他祭祀一样,八腊祭祀有两个目的:一个是酬神,感谢神一年以来的恩赐;另一个更重要的是祈求神灵保佑来年农事顺利。

　　八蜡祭和猎祭合并了。虽然如今在许多地方,仍然能找到八蜡祭的一些踪迹,不过在其他节日的映衬下,显得黯然失色了。

---

① 《礼记·郊特牲》。——译者

第三十四章 猎祭

猎祭起源于中华文明的狩猎时期。"猎"字由两部分组成,"犭"的意思是狗,"昔"的意思是老鼠,两部分合在一起,指打猎。"腊"通"猎","猎祭"也作"腊祭","腊"字由表示肉的"月"和表示老鼠的"昔"两部分组成。

人们向狩猎之神献祭一只白公鸡,开启狩猎季。公鸡报晓,因此人们认为公鸡像太阳一样,具有震慑妖魔的能力。

随着文明的发展,狩猎活动逐渐被淘汰,猎祭也演变为冬至后一日的驱傩仪式。各个朝代都会举行大型的驱傩游行活动,以此驱疫行傩,驱邪禳灾。

今天,很少能看到猎祭了。不过在某些地方的宗教宴会上,仍有它的一席之地。在佛教中,猎祭是纪念释迦牟尼离家成佛的节日。这天,人们要做腊八粥,以酬神灵。在直隶某些地区,人们将米、豆、水果熬成粥,加上冰,放在果树上,以求来年硕果累累。在直隶另一些地方,腊八会洗蚕。这一日,男孩子剃头,女孩子穿耳洞,人们喝腊八粥,强身健体。

在中国很多地方能找到猎祭的踪迹,不过都根据时代的变化引入了新的元素,只剩"猎"字本身还指向最早的狩猎祭祀。

第三十五章　驱傩

　　驱傩是一种非常古老的习俗。通常人们认为疾病是由邪煞引起的。这种观念来源于中国古代的哲学思想。古代中国人认为，所有的自然现象都是阴与阳互相作用的结果。阴，代表寒冷、黑暗和死亡。阴是邪煞之母，阴邪带来疾病和死亡。阳，代表温暖、光明和生命。阳与太阳相关，能够克制阴，因而能够战胜疾病，甚至是死亡。人们借助阳的力量来抵抗阴。了解阴阳，能够帮助我们理解民间的驱傩活动，理解那些嘲笑原始驱邪行为的学者所持的观点。普通百姓和学者同站在中国的土地上，学者关于阴阳有更完善的理论，但是其驱邪的办法也像那些敲锣打鼓的办法一样，充满魔幻的意味。学者无论提出使用属阳的草药，还是使用功效强大的经典配方，都是运用以阳克阴的方法。

　　远古时期，驱傩仪式在仲春、仲秋以及冬至后举行。在这几个月份，阴气特别活跃。春分在仲春，秋分在仲秋。两分之际，阴阳几乎势均力敌。为了争夺主导权，阴气展开了激烈的抗争，由此带来了许多疾病，所以人们要举行驱傩仪式祛除疾病。这些时间段也是经常发生瘟疫的时候。不过驱傩不仅限于这几个日子，只要人们生病了，就能看到驱傩的活动。

　　从古代经典中我们能够更好地了解阴阳理论。《周礼·夏官》记载："方相氏掌蒙熊皮，黄金四目，玄衣朱裳，执戈扬盾，帅百隶而时难，以索室驱疫。"这段文字的评注写道："阳气方兴未艾，一时之盛，阴气掩身藏形，滋生瘟疾；方相氏作原始打扮象征阳气，以惊驱疫疠之鬼。"

《礼记》中有傩礼的完整记载。《礼记·月令》篇中写道："（季春）命国难，九门磔攘，以毕春气。"这段的注解很有意思："大陵八星在胃北，主死丧。此月之初，日在于胃。此月之中，从胃历昴，昴有大陵积尸之气。气佚则厉鬼随而出行。所以毕止其灾也。"①

《礼记·月令》中继续写道："（仲秋）天子乃难，以达秋气。""（季冬）命有司大难，旁磔，出土牛，以送寒气。"此段的注疏提到了星相学相关内容："此月之中（季冬），日历虚危。司命二星，在虚北。司禄二星，在司命北。司危二星，在司禄北。司中二星，在司危北。四司，鬼官之长。坟墓四星，在危东南。是危虚有坟墓四司之气也，为厉鬼将随强阴出害人也。大为难祭，旁磔于四方之门，以禳除阴气。"②

《礼记·郊特牲》提到了孔子对傩的态度："乡人裼③，孔子朝服立于阼，存室神也。"早期的经学评论家认为这段应理解为孔子安抚家中的神灵。这些神灵听到门外的喧闹声会本能地受到惊吓，所以孔子站在东面的台阶上给予安抚。不过，后来更为完善的自然观占据主流，经学家们因此反对上述理解。

《史记》进一步记载了傩的典型："磔狗邑四门，以御蛊菑。"④

上述文字给出了行傩背后的准则。《后汉书》详细记载了皇帝和都城百姓行傩礼的具体仪式。类似的记载在唐朝、宋朝及其他朝代也能找到。

"先腊一日大傩，谓之'逐疫'。其仪：选中黄门子弟年十岁以上、十二岁以下百二十人为侲子，皆赤帻皂制，执大鼗；方相氏黄金四目，蒙熊皮，玄衣朱裳，执戈扬盾。十二兽有衣、毛、角，中黄门行之，冗从仆射将之，以逐恶鬼于禁中。

"夜漏上水，朝臣会，侍中、尚书、御史、谒者、虎贲、羽林郎将、执事，皆赤帻陛卫。乘舆御前殿，黄门令奏曰：'侲子备，请逐疫。'于是，中黄门倡，侲子和，曰：'甲作食凶，胇胃食虎，雄伯食魅，腾简食不祥，

---

① 《礼记正义》卷十五。——译者
② 《礼记正义》卷十七。——译者
③ 东汉郑玄注："裼，或为献，或为傩"，"裼，强鬼也，谓时傩索室殴疫，逐强鬼也"。——译者
④ 《史记·封禅书》。——译者

图 1-15　道士表演吞剑

揽诸食咎，伯奇食梦，强梁、祖明共食磔死、寄生，委随食观，错断食巨，穷奇、腾根共食蛊。凡使十二神追恶凶，赫女躯，拉女干，节解女肉，抽女肺肠。女不急去，后者为粮！'

"因作'方相与十二兽舞'，欢呼周遍，前后三省过，持矩火送疫出端门；门外，驺骑传炬出宫，司马阙门；门外，五营骑士传火弃雒水中。

"百官府各以木面兽能为傩人师。讫，设桃梗、郁垒、苇茭毕，执事、陛者罢。苇戟、桃杖以赐公、卿、将军、特侯、诸侯云。"①

上述段落的注解②引用诸多古籍，讲到了很多中国鬼怪的内容，我觉得应该完整引述。《汉旧仪》曰："颛顼氏（五帝之一）有三子，生而亡去为疫鬼，一居江水，是为虐鬼；一居若水，是为魍魉蜮鬼（魍魉，状如三岁小儿，赤黑色、赤目、长耳，居水中。蜮鬼，在水里暗中害人的怪物，口含沙粒射人，咬人水中倒影，致人生病）；一居人宫室区隅，善惊人小儿。"

注解中进一步引用《月令章句》："日行北方之宿，北方大阴，恐为所抑，故命有司大傩，所以扶阳抑阴也。"

注中也引用了带有战斗色彩的古老诗句："捎魑魅，斮獝狂。斩委蛇，脑方良。囚耕父于清泠，溺女魃于神潢。残夔魖与罔象，殪野仲而歼游光。"（《东京赋》）注曰："魑魅，山泽之神。獝狂，恶鬼。委蛇，大如车毂。方良，草泽神。耕父、女魃皆旱鬼。恶水，故囚溺于水中，使不能为害。夔魖、罔象，木石之怪。野仲、游光，兄弟八人，恒在人闲作怪害也。"如今在福州，这些鬼怪仍然为人所知，为人畏惧。

汉顺帝时期的太史令张衡给出了学者对疫疾的看法："臣窃见京师为害兼所及，民多病死，死有灭户。人人恐惧，朝廷燋心，以为至忧。臣官在于考变禳灾，思任防救，未知所由，夙夜征营。臣闻国之大事在祀，祀莫大于郊天奉祖。方今道路流言，佥曰'孝安皇帝（公元107—126年）南巡路崩，从驾左右行慝之臣欲征诸国王子，故不发丧，衣车还宫，伪遣大臣，并祷请命'。臣处外官，不知其审，然尊灵见冈，岂能无怨！且凡大祀小有不蠲，犹为谴谪，况以大秽，用礼郊庙？孔子曰：'曾谓

---

① 《后汉书·礼仪志中》。——译者
② 《后汉书·李贤注》。——译者

图 1-16 送瘟

泰山不如林放乎！'天地明察，降祸见灾，乃其理也。又闲者，有司正以冬至之后，奏开恭陵神道。陛下至孝，不忍距逆，或发冢移尸。《月令》：'仲冬土事无作，慎无发盖，及起大众，以固而闭。地气上泄，是谓发天地之房，诸蛰则死，民必疾疫，又随以丧。'厉气未息，恐其殆此二年事，欲使知过改悔。"①

今天的傩礼没有太多讨论的必要，因为它与汉傩和孔子立阶相迎时的傩礼几乎没有差别。如果一个村子或城区遭遇了疫病，村委会或城区委会会募集钱款，举行游神仪式。捐赠物价值在三分以上。仪式前，准备好火把、鼓、灯笼、锣和钹，从附近神庙中请出一高一矮两兄弟神像。神像有头部和上半身，身着长袍，立在杆上，分别由一人藏身袍内举杆，跟在火把、灯笼、锣鼓组成的游行队伍后面，走街串巷，在村中巡游，一路上敲锣打鼓，尽情喧闹。

有的游行队伍中会有小男孩骑在男人的肩上，或坐在彩车里。

一些驱傩游行被称为"送瘟船"。以竹条作船骨，用纸做成一艘大船，船头龙首，龙眼在阳光下闪闪发光，船上堆放着同样用纸做成的祭品。人们认为，鬼怪邪祟见到如此漂亮的大船和丰富的供品，会忍不住上船。在开船前，人们会"宴请"驱鬼的神明和鬼怪。游行队伍在熙熙攘攘的街道中穿行，人越多越热闹越好，因为鬼怪惧怕人群。游行时，锣鼓喧嚣，震耳欲聋。队伍中，有一人挑扁担，扁担两头装着猪毛、羊毛和宰杀牲畜剩下的废料，这些象征了鬼怪。最后，瘟船被焚毁或送入河水顺流而下，扁担里的东西倒入河流。这样村子就能摆脱鬼怪邪祟，免受疫疾。人们带着新的希望，回归各自的生活工作，相信好日子就在前头。

---

① 《后汉书·五行》"延光四年冬，京都大疫"李贤注释。——译者

第三十六章　灶神

有两样事物在中国各地的祭祀仪式中总能看到，一样是祖先牌位，另一样就是灶神。灶神即管理各家灶火的神明。两者不但非常普及，而且具有悠久的历史，经历了有趣的发展历程。

灶神的独特之处在于，他不仅是和中国家庭最亲近的神，亲密程度甚至超越祖先，还身兼数职，其某些职能在过去是由其他神明承担的。事实上，他至少取代了一位神明。

灶神崇拜的发展史展示了宗教演化的一个有趣阶段。灶神最初是由火构成的。人们认为火是神圣的东西远远早于将神人格化。有了火，人们得以制作食物，补给生存。火燃烧时，弯曲跳动、向上窜起的火焰令围站在两旁取暖的人们着迷。火看起来能将世俗的东西转换成送给神明的礼物，通过上升的烟气带给住在天上的神明。所以早期人们认为火是神的使者，负责将人间的祭品带给上神。

后来，在国家和民间祭祀中有了火神，负责掌管火以及与火有关的活动，古代中国人称其为"祝融"。相传祝融为黄帝六相之一，管理南方。他死后成为世间神灵之一，掌管火。其早期形象为人面兽身。这段具有神话色彩的故事例证了自然力量人格化的过程，也区分了世俗之火与夏日代表的火。夏日（夏天的太阳）来自南方，将春季和夏季带到北方。

火神为夏季三月之神，孟夏、季夏之月，普通百姓和政府官员在灶台上祭祀火神。每个城市都有火神庙，每值夏季，举行祭祀。民国时期，这一祭祀中断了，神庙鲜有人问津，只有发生大火时，人们才会去庙里。

图 1-17 灶神

火神常与南方的太阳和火元素联系在一起，但与人类最亲密的联系还是在于家宅中。为了理解这些，我们首先来看看古代中国人的房屋。古代中国人通常住在河岸边挖的洞穴或用木头和茅草建成的低矮小屋里。屋顶中间有个开口作烟囱，在古书中被称为"中霤"（房中央）或"中霤（雨水流下的地方）"。这个开口下方的土地是房屋所在地的土地神的圣地，受雨露浇灌，日晒月照。这里是家庭做饭、进餐、召开会议的地方。人们在这里祭祀灶神——掌管火，守护家宅，承继家庭传统和理念的神明。中国人的房子变大了，变得更好了，但房屋仍围绕中霤而建。灶神跟着厨房一起移去了他处，不过檐口妈（goddess of the eaves）延续了中霤神的传统。

在火神、宅神、家神合并成现在的灶神之前，还有一位神明。古代中国有一位司命神，掌管寿命、灾祸和赏罚。最初，司命神只由帝王和大臣祭祀，不过很早就已被普通百姓接受。这位神明是大熊星座脚上位于上部的两颗星，每年的腊月人们以燃烧柴火祭祀。灶神成为这位星君在人间的代表。后来，星君隶属上天，灶神成了上天在人间的代表。人们通常在每年年底举行盛大的祭灶仪式，因为年底灶神会回到天界报告这家人做的好事和犯的过错。

很难说灶神崇拜是何时由开始的低调发展到高峰的。中国人将其归功于汉武帝。汉武帝亲自举行祭灶仪式，希望灶神为自己多说好话，借此获得上天的力量实现长生不老。可能因此，灶神崇拜成了家庭信仰的核心。灶神是上天的代表，司察家中事物，在年底回到天庭报告。他兼具掌管灶台、火——神的信使，以及作为上天的代表监察、报告人间事务的职能。

年末送灶王上天述职的习俗在宋朝确立了下来，并沿袭至今。腊月二十三，人们用肉类祭祀，二十四用蔬果祭，两者择其一。

当一天结束，夜幕降临，人们在厨房炉火前摆一张供桌，供桌上方张贴灶王和灶王奶奶的画像。桌上除了通常的香炉、蜡烛、花瓶、食物和酒以外，还有各式各样五颜六色的糖果和糕点。一切准备就绪后，祭祀开始，一家之主进香、跪拜，其他家庭成员站在一旁。礼毕，取下画像放于桌旁的瓮中，与纸钱一起焚烧。伴随着跳动的火焰，家中成员一

中国的风俗 | 171

同念起下面的话：

来呀，灶王张爷爷①；来呀，这里有糕又有糖。

一眨眼，升天堂；多言好事，少说糟。

用蔬果祭祀与肉类祭祀相仿。一些家庭会在炉门上涂上酒糟或粘上糖渍饺子。有些地方祭祀之后会在自家屋顶撒豆，喂给灶神的马。这个节日很受孩子欢迎，因为他们能分享灶神的糖果。

灶神在中国人的社会生活和宗教信仰中占据重要地位。公元4世纪的作家葛洪写道："月晦之夜，灶神亦上天白人罪状。大者夺纪。纪者，三百日也。小者夺算。算者，三日也。"②灶神是凡间的督警，在百姓的家中代表了上天。

厨房必须保持干净整洁，在环境和人们的习惯允许下尽可能干净。炉子里不能燃烧有异味的东西，不能使用腐烂的木柴。女人不能在厨房责骂训斥，不能做不法勾当。如果家中有人要出行，出行前要给灶神上香。嫁进门的新媳妇在祭拜天地、祖先后，要祭拜灶神。

家宅搬迁，家中所有的东西搬走后，要将灶神一同迁往新的住所。具体的迁灶方法为，由一名亲属，将一支火把用旧灶台的火点燃，走在搬迁家庭的前面或跟在后面，到达新居后，用火把将新灶台点燃。如果炉灶是可移动的，就在炉内燃起炭火，穿过街道，整个搬运到新居。这样灶神就从旧屋迁到了新居。

有种常用的卜测未来的方法，就是向灶神问卜。向灶神陈情后，仔细聆听街上路人的对话，细细揣摩能够听清的第一句话，那句话就暗示了所求事情的结果。另外一种方法是将长柄木勺放在煮饭锅内，沿勺柄指向的方向出发，路上听到的只言片语里可能就藏着提示。常常有人在吃完饭后，将自己的筷子藏进衣袖里，听人们对话，希望窥得先机。

我们已经了解了灶神复杂的发展变迁史。今天，灶神仍是中国家庭生活的中心，地位不亚于祖先。之所以如此，是因为灶神是家庭成员与爱护、管理世人的上天之间的纽带和桥梁。

---

① 传说灶王姓张。——译者
② 《抱朴子内篇·微旨》。——译者

第三十七章　清朝的祭天仪式

在北京的紫禁城外，有一座规模宏大的公园，公园内有一座祭坛名为天坛。天坛占地面积超过一平方英里，由外坛和内坛组成，坛外满栽古柏树。整个天坛由坛墙围成，坛墙在北面弯曲成圆弧，这种造型与陵墓的制式相同。

天坛的圜丘坛用汉白玉砌成，是一座三层同轴圆形露天平台。每层在罗盘的四个方位上各有九级台阶，通往下一层。上层直径九十尺，第二层直径一百五十尺，最下层直径二百一十尺。上层中心为一块圆石，外铺扇面形石块，最内圈九块，第二圈十八块，以九的倍数依次向外延展，最外圈八十一块，共有九圈。每层平台周围和台阶两旁都有雕刻的护栏。三层平台边上的栏板合计共有三百六十块。这些数字都是从一到九的奇数（阳数）的倍数，用以象征天。

圜丘外有一重圆形壝墙，墙顶铺蓝色琉璃瓦，壝墙围成圆形广场，直径三百三十五尺，圜丘坛坐落其中。壝墙四面各有出入口，都是三门。墙外是方形广场，边长五百四十九尺，将圆形广场环抱其内。方形广场西南有三个灯杆，东南有燔柴炉一个，用绿色琉璃砖砌成，祭天时用来焚烧祭品小牛犊。炉边有八个燎炉，用来焚烧丝帛祭品。

圜丘坛以北为皇穹宇，是一座小型圆形宫殿，顶部圆锥形，上铺蓝色琉璃瓦，用于供奉"皇天上帝"和皇帝列祖列宗的神牌神龛。在树木的掩映中，圜丘坛一侧有一组建筑群，用于存储祭祀器具。另一侧是斋宫，是皇帝大祭前夜的住所。方形广场南门外东侧，建有更衣台，祭祀前会

图 1-18 天坛

在上面搭建幄帐用于皇帝更衣，内有取暖的火塘。

圜丘坛建筑群的北面是祈年殿。祈年殿是圆形盖顶宫殿，坐于三层圆台上。祈年殿经常被误称为天坛，它是皇帝祈求丰年的场所。

在清朝，礼部掌管所有的仪式和典礼。礼部尚书，左、右侍郎，俱满汉各一人，下属众多属官。祭天仪式由太常寺负责，太常寺卿满汉各一人，少卿满汉各一人，下有属官、典簿等若干。太常寺掌天子及代表天子的祭祀、礼仪。

大祀，主持祭祀的官员及其助手须提前三日斋戒。中祀，提前两日斋戒。祭天仪式前三日清晨，太常寺下属祭祀署向皇帝献斋戒牌。斋戒牌长两寸，宽一寸，贴黄纸，上面用满汉两文书写斋戒的日期，佩戴于胸前。皇帝向大臣颁布斋戒制辞，曰："某年月日冬至，朕恭祀皇天上帝于圜丘，惟尔群臣，其蠲乃心、齐乃志，各扬其职。敢或不共，国有常刑。钦哉勿怠！"[①] 制辞张贴在衙门正厅中。七品及以上官员都要在官邸进行斋戒。

斋戒期间，不参与公共事务，不理刑名；不宴会，不听乐；不入内寝；不饮酒，不食洋葱等气味强烈的食物；不问疾吊丧，不祭神扫墓。祭祀前一晚沐浴。

祭天前五日，派亲王到牺牲所省牲，检查祭祀用的牲畜是否合格。祭祀前两日，由礼部尚书再次检查省牲。

祭天前两日书写祝版。黎明时，太常寺司祝将祝版送到内阁，交给中书舍人。中书舍人将祝版放在洁室中，在版上书写祝词。写完后，在政事堂内设一黄案，将祝版放于其上。大学士来到案前，审读祝文并署上皇帝名字。第二天，祝版交还司祝。

祭天前一晚十一点到凌晨一点，宰割牺牲，瘗埋牲血。前一日，祭坛上下扫除、布置。圜丘上层北面设上帝神牌位，面朝南，东面设太祖、世祖、世宗、仁宗、文宗牌位，西面设太宗、圣祖、高宗、宣宗、穆宗牌位。

圜丘第二层设日、月、北斗七星、五星、二十八宿、周天星辰、云雨风雷神牌位。牌位前摆放各式供品。

[①]《钦定大清通礼四库本》卷一。——译者

祭天前一日，钦天监定下皇帝摆驾前往天坛的时辰。銮驾所经之处，道路肃清，百姓回避。仪仗队列浩浩荡荡，帝王出行的仪仗是中国神话和宗教信仰的缩影：皇帝位于队列中间，另有护卫、乐队、礼官、旗队，旗上绣龙。有日旗、月旗、云旗、雷旗、八风旗、甘雨旗，有二十八宿旗、五星旗、五岳旗、四渎旗、四神旗。有的旗上是祥瑞禽鸟的图案，它们有五彩斑斓的羽毛，鲜妍美丽。另有红色华盖若干。

到达天坛后，皇帝检阅祭坛和祭品，然后回到斋宫，在那里宿一晚准备第二日的祭天仪式。

当晚，太常寺下属牺牲所官员率属官来到祭坛，点烛明金灯，堆放柴火，将牛犊置于其上，用盘子装好供品摆在神牌前。祭坛上层设一张案桌摆放祝版，另一张案桌摆放一枚苍璧和十二匹郊祀制帛。

祭天时，皇帝的拜位在祭坛第二层南面。上层站司祝、司香、司帛、司爵、司拜褥、光禄寺官员。下层台阶上站陪祀的亲王、贝勒（一至三等爵位），阶下为贝子、公（四等爵位）。下层以下摆放乐器，有乐工一百八十人，乐舞生三百人，以及陪祀的五品以上文官和四品以上武官。

祭祀当日，日出前七刻，将祝版供奉于祭坛上。礼部尚书率太常寺卿恭请神位——请神入神牌位，参加祭典。銮仪卫冠军使设龙亭[①]请神位。

一切就绪后，引皇帝至祭坛，百官各就其位。

祭天仪式开始，皇帝盥洗。第一项为燔柴迎神。点燃柴炉，上有祭品牛犊，乐队奏乐请神。迎帝神奏《始平之章》，词曰：

钦。承纯祜。今，于昭有融。时维永清兮，四海攸同。输忱元祀兮，从律调风。穆将景福兮，乃眷微躬。渊思高厚兮，期亮天工。聿章彝序兮，夙夜宣通。云軿延伫。今，鸾辂空蒙。翠旗纷裛兮，列缺丰隆。肃始和畅兮，恭仰苍穹。百灵只卫兮，斋明辟公。神来燕娭兮，惟帝时聪。协昭慈惠兮，逖鉴臣。衷。[②]

奏乐起舞之时，司香来到上帝和列圣牌位前。负责主持仪式、引导流程的赞引，给出讯号，提示皇帝登上祭坛，走到放置祝版的香案前站

[①] 龙亭，即香亭，内置香炉的结彩小亭，可抬。也称香舆、香车。——译者
[②] 《钦定大清通礼四库本》卷一，乐章下同。——译者

定。赞引引导皇帝至上帝神位前,司香跪,赞引呼"跪",皇帝依言下跪。司香递香,皇帝接炷香三上香,然后起身,来到列圣牌位前上香,仪式相同。赞引呼"复位",皇帝回到祭坛第二层拜位站定。赞引呼"跪拜",皇帝行三跪九拜之礼。王公百官跟随行礼。乐止。

第二项为奠玉帛。典仪宣布献玉帛。乐队奏《景平之章》,词曰:

> 灵旗爰止兮,乐在县。执事有恪兮,奉玉筵。聿昭诚敬兮,骏奔前。嘉玉量币兮,相后先。来格洋洋兮,思俨然。臣忱翼翼兮,告中防。

乐声响起,皇帝被引导至上层上帝及列圣牌位前进献玉帛。

第三项为进俎①。执壶官将羹壶带到上帝及列圣牌位前,用羹汤浇淋俎上之肉三次。乐队奏《咸平之章》,词曰:

> 吉蠲为饎兮,肃豆笾。升肴列俎兮,敢弗防。毛炰茧栗兮,荐膏鲜。致洁陶匏兮,香水泉。愿垂降鉴兮,驻云骈。锡嘉福兮,亿万斯年。

同时,皇帝被引至牌位前,以同样的礼仪进俎。

第四项为初献读祝。初献乐队奏《寿平之章》,词曰:

> 玉斝肃陈兮,明光。桂浆初酌兮,信芳。臣心迪惠兮,奉觞。醴齐载德兮,馨香。灵慈徽眷兮,离皇。勤仰止兮,斯徜徉。

奏乐同时,引皇帝至上帝神牌位前奠爵(献酒)。

赞引呼"诣读祝位"。皇帝被引至读祝拜位站定。司祝至祝案前跪,三叩,然后捧起祝版跪在案左侧。音乐暂停,皇帝带领群臣跪。在一片安静中,司祝读祝词,词曰:

> 维某年月日,嗣天子御名敢昭告于皇天上帝曰:时维冬至,六气(阴、阳、风、雨、晦、明)资始,敬遵典礼,谨率臣僚,以玉帛牺齐粢盛庶品,备此禋燎,只祀于上帝。奉太祖承天广运圣德神功肇纪立极仁孝睿武端毅钦安弘文定业高皇帝、太宗应天兴国弘德彰武宽温仁圣睿孝敬敏昭定隆道显功文皇帝、世祖体天隆运定统建极英睿钦文显武大德弘功至仁纯孝章皇帝、圣祖合天弘运文武睿哲恭俭宽裕孝敬诚信中和功德大成仁皇帝(康熙)、

---

① 古代祭祀时盛肉的器物。——译者

世宗敬天昌运建中表正文武英明宽仁信毅大孝至诚宪皇帝（雍正）、高宗法天隆运至诚先觉体元立极敷文奋武钦明孝慈神圣纯皇帝（乾隆），仁宗受天兴运敷化绥猷崇文经武光裕孝恭勤俭端敏英哲睿皇帝（嘉庆）配，尚飨。

读祝文后，司祝起身，将祝版放于上帝位前篚内，三叩后退下。乐起，皇帝率群臣行三拜礼。礼毕，引皇帝至列圣牌位前，依次奠爵。引分献官至第二层神位前，上香献帛献爵。献毕，皇帝及分献官回到原位。乐止，武功之舞退，文舞执羽籥进。

第五项为亚献。典仪呼"行亚献礼"，司爵执爵进，司乐呼"举亚献乐"，乐队演奏《嘉平之章》，词曰：

考钟拂舞兮，再进瑶觞。翼翼昭事兮，次第肃将。睟颜容与兮，苍几辉煌。穆穆居歆兮，和气洋洋。生民望泽兮，仰睎玉房。荣泉瑞露兮，庆无疆。

乐声响起，舞生跳羽籥之舞。引皇帝至上层依次奠爵。献毕，皇帝归位。

第六项为终献。奏《永平之章》，词曰：

终献兮，玉罍清。肃柜鬯兮，荐和羹。磬管锵锵兮，祀孔明。防酒盈盈兮，勿替思成。明命顾諟兮，福群生。八龙蜿蜒兮，苞羽和鸣。

舞与亚献同。皇帝来到上层，在右面依次奠爵，仪同亚献，然后回到二层拜位。从位分献官在二层神位前，进行相似的献祭。

第七项为受福胙撤馔。终献结束后，赞引来到祝案前，呼"赐福胙"，光禄寺卿奉福胙至上帝位前。赞引呼"诣饮福受胙位"，皇帝来到上帝位前，从光禄寺卿手中接过，饮福酒受福胙，然后率领群臣行三跪九拜礼。典仪呼"撤馔"，乐队奏《熙平之章》，词曰：

一阳复兮，协气伸。盥荐毕兮，精白陈。旋废彻兮，敢逡巡。礼将成兮，乐欣欣。瞻九阊兮，转洪钧。福施下逮兮，佑此人民。

演奏乐章时，司玉帛官来到上帝神位前，奉苍璧退下。

第八项为送神。典仪呼"送帝神"，乐队奏《清平之章》，词曰：

升中告成兮，晻霭坛场。穆思回盼兮，云驾洋洋。臣求时惠兮，感思馨香。愿防博产兮，多士思皇。天施地育兮，百谷蕃昌。
殖我嘉师兮，正直平康。

伴随着乐声，皇帝率领王公百臣行三跪九拜礼。拜毕，乐止。

第九项为望燎。典仪呼"奉祝帛馔恭送燎位"，将祭品依次送至燎所焚烧。皇帝立拜位旁，面向西，等待祝帛馔经过。

典仪呼"望燎"，乐队奏《太平之章》，词曰：

隆仪告备兮，诚既将。有防秉火兮，焖越芳。雷车电迈兮，
九龙骧。紫氛四塞兮，灵旗扬。烝民防福兮，顺五常。惟予小子兮，
敬戒永臧。

乐声中，皇帝和分献官分别到达望燎位望燎。赞引呼"礼成"。乐队奏《祐平之章》，词曰：

崇德殷荐，升燎告防。惟圣能飨，至诚天眷。驾六龙，临紫烟。
佑命申，图箓绵。

祭祀结束，皇帝和他的随从回到宫中。天坛被打扫干净，斋戒牌被撤下。苍穹的静谧再次笼罩着祭坛，正如中华文明诞生之初一样。

参 考 文 献

一、西方著述

Chavannes Edouard, *Memoires historiques de Se-ma Ts'ien traduits et annotes par Edoward Chabannes.*

Chavannes Edouard, *T'ai Chan.*

Couvreur S. S. J., *Li Ki.*

Dore P. Henri, S. J., *Recherches sur les Superstitions en Chine.*

Doolittle Justus, *Social Life of the Chinese,* 1865.

Eitel Ernest J., *Handbook of Chinese Buddhism.*

Forsyth R. C., *Shantung the Sacred Province of China,* 1912.

Giles Herbert A., *A Chinese Biographical Dictionary.*

Giles Herbert A., *Strange Stories from a Chinese Studio.*

De Groot J. J. M., *Les Fetes Annuellement Celebrees a Emoui,* 1886.

De Groot J. J. M., *The Religious System of China.*

Grube Wilhelm, *Zur Pekinger Volkskunde.*

Grube Wilhelm, *Geschichte der Chinesischen Litteratur,* 1902.

Hodous L., *Buddhism and Buddhists in China.*

Johnston Reginald Fleming, *Lion and Dragan in Northern China.*

Frederick William, *The Chinese Reader's Manual.*

Steele John, *I Li or Book of Etiquette and Ceremonial. Probsthain.*

Tchang R. P. M. S. J., *Synchronismes Chinois.*

Wylie A., *Notes on Chinese Literature.*

二、中华典籍

1.《白虎通》

2.《百丈丛林清规正义记》

3.《本草纲目》

4.《博物志》

5.《禅门日诵》

6.《重刊玉历至宝抄》

7.《楚辞》

8.《春秋》

9.《大学》

10.《道德经》

11.《东山录》

12.《东岳天齐仁圣大帝宝训》

13.《风俗通》

14.《福建通志》

15.《高上玉皇本行集经》

16.《功过格》

17.《鼓山志》

18.《关帝明圣真经》

19.《关圣帝君圣迹图记》

20.《观音济度本愿真经》

21.《管子》

22.《海内十洲记》

23.《汉旧仪》

24.《汉魏丛书》

25.《后汉书》

26.《淮南子》

27.《皇历》

28.《家语》

29.《郊特牲》

30.《荆楚岁时记》

31.《礼记》

32.《离骚》

33.《聊斋志异》

34.《列仙传》

35.《龙城录》

36.《路史》

37.《论语》

38.《吕真人文集》

39.《梦华录》

40.《孟子》

41.《闽都记》

42.《闽杂记》

43.《南华真经》

44.《钦定大清会典》

45.《钦定四库全书简明目录》

46.《钦定四库全书总目》

47.《人名须知》

48.《日知录》

49.《榕郡名胜辑要》

50.《三国志》

51.《三国志演义》

52.《山海经》

53.《山海经图说》

54.《尚友录》

55.《神仙传》

56.《神异经》

57.《诗经》

58.《拾遗记》

59.《史记》

60.《书经》

61.《水经》

62.《说文》

63.《司命帝君敬灶全书》

64.《搜神记》

65.《岁时记》

66.《太平广记》

67.《太上感应篇》

68.《太上三官经》

69.《桃园明圣经》

70.《天后圣母圣迹图志全集》

71.《通鉴纲目》

72.《图书集成》

73.《文昌帝君阴骘文》

74.《文帝孝经》

75.《西京杂记》

76.《西域记》

77.《夏小正》

78.《孝经》

79.《续齐谐记》

80.《血盆会上宝经》

81.《燕京岁时记》

82.《易经》

83.《因果经》

84.《酉阳杂俎》

85.《盂兰盆经》

86.《玉历抄传警世》

87.《月令》

88.《中庸》

89.《周礼》

90.《竹书纪年》

91.《庄子》

92.《遵生八笺，1591》

93.《左传》

索　引

（所注页码为英文原书页码，即本书编码）

A

Abandoned Souls，孤魂野鬼，161 f.

Abstaining from meat，食素，13

Abstinence，禁欲，172，173，222

Adonis，阿多尼斯，31

Ahriman，阿里曼，141

Altar of Heaven，天坛，220 ff.

Amitabha，阿弥陀佛，70，73

Analects，《论语》，76

Ancestors，祖先，219；offering to,祭祀祖先，7，8

Ancestral tablets,祖先牌位，198

Apis，阿比斯，31

Aquarius，水瓶座，19，207

Aquila，天鹰座，175

Ashtoreth，阿什脱雷思，146

August Heaven，皇天，146

Avalokitesvara，（印度佛教）观世音，68 f.

B

Balance，天秤座，140

Bat，蝙蝠，17

Black dragon，黑龙，144

Blessings of heaven，（天）赐福，2

Board of Rites，礼部，168，193，221，222，225

Books of Later Han，《后汉书》，208

Book of Poetry，《诗经》，44

Book of Records，《尚书》113

Bringing down the moon，摘月，182 f.

Budd, Charles，布茂林 / 查尔斯·巴德，178

Buddha，佛，167，203

Buddhism，佛教，194

Buddhist Patriarchs，禅宗六祖，167

Buddhists，佛教徒，203

Bureau of Sacrificial offerings，牺牲所，224 f.

Burma，缅甸，108

Burning up old lanterns，烧旧灯笼，5，6

C

Calendar，历法，10

Cambodia，柬埔寨，108

Canton，广东，104，106，111

Cassia，桂树，188 f.

Chang Heng，张衡，183，186

Chao Lieh Ti，昭烈帝，165

Charms，符箓，127，128

Chekiang，浙江，106，111，165

Chihli，直隶，176，203

Chou，周，102

Chou Li，《周礼》，86，87，101，154，200，206

Chou Ts'ang，周仓，168

Christianity，基督教，32

Chinese Republic，中华民国，112

City Guardian，城隍，43，193 ff.

Cleansing Processions，驱傩，205，ff.

Cock，公鸡，203

Cold food，寒食，feast of，寒食节，86 ff.

Confucianism，儒家，164

Confucius，孔子，102，141，168，208，212

Courage，勇，166

Court of Imperial Entertainment，光禄寺，232

Court of Supreme Imperial Sacrifice，太常寺，221

Court of Sacrificial Worship，祭祀署，222

Cycle，干支周期，23

Ch'ang O，嫦娥，186

Ch'eng Huang，城隍，193

Ch'ing K'ang-ching，郑康成，101，146

Ch'ing Ming，清明，86，89，91，92 f.

Ch'u Yuan，屈原，183

D

Dang Dong，担当，5，6

Dragon，龙，139 ff.

Dragon Boat Festival，龙舟节（端午节），126

Dragon boat races，龙舟赛，132 ff.

Dragon boats，龙舟，132 ff.

Dragon bones，龙骨，142；lords，龙王，137；saliva，龙涎，142；teeth，龙齿，142；writings，龙书，142

E

Earth，地，17，66，212，219

Easter，复活节，86

Eight Immortals，八仙，82；Genii，81；Spirits，八蜡，202

Eleusinian Mysteries，厄琉息斯秘仪，31

Exorcist，巫祝，133 f.

F

Fans，扇，130

Fares doubled，双倍收费，16

Fen Yin，汾阴，148

Ferris Wheel，摩天灯轮，44

Filial Porridge，拗九粥，66

Fire-crackers，鞭炮，6

Fire，火，god of，火神，214 ff.

Five sacred mountains，五岳，113，149；guardian mountains，五镇，149

Flowers of the Seasons，四季之花，198

Folkways，习俗，风俗，1

Foochow，福州，20，176，179，196，198

Foochow City，福州城，100，106，171

Four Seas，四海，147，149

Frog in the Moon，月宫金蟾，187

Fukien，福建，104，106 f.，111，164

G

Gambling，赌，16

God of the ground，社神，215 f.；of the hearth，灶神，214 ff.；of Heaven，天帝，216；of wealth，禄神，17

Goddess of Mercy，观音菩萨，68；of the moon，月神，185

Grand Canal，京杭大运河，108

GreatBear，大熊星座，179；Dipper，北斗七星，78，79；Tomb，大陵，207；Year，太岁，20，97 ff.

Greetings on New Year，新年问候语，16

Guardian God，守护神，134 f.

Gunpowder，火药，6，7

H

Hades，冥府，地狱，34 ff.，48，62，117 ff.，159，161

Han dynasty，汉朝，102，103，164 ff.，192，212

Han Shun Ti，汉顺帝，211

Hangchow，杭州，189

Harvest Festival，中秋节，179 ff,

Heaven，天，17，18，62，66，95，179，191，194，201，212，216 f.，219，225，231，234 f.

Heaven and Earth，天地，11 f.，15

Heaven, offering to，祭天，4，5，220 ff,

Heavenly Ruler，天官，17

Hermits，隐士，81 f.

Hinghwa，兴化，104

Honan，河南，104，177

Hou Chi，后稷，202

Hou T'u，后土，146

Hou T'u Ch'i，后土祇，146

Household Gods，家神，4

Huangti，黄帝，170 f.

Hunan，湖南，6，165

Hunters' festival，猎祭，203 f.

Hupeh，湖北，165，166，171

I

Iliad，《伊里亚特》，146

Imperial Board of Astronomy，钦天监，223

India，印度，164

Indra，因陀罗，167

Ishtar，伊什塔尔，146

Isis，伊西斯，31

Isles of the Immortals，仙岛，82

J

Jade Emperor，玉皇，26

Jen Tsung，仁宗，223

Jupiter，木星，97 ff.

K

Kalpas，劫，30

Kang Wu，吴刚，188

Kiangsi，江西，83

Kiangsu，江苏，165

Kin Tartars，金人，106 f.，191

Kite flying，放风筝，190 ff.

Kou Mang，句芒，20，24

Kuan P'ing，关平，168

Kuan Ti，关帝，48，62

Kuan Tzu，管子，88，113

Kuanyin，观音，42，50，62，68 ff.，105

Kuan Yu，关羽，164 ff.

Kublai，忽必烈，107 f.

Kunlun，昆仑，147 ff.

Kwangtung，广东，6，164

Kweichow，贵州，13

K'ai Feng，开封，106

K'ai Ming Wang，开闽王，22

K'ou-t'ou，叩头，200，226，230，232，233

L

Lake Baikal，贝加尔湖，107

Lantern festival，元宵节，41 ff.

Lao Tzu，老子，28，29，141

Liao dynasty，辽朝，191

Liaotung，辽东，164

Lin Fang，林放，212

Lin Shui Nai，临水奶，51 ff.

Literature, god of，文昌，文昌帝，75

Liu Pang，刘邦，164

Liu Pei，刘备，165

Loochoo Islands，琉球群岛，137

Lord of Heaven，天帝，175

Loyalty，忠，166

Loyang，洛阳，165

Luh-ki，陆机，178

Lu Tung Pin，吕洞宾，81

Lyra，天琴座，175

M

Mahayana，大乘佛教，68

Manchu dynasty，清朝，193，194

Man in the moon，月老，184 f.

Maras，妖魔，167

Materia Medica，《本草纲目》，130

Ma Tsu P'o，妈祖婆，103 ff.

Mayers' Chinese Reader's Manual，中文阅读手册（见参考文献），85

Medicine，草药，177

Medicines，药物，130，131

Mencius，孟子，48

Milky way，银河，175，177

Ming dynasty，明朝，109，168，193

Mirror in purgatory，业镜，195

Mongol dynasty，元朝，195

Mongols，蒙古人，107 ff.

Moon, journeys to，漫游月宫，182

Mother Earth，地母，146 ff.

Mo Tzu，墨子，191

Mottoes in house，春联，1，2

Muller, Max，麦克斯·缪勒，26

Musca Borealis，胃宿，207

Musicians，乐师，224

N

Nanking，南京，107，165

Nature assisted by magic，促进自然变化，15

Nestorian missionaries，基督教聂斯脱利派（景教）传教士，69

New Year，春节，18

NewYear customs，春节习俗，10 ff.

O

Old Buddha，老佛爷，43

Osiris，奥西里斯，31

P

Palm Sunday，棕树节，90

Paper with characters，楮钱，197

Peach-tree, symbol of immortality，桃树，长生不老的象征，2

Pearly Emperor，玉皇大帝，26 ff.

Pegasus，危宿，207

Peking，北京，106，108，148，201，220

Pleiades，昴宿，207

Posturers，乐舞生，224，232

Potala，普陀，68

Prayer，祝文，95，115，143 f.，150，159 f.，202，228，229

Prayer-tablet，祝版，223 ff.，228，232

Presents，送礼，130，199 f.

Preventing disease，预防疾病，13，14

Procession，巡游，游神，194 ff.，224

Prognostication of weather，预测天气，200 f.

Purgatory，地狱，194，195

Q

Queen of the west，西王母，82

Queen of the Western Paradise，瑶池金母，72

R

Rabbit in the moon，玉兔，183

Reunion at New Year，春节团圆，7

Revolution，辛亥革命，145

Rites, Books of，礼，《礼记》，92，123，129

Rolls of silk，郊祀制帛，224

Roman Empire，罗马帝国，164

Ruler of Earth，地官，158；of Heaven，天官，41，159；of Water，水官，158

S

Sacrifice to Heaven，祭天仪式，220 ff.

Sakyamuni，释迦牟尼，188，203

Scorpio，天蝎座，79，140

T

T'aiping Rebellion，太平天国运动，168

T'ai Shan，泰山，27，113 ff.，212

T'ai Tsu，太祖，223

T'ang，唐，103，105，208

T'ang dynasty，唐朝，167，182

Ts'in dynasty，清朝，168

U

Ursa Major，大熊星座，75，76，207，216

V

Vega，织女星，175

Virgo，处女座，140

Vishnu，毗湿奴，68

Vows，誓，196 f.

W

Wandering spirits，游魂野鬼，7

Wang Ch'ung，王充，143，183

Wang Mang，王莽，146

Weather prognostications，预测天气，14 f.，181 f.

Weaver and the herdsman，牛郎织女，175 f.

Wei，魏，166

Wei dynasty，魏国，165

Western Paradise，西方极乐世界，82

Western Tsin，西晋，165

White sparrow，白雀，27

Wind，风，15

Winter Solstice，冬至，198 ff.

Wu dynasty，吴国，165

Y

Yama，阎王，194

Yang，阳，100，129，148，153，155，156，163，200 f.，205 f.，210 f.，211 f.，228，232

Yangtze River，长江，104，106，210

Yao，尧，103，193

Yih Ching，《易经》，187

Yimpu，云浮，6

Yin，阴，100 f.，129，148，153，155，156，163，183，187，200 f.，205，210 f.，228

Yuan dynasty，元朝，193

Yuan Shih-kai，袁世凯，173 f.

Yueh Fei，岳飞，174

Yueh Ling，月令，206 f.，212

Yu Ch'uan，玉泉，166

Yunnan，云南，13，164

Yu Ti，玉帝，26

Yu Yuan，有元，18

附录　何乐益著作目录[①]

一、论文与著作

1912　"The Great Summer Festival of China as Observed in Foochow", *Journal of the North China Branch of the Royal Asiatic Society* (hereafter *JNChRAS*), 43:69-80.

"Teaching Chinese in Schools and Colleges of China", *Journal of the Educational Association of Fukien Province*, August, 15-22.

"The Chinese God of the Hearth", *Journal of Religious Psychology*, 5:435-44.

1913　"The God of War", *Chinese Recorder* (hereafter *CR*), 44 (June), 479-86.

1914　"Chinese Conceptions of Paradise", *CR*, 45 (June), 358-71.

"The Changing Chinese Language", *Missionary Herald*, 10:19-22.

1915　"The Ch'ing Ming Festival", *JNChRAS*, 46:58-60.

Sacrifice to Heaven", *CR*, 46 (Aug.–Dec.), 484-92, 600-06, 764-74.

"Encouraging Words from Fukien", *CR*, 46 (Jan.), 42-44.

1916　"The Work of the American Board in China", *China Mission Year*

[①] 著作目录依据博晨光纪念何乐益的文章整理而成，参见 Lucius C. Porter, "Lewis Hudous, December 31, 1872–August 9, 1949", *The Far Eastern Quarterly* 1950, Vol. 10, No.1, pp.67-68.

Book (Shanghai), 76-79.

"Boys' Education in Fukien", *Ibid.*, 298-302.

"Education in Ancient China", *Educational Review* (Shanghai), Oct.

"Vital Forces in the Religion of China", *CR*, Feb.

1917 "A Decade of Progress in Fukien", *China Mission Year Book*, 110-19.

"The Dragon", *JNChRAS*, 48:29-41.

"The Universal Rescue", *CR*, July, 434-39.

"History of Mission Work in Foochow", *Foochow Messenger*, Feb., 4-9.

1918 "The Kite Festival in Foochow", *JNChRAS*, 49:76-81.

"The Emergence of the Individual in China", *Journal of Race Development*, 9 (Oct.), 169-79.

1919 *Building the New China*, Boston: American Board. p.22

"China in 1918", *Foreign Missions Year Book* (New York), 26-30.

"The Pearly Emperor", *CR*, 50 (Nov.), 749-59.

"China at the Cross Roads", *Missionary Review of the World* (1919), 16-18.

1920 "China in 1919", *Foreign Missions Year Book* (New York), 33-38.

Indo-China. *Ibid.*, 41-42.

1921 "Religious Ferment in Japan", *CR*, 52 (June), 375-85.

1922 "The Feast of Cold Food", *New China Review* (Shanghai), 4:470-73.

"Non-Christian Religious Movements in China", *Christian Occupation of China* (Shanghai), 27-31.

1923 "Review of Hastings' Encyclopaedia of Religion and Ethics", *Journal of Religion*, 3:78-84.

The American Board in China, Boston: American Board.

1924 *Buddhism and Buddhists in China*, New York: Macmillan Co.

"Moti and Christianity", *International Review of Missions*, 13:258-66.

"The Chinese Church of the Five Religions", *Journal of Religion*, Jan., 71-76.

"A Chinese Premillenarian", *Ibid.*, 592-99.

1926 "The Buddhist Outlook in China", *Chinese Students' Monthly*, 9-11.

"Awakening of Buddhism", *Missionary Review of the World*, 339-43.

1927 "A Precursor of the Modern Renaissance", *CR*, 58 (July), 422-25.

1928 "Religious Liberty in China", *CR*, 59 (March), 152-56.

1929 "Confucianism (Vol. 6, p. 236) and Taoism (Vol. 21, p. 797)", *Encycl. Britannica*, 14th ed.

"Chinese Literature", *Columbia University Course in Literature*, 1929.

Folkways in China, London: Arthur Probsthain.

1930 "The Anti-Christian Movement in China", *Journal of Religion*, 10:487-94.

1931 "Religions: Whither Bound?", *Far Horizons*, 11 (May), 3-6.

1932 "The Tao Teh Hsueh She, A Modern Syncretistic Sect in China", *Actes du XVIIIe Congres International Orientalistes* (E. J. Brill), 122-23.

1933 "The Introduction of Buddhism into China", *The Macdonald Presentation Volume* (Oxford University Press), 225-35.

Careers for Students of Chinese Language and Civilization, Editor. University of Chicago.

1936 "The Ministry of Chinese Religions", *International Review of Missions*, 25:329-41.

Sketch of Twenty Five Years of Kennedy School of Missions, Joint Editor with Dean Edward Warren Capen.

1937 "The Literature of China", *China Magazine*, 13 (May 15), 9, 11.

"Function of the Philosophy of Religion", *Hartford Echoes*, April.

A Dictionary of Chinese Buddhist Terms: In Collaboration with the Late William Edward Soothill, London: Kegan Paul, Trench, Trubner & Co.

1946 *Confucianism, in Great Religious of the World*, edited by J. Jurji. Princeton University Press.

二、译著

1909　*Introduction to the New Testament* by Theodor Zahn. Co-translator under direction of Melancthon W. Jacobus. 2nd. ed. in 1917.[①]（德语译为英文）

1916　Translated from Hasting — One-volume edition: Herod, Mary, Luke, Gospel of Luke, Mark, Gospel of Mark, Damascus, Revelation, Book of Revelation. Shanghai: Christian Literature Society.[②]（上海广学会）

1918　Principles of Teaching by Edward L. Thorndike. Shanghai: Christian Literature Society. ［美］陶尔戴：《教育学》，［美］何乐益译，广学会出版。

---

① 目前未能找到何乐益将《圣经》翻译成中文的作品。——译者
② 目前未能找到何乐益将《圣经》翻译成中文的作品。——译者

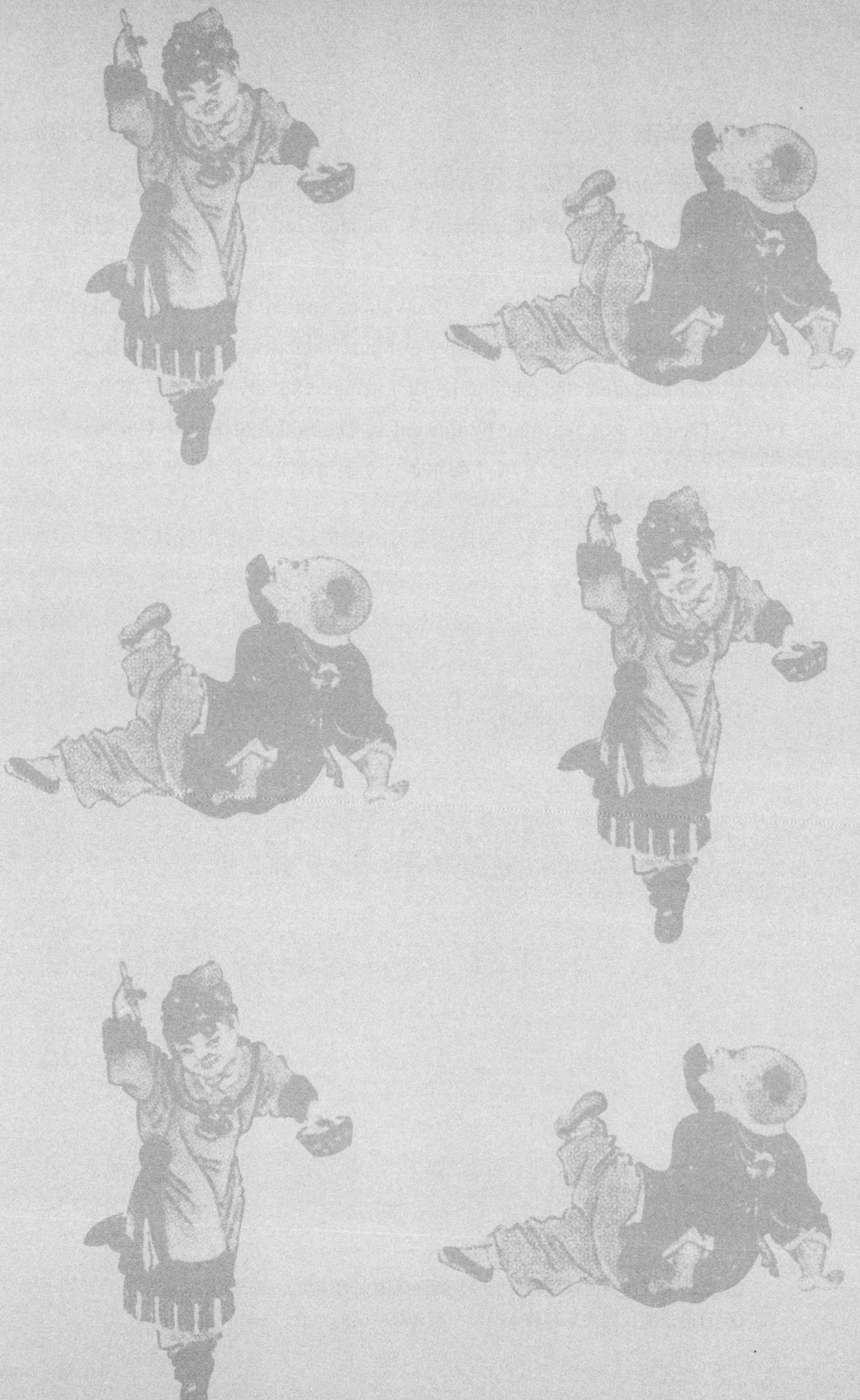

岁时

[英]裴丽珠（Juliet Bredon）
[俄]米托发诺（Igor Mitrophanow） 著

王玉冰 译

导读：从民俗资料学的角度解读《岁时》

◎ 王玉冰

近代来华西方人积累的中国民俗资料，除了文本记录这一载体之外，还有大量的文字、图像、音频、视频、实物等不同形态的资料。按载体来分，常见的有图像类、实物类以及文字类资料，这三者既分离，又有重叠。[①] 图像类，主要指西方有关中国的风俗绘画、西方人拍摄的照片，以及销往海外的外销画、年画、纸马等。实物类，指的是来华西方人在中国购买的涉及中国岁时节日的民俗文物，如民间的神像、年节用品、祭祀用具等。文字类，主要包括来华西人的书信、日记、传教士编写的中西通书等，如波乃耶（Dyer Ball，1796—1866）的《华英和合通书》（Anglo-Chinese Concord Almanac）、理雅各（James Legge）的《英华通书》（Anglo-Chinese Calendar）、卢公明（Justus Doolittle）的《西洋中华通书》（European Chinese Almanac）[②]；发表在汉学杂志上的论文和学者个人出版的学术著作，如荷兰汉学家高延的《厦门岁时记》（Les Fêtes Annuellement Célébrées à Émoui (Amoy): Étude Concernant la Religion Populaire des Chinois，1886），法国汉学家葛兰言（Marcel Granet）的《中国古代的节庆与歌谣》（1919），英国女作家裴丽珠

[①] 王霄冰教授将民俗资料分为文字、图像、实物、影音四类，扩宽了我们使用民俗资料的视野。见王霄冰：《民俗资料学的建立与意义》，载《民俗研究》2020年第3期。

[②] [英] 伟烈亚力：《1867年以前来华基督教传教士列传及著作目录》，倪文君译，广西师范大学出版社，2011年，第114、124、210页。

（Juliet Bredon）和米托发诺（Igor Mitrophanow）合著的《岁时：中国的风俗与节日》（*The Moon Year：A Record of Chinese Customs and Festivals*，1927），美国公理会传教士何乐益（Lewis Hodous）的《中国的风俗》（*Folkways in China*，1929）。

近年来，国内民俗学界对早期民俗学发生史的资料进行挖掘与梳理，也使得一些尘封在历史中的学术机构或群体诸如北京辅仁大学、法国耶稣会士[①]，以及诸如编辑中国民间故事的戴遂良，三次记录妙峰山朝圣的甘博（Sidney Gamble），调查山西婚俗和民间文学的司礼义（Paul Serruys），辑录歌谣的司登德（George Carter Stent）等近代西方学人的中国民俗研究成果重新进入民俗学者的视野。[②]然而，国内学者的中国节日研究鲜少提及近代来华西方人的中国民俗学研究成果，尤其是用外文书写的中国节日民俗志文本。有鉴于此，我们以西文的《岁时》一书为核心，梳理相关外文资料，考察长期生活在中国的外国人所写的中国节日民俗志，以丰富中国民俗学史的史料，同时为国内的节日民俗研究提供一个研究个案。

一、亲历与游览：记录民俗的一种方式

裴丽珠，英国女作家。父亲裴式楷（Robert E. Bredon，1846—1918）长期任职于中国海关，母亲莉莉·弗吉尼亚（Lily Virginia）成长在美国旧金山。裴丽珠是他们的独生女儿。裴式楷年轻时是英国军队的医疗工作人员，有时驻扎在香港。担任清朝海关总税务司的赫德（Robert

---

[①] 张志娟：《北京辅仁大学的民俗学教学与研究——以〈民俗学志〉（1942—1948）为中心》，载《民俗研究》2014年第5期；卢梦雅：《早期法国来华耶稣会士对中国民俗的辑录和研究》，载《民俗研究》2014年第3期。

[②] 卢梦雅、刘宗迪：《戴遂良与中国故事学》，载《民族文学研究》2017年第2期；林海聪：《妙峰山庙会的视觉表达——以甘博照片为中心的考察（1924—1927）》，载《民俗研究》2019年第5期；岳永逸：《"土著"之学：司礼义的中国民俗学研究》，载《民族文学研究》2020年第1期；崔若男：《术语互译：ballad的汉译与歌谣运动研究》，载《民俗研究》2020年第1期。

Hart，1835—1911）在1866年娶了裴式楷的姐姐。在赫德的庇护下，裴式楷工作顺利、步步高升，1898—1908年任副总税务司，1908—1910年任海关代理总税务司，随后退休。裴丽珠的父母1879年9月3日在旧金山结婚。[1]1882年7月18日的《萨克拉门托日报》（Sacramento Daily Union）刊载的一份乘客名单，列有裴式楷携妻子、孩子和女佣前往中国的记录。[2]因而裴丽珠出生在1979年至1882年，很可能是在1880年或1881年。[3]裴丽珠父母在北京的居所位于船板胡同。[4]1911年，裴丽珠与法国人罗尔瑜（Charles Henry Lauru，1881—1944）结婚，因而在资料中可发现裴丽珠的名字也写作Madame Lauru或Mrs. C. H. Lauru。[5]罗尔瑜1898年开始在海关工作，1910年被任命为副税务司，1914年进入设在北京的盐务稽核总所任财政秘书，在职近二十年。[6]1937

---

[1] Anonymous, "Married", *Daily Alta California*, Vol. 31, No. 10736, 5 September 1879.

[2] Anonymous, "Passenger List", Sacramento Daily Union, Vol. 15, No. 126, 18 July 1882.

[3] 据"百位女英雄网"（hundred heroines）介绍，裴丽珠的出生年份是1881年，她曾以Adam Warwick为笔名给英文杂志《国家地理》（*National Geographic*）撰稿介绍中国和日本的风俗人情，并且拍摄有多张人物和风景的照片。具体可参考网页https://hundredheroines.org/brief-news/the-women-photographers-of-national-geographic/，查询时间：2022年4月3日。

[4] 裴式楷夫妇的遗产都留给了裴丽珠丈夫，Anonymous, "From day to day", *China the North-Daily News*, 3 April 1939, p.10.

[5] 裴丽珠过世后的1939年，罗尔瑜与海耶斯（Helen M. Hayes，1906—1987）结婚。罗尔瑜去世后，他的藏书及裴丽珠家族的藏书等资料自然归于海耶斯。1975年，海耶斯以罗尔瑜夫人（Mrs. Charles H. Lauru）的名义，将包括裴丽珠、罗尔瑜的档案资料捐赠给斯坦福大学东亚语言与文化系（CALC）。这些资料中有不少于116册藏书原属于裴丽珠。参见吴晓芳：《多元宗教的对话——论海伦·M. 海耶斯对〈西游记〉的节译（1930）》，见王宏志主编：《翻译史研究2017》，复旦大学出版社，2018年，第245—320页。

[6] 李少兵、齐小林、蔡蕾薇：《北京的洋市民：欧美人士与民国北京》，北京师范大学出版社，2016年，第82页。

年12月13日，裴丽珠访问旧金山时因心脏病逝世。① 当时的两份著名英文报纸《字林西报》（The North-China Daily News）和《北华捷报》（The North-China Herald and Supreme Court & Consular Gazette）都登载了讣告与纪念短文。②

裴丽珠在北京度过了一生中的大部分时光。她早年在北京的洋人学校受教育，周克允曾担任她的家庭中文教师。裴丽珠活跃于北京的名人社交圈，例如与著名东方学家、汉学家、梵语学者钢和泰（Alexander von Stael-Holstein, 1877-1937）有通信交往③，有资料显示她曾将著作《中国人的影子》（Chinese Shadows，1922）赠予胡适④。据海关洋员的后代披露，裴丽珠能说一口流利的中文，健谈的她可以与不同的中国人交流。⑤ 因为未生育，也未任职，裴丽珠有足够的闲暇去观察、亲历北京的社会习俗。

---

① Anonymous, "Obituary: Mrs. Charles H. Lauru", *The North-China Daily News*, 13 December 1937, p. 12; Anonymous, "Obituary: Mrs. Charles H. Lauru", *The North-China Herald and Supreme Court & Consular Gazette*, 15 December 1937, p. 33.

② Anonymous, "Juiliet Bredon Lauru", *The North-China Daily News*, 13 December 1937, p. 4; Anonymous, "Juiliet Bredon Lauru", *The North-China Herald and Supreme Court & Consular Gazette*, 15 December1937, p. 7.

③ 内容有1934年9月10日和1936年2月25日，钢和泰写信给裴丽珠商量参加宴会的时间。见邹新明编：《美国哈佛大学哈佛燕京图书馆藏钢和泰未刊往来书信集》（中册），广西师范大学出版社，2016年，第248、250、251、253、254页。

④ 笔者于2020年8月31日浏览点滴拍卖网时，输入"第148届西文签名本（胡适）专场拍卖"后，查到了相关资料。

⑤ ［英］玛丽·蒂芬：《中国岁月：赫德爵士和他的红颜知己》，戴宁、潘一宁译，广西师范大学出版社，2017年，第261页。

图 2-1　裴丽珠像[1]

裴丽珠的著作有：《赫德爵士传奇》（*Sir Robert Hat, the Romance of a Great Career*，1909）、《北京纪胜》（*Peking: A Historical and Intimated Description of Its Chief Places of Interest*，1919）[2]、《岁时：中国的风俗与节日》、《中国的春节》，歌谣和故事集《中国人的影子》，小说体

---

[1] 照片 1900 年拍摄于日本横滨，见 "A Lady in Besieged Pekin"，*The Wide World Magazine*，Vol. 7，Iss. 41，（Aug. 1901），pp.452-457。斯坦福大学也藏有裴丽珠与罗尔瑜的合照，可参考吴晓芳：《多元宗教的对话——论海伦·M. 海耶斯对〈西游记〉的节译（1930）》，见王宏志主编：《翻译史研究 2017》，复旦大学出版社，2018 年，第 254 页。

[2] 裴丽珠：《北京纪胜》，王慕飞译，中国文史出版社，2018 年。

传记《百坛记》（Hundred Altars，1934）等。其中《北京纪胜》与樊国梁（Pierre Marie Alphonse Favier，1837—1905）的《北京：历史和记述》、喜仁龙（Osvald Sirén）的《北京的城门和城墙》（The Walls and Gates of Peking）等书并列，被西方读者视为了解北京古城历史风貌的经典读物。1927年，胡适在为怀特兄弟（Herbert Clarence White，1896—1962；James Herry White，1896—1954）的摄影作品集《燕京胜迹》（Peking the Beautiful）作序时，称裴丽珠的《北京纪胜》"一书非常有价值"。①

民国时期，外国人出游的范围不局限于北京及其周边，他们的足迹遍布中国的各个省份，而且他们到各地游历一般有官府的保护公文。在《北京纪胜》一书中，裴丽珠感谢了提供资料的汉学家以及协助她完成该书的米托发诺②。该书记载了裴丽珠与友人一起游览北京城的名胜古迹，尤其是各地寺庙的情形。在游览中，裴丽珠询问了绅士、寺庙的住持、僧人，甚至得到警察的帮助，询问寺庙中的老妇人和其他人关于北京的习俗。③在该书前言，裴丽珠颇为谦逊地讲道："西方人无法真正欣赏北京并给出恰当的评价……因为这需要一个前提，既要极为熟悉中国历史，又要非常了解中国人的秉性和信仰，还要熟稔中国劳苦大众的日常俚语和方言，深谙街头巷尾的吆喝声以及商铺的叫卖声，更不必说还要熟习文人墨客的精神世界，领会统治阶级的想法和意图。"④

《岁时》的第二作者米托发诺，1914年抵达北京学习中文，之后在

---

① 《燕京胜迹》初版于1927年，由胡适作序、慈禧太后御前女官德龄公主参与撰文。见［美］怀特兄弟：《燕京胜迹》，赵省伟编，赵阳、于洋洋译，广东人民出版社，2018年，序第4页。

② Mitrophanow 的中译名参考了已有的文献，1916年和1919年的《政府公报》多次记录他的任职活动，称其为二等参赞米托发诺，因此本书将其中文译名确定为米托发诺。参见中国第二历史档案馆整理编辑：《本月十七日上午十点钟俄国新任驻京公使库达摄福等觐见衔名单》，见《政府公报第八十八册（影印本）》，上海书店，1988年，第279—280页。

③ Juliet Bredon, *Peking: A Historical and Intimated Description of Its Chief Places of Interest*, Shanghai: Kelly & Walsh Limited, 1922, pp. 197-198 & p. 209.

④ 转引自［美］怀特兄弟：《燕京胜迹》，赵省伟编，赵阳、于洋洋译，广东人民出版社，2018年，序第4页。

俄罗斯公使馆任二等通赞，同时兼任中俄银行的助理，也热衷于收藏中国艺术品。据在香港高校任教的莱斯布里奇（H. J. Lethbridge）推测，米托发诺是圣彼得堡的贵族和前沙皇政府的官员，因 1917 年俄国革命后无法返回俄罗斯，而不得不留在中国。"米托发诺与裴丽珠在《岁时》写作过程中的合作程度很难准确评估：他参与写作，抑或仅仅作为研究助手？人们必须承认，这个问题现在还不是很重要。"[1] 然而，莱斯布里奇甚至不知道裴丽珠死于 1937 年，资料阙如使他无法评估《岁时》的两位作者是如何合作的。或许，其他的资料或许可以为《岁时》的写作过程提供一些参考。

笔者查到，1916 年美国人怀德与米托发诺等人一起游历江苏。怀德是《燕京胜迹》的作者，居留中国期间拍摄了许多关涉风俗的照片。这次游历的随行名单里有：

> 美国人美使馆二等参赞怀德、陶仕登携眷、伍灼泮、顾临、鲍德施女士、巴兰士女士、戴毓昭女士、戴伟生携眷、双德客、裴夫人、孔惠莲女士、安德森、华司敦、芮恩娄携眷、马熙、蔡邱氏、邱永康、蔡邱氏、白福绵、明哈利携眷、狄克森携眷、明乐林、吴理安女士、明夫人；俄国人米托发诺、陆克社赤。[2]

从名单中可知随行人员有多位女士，还有一些人携眷出游，然而目前我们还不能考证裴丽珠是否在其中，因为还不能确定裴丽珠是否使用过别的中文名。尽管没有直接的证据显示米托发诺与裴丽珠经常一起出游，但是裴丽珠书中多次提到她与西方朋友甚至是中国绅士，结伴游览各地的胜迹。

得益于长期生活在北京，亲历各种社会风俗，多次到各地游览，裴丽珠获得了大量的民俗资料。此外，大量的西文文献也为她提供了关于中国民俗的知识。米托发诺也许给过她一些俄文参考文献，例如比却林神父（Father Hyacinth Bitchurin）的《读书人的宗教信仰》（*Description*

---

[1] Juliet Bredon & Igor Mitrophanow, *The Moon Year: A Record of Chinese Customs and Festivals*, Hong Kong: Oxford University Press, 1982, pp. i-vii.

[2] 齐耀琳：《江苏巡按使公署饬第二千九十号（保护美人怀德俄人米托发诺等游历）（不另行文）》，载《江苏省公报》1916 年 5 月第 876 期，第 16—17 页。

of the Religion of the Literati)、格奥尔基耶夫斯基（Gueorguievsky）的《中国人的神话观念和神话》（*Mythical Conceptions and Myths of the Chinese*)、波波夫（P. S. Popoff）的《中国万神殿》（*The Chinese Pantheon*)、瓦希里夫（V. Vassilieff）的《东方的宗教：儒释道》（*Religions of the East: Confucianism, Buddhism, Taoism* ）等。此外,《中国科学美术杂志》（*The China Journal*）编辑部给《岁时》撰写的宣传语,提及书中的一些照片是由米托发诺交给出版社复印的,裴丽珠在1927年还专程前往上海收集资料,并为《岁时》编写索引。①

《岁时》一书也许由裴丽珠主笔,这可以从裴丽珠独著的作品《中国的春节》来分析。《中国的春节》是一册装饰精美、图文并茂的彩色连环画册。在形式上,该书采用一些小条目概括春节的各项习俗。在内容上,其记载的习俗与《岁时》第四章"十二月"和第五章"正月"描述的内容高度重合,很多句子一致。如果《中国的春节》涉及米托发诺执笔的内容,按照学术规范和著作权法的规定,裴丽珠没有理由不加上米托发诺的名字。

二、移风易俗：《岁时》的写作背景

1912年1月1日,孙中山就任中华民国临时大总统后,通电各省改用阳历并且将阳历的1月1日称为元旦。② 随着清政府的垮台,中国岁时节日体系也发生了变化。首先是以前属于官方祭典的祭礼大多被废除了,例如立春鞭春牛活动、冬至举行的祭天大典等,只有个别祭典得到民国政府的推崇。1915年,北洋政府通令关岳合祀,徐世昌为主的官员制定了《关岳合祀典礼》,随后各省也发通告由官方祭祀关帝和岳飞。③

---

① China Journal Editorial Dept., "A Forthcoming Book on Chinese Festivals and Ceremonies", *The China Journal*, 1927, Vol. 7, No. 4, pp. 183-184.

② 《临时大总统改历改元通电》,见中国社会科学院近代史研究所中华民国史研究室等编：《孙中山全集》（第2卷）,中华书局,1982年,第5页。

③ 徐世昌：《杂录：大总统令：关岳合祀（三年十一月二十日）》,载《政府公报分类汇编》1915年第40期,第36—37页。

裴丽珠自 1882 年起便居住在中国，她经历过晚清以及民国两个时代，目睹了中国岁时习俗的变迁。《岁时》讲到北京的关帝庙里设有岳飞的塑像，"民国士兵分别于每年农历的五月十三和二月十五在关帝庙举行祭礼（关帝庙在北京的德胜门附近，由摄政王载淳的先人堂改建而成）。关帝庙有关帝、岳飞、关平、周仓、关羽的战友以及坐骑赤兔马——赤兔马可日行万里，曾到处奔跑以救助落难者。关帝还手握'青龙偃月刀'，现代士兵都无法举起这把宝刀"[1]。

直至 1927 年，民间都是阴、阳历并行。但 1927 年之后，国民政府在全国范围内推行阳历，而农历则成为被批判、要废除的对象。一些民众教育馆也举办年俗展览会，以期民众认识到旧历年的弊端要害。[2]《岁时》出版时间是 1927 年年底，正是废除阴历、推行阳历的关键时间点。裴丽珠 1930 年还在《字林西报》上发表《农历新年难以废除：北平的消极抵抗》（Lunar New Year Dies Hard: Peking Passively Resists），指出尽管国民政府禁止民众过农历新年，但是在北京以及华北，人们依然习惯过农历新年。身在美国的裴丽珠观察到唐人街的华人也热烈庆祝农历新年。因此，她认为在很长一段时间内，民众还是要过农历年的。

除推行阳历外，民国政府也致力于规范城市的岁时节日活动。例如 1928 年 10 月国民政府颁布《神祠存废标准》《淫祠邪祀调查表》等文件。[3] 随后各地政府也拟定了执行标准，这导致各地的神诞节庆活动受到了很大的影响，中国的节日体系也发生了变化。在节日风俗方面，政府一度禁止新年放鞭炮。《岁时》指出："中国人爱热闹，为了迎合中国人这种无伤大雅的喜好，在弥撒最庄严的时刻，天主教的传教士有时也会让人放鞭炮。在动荡不安的年代，警局禁止在新年燃放鞭炮，以免鞭炮声被误以为是叛军的枪声并且吓着胆小的人，禁止燃放鞭炮

---

[1] Juliet Bredon & Igor Mitrophanow, *The Moon Year: A Record of Chinese Customs and Festivals*, Shanghai: Kelly & Walsh Limited, 1927, pp. 329–330.

[2] 郑伯鲁编：《年俗展览会之经过及其内容》，河南省立民众教育馆，1934 年，第 1—2 页。

[3] 严昌洪：《20 世纪 30 年代国民政府风俗调查与改良活动述论》，载《华中师范大学学报》（人文社会科学版）2002 年第 6 期。

对于北京人而言的确是一种损失。"① 出于安全的考虑，民国政府还一度禁止民众赛龙舟。"由于洪水突发，河道淤塞，以及宗族争斗，福州和广州都发生过很多事故,数年来警方禁止赛龙舟,现在又允许了。"②不仅如此，城市的一些岁时节日活动有了现代的意味。1926 年在广州举行的端午节游行不但具有现代特色，而且具有反叛帝国主义殖民、反叛资本主义压榨的意味，游行队伍中模拟了签订不平等条约的场景，游行的工人举着"劳动时间最长，薪水最少"的标语牌。③

另一个值得注意的现象是，民国时期官方对于民间自发的祈雨仪式态度相当暧昧。一方面，祈雨被官方认为是迷信、反科学的；另一方面，在东北和华北，一些官方积极参与祈雨以在政治上获得民众的支持。《岁时》引用了外文著作和西文报纸中与祈雨有关的新闻报道。据说铁可以带来雨水，因此"1925 年，在旱季过后，铁碑被带到了京城，已退位的溥仪亲自祈雨，这是个用铁片祈雨的好例子。普意雅（Bouillard）在《北京风俗》（*Usages et Coutumes à Pekin*）中也讲述了类似的故事，为了祈雨一个高官被派去拿铁钱。北京—汉口铁路的第一趟火车便是为这位官员准备的，以便他可以到直隶的南部拿这个神物"④。祈雨的例子还有很多，不但官员，在华教会也不得不参与到事关民生的祈雨仪式中。"1926年 6 月，在中国长春也有一场独特的仪式，中国人请求俄罗斯东正教的牧师为祈雨举行教堂礼拜。"⑤

---

① Juliet Bredon & Igor Mitrophanow, *The Moon Year: A Record of Chinese Customs and Festivals*, Shanghai: Kelly & Walsh Limited, 1927, p. 78.

② Juliet Bredon & Igor Mitrophanow, *The Moon Year: A Record of Chinese Customs and Festivals*, Shanghai: Kelly & Walsh Limited, 1927, p. 307.

③ Juliet Bredon & Igor Mitrophanow, *The Moon Year: A Record of Chinese Customs and Festivals*, Shanghai: Kelly & Walsh Limited, 1927, pp. 305-306.

④ Juliet Bredon & Igor Mitrophanow, *The Moon Year: A Record of Chinese Customs and Festivals*, Shanghai: Kelly & Walsh Limited, 1927, p. 344.

⑤ Juliet Bredon & Igor Mitrophanow, *The Moon Year: A Record of Chinese Customs and Festivals*, Shanghai: Kelly & Walsh Limited, 1927, p. 346.

三、参照传统民俗文献：《岁时》构筑中国节日体系

《岁时》由别发洋行（Kelly & Walsh, Ltd.）出版，全书共 15 章，514 页，图文并茂，有黑白插图 38 幅、彩色插图 2 幅，中国黄道十二宫表一张。附录的西文参考书目列举了 101 册包括英语、法语、德语和俄罗斯语的著作，还有中文－罗马拼音索引。《岁时》的序言指出近代来华西方人理解中国社会生活要面临几种困难：研究者西方人的态度以及被研究者中国人对西方人的态度，而且中国习俗多样，一些习俗为特定地域所有。

中国人担心西方人不理解中国传说的含义，因而往往不喜欢提及。此外，中国神仙、英雄的传奇故事，往往令西方人奇怪，因为西方人不了解中国人的历史与文化。最后，中国地域广阔，以至于一个地区保留下来的传统，在另一地区可能已消失。事实上，农历节日随处可见。但是，作为了解中国人灵魂的关键，一些仅在某些省份流行，甚至是某地特有的习俗，也同样重要和有趣。①

但是这些困难对于久居北京的裴丽珠来说并不成问题。裴丽珠的《北京纪胜》一书附录的"北京主要集市、节日表"，显示出她相当熟悉北京的节日和庙会。这个按时间顺序排列的节日表，也许启发了裴丽珠写作《岁时》以完整呈现中国的岁时节日习俗。笔者也注意到明恩溥（Arthur H. Smith）在《中国的乡村生活》（*Village Life in China: A Study in Sociology*，1899）中把春节习俗概括为一些小条目，然后将饺子视为春节的第一要素，指出团聚是春节的主要特征，新衣、赌博、宗教仪式、社交、节假日及讨债等习俗与《岁时》的内容有相似之处。②对比可以发现，《岁时》借鉴了明恩溥书中提到的一些细节，例如债主新年第一天仍打着灯笼讨债，这种行为对欠债人来说非常不光彩。

但是《岁时》按月记录节日习俗的安排，主要参考的还是来自中国

---

① Juliet Bredon & Igor Mitrophanow, Preface to *The Moon Year: A Record of Chinese Customs and Festivals*, Shanghai: Kelly & Walsh Limited, 1927, p. x.

② ［美］明恩溥：《中国的乡村生活：社会学的研究》，陈午晴、唐军译，电子工业出版社，2016 年，第 163—174 页。

传统的岁时节日文本。

首先，例如《荆楚岁时记》《燕京岁时记》《清嘉录》等已有的传统节日民俗志，有按月、分条目记录节日习俗的书写习惯。《岁时》的前三章介绍中国的历法、众神以及传统时期的国家祭典，然后以月份为序，从十二月开始，分十二章描述中国人的日常信仰和岁时节日活动。全书共有 105 个条目，每个小条目概括所描写的节俗。

其次，中国传统节日民俗志在来华西方人中有一定的知名度。1931—1937 年留学北京的美国人卜德（Derk Bodde）便翻译了富察敦崇的《燕京岁时记》，译作出版后得到当时在北京的民俗学者的阅读与点评，周作人撰文指出了英语翻译中的一些错误。《燕京岁时记》也有日文译本出版。[1] 从这个角度而言，中国传统的民俗文本，尤其是优秀的岁时文献，成了西方人了解中国节日的资料来源。

再次，《岁时》内容与传统岁时节日民俗志所涵盖的内容高度重合。《岁时》既详细记载了中国的国家祭祀，也一一列举了佛教、道教在岁时节日举行的活动。不但如此，《岁时》也关注北京城内的庙市，节日期间的民间艺术表演，节日风物与节俗食品，等等。《燕京岁时记》记录了风俗、游览、物产、技艺四类。所谓游览即各地定期举行集市或庙市[2]，与《岁时》的描述基本一致。

最后，岁时节日往往与特定的地域空间联系在一起。《岁时》主要描写北京以及北方地区的岁时民俗，但是也分析了其他地方的岁时习俗，这与节日民俗志比较南北民俗异同的惯例是一脉相承的。例如在描述了北方的中秋节之后，《岁时》说广州人的中秋节习惯庆祝三天，中秋前一天迎月，中秋当天赏月，中秋第二天送月，并记录了中秋当夜广东地区仙公和仙婆施行催眠术治病的仪式。

---

[1] Tun Li-ch'en, *Annual Customs and Festivals in Peking*, Derk Bodde trans., Peiping: Henri Vetc, 1936; Derk Bodde, *Festivals in Classical China: New Year and Other Annual Observances During the Han Dynasty, 206 B.C.–A.D.220*, Princeton：Princeton University Press, 1975. 中译本见［美］德克·卜德：《古代中国的节日》，吴格非译，学苑出版社，2017 年。卜德的翻译情况见顾钧：《卜德与〈燕京岁时记〉》，载《民俗研究》2011 年第 3 期。

[2] 王碧滢、张勃标点：《燕京岁时记：外六种》，北京出版社，2018 年，第 120 页。

在月光的照耀下，被催眠者将额头靠在一根直立杆的顶端，一只手扶着杆子。然后，催眠者在他的头顶和身上挥动燃香，通常有两个或三个人一起帮他催眠，他们反复低声向月亮祈祷。在半个小时之内，被催眠者跌倒又被扶起，催眠者向其脚部做各种动作。最终，被催眠者的疾病或身上的魔鬼就会被驱除。①

经对比可以发现，这一仪式最初由格雷（John Henry Gray）记录在《中国：民众之法律、礼仪和习惯的历史》（China: A History of the Laws, Manners, and Customs of the People）中。② 裴丽珠引用格雷的描述，目的是比较中国不同地域的节俗。

综上，通过对比《岁时》与传统岁时民俗文献的章节编排、内容、研究方法等方面，笔者认为《岁时》一书参考了中国传统民俗文献所构建的岁时节日书写体系。

四、民俗资料与文化书写：《岁时》的学术价值

《岁时》自出版后被多次印刷③，目前较常见的版本有1972年台湾成文书局版、1982年香港牛津大学出版社版、2005年英国伦敦的劳特里奇出版社（Routledge & Kegan Paul）版④。除英语版外，1937年还出版了德文版，德文版的25幅插图与英文版完全不同。⑤ 一些外国学者也撰文讨论《岁时》，《中国科学美术杂志》上刊登了两篇文章介

---

① Juliet Bredon & Igor Mitrophanow, *The Moon Year: A Record of Chinese Customs and Festivals*, Shanghai: Kelly & Walsh Limited, 1927, p. 403.

② John Henry Gray, *China: A History of the Laws, Manners, and Customs of the People*, Vol.1, London: Macmillan, 1878, p. 265.

③ E. H. S., "The Moon Year: A Record of Chinese Customs and Festivals by Juliet Bredon and Igor Mitrophanow", *Journal of the American Oriental Society*, Vol. 87, No. 2 (Apr. – Jun., 1967), p. 218.

④ Juliet Bredon & Igor Mitrophanow, *The Moon Year: A Record of Chinese Customs and Festivals*, London: Routledge & Kegan Paul, 2005.

⑤ Juliet Bredon & Igor Mitrophanow, *Das Mondjahr: Chinesische Sitten, Bräuche und Feste, Darstellung und Kulturbericht*, Richard Hoffmann trans., Berlin: Paul Zsolnay, 1937.

绍裴丽珠的《岁时》①，指出《岁时》不仅读起来非常有趣，而且章节安排合理，是一本有价值的参考著作。作者并非简单罗列事实，而是忠实地描画了在家庭、商店、家族墓地、寺庙和田野进行的仪式，把仪式作为日常生活的一部分呈现在读者面前，帮助读者更好地理解中国习俗及其内涵。②

美国基督教监理会女布道会教育传教士李淑德（Emma Service Lester）③在《皇家亚洲文会北华支会会刊》上评论道：

> 《岁时》装帧精美、插图生动、组织材料的能力令人钦佩，称它是中国习俗与节日的百科全书，并非夸大其价值。从中国孩子们在元宵节的戏剧装扮到超度死者的仪式都包含了准确的信息和真切的生活氛围。

> 在英语填字游戏流行之后，人们渴望拥有一本能够回答许多常识性问题的书籍。《岁时》回答了许多关于中国风俗的"提问"。目前，研究中国各个历史阶段的著作不断增加，而《岁时》秉持真实记录的原则，可以说是其中最好的；《岁时》全面、真实地介绍了中国人的日常生活，通过最常见且富有特色的习俗和节日以及关于它们的传说、社会活动和宗教实践来呈现日常生活。事实上，中国社会独特而丰富多彩的形态，换句话说，中国人生活和哲学的基本结构，体现在岁时节日盛会之中。

> 也许大部分材料可以在更专业的著作中找到，文末罗列的参考文献可以证明这一点。作者的主要贡献在于依照农历的时序

---

① 这很可能由英国博物学家、杂志主编苏柯仁（Arthur de Carle Sowerby，1885—1954）主笔。苏柯仁在其文章中也介绍了裴丽珠的《岁时》，见 Arthur de Carle Sowerby, "Old Chinese Calendar and the New", *The China Journal*, 1929, Vol. 10, No. 1, pp. 1-3；上海图书馆编：《中国杂志：1923—1941（导论·总目）》，上海科学技术文献出版社，2015 年，第 180 页。

② China Journal Editorial Dept., "The Moon Year", *The China Journal*, 1927, Vol. 7, No. 6, pp. 291-292.

③ 李淑德 1906 年来华，开始的驻地不详，1910 年到苏州，后在教会主导的上海中西女子中学做英文教师。参见黄光域编：《基督教传行中国纪年：1807—1949》，广西师范大学出版社，2017 年，第 293 页；《The Faculty：李淑德女士照片》，载《墨梯》1925 年第 1925 期，第 70 页。

安排和组织常见的或不常见的习俗。作者描述中国习俗的方式通俗易懂，给人新鲜感，这不同于标准的学术语言。

有人可能会不认同，《岁时》仅仅重视北京地区的节日和习俗。然而，北京足以代表整个中国。

人们对所有的中国习俗，特别是与中医有关的习俗普遍地怀有一种同情的态度。《岁时》描述的观音和地藏传说比其他著作的更优美。特别有趣的是，作者仔细运用风俗比较的研究方式。中西方的风俗与传说有着惊人的相似之处。正是通过这些细致的记录以及传播中国文化的精神，中国在国际社会中应有的地位将很快被认识。所有想了解中国人日常生活、礼仪实践及其思想的读者都应该阅读一下《岁时》。①

图 2-2　李淑德像②

---

① E. S. L. "The Moon Year: A Record of Chinese Customs and Festivals, by Juliet Bredon and Igor Mitrophanow", *Journal of the North-China Branch of the Royal Asiatic Society*, 1928, Vol. LIX, pp. 312–313.

② 出自《李淑德照片》，载《墨梯》1919 年第 3 期，第 61 页。

卜德在其专著《古代中国的节日》中指出《岁时》提供了有价值的研究资料，但是这本书有两个明显的缺点，一是没有参考古代的文献，二是站在西方人的角度看待中国习俗。[①] 莱斯布里奇则认为："《岁时》可读性强和材料丰富，充满了关于中国宗教习俗和信仰的事实。它也是令人愉快的著作，读者不会觉得里面的脚注或旁白在卖弄学问。"[②]"《岁时》不仅记录了中国的风俗与节日，而且描述它们在20世纪的变化，随着社会、政治、经济的发展，裴丽珠所描述的大部分内容已经消失了。无论好坏，我们今天所看到的民俗，往往是古老仪式或习惯的一个变体。"[③] 新加坡国立大学历史系的威克斯（P. C. Wicks）认为《岁时》"优雅、引人入胜的散文写作风格，即使在60年后，也为读者提供了品读的乐趣……作者细腻的笔触给中国文化研究带来了启发，公允地讲《岁时》是同时期的学术典范"。[④]

《岁时》也是近现代西方汉学家研究中国文化的参考文献。美国汉学家太史文（Stephen F. Teiser）在《中国中世纪的鬼节》（*The Ghost Festival in Medieval China*）中多处引用《岁时》，指出孝或"善待死者"是裴丽珠《岁时》中"故事的主旨，其记述栩栩如生"。[⑤] 德国学者罗梅君（Meehthild Leutner）在《北京的生育、婚姻和丧葬：19世纪至当代的民间文化和上层文化》也指出近代来华西方人民国时期关注中国的资料，比早期对迷信和奇闻趣事的记录"更强调实践的社会的内在联系和

[①] Derk Bodde, *Festivals in Classical China: New Year and Other Annual Observances During the Han* Dynasty, 206 B.C.–A.D.220, Princeton: Princeton University Press, 1975, p. 4.

[②] Juliet Bredon & Igor Mitrophanow, *The Moon Year: A Record of Chinese Customs and Festivals*, Hong Kong Oxford University Press, 1982, p. vii.

[③] Juliet Bredon & Igor Mitrophanow, *The Moon Year: A Record of Chinese Customs and Festivals*, Hong Kong Oxford University Press, 1982, p. ix.

[④] P. C. Wicks, "Things Chinese by J. Dyer Ball; The Moon Year: A Record of Chinese Customs and Festivals, by J. Bredon and I. Mitrophanow", *Journal of Southeast Asian Studies*, 1985, Vol. 16, No. 1, pp. 176-177.

[⑤] ［美］太史文：《中国中世纪的鬼节》，侯旭东译，上海人民出版社，2016年，第9—10页。

变化特征"①。瑞典人类学家艾尧仁（Göran Aijmer）在《帝国晚期中国中部的新年庆典》（*New Year Celebrations in Central China in Late Imperial Times*）开篇引用了《岁时》对新年庆祝活动的描述，然后抛出"是什么让中国新年如此热闹？从中国的文化传统和社会历史来看，新年庆祝活动的本质是什么？"等问题。②

《岁时》不仅是一部知识性的节日风俗志，而且具有较强的学术性。作者善于利用民俗材料与历史文献考证古代节日的起源。谈到重阳节登高的起源，裴丽珠先引用高延《厦门岁时记》有关"登高"的观点。"高延在《厦门岁时记》中对'登高节'提出了有趣且合理的观点。他将节日的起源追溯到史前时期，认为丰收时节发生过抢夺相邻部落收成的冲突（见"十一月"），一些人很有可能被派往山上并作为运送粮食的先遣部队。因此在这个季节，保守的中国人（在忘记了节日起源之后的很长一段时间人们仍延续这一习俗）每年都携带食物和菊花酒登高。这种习俗曾经像战争那样紧张，现在变成了轻松的郊游。"对于重阳节放风筝的习俗，作者大胆猜想"需要远距离传递信息是发明纸鸢的原因，纸鸢早在成为玩具之前已是战争工具"③。

裴丽珠特别关注中国家庭内部的节日传承，重视不同年龄女性在节日中的实践。她认为："七夕主要是女性的节日。实际上，只有女性参加七夕的活动，除仍在母亲保护下的小男孩外，没有其他男性参与。以前，女性参加针线比赛，在刺绣或穿针中表现出色并娱乐同伴的女孩子会获得奖励。平民少女仍就着月光或发光的香炉，穿针引线。例如，江苏省的少女在桌上几乎没有灯光照明的情况下，用一根红丝线穿七孔针，成功则预示着她们擅长女红。"④裴丽珠还提到年老的女仆人在春节期

---

① [德] 罗梅君：《北京的生育、婚姻和丧葬：19 世纪至当代的民间文化和上层文化》，王燕生、杨立、胡春春译，中华书局，2001 年，"导言"第 21 页。

② Göran Aijmer, *New Year Celebrations in Central China in Late Imperial Times*, Hong Kong: The Chinese University Press, 2003, p. 1.

③ Juliet Bredon & Igor Mitrophanow, *The Moon Year: A Record of Chinese Customs and Festivals*, Shanghai: Kelly & Walsh Limited, 1927, pp. 429-430.

④ Juliet Bredon & Igor Mitrophanow, *The Moon Year: A Record of Chinese Customs and Festivals*, Shanghai: Kelly & Walsh Limited, 1927, pp. 373-374.

间占卜，以预测一年的好坏。通过占卜，女性展示了自己所积累的民俗知识与女性经验，而作者对女性的节日着装与打扮的记录，一方面来自西方女性对中国女性的凝视，另一方面也可以反映西方研究者的审美与品位。①

裴丽珠也相当重视儿童在节日中的行为与实践。《岁时》描述了七月鬼节母亲如何教导孩子尊敬亡魂、虔诚地叩头。"现在，'小龙'彻底清醒了，摇摇晃晃地磕了头，向鬼魂道歉。通过非常温柔的方式，中国孩子学会了善待死者。"② 此外，裴丽珠还描述了北京街头上卖艺的女孩子，如希望被雇佣的唱曲姊、唱色情歌谣的女戏、表演顶碗的马戏女孩，指出她们的表演给人留下了深刻的印象，书中还配有正在表演的女杂技的照片。③ 或许周作人会赞同《岁时》关注儿童节日行为的视角。在为娄子匡的《中国新年风俗志》作序后，周作人指出："其实，岁时风俗的记载，与儿童本身问题，也有极大的关系，儿童们也应当注意岁时与风俗。"④

杨堃评论《中国新年风俗志》的一段话或许也适用《岁时》。"娄先生未将他的搜集材料与整理材料的方法明白说出，这却是一件憾事。因为民俗学如真脱离民间文艺之附庸的地位，而能进入于科学之林，那并不在于取材，而是在取材的方法，故民俗学书籍之价值，亦全以该书之材料，如何搜集，如何整理而定。如参考的资料是什末？搜集的方法是什末？是自己亲为调查的？抑是从别人的游记或报告中抄下来的？……这些问题，全要有一详细的说明。"⑤ 裴丽珠也没有在书中交代

---

① Juliet Bredon & Igor Mitrophanow, *The Moon Year: A Record of Chinese Customs and Festivals*, Shanghai: Kelly & Walsh Limited, 1927, pp. 125-127.

② Juliet Bredon & Igor Mitrophanow, *The Moon Year: A Record of Chinese Customs and Festivals*, Shanghai: Kelly & Walsh Limited, 1927, pp. 380-381.

③ Juliet Bredon & Igor Mitrophanow, *The Moon Year: A Record of Chinese Customs and Festivals*, Shanghai: Kelly & Walsh Limited, 1927, pp. 154-155.

④ 周作人原文题目为《谈岁时风俗的记载——娄编〈中国新年风俗志〉序》，发表在《民间月刊》1932 年第 2 卷第 1 期。1933 年，修改后以《谈岁时风俗的记载》发表在 11 月 13 日的《上海宁波日报·儿童周刊》。引文转引自陈建军：《掸尘录：现代文坛史料考释》，北岳文艺出版社，2015 年，第 284 页。

⑤ 杨堃：《中国新年风俗志序》，载《鞭策周刊》1932 年第 2 卷第 9 期，第 5—7 页。

她如何获取民俗资料，甚至书中的引文也没有给出详细出处。这也反映了20世纪初的学术规范，同时与女性的受教育水平有关。直到19世纪末20世纪初，北京等洋人集中的城市才开办了一些女校，侨居中国的西方人可以在中国接受初等教育，但是如果她们想考大学接受高等教育还是要回到西方。即使个别女孩有机会进入大学，大学多半也是培养她们成为中小学女老教师而不是从事学术研究。① 由于各种原因，无论是中国传统的民俗文献，还是近代来华西方人的中国民俗研究成果，几乎都由男性执笔书写，由女性书写的民俗志不算多，被学术关注的就更少了。康丽曾指出"性别在民俗学研究中依然处于较为边缘的状态"②，因而有必要关注与研究女性书写的民俗志文本。

五、翻译说明

《岁时》中译本把原书的40幅图全部扫描影印，包括黑白摄影照片38幅，彩色插图2幅。原书有些照片标注了图片的出处，例如北京的山本照相馆（Yamamoto, Peking）③、亚洲图片出版公司（Asiatic Photo Publishing Co.），以及美国汉学家拉铁摩尔（Owen Lattimore）；有些则没有，我们猜测这部分照片是由裴丽珠拍摄的。因为裴丽珠曾以Adam Warwick为笔名为英文杂志《国家地理》（*National Geographic*）撰稿介绍中国和日本的风俗人情，并且为该杂志拍摄了多张高质量的人物或风景照。书中的图像可以帮助外国读者更好地理解中国的社会风俗，对于现在的中国读者来说，这些图像也有利于我们了解民国时期的岁时节日面貌。在目录安排上，书正文左侧的条目标示了主要内容，方便读者查找，中译本将这些小条目也放到目录里。

---

① ［英］玛丽·蒂芬：《中国岁月：赫德爵士和他的红颜知己》，戴宁、潘一宁译，广西师范大学出版社，2017年，第261页。
② 康丽：《性别与民俗学研究》，载《民间文化论坛》2018年第4期。
③ 山本照相馆的主人是日本人山本赞七郎，其部分摄影作品见徐家宁编著：《中国历史影像·早期摄影家作品集 山本赞七郎》，文心出版社，2016年；［日］日向康三郎：《北京山本照相馆》，吕静、叶睿隽译，上海书画出版社，2021年。

《岁时》引用了一些中文典籍，但是没有给出引用的书名和版本，对于部分未能找到原文出处的句子，译者采取了直译的方式。与此类似，《岁时》引用了一些跟风俗节气有关的谚语，译者尽量找中文原有的谚语，个别与流行谚语意思差别较大的句子则采用直译的方式。

《岁时》用威妥玛拼音标记了民俗事象的当地叫法。从附录的拼音与中文对照表来看，译者可以推测大部分拼音的中文意思，但是仍有一些民俗词汇没有给出对应的汉字。译者在翻译中参考了裴丽珠《北京纪胜》英文版附录的中英文索引，个别不能确定的词语则注明是音译。在翻译过程中，译者也参考了近代出版的一些风俗节日类著作，例如富察敦崇《燕京岁时记》、青木正儿的《北京风俗图谱》、罗信耀的《旗人风华》等。

有关外国人名的翻译，《岁时》正文提及的学者虽然不多，但是附录的"参考书目"给出了一百零一册参考书目，涉及来自英语、法语、俄语、德语等的人名上百个。对于那些取有中文名的西方人，我们能查到有中文名的则用中文名，查不到的则参考新华通讯社编辑的《英文姓名译名手册》或根据常见的译法进行翻译。"参考书目"中涉及的俄语人名，有些是根据裴丽珠的英译而译。对于书名的翻译，译者尽量核对是否有中文书名，然后再适当参照通用的译名，没有的则自己推敲。

本书在翻译过程中得到了多位师友的指点，其中译者导师王霄冰教授、中国海洋大学的李扬教授、陕西师范大学出版总社编辑邓微女士、中国农业博物馆的张建军博士、山东大学林海聪博士等出力颇多，在此深表感谢。

译者自知知识储备有限、翻译经验不足，文中仍有许多不够完善的地方，恳请读者海涵，当然译文有误的责任应由译者承担。

2021 年 1 月 12 日，广东广州康乐园

《岁时》原序

◎ 裴丽珠　米托发诺

中国给人的第一印象总是难以理解。在西方人眼中，中国人看上去很相似——就像西方人在中国人眼中一样。即使是理解中国人的物质生活，也需要时间和耐心，这片土地上每个人的行为对西方人来说都是陌生的。针被放在线上，而不是线穿过针孔；木匠把木工刨拉向自己，而不是把刨推开。事实上，中国人很多事情的做法，以西方人的眼光来看是颠倒的。

至于中国人的精神生活，他们的宗教信仰、迷信、思维方式，行动所隐藏的动机，在家屋和寺庙内举行的祭祀习俗，只有在他们中间居住多年之后，才能够深入地理解其内在的秘密。

本书试图揭开数个世纪以来几乎不变的古老文明的一些谜题——描述中国人的日常信仰和阴历（中国人在日常生活中使用阴历）节日。

这是一项艰巨的任务。中国人担心西方人不理解中国传说的含义，因而往往不喜欢提及。此外，中国神仙、英雄的传奇故事，往往令西方人感到奇怪，因为西方人不了解中国人的历史与文化。最后，中国地域广阔，以至于一个地区保留下来的传统，在另一地区可能已消失。事实上，"阴历节日"随处可见。但是，作为了解中国人灵魂的关键，一些仅在某些省份流行，甚至是某地特有的习俗，也同样重要和有趣。

许多"可以与古希腊幻想相媲美"的古老神话正在消亡。因此，在我们看来，在这些古老神话完全消失之前，记录这些"解释未知之谜的原始神话"很重要。在现代知识和物质需求的冲击下,东方生活中的许多狐仙、花仙子将会消失,众神的祭坛也将被丢弃。神灵可能以新的形式存在,因为在中国人的思想中神明占据重要位置,不会轻易消逝,然而中国人的诗意个性很快就难以寻觅。

《岁时》中的大部分资料是我们从中国朋友那里收集的,有些是亲身经历和观察获得的。四种不同语言的文献也提供了大量的资料,大部分古老或稀有的书籍,现在很难见到了。

简而言之,我们的研究有助于了解中国人的灵魂。中国如此辽阔,如此重要,如此有趣,外国居民或游客可以忽略中国文化的时代,即使曾经存在过,现在已经过去了。西方人不了解甚至也不想去了解中国,既不去弄清楚所见所闻的陌生事物,也不探究这个伟大民族的精神世界,他们接受宴会的邀请却拒绝尝试中国人提供的每一道美味,因为那不是按照他们习以为常的方式准备的。

当今世界依然存在的两大文明便是中国和西方。我们对这个人数占世界人口四分之一的国家仍然所知甚少,这令人诧异,也令人遗憾。

目录

《岁时》插图目录 / 233

第一章　中国年历 / 237

历法的起源 / 237

"最早的测量方式" / 237

中国历法的历史 / 239

阴阳历 / 242

纪年术语 / 243

日道 / 243

月道 / 245

神圣的五行 / 245

二十八宿 / 246

节气 / 248

岁神 / 251

第二章　百神 / 254

祖先崇拜的起源 / 255

灵魂作为自然之神 / 255

上帝 / 256

阴阳 / 257

早期的朝代 / 258

周代 / 258

老子的时代 / 258

孔子 / 259

始皇帝 / 260

汉代 / 261

新儒家 / 261

道教 / 262

佛教 / 265

三教 / 267

第三章　国家祭典 / 269

大祭 / 269

中祭 / 273

小祭 / 277

第四章　十二月·腊月 / 278

腊八粥 / 279

扫除 / 279

灶王 / 280

礼物 / 283

结算日 / 284

幸运符 / 285

门神 / 286

三重祭礼 / 289

祭祀天地 / 290

家神 / 290

祈祷祖先 / 292

第五章　正月·嘉月 / 294

重复三重祭礼 / 295

财神 / 298

拜年 / 301

迷信 / 306

立春，春牛 / 309

灯节 / 311

真武 / 314

星节 / 315

老鼠嫁女日 / 316

会神仙 / 317

玉帝 / 320

民众娱乐 / 321

第六章　二月·芽月 / 328

祭祀太阳 / 328

土地神 / 330

青蛙神 / 331

三官 / 333

五圣 / 333

龙抬头 / 334

二郎 / 335

道教和佛教的地狱 / 335

阎罗王 / 337

观音——慈悲女神 / 338

普陀 / 343

女海神 / 346

老子 / 348

孔子 / 349

曲阜 / 352

第七章　三月·睡月 / 357

寒食 / 358

清明——第一个鬼节 / 359

中国的坟墓 / 360

柳树的神话 / 366

西王母 / 367

东岳庙 / 368

文昌 / 369

树崇拜 / 371

第八章　四月·牡丹月 / 376

牡丹花展 / 377

浴佛节 / 379

四金刚 / 386

哼哈二将 / 387

布袋 / 387

韦陀 / 390

三世佛 / 391

罗汉 / 392

文殊菩萨 / 393

普贤菩萨 / 393

圣地游 / 396

八仙 / 401

第九章　五月·龙月 / 406

端阳 / 407

药王 / 410

驱魔神 / 412

驱邪符 / 413

张天师 / 415

关帝 / 420

第十章　六月·荷月 / 425

龙崇拜 / 425

祈雨 / 428

雷部 / 435

雷公 / 436

雨师 / 436

电母 / 437

风伯 / 437

莲花诞 / 437

扫晴娘娘 / 439

马王 / 440

火神 / 440

五虎神 / 441

鲁班——木匠祖师爷 / 442

第十一章　七月·鬼月 / 444

牛郎织女 / 445

中元节——第二个鬼节 / 447

地藏 / 452

第十二章　八月·丰收月 / 455

社戏 / 455

舞狮 / 458

踏高跷 / 458

中秋节——第三个人节 / 461

月兔 / 464

嫦娥 / 470

月老 / 472

婚姻神 / 472

福星和寿星 / 476

小偷守护神 / 478

第十三章　九月·菊月 / 479

登高，重阳节 / 480

纸鸢 / 481

斗蟋蟀 / 483

颜子 / 484

朱熹 / 484

城隍 / 485

忠诚的岳飞 / 492

土地神 / 494

第十四章　十月·良月 / 497

第三个鬼节 / 500

菩提达摩 / 501

对佛教和道教的管理 / 503

五岳神 / 504

山岳崇拜 / 505

泰山 / 507

第十五章　十一月·冬月 / 516

冬至 / 518

数九 / 520

阿弥陀佛 / 521

参考书目 / 525

索引 / 530

附录　裴丽珠著作文章目录 / 541

《岁时》插图目录

图 2-1　裴丽珠像 / 207

图 2-2　李淑德像 / 217

图 2-3　春节早晨烧香 / 235

图 2-4　黄道十二宫图 / 236

图 2-5　北京故宫午门（颁发年历的地方）/ 240

图 2-6　北京故宫官方的日晷 / 241

图 2-7　道士 / 264

图 2-8　穿着袈裟的和尚 / 266

图 2-9　北京天坛穿着礼服的祭祀官 / 274

图 2-10　社稷坛（皇帝在此祭祀土地神）/ 275

图 2-11　儿童游戏图 / 297

图 2-12　元宵节 / 312

图 2-13　玉皇殿 / 318

图 2-14　供桌上皇室成员的牌位 / 319

图 2-15　女杂技表演者 / 324

图 2-16　乡下说书者 / 325

图 2-17　曲阜孔庙 / 353

图 2-18　曲阜孔庙的露井 / 354

图 2-19　担冥钱到坟墓焚烧 / 363

图 2-20　一座寺庙的朝圣者 / 365

图 2-21　正定府犍陀罗艺术风格的释迦牟尼佛像 / 380

图 2-22　化缘僧 / 382

图 2-23　两个天王 / 388

图 2-24　在杭州所见的布袋和尚像 / 389

图 2-25　五台山上的铜塔 / 394

图 2-26　在北京所见的穿法衣的喇嘛 / 395

图 2-27　山上的道士 / 417

图 2-28　赶庙市 / 418

图 2-29　在泉边祈雨的农民 / 429

图 2-30　在甘肃所见的节日游行队伍 / 430

图 2-31　社戏 / 456

图 2-32　舞狮（一）/ 459

图 2-33　舞狮（二）/ 460

图 2-34　作为玩具出售的兔儿爷 / 465

图 2-35　中秋节的露天祭坛 / 466

图 2-36　算命者 / 473

图 2-37　路边的狐仙坛 / 474

图 2-38　城隍庙演戏 / 486

图 2-39　地方小庙 / 487

图 2-40　卖冰糖葫芦的小贩 / 498

图 2-41　泰山之巅 / 499

图 2-42　北京碧云寺五百罗汉 / 513

图 2-43　女尼们 / 514

图 2-3　春节早晨烧香

黄道十二宫图

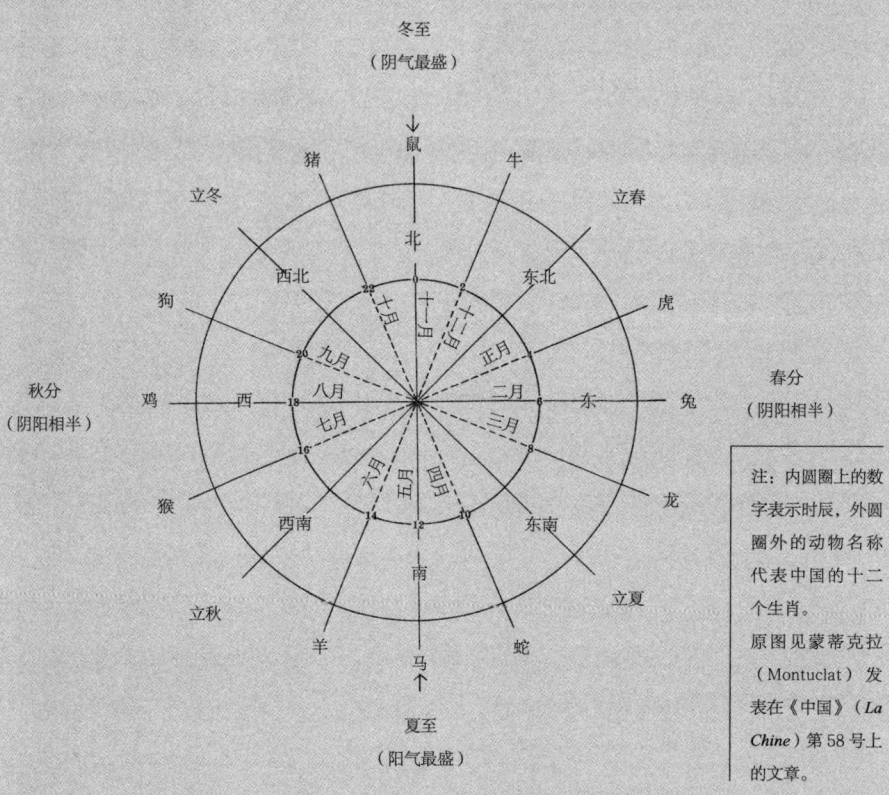

注：内圆圈上的数字表示时辰，外圆圈外的动物名称代表中国的十二个生肖。
原图见蒙蒂克拉（Montuclat）发表在《中国》（La Chine）第58号上的文章。

图 2-4　黄道十二宫图

第一章　中国年历

自然界虽然没有历法，却有天然的节律。植物和动物凭本能感知季节。春天花朵绽放，秋天叶子落下。大自然告诉大雁向南迁移的日子。驯鹿在海水解冻时离开森林，在开阔的水域吸取盐分。甚至一群野牛的行为也与气候的变化相关。科学家观察到天气变暖预示着"毛毛虫会提前两天变成蝴蝶"。

人类对自然的变化不太敏感。但是人类的思考能力和观察能力弥补了本能的不足。准确预测季节对原始社会至关重要——人们发现不掌握这些知识，就无法收获庄稼，无法成功狩猎——这种必要性促使人类发明了第一个简单的年历。

历法的起源

原始的年历是天空。因而，在最简单的科学仪器诞生之前，一代又一代的牧民和农民早已学会观察太阳、月亮和星星的位置，以测量和划分主要的时间点。

"最早的测量方式"

现在，虽然白天和黑夜足够分明，但是确定一个月或一年的时间需要计算并且熟悉星星的运行周期。"最早的测量方式"以月亮为对象，如月份的拉丁文所预示的那样。

但是，在科学方法尚未完善之前，古人未能发现准确的观察方法。

人眼容易犯错误。由于没有文字记录，想要精确观察并知悉月亮盈亏的规律非常困难。如果没有算术知识，要计算月球围绕地球旋转所需的时间和地球围绕太阳公转所需的时间都非常困难。月亮盈亏的周期大约是二十九点五天。因此，月球环绕地球旋转十二周是三百五十四天，而地球环绕太阳旋转一周是三百六十五点二五天，季节的变化取决于地球公转的位置。因此，下一个春分的时间有时在十二个月之后，有时在十三个月之后。

显然，单靠观察月亮并不能准确告诉农民什么时候播种。因而星星被用来精确地计算地球公转的轨迹。

古人很快就发现地球相对于主要行星的位置，以及行星彼此相对的位置不变。宇宙中的每颗星星都有自己的运行轨道。每天日落之后，西方接近地平线的上空都会出现一颗比其他星星更明亮的星星。几个星期之后，这颗星星不再出现在西方，而可能在黎明前出现在刚刚露出鱼肚白的东方。此外，每隔几个月，这颗星星有规律地从穹苍的一侧转到另一侧。

对于古人来说，这是个奇妙的发现。紧接着是另一个同样重要的发现。古人观察到，满月那天月亮在太阳落山时升起，此时太阳在西而月亮在东。如果月亮每天如此，年历就不会那么复杂了。然而，月出的时间每天推迟四十五分钟①，直到某天看不见月亮，接着月亮又出现。一旦在黎明和日落确定了某些星星在地平线上方的位置，就很容易掌握月出的规律。

无名的历算者，通过研究天空学会了简单计数——一门尚未存在的科学——成为早期的天文学家。纯粹的猜测工作被逻辑推理取代。

假设一组星星可以标示月出与月落，那么另一组星星就可以很好地测定日出与日落，这是合乎逻辑的。这个伟大的发现是确定时间和季节的第二个关键点。事实上，通过这些知识以及进一步的思考，古人艰难地获得了第一份阴阳历。

作为后人，我们很少意识到古人为了获得精确的历法所付出的努力与代价。在凝视星星的晴夜，我们忘记感谢先辈们。他们缓慢地从已有的经验中学习有关星星位置的知识，并通过推理认识地球运行的规律、

---

① 现代天文学认为每天月出的时间比前一天晚四十八分四十八秒。——译者

自然变化的数学特征以及宇宙和人世间所蕴含的基本秩序与和谐原则。

中国历法的历史

毫无疑问，中国人很早就形成了万物相生相克的观念。尽管古人的科学理论在很大程度上是错误的，但是从天文学的角度看，他们的想法往往很奇妙——"中国人所描述的天文知识，欧洲在过去的三百年才有了长足的发展"。但是，务实的中国人主要关心星星对季节的影响。古时候依赖农业生存的农民非常关心天气，因为可靠的历法对他们意义深重，可以集中自身的力量以求五谷丰登。

"史书记录了一些著名事件，尧让天文学家弄清至日和分日，并采用闰月的方式来确定春夏秋冬，以便农民知道何时播种。"

很多个世纪以来，中国年历由一个特殊的部门钦天监编写，钦天监的监正每年将新历呈给皇帝批阅。在皇帝授权之后，新年历的副本被分发给朝廷的高级官员。这些珍贵的年历以朝廷的名义颁发。年历被置于轿子抬到目的地，然后在基座上接受敬礼和鸣礼炮。新年当天，在首都的午门，年历被正式颁发给皇宫外的权贵。

盗版或私印年历触犯律令，伪造年历者会被处以死刑，因为这侵犯了天子的权威。

为了强调皇权的合法性，汉代之前的王朝以及后来的个别帝皇采用不同的月份作为岁首。在周朝，叛变的诸侯通过颁发新历宣布独立。高丽、安南等藩属国，视中国皇帝颁发的年历为最高的恩赐之一。

清朝继承了这一传统。年轻的康熙皇帝开明而宽容，在公元1669年采用耶稣会传教士南怀仁(Verbiest)的建议，纠正之前历法制定者的错误。在西方更准确的测算基础上，南怀仁修订了直到公元2020年的历法。但是民国政府搁置了传教士的科学工作，完全采用格里高利历，因此，遵循了很多个世纪、强调皇权的传统中断了。据说，西历变得普遍了。但是民众仍然坚持祖先们使用的农历，他们的个人节庆也依照农历进行。

非常古老的阴历是基于月亮推算时间系统的，刚开始仅依靠非常简单的设备，经历了很多个世纪的不断思考才逐步完善。正如我们已经观察到的那样，月相的更替周期并不是整数，总是剩下一部分。类似的困

图 2-5 北京故宫午门（颁发年历的地方）

图 2-6　北京故宫官方的日晷

难使得修正年历中的天数和月份数变得复杂。一种解决方案是在不同的日期和不同的时刻开始新的一年。但这不切实际，即使其目的是让年历与真实的时间相一致。

阴阳历

因此，历算家决定忽略不足一天的时间，直到这些时间加起来够一天。然后，在年历上添加额外的天数或月份校正。为避免乏味和专业的细节，简单地说，这可以通过不同的方式和添加不同时间段的方法来完成。例如，穆罕默德历是纯阴历，每隔一段时间增加一年，而西方人在闰年设置 2 月 29 日，以校准公历年三百六十五天与太阳年三百六十五点二五天之间的差额。

中国人还使用另一种方法，即在固定的时间段内置闰月。因此，中国人的一年有时有十二个月，有时有十三个月。后者被称为"闰年"。

第一个阴阳历似乎在很早的时候就有了。此外，中国人还发明了第一个天文仪器日晷，以辅助计算时间，使得阴历年和阳历年真正地统一。有了日晷，中国人学会了从阴影长度的增减来确定冬至和夏至，从昼夜平分点来确定春分和秋分，从而准确地将一年分为四季。然而，中国人并非在冬至或春分，而是在冬至到春分中间的某天开始新的一年，这使中国人的春季比西方早了四十五天。

令人惊讶的是，中国人很早就准确计算出"阴历年和阳历年的长度，黄道与赤道之间的夹角以及地球的运动"。

到了公元前 8 世纪，中国人可以计算和记录日月食了，尽管他们认为日月食是由一只天狗或龙引起的，并试图通过敲锣打鼓和放鞭炮驱赶。甚至在更早的时候，中国人就发现了默冬周期（Metonic Cycle）[1][2]。

---

[1] 默冬周期是基于二百三十五个朔望月对应十九个太阳年的事实。凭借我们已有的知识，这一发现现在看起来可能并不重要。但是，当默冬之后的希腊人偶然发现同样的规律时，他们认为这一"定律"非常重要，并用金色字母将之刻在雅典娜神庙上，以帮助天文学家确定太阳和月亮的相对位置，安排历法，等等。

[2] 古希腊人默冬在公元前四百三十二年提出了置闰周期：在十九个阴历年中设置七个闰月，即可与十九个回归年相协调。其实中国人比默冬早一百多年就发现了这个周期。——译者

有了这些知识以及阴阳历，中国人发明了历法。太阳和月亮处于相同位置的十九个回归年，被分为十二个平年和七个闰年，并在闰年增加闰月。置闰的方式如何变化，详细解释会过于烦琐，读者可以参考学者们关于这一主题的著述。但是，需要注意的是，这种方式使得冬至永远在十一月，夏至在五月，春分在二月，秋分在八月。十一月、十二月和正月都不设置闰月。①

为了提高准确性，中国人发明了一些有三十天的大月，一些有二十九天的小月。双重校正之后，十九个回归年被分为一百三十个大月、一百一十个小月以及七个闰月。如果我们记得每个小月中的半天②，这个总数实际上表示这段时间有二百三十五个朔望月。

简而言之，上述这些知识是编制中国历法时使用的基本原则，这种阴阳历区别于纯粹的阴历和纯粹的阳历（如西方的纪年系统）。三种历法相互竞争，并且相互借用。

纪年术语

现在让我们简要概述中国人用来标记年、月、日和时分的术语。西方人把纪元追溯到基督出生之年，伊斯兰教徒以穆罕默德从麦加前往麦地那的年份为元年③，犹太人则以主创世的时间为元年。中国人从黄帝时期开始纪元，据说辅弼大臣大挠氏将六十年视为一个周期，尽管没有记录为何选择六十。六十甲子，各有单独的名称，"由属于天干的十个字符，与属于地支的十二个字符依次相配组成。这些古老的表意文字也适用于记录时辰、日期和月份"。

日道

十二地支对应十二生肖的名称，并且与黄道十二宫一一对应，也就是说，可以用黄道十二宫来确定每月太阳所在的位置。

---

① 在中国几千年的历史记录中，有关于闰冬月、闰腊月与闰正月的记录，只是情况比较少见。——译者
② 月球围绕地球旋转一周的时间为二十九点五三日。——译者
③ 公元前六百二十二年。——译者

岁时 | 243

具体如下：

Chinese Zodiac	生肖	Græco-Chaldean Zodiac	黄道十二宫
Rat	鼠	Aries	白羊宫
Ox	牛	Taurus	金牛宫
Tiger	虎	Gemini	双子宫
Hare	兔	Cancer	巨蟹宫
Dragon	龙	Leo	狮子宫
Snake	蛇	Virgo	处女宫
Horse	马	Libra	天秤宫
Sheep	羊	Scorpio	天蝎宫
Monkey	猴	Sagittarius	射手宫
Fowl	鸡	Capricornus	摩羯宫
Dog	犬	Aquarius	水瓶宫
Pig	猪	Pisces	双鱼宫

生肖（zodiac）一词来自希腊语 zodion，意为一种"小动物"，但是，关于这个符号的含义有多种不同的解释。奇怪的是，中国的生肖与阿兹特克人（Aztecs）的生肖几乎没有差别，洪堡德（Humboldt）称其为"猎户座和牧羊座的黄道带"，这个跨越整个亚洲的黄道带包括六个野生的或神话中的动物以及古代祭祀中用到的六种家畜。最初的选择是个谜。很可能最初只有四种神兽，分别代表四季和四个基本方向，即春天和东方的青龙、夏天和南方的朱雀、秋天和西方的白虎、冬天和北方的玄武。此外，十二生肖中的每一个或属阳或属阴（见"百神"和"八月"），阴阳二元论反映了中国人的世界观。生活在黑暗中、天生具有破坏力的老鼠，平和的牛，在月光下自娱自乐的兔子，害羞却淘气的猴子，在夜间守护房屋的忠犬，摇摆的目光斜视地面的猪，上述这些生肖动物都属阴，而在黄道的另一边，与之对应的是可怕的老虎、强大的龙、敏捷的马、温顺的羊和报晓的公鸡——这些动物本质上属阳。蛇也属阳令人费解。俗话说"蛇猪相冲"，蛇和猪在黄道十二宫里分别位于两端。自然证实

[11]

了这种相冲的观点，猪会吃掉蛇而且不会因被蛇咬而中毒。

月道

除十二地支外，中国人还有一个被称为白道的月球轨道①，由二十八宿组成，这些星宿在早期被编号用以细分月球运行的路径。德·索绪尔（de Saussure）说，这些星宿"非常准确地对应着白道，使得满月可以作为太阳位置的一个标记"②。

现在，中国天文学以预测天气和确定季节为主要目标，尽管在很多方面与占星术和占卜混淆。科学和迷信都影响了中国人对历法的认识。特别是早期中国天文学家的一些理论，比如浑天说认为天是一个球体，其中心是地球，与后来的理论相比，浑天说更接近现代的科学观念。有关这一论点，佛尔克（A. Forke）在《中国人的宇宙观》（World-Conception of the Chinese）第22页中引用宋君荣（Gaubil）的话："郑玄谈到地球的自转，但是他的表达非常含糊。大约在公元前300年，希腊萨摩斯的亚里士多德，第一个认为地球以自己的轴围绕着太阳旋转，而恒星在苍穹的位置一动不动。这种学说颠覆了人们的认知，因为偏见很快被遗忘了。哥白尼不知道这一理论，然后再次发现了它。"③

神圣的五行

像倒扣的碗一样覆盖地球的天穹，被认为是第五个基点。五行是一些神奇的符号——半神圣的符号，体现着中国人的宇宙观，然而要解释什么是五行，为什么会有五行，太费劲了。毫不夸张地说，五行贯通道德和数字、四季和方位之间的神秘链接，五行代表着世界的中心和一年

---

① 原文说月亮绕地球运行的轨道（Lunar Zodiac）叫黄道，应是作者理解有误。中国古人称月亮绕地球转的轨道为月道或白道，二十八宿是白道的参照物。——译者

② 德·索绪尔的著作详细解释了月道在中国文明中的重要性，月道与印度的二十七宿（nakshatras）、阿拉伯占星术（menazils）之间具有的相似性，证明了早期的中国与东印度、西亚有文化上的交往。

③ 佛尔克的《中国人的宇宙观》有日文译本：《支那自然科学思想史》，小和田武纪译，生活社，1939年。——译者

的中点；五行——木、火、土、金、水；五色——青、赤、黄、黑、白；五脏——心、肝、脾、肺、肾；五畜——羊、鸡、牛、狗、猪；五味——酸、甘、苦、辛、咸。上述分类本身是独特的，其独特性也体现为它们彼此制约，影响着中华民族的日常生活。卫三畏（Wells Williams）说："五行相生相克——导致其解释特别适合占星家，是占星预测的基础。"

二十八宿

术士发明了非常精密的占星术仪器，占星很大程度上就是看星星，尤其是前面提到的二十八宿。事实上，星宿深刻影响着人事，因此官方历书详细记录了星宿是否适宜做某事。

以下是一个典型的附有吉凶日的二十八宿表，尽管有删节，但曾经几乎每个中国家庭都有这种图表，所有重要的生活事件都靠它指导。①

星宿1，蛟宿。不宜买地或建房。尽管女儿可安全地出嫁，但是葬礼会带来不幸，修复坟墓也意味着不幸。此日开粮仓，粮食易坏或会被虫吃。

星宿2，龙宿。此宿由七颗星星组成，形如神龙。不吉之日。干什么都会失败。士兵打仗，新郎娶亲，官员上任，以及打地基，都会招来灾难。

星宿3，貉宿。大凶之日。此日生人会是聋人、智力残疾。开业注定要赔钱。修灶会招来火灾。

星宿4，狐宿。同样不吉之日。很少有人敢剃头，以免头生疮。

星宿5，狗宿。吉日，宜建房，宜挖运河，宜嫁娶，等等。

星宿6，狼宿。诸事不宜。

星宿7，兔宿。宜落葬，宜嫁娶，宜诸事。

星宿8，獝宿。宜纺织。此日生人大吉，终生不缺仆人服侍，前途光明。

星宿9，鼠宿。凶日。此日挖水沟会被蛇咬伤和老虎吃掉。此日盖房，

---

① 民间现在仍有《二十八宿值日吉凶歌》，但是二十八星宿的排列顺序与本书不太一致。此外，天干地支记日法，与二十八宿轮流值日记日法的计算方式也不相同，不宜混为一谈。——译者

夫妇终生争吵，子女不孝。

星宿 10，豹宿。诸事大吉，阖家和睦。①

星宿 11，豸宿。又一个吉日——买牛大吉。不宜吊丧，以免祸不单行。

星宿 12，蝠宿。纠纷日。兄弟们像虎狼一样反目。易生病。

星宿 13，雉宿。诸事皆宜。

星宿 14，猿宿。此日结婚不吉，然而此日建房会带来荣华富贵。

星宿 15，鸡宿。此日忌嫁娶。忌落葬。

星宿 16，乌宿。此日动土利财运。此日下葬，后代将享荣华富贵。

星宿 17，马宿。凶日，对女性来说大不吉，虽然孔子也生于此日。

星宿 18，蚓宿。此日落葬，后代出大官。此日娶媳妇，生儿当大官。

星宿 19，獐宿。此日忌动土，以免招诉讼。忌落葬，以免给整个家庭带来灾祸，最后只剩一个后代。

星宿 20，猴宿。此日建房，流离失所。同样，不宜出售土地或动土。

星宿 21，蛇宿。商业、嫁娶、殡葬以及其他的事务都不宜。

星宿 22，鹿宿。此日嫁娶，幸福美满，买地和立门皆大吉。

星宿 23，羊宿。忌砌墙，以免家中女孩死亡。埋葬死者，后代将享荣华富贵。

星宿 24，犴宿。牛羊兴旺的吉日。

星宿 25，燕宿。凶日。忌盖房子，以免家人遭受横祸，上吊自杀，不到三岁的儿童溺水死亡。

星宿 26，牛宿。诸事不宜。

星宿 27，虎宿。上天眷顾此日动土之人。挖沟渠之人会幸福、长寿、富贵，孩子也会大富大贵。

星宿 28，猪宿。诸事大吉——尤其是对新婚夫妇而言。建房、修缮、落葬，大吉大利。

上述列表很有趣。首先，它证明了中国人相信"任何事情都在星宿的控制范围"。社会和官方生活中的每一件事——商业、造船、纺织、畜牧、收集燃料、挖渠、排水、建房、打地基、考试、嫁娶、落葬、出行——

---

① 以上的十天被称为阳日，下面的十二天被称为阴日。

岁时 | 247

都在星宿的影响范围之内。其次，它描绘了中国人的心理图像，表明人们珍视祝福并害怕灾难。

愿景如此美好，但是星宿并不应用于确定日期。当一个人被问到年龄时，为了让人知道出生的年、月、日、时辰，不得不提及八字或四组天干地支。虽然押韵有助于记忆，但大多数人都记不清楚。因而，若有人问"你什么时候出生的？"，可以模糊地回答"鼠年或牛年"等等。询问者要进行详细的计算，因为不清楚是哪个鼠年，每六十甲子有五个鼠年（五个十二是六十）。

由于这些困难，官方和民间早先的时候不是通过十二生肖，而是以皇帝登基的时间来纪年。自民国以来，官方信函印上了"民国某某年"，因为中华民国在1912年1月1日正式成立。

民国新历的第一天与西历一样。但正如我们已经提到的那样，农历年的第一天在不同朝代出现在不同的日期，从公元前104年起，以太阳刚进入水瓶宫的时候为新年的正月初一——这使得它不早于西历的1月21日，不晚于西历的2月19日。①

中国人的月份，除了正月和腊月有特殊的名称之外，都用数字来指定：二月、三月、四月，并在开头加上农历或阳历，后者指民国新历。阳历仅限于实际的用途。从诗意的角度来说，农历的每个月都有几个与花相关的别称，一些别称出现在我们的章节标题中。

节气

除将年划分为数个月外，中国人还将年分为二十四个周期，每个周期十五天。年复一年，不论处于哪个月份，这些周期都被称为"节气"，对应于太阳进入黄道十二宫一度和十五度的日子。前者被称为"中气"，后者被称为"节气"。大多数月份包含两个节气，但是有些月份只有一个，有些月份则有三个。例如，闰月只有一个节气。

第一个节气在西历的2月4日到6日之间，但是只能给出大致的日

---

① 欧洲人的祖先并不总是在1月开始新年。有时在9月，有时在3月1日开始新的一年。后一种纪年系统依旧留下了痕迹，因为西方一年的最后几个月——"September"至"December"，原来指7月到10月，现在指的是9月到12月。

期。据我们的推测，由于黄道十二宫的360度和绕太阳周期的365.25天存在差异，这使得节气在某天的前后变化。在中国人的年历中，这些节气仍然非常准确地划分了不同的季节。农民依靠节气播种和收获。事实上，节气与天气的变化非常吻合，许多敏感的人，无论是外国人还是中国人，在每个节气都会感到头痛和血压升高。中国南北方的医生都清楚地认识到这一点，会在处方中为病人和老年人开特殊的补品。即使外国医生，也开始承认这一现象。

中气和节气到来时，自然界会有明显的变化。因此，第一个节气是为立春（约在西历的2月5日）。"这是个吉兆，"农民的历书说，"立春晴天气，农民好犁地。"

第二个节气是雨水（约在2月19日）。雨水之后，应该不会下雪了，但可能会下雨。

惊蛰大约在3月6日，这一天昆虫从冬眠中苏醒。第一声春雷会在这一天到来，雷声可唤醒冬眠的龙。

春分（约在3月21日）标志着昼夜长短一样。春分下雨是丰年。

清明（约在4月5日）意味着春天真的来了。清明吹南风，庄稼好收成。

谷雨（约在4月20日）是播种小麦的佳期。

立夏（约在5月6日）意味着炎热天气的开始。

小满（约在5月21日）预示着前一年秋天播种的冬小麦已灌浆，在未来几周可收割。

芒种（约在6月6日）标志着谷类植物生长季节的到来，提醒农民别错过最后的耕种机会。如果不下雨，据说祈祷就会下雨，以免土地太干旱。人们认为芒种有雷雨是吉兆。

夏至（约在6月21日）实际上是一年中白天最长的一天。根据车夫的说法，这是大蒜成熟的时节，应该挖蒜。甚至还有一句流行的谚语："夏至，起蒜。"

小暑在7月7日前后，大暑在7月23日前后。大暑恰逢最热的三伏天。尽管如此，农民并没有抱怨天气闷热，因为他们相信古老的谚语："三伏不热，五谷不结。"

立秋大约在8月8日，但是实际上，炎热会持续到处暑（8月23日），那时夏天真的结束了,并且北方的庄稼也该收割了。农谚云:"处暑若逢连阴雨,纵然结籽也难收。"

然而,直到白露,约在 9 月 8 日,干燥天气才真正降临,此时将播种冬小麦。

秋分约在 9 月 23 日。"春分云满天,一定好庄田。秋分雷电闪,斗米值贯钱。"

寒露(约在 10 月 8 日)可看到第一片落叶,而霜降大约在 10 月 23 日,很可能带来第一次霜冻。

立冬(11 月 7 日)标志着冬天的开始。

小雪约在 11 月 22 日,大雪约在 12 月 6 日。

然后是冬至(12 月 22 日)。冬至日,皇帝按惯例在天坛祭天。

小寒在 1 月 5 日前后,二十四个节气的最后一个是大寒(在 1 月 20 日前后)。此后,天气逐渐变暖,直到立春,节气再次循环。

尽管这些节气几乎与年历一样历史悠久,但是中国人没有用星期来分割时间,星期的概念是在西方人的影响之下引入的,从第一天到第七天,依次被称为"星期一""星期二"等等。

中国旧历的一天,像埃及和西方一样,是从午夜开始的[①],而且每个"时辰"有两个小时,并用相应的地支表示。

我们可以通过下表来比较中国时间和西方时间:

西方时间	中国时间
23:00—1:00	子时
1:00—3:00	丑时
3:00—5:00	寅时
5:00—7:00	卯时
7:00—9:00	辰时
9:00—11:00	巳时
11:00—13:00	午时
13:00—15:00	未时

---

① 希腊人和迦勒底人以日出作为新的一天的开始。

15:00—17:00	申时
17:00—19:00	酉时
19:00—21:00	戌时
21:00—23:00	亥时

如今，虽然钟表已普遍代替了传统的香篆——用黏土和锯木屑混合在一起制成的长条，呈螺旋形，每隔一段有时辰的标记，可缓慢烧尽，表明六十分钟已过去——虽然官方通用格列高利历，一些古典别致的中国计时术语也被西方的计时术语取代，但是普通人仍然使用农历年，因为它简单又灵活。

岁神

中国历法的根基是自然崇拜，具有明显的宗教意味。民众的万神殿包括了主管十二个月和十二时辰的十二地支神。另一组神明天干神，他们被视为天帝和地皇的兄弟，也在万神殿。这是道教晚期的发明，其中一些神明也出现在佛寺，人们认为他们在遥远的星宿上轮流值年①。五方——四个基点和中心——与季节相对应，有各自的守护神，他们被称为五帝（见"十月"）。在中国人的心中，所有的东西都诞生于混沌，混沌后来分化为两极，即阴阳。阴阳结合，产生了五行——五季、五方、五帝，每个都对应不同的元素、颜色以及在自然界中的方位。简而言之，这就是宇宙运行的概念——"中国医学和道德科学，装饰艺术和建筑乃至于语言系统的基础"。

这也是中国人高度注重方位的原因。数字的象征意义和指南针所指的方位，实际上出自中华民族的本能。"这总结了早期的经验和习惯，经过漫长的世纪，也许现在还有传承……在一家旅馆住了一晚之后，一位旅行者说：'你休息得好吗？'他的同伴回答：'不太好。西边很冷。我今早发现被子的西南角没盖好。'……一个盲人在充满障碍的街巷行走，当被告知向东时，他这样做了……一些挖井者，在一个深三十尺的坑底工作，当顶部的工头喊：'你们在做什么？没看到挖偏了吗？向南挖一

---

① 人们认为这些神住在狮子宫的五颗星上。道教有另一群被称为丁甲的神明。

尺！'所有人都会立即朝着他建议的方向挖。"

分别对应不同日子的二十八宿，也有其守护神，商周时期一群在战争中被杀的将军，后来被道教封神。

此外，道教神明是各种星宿的主人。每个星宿都有自己的神格和神力。其中最突出的是掌管死亡的北方大帝，其所在位置标志着四季，而与其相对的南极仙翁则掌管生命。福禄寿三星与南极仙翁相关，他们的神像也随处可见。（见"八月"）

特别受人尊敬的紫微星君，也叫"太极"或"太乙"，即宇宙的中心，因为对宇宙的其他部分而言，紫微星不会改变位置，象征着和谐与阴阳。根据道教传说，这位受人欢迎的星神是周武王的哥哥，善良、贤能的他受到商纣王的残酷迫害。①

最后，在中国人精心编织的天神体系中，太岁有一个特别的部将，有不少于一百二十名神明协助他，包括光明和黑暗之神，路神，等等。太岁也叫"年神"。人们认为年神每年改变其住所。新住所的位置由历书设定，而且十二个月的运气取决于新住所。这是某种古老信仰的遗存，国家的福祉取决于太岁的运行，可能因为这个重要的星球绕太阳旋转一圈的时间非常长——十二年——早在公元前 1000 年，人们就虔诚恭敬地研究太岁了。虽然中国人很早就祭祀太岁，但直到明清时期，太岁才变得至关重要，并且在立春日祭祀太岁。首都先农坛的主要建筑有太岁殿，清朝皇帝们曾在此祭祀太岁。

这些仪式以及其他的官方祭祀已经消失了。百姓出于惧怕而非爱戴，仍然祭拜太岁。危险的太岁会散播疾病并招致不幸，因而必须在新年前得到安抚。

虽然这些时间神在中国人的宗教愿景中，从未像金字形神塔（zikkurats）和金字塔之于迦勒底人和埃及人那样占据重要位置，但是有一个星神被中国人认为是宇宙的中心。它就是与太乙联系在一起的北极星，有时甚至被认为是至高无上的存在。北极星也是帝皇的象征。在天上移动的星宿中，人们认为代表着永恒的北极星保持不动。

---

① 关于太阳神话和月亮神话，分别见"二月"和"八月"。

然而，太岁以及其他的任何星球，都不像月亮那样，其运行轨道与时间相对应，其名字也被用以标记时间。由于对月亮的深情，中国很早就存在"灵镜"①。部分由于宗教崇拜，部分由于远东人性格中的保守倾向，月亮仍然是中国历法的灵感来源。需要纠正阴历的时候，中国人妥协了，兼而采用日道与月道。因此，当日道被用于确定冬至和夏至时，月道被用于确定春分和秋分。

　　上述的发现产生了历书。尽管历书非常复杂，但是已被证明相当实用。在某些方面，中国历法尽管不具备西方公认的算学优势，但是比西历更灵活，能更好地记录季节的变化。事实上，在政治家、科学家庞勒维（Painlevé）看来，中西历法之间的融合，在未来或许可以产生完美的年历。

---

① 即玉衡，古代用以观测星象的仪器。——译者

第二章　百神

29　　连续性是中国人生活和思想中最显著的特征。然而，在道德和知识层面与西方文明相差很大的中国文明，虽然不应被认为是落后的，但是文明的溪流因战争、道德、物质生产的激流与险滩而被中断；因河道的淤塞而停滞；因宗教的热情旋涡而偏离，并且被无神论和唯物主义的潮流扰乱。即使受到外族入侵和邻邦的影响，最终其他文化都被融合到中国文明之中。

　　在文明的早期，中国进入了父系氏族社会。中国从狩猎和捕鱼部落，甚至不懂使用铁器的早期开始了文明的进程，古代的一些神话记录了文明的缔造者，他们是统治世间数千年的天皇氏、地皇氏、人皇氏的子孙。这些圣贤包括文化始祖黄帝，教导黑发的中国人如何"筑巢"、嫁娶、生火、

30　耕种，还包括伏羲、神农、黄帝、少昊、颛顼[①]以及后来的尧舜和夏朝的创建者禹。

　　迁移发生在上述早期文明之后，早期部族从中华民族的摇篮黄河上游慢慢迁移到沿海地区。在距离公元前很久的传说时代（我们可以称之为中国社会发展的第一个阶段），有两大思想支柱：祖先崇拜和自然崇拜（如引领以色列人的云柱和火柱）引导着中国人走向文明社会，但是这两个信仰的起源已无法追踪。

---

　　① 这些先皇，有时会被称为五皇，主管中心和四个主要方向，虽然他们实际上有不同的起源（见《中国年历》和"十月"）。

祖先崇拜的起源

赫伯特·斯宾塞（Herbert Spencer）坚称"祖先崇拜是所有宗教的根源，并且很可能与早期的鬼神信仰同时存在"，而且"一旦人们朦胧地感知到内在的自我，对灵魂的狂热崇拜便开始了"。在以草食为主的古人脑中，第二个自我是在以下情景形成的——在饥饿交迫之际，在成功狩猎后的饱餐时刻，在做梦的时候——梦牢牢地占据古人的想象世界，但古人无法解释梦境。

现在，中国人形成了每一种生命都有一个灵魂，或者说有几个灵魂的观念。在灵魂观念发展的早期，这种信仰萌生了令人着迷的幻想。人们至少有一个灵魂，在睡眠或失去知觉时，灵魂会离开再返回身体。因此，有人昏倒或神志不清时，仍然存在招魂的习俗。照顾生病的孩子时，母亲会尝试招魂。母亲站在门口呼唤孩子的灵魂回归，父亲则怀抱着孩子的衣服在打谷场不断回应："我来了！我来了！"呼唤和应答都非常诡异又凄凉。

尽管西方人和基督徒坚信死者的灵魂会前往更美好的天国，但是中国人相信灵魂在尘世盘桓不去。通过与身体的神秘联系，人的灵魂与尘世保持着联系。人的欲望不会终止。灵魂仍然会感到饥饿和寒冷，并且需要情感安慰。

灵魂非常无助，他们向后代寻求供品和抚慰。灵魂不会提出过多的要求——几乎不会多于家人供奉给祖先的。后代的问候足以使灵魂快乐，虽然灵魂需要供给，但是食物的蒸气就足够了。人们祭祀死者是因为忽视不仅会招来不幸，而且是危险的，因为饥饿的鬼魂"具有可怕的报复能力"，他们不再关心家庭的福祉或保佑家人富贵繁荣。祈祷祖先现在成为一种尽忠尽职的敬畏和关爱的仪式，这种仪式始于恐惧，人们"想要取悦已故者的鬼魂，最初是害怕鬼魂发怒"。

灵魂作为自然之神

古人将灵魂视为自然力量。雷声是灵魂说话的声音。灵魂居住在山峰上。灵魂从星空往下看。灵魂引发潮汐。灵魂在树木和雨水中显灵。

生长和消亡，洪水和干旱，实际上"一切祸福"都在灵魂的监督之下。

然后他们获得升格——总之，灵魂成为自然神——自然地，古人认为那些曾统治人间的灵魂会统治宇宙中更重要的领域。因此，始祖上帝——造物主——成为至高无上的统治者。

上帝

很难描述清楚什么是上帝，除作为至高神和皇家的祖先外，上帝还是可见的天穹。然而，我们不能将之等同于西方的上帝，因为中国的上帝并不是造物主，后来的道教传说宣称盘古从原始的混沌中开天辟地，接着创造了世界。

盘古完全是神话人物，但是从非常遥远的时代起，上帝似乎就是神圣的化身，接着晋升为部落神，最后升级为至尊神。孔子称上帝是"自然力量和人类命运的支配者"。上帝在历朝历代都占据着主导的地位，并且纪念上帝的祭天仪式——所有国家祭典中最重要的——一直被遵行。祭天仪式体现了与上帝相关的双重传统。皇帝独自祭天，因为只有皇帝才是祭祀中华民族第一个祖先的合适人选。尽管上帝优先于先皇先祖，但是上帝的神位与统治者的祖先牌位被竖在一起。

除了信仰上帝，中国古代典籍中提及的最古老、最庄严的信仰是由皇帝和群臣祭拜的"百鬼"或"百神"。百鬼指所有鬼魂或被神化了的灵魂，就像"百家"仍然表示整个中华民族一样。然而，根据最古老的传统，每个灵魂都应该由直系男性后代祭祀，后人远离故乡而多年不到家族墓地，祭祀就中断了。祭祀后代已经灭绝的灵魂也是必要的。此外，随着人口的增多，亲属关系的纽带也随之扩大，形成了比宗族更重要的社区——即使其成员来自不同的聚落，并且将对当地世袭首领的忠诚转移到社区统治者身上，他们认为在过去有高尚德行的祖先应该得到整个社区的尊敬，并且是在公共场所而不是私人家庙受到祭拜。这些古老的传统仍然存在于周期性的鬼节中，而且有为饿鬼施食的仪式。百神和百鬼都是祖先崇拜的一部分，所有的灵魂特别是有功于国家的，都享有特别的祭品和特殊的祭坛。

在非常古老的时代，百神中的几个被认为掌管着人民特别喜爱的山峰和河流，他们在历朝历代获得帝王的册封。神圣的山神仍然是朝圣的中心，北京的紫禁城和先农坛仍有祭祀山神和水神的祭坛。四渎神也一样。四渎崇拜极其古老，实际上可以追溯到过去的农耕与渔猎时期，中国渔民（"渔"字来源于"鱼"字）和农民的生计都依赖于河流和雨水。从宽泛的意义上来说，人们在洪水泛滥之时祭祀的古老河神，与中国最受欢迎的节日之一——端午节息息相关：选择神龙作为帝国的象征；在泉和井的旁边仍然供奉有香火；最后，又给掌管海洋、湖泊、溪流和沼泽的众多次级神明划分出水神部。

阴阳

在中国人宇宙观形成的初始阶段，另一个基本观念是阴阳二元观念。阴阳统治着宇宙。阴阳代表是和非、主动和被动、正面和负面、生长和成熟。所有的事物都属阴或属阳，属男人和女人、太阳和月亮、光明和黑暗，等等。甚至于动物，有些属阳，有些属阴（见《中国年历》）。

最高统治者上帝自然等同于阳。农耕的中华民族发明了地母女神，即女性生育能力的化身，作为上帝的配偶。事实上，后土出现在很早的文献记录中，是最早的神明之一。像祭祀皇天上帝一样，皇帝也祭祀后土，这是人类"与皇天后土进行宗教交流的唯一正统渠道"。后来，农民祈祷等级较低的土地神。农民的祭坛上供奉有众多保佑丰收的神明——土地神、社稷神，甚至是几乎被遗忘的路神。当中国人迁居到未知的地区时，祭祀路神无疑非常重要。

在公元前 7 世纪之前，上述这些神明广为人知并受到尊敬。这些神明在宗教的发展过程中逐渐等同于地区性神明如城隍和地仙。还有古老的家神，这个不断变化的神仙群体通常包括门神、厅神、井神、灶神、茅姑姑即妇女的守护神以及床公和床母。①

当百鬼获得来自上帝的授权成为神明，统治者也成为国家的大祭司之时，中华民族真正地诞生了，随后进入中国哲学百家争鸣的时代。

中国人由农业部落逐渐发展壮大，政治体制也逐渐有了变化，年长者协助酋长，后来年长者自己也成为头领，带领部落到远方并且与周围

---

① 见"十二月"。

的异族交战。交战的结果是战胜异族或向异族求和，后者为异族注入了新鲜的血液。为了求和，早先的中国人把女人、仆人、臣子和盟友送给异族，并接受异族的风俗习惯和信仰。

早期的朝代

要了解漫长而又复杂的中国早期文化，我们只能依靠猜测，因为除了少量石刻、青铜器、夏商（殷）时期令人费解的甲骨文之外，没有其他的记录。流传很久的传说几乎等同于史实，传说商王朝的最后一位君主纣王虽有卓越的能力，却是一个贪图物质享受的暴君。经过一场激烈的战争，在众神的帮助下，商纣王终于被一个诸侯国打败。然而，我们发现了历史的吊诡之处，视商纣王为敌人的周王朝却是商纣王的信奉者，商纣王被封为"喜神"，并居住在金星上，主管人间的婚姻事务（见"八月"）。

周代

上述相互矛盾的个案似乎证实了一种理论，中国第一个严格意义上的王朝的出现（周朝，前1122—前255）是衰弱的中央政权与越来越多的从封地发展起来的诸侯之间妥协的结果。事实上，在周代中国文明的很大部分已萌芽或成型，而今天仍然存在的大多数法律、习俗和制度都源于中国的封建时代。周王室有许多诸侯国，诸侯国之间不断相互斗争，进攻附近的异族，当时的中国只不过是一个个武装阵营。

在这个战乱不断的时代，周天子对诸侯的统治名存实亡，诸侯往往也无法管理他们的封地，平民百姓遭受了极大的痛苦。战争扼杀了贸易，也破坏了农业。此外，战争装备如马匹和战车完全依靠百姓提供，而且他们自身就是步兵和随营人员。难怪一股沮丧的浪潮笼罩着这片土地——一种被记录在诗歌和词曲中的沮丧。贪婪和暴力凌驾于理想之上，美德一个接一个消逝了，就像暴风雨中将要熄灭的星星。

老子的时代

不过，在历史进程中，最黑暗的时刻往往也是黎明到来之时。一群伟大的思想家出现了，他们诞生在人类最需要思想的时刻。第一个是阐释道并且主张顺应道的老子。"快乐就是无为，美德就是无为，上帝就是无为。然后抛弃已有的、所习惯的一切，如偏见、惯例、知识、情感，回归自然，融入宇宙，成为真人，无拘无束。"

另一位与老子朴素辩证法相近的中国哲学家是墨子，其名言有时几乎与基督的话语一样。墨子主张爱和无私，提倡非攻，就像列夫·托尔斯泰（Leo Tolstoi）那样。人类思想的另一个极端是由杨朱倡导的唯物主义，杨朱拒绝相信死后的极乐世界，主张及时行乐。

那时的中国人在精神上和道德上沉沦了，各种极端学说的出现证明中国人深陷于困境之中。在老子的"无为"和杨朱的"为我"的夹缝之中，人们艰难地度过了一些岁月，直到孔子出现，他如闪亮的灯塔引导人们到达安全的港湾。

孔子

伟大的圣人孔子深切同情人们所遭受的不幸。但是，孔子没有向同胞们讲述上帝和来世的生活，他主张"此在即事实。人理应这样活着：以义为先，以和为贵"。

"己所不欲，勿施于人"是孔子学说的基础。因此，孔子提倡的准则所有人都可以做到，孔子制定的规则所有人都可以遵循。普通人不知道如何提升自己，唯有循规蹈矩，而居上位者毫无疑问能在抽象的道德原则中找到有效的指导方法。

大多数改革者制定新的法规，而憎恶极端的孔子避免创新，并从过去寻找灵感和榜样。古代传统是孔子学说和完美蓝图的基础。然而，孔子尽管喜欢旧传统，并且相信旧传统很好，但是会甄别什么值得保留。对于孔子及其弟子而言，我们应该提及中国的圣经，即《论语》——其神圣记录——为孔子赢得了同胞和全世界的尊重。

孔子拥有极好的判断力，摒弃了在文明的表面上产生涟漪的、转瞬即逝的信仰和无价值的思想。只有过去时代最好的思想和最佳的作品，才能成为新文明的基础。为了规范人类的行为，他抓住了中华民族经验、智慧和情感的核心；他采用祖先崇拜，这是所有美德的源泉。在孔子之前的时代，祭拜死者是由于恐惧或祈求祖先护佑，而孔子将祖先崇拜视为一种"必要的道德原则"。

虽然老子及其追随者坚称，顺应自然是最高的生活规则，并建议人类通过无为来实现幸福，但孔子提倡采取行动而不是无所作为。不是无为，而是去实现理想——不是通过冥想或消极抵抗，而是通过中庸的道德实践——仁慈、坚定、正直、自律，其中最重要的是自我提高与学习。

孔子认为，君子应以高尚的先人为榜样而行正义之事，并且要恭恭敬敬地酬谢先人的恩赐。一个不能或不愿意承担责任的人，永远无法规范自己的生活。如果人没有对鬼神的责任，他就像一艘没有舵的船。在处理人际关系时，他将是一个失败者，因为源自祖先崇拜的美德是一首道德交响乐的主旋律，促使父母与子女、丈夫和妻子、君主和臣民之间更和谐。

在一个动乱和征战的年代，孔子的伟大成就在于，其学说适合希望有所作为或急需帮助之人。就将人类的福祉作为终极目标这个层面而言，它可以说是功利主义的。但这并没有掩盖孔子学说的建设性作用。它密切了家庭和社区的联系，阻止了个人自利的举动。孔子认为只有美德和协作才能拯救国家的命运，使其从封建割据的危险状态走向统一。孔子通过提倡忠诚和正义，谴责暴力和动乱，使中国免遭许多其他帝国面临的崩溃命运。

始皇帝

公元前3世纪，这些学说在道德层面掀起了大的变革，随后是剧烈的政治变革。秦始皇吞并了数百个分散在整个中国的小国，建立秦帝国。秦始皇出生在一个遥远的北方小国，可能与祖先征服的异族蛮人有关系。然而，他是一个天才，通过三项伟大的创举赢得了后世的感激。他统一六国，打压当地的封建领主，并以"始皇帝"的名义，使自己成为至高无上的统治者。他确立了持续两千年的制度，即官员不在出生的省份任职；创制了一种新的经过简化的汉字书写形式，若没有这种规范，中国文明就不会在秦始皇之后得到广泛传播。但是，保守的儒士强烈反对改革，秦始皇通过焚书坑儒的方式回应他们。幸运的是，记忆和在焚书坑儒中隐藏起来的手稿副本，不至于使儒家典籍完全消失。秦始皇有意利用古代自然崇拜的研究，如炼金术以及各种各样的迷信活动，开创属于秦代的历史和文化，以取代旧的学术理想。

汉代

打压读书人，特别是打压儒士，在秦始皇驾崩后就不再继续了。后继的汉朝（公元前206—220年），辉煌时期有大将军、政治家和学者，儒家思想作为文人的哲学受到极大的尊崇。事实上，早期的中国哲学信仰在汉代才逐渐成形。

让我们回顾一下，从古代流传下来的中国宇宙观。一般来说，整个宇宙被认为是从一个不可分割的生命体太一或混沌中诞生的，然后产生了阴阳。阴阳创造了万物。阴阳交汇或分离，相倚或相冲，形成了道，或者说三种道，即天道、地道、人道。

道是一种具有指导性的力量，在老子宣扬或孔子采纳之前就早已出现，实际上，道的观念比百家争鸣的出现早得多。然而，道以某种形式被哲学家视为中国人的基本信条。

儒家有关道的解释最吸引中国人，因此它得以传承下去，成为官方和个人的道德规则，并且毫无争议持续到了封建王朝的结束。带着即使不总能实现，但理论上是完美的远大理想与雄伟愿景，孔子将帝国居上位者作为人道的践行体——它注定会引导人类走正确的道，因为人道与天道相和谐。换言之，统治者本身就是道的一部分。

儒家经典，尤其是四书五经中的道德规范，阐述了这种治理原则。完美的例子便是中国的皇帝，他被视为上天的继承人，即天子。皇帝直接通过上天获得统治权，但如果德行有失，就可能不再享有沟通天人的权利，犯下大错给国家带来大灾难时，天子也可能被废掉。

新儒家

中国人长期以来一直认为自己是文明的中心，这种认识对几千年来被文化处于劣势地位的异族包围的中华民族来说非常自然，这也说明孔子学说深入人心并且广受欢迎。确实，孔子的思想在宋朝时期获得了新动力，新儒家深入地评论先师们的典籍。那时，不但读书人长期钻研孔子的学说，普通人也重新尊重古礼与"五德"的谆谆教诲，钦佩孔子永恒而普遍的道德原则，由衷感谢孔子给同胞们带来智慧和美德。

即使是统治中国的少数民族，也采用孔子的哲学。例如，满族人在官方和私下的场合都评论孔子的生平和学说——这些评论非常多，涵盖了中国思想的方方面面。满族人精心设计的仪式处处体现了儒家学说的影响（见《国家祭典》），满族人的宗教虽是几种信仰的融合，但儒家学说无疑拥有优先权。

近来，批判孔子及其学说成为激进思想家的时尚。民国的一些学者，回顾往昔的批孔潮流后，也批评儒学。另一方面，为了保持古代理想的活力，各地纷纷成立了儒学社团。孔子可能确实受到了批评，但尚未被废黜。儒学深入民心，以至于在所有时代，孔子似乎都不会被废黜或取代。在任何情况下，这种状况都不会发生，除非汉人完全丧失其民族特征。

道教

简单描述了儒家与原始神灵、自然崇拜之间的联系后，孔子对道的解释被融入个人信仰和国家祭典。让我们来看看第一批道学家如何发展有关道的学说。他们的思想演变过程呈现出截然不同的形式。老子的追随者，不是通过将和谐融入实际生活来寻求完美，而是从物质中寻求自由。他们的理想是摆脱身体的束缚，从而变得自由并拥有无所不能的灵魂。在道家发展的早期阶段，我们听说有人成为道士，或是寻求解脱在孤独的归隐中成为隐士。道教经典建议采用不同的方法达到神圣或不朽。有些鼓励吃斋，有些提倡深呼吸，还有的建议使用长生不老丹药、驱邪符和秘方。早期的道教徒似乎已经尝试了所有的方式，并取得了不同的效果。许多人成为术士，要么作为药物学的先驱——这些方法往往与宗教的古老根源密切关联，要么作为灵媒，因为他们能够控制鬼神。一旦门徒和病人聚集在这些可治疗身体和灵魂的神圣术士身边，就有了成立教派的核心要素，即道教教义传播所需要的核心。

汉朝时，这个教派已经发展成为一个强大的组织，有自己的道士、神灵、圣书和仪式（见"五月"），其中道士有明确的等级，他们的首领是张天师。因此，从一开始，道家和儒家便发生了分歧。前者的教义要求有道士，而后者除了作为至高祭司的帝王和代表帝王举行祭典的各级官员之外，并不需要祭司，儒家学说本身在宗教和行政事务上便是天然的主导。当伦理和宗教没有什么区别时，宗教与统治机构也便没有什么不同，在祈祷和献祭之先，国家祭典本身就是一种宗教。

相反，道家的目的是建立一个民间的而非国家的教派。虽然接受了原始自然崇拜的许多神明，但道士给这些神明取了新的名字，并将他们安排在一个有秩序的万神殿中。道教发明了三重天，统治三重天的三个神明被统称为三清，优先于开天辟地的盘古。虽然后来增加了一个主神——玉皇大帝（见"正月"），但是在这个庄严的体系中，老子是第三重天的主宰，或者是金塔的守护者。东王公和西王母（见"三月"）代表了阴阳，阴阳出现在盘古自混沌中诞生之后。阴阳又诞生了天帝，然后是地皇和中国统治者的祖先伏羲。

除了这些主要的神明之外，道家还创造了大量的小神。古人相信世上有无数的鬼魂，这给了他们随心所欲、自我神化的借口。道士的心血来潮，皇帝的幻想，道教天师的宗教热情，导致一些受人爱戴的圣人，或有名的仙人被册封。地方性的鬼神被册封为神明，以取悦一方信众。一些生前有贡献的人，也被囊括在万神殿中，成为国家的典范。神树也被认为会显灵，甚至动物、岩石和石头，也可能成为被祭拜的对象。因此，受超自然力量控制的人或物，都有可能成为值得信仰和祭拜的对象。这个理论将像孔子，以及佛教等其他有竞争关系的宗教的神灵和圣徒，也纳入道教的万神殿。因此，道教万神殿越发拥挤，直到很少有人能记住所有神明的名字，更不用说较小的神明了。凡人在祈祷时不可能召唤所有的神明。

然而，道士们通过充当灵媒和驱魔者来简化信众的职责。也许是为了让信众更容易认出不同神明，道教几乎把所有的神明人格化。这甚至也适用于神树和动物神灵。神明有生日、父母、妻子、孩子，以及精心编制的传奇故事和记录他们学习控制宇宙和成仙的秘籍。

大量铜铸、木雕、陶制或纸做的神像，成为某些神明的象征。祭司们用神像倡导信仰，经过装藏仪式的神像能体现神明的意志。离开神

岁时 | 263

图 2-7 道士

像店的神像有着各自不同的形貌，但是直到道士将一些小生物，如幼鸟或蜘蛛，以及代表神明五脏六腑的银制品或者布制品，放入神像的小洞内，接着封印并留下纸屑作为眼睛，这个神像才有了灵气。"神像的大小及材料……悬挂在钩子上的一串重要器官的材料，几乎对神性没有影响……唯一重要的事是道士是否将神灵注入神像之内。"有记录神像失去或获得灵力的例子。在后一种情况中，当一些破旧的神像显灵时，可能会竖立一个新神龛祭祀之。

佛教

公元 1 世纪的开端，儒家学说和道家学说发展成为主要的流派，在中国广泛传播，佛教也在此时传入中国。奇怪的是，道教为佛教的传播铺平了道路——道教的无为主张，恰好与佛教的涅槃和放弃世俗荣誉的倡导有相似之处。粗浅地看，道教和佛教也有一些相似的教义与理念。两种宗教都主张在寺观修行，并且认可殉教。但道教寻求个人的得救，不论身体上的或精神上的，而佛教宣扬更宽泛的关怀。从本质上看，佛教的创立是出于爱和慈善，修行不是为了任何别有用心的救赎，而是为了自己。除了教导尊重生命，对万物生灵仁慈之外，佛教给中国人带来了地狱和罪的观念。佛教的罪并不是针对个人行为，而是针对个人灵魂。罪阻止了灵魂的提升，因为"一切生灵所处的状态，其所有的进步或倒退，都是过往的结果。因此，人们的不幸被归于前生所犯下的罪行。生命被阐述为一段无法衡量的旅程，它连接着过去与未来——从永远被遗忘到进入永恒"。

然而，在漫漫长路的尽头，有一种完美的回报，超出了世俗所能理解的范围。对于理解更为深刻的人来说，这种极乐状态被称为涅槃，这是一种状态而不是到达某个地方。但是对于普罗大众而言，这种状态被称为天堂，阿弥陀佛的天堂（见"十一月"）。在来世的惩罚问题上，教义并没有那么明确。地狱等待着恶人，就像天堂属于善人一样。但"地狱不是永恒的，它只惩罚极端邪恶者，恶魔最终会被拯救"。

这种学说对人的吸引力显而易见。深得人心的学说以及优越的组织形式，使得佛教不仅能够与道教竞争，而且部分取代了道教。目前，佛

图 2-8 穿着袈裟的和尚

教寺院有更多僧人，而且佛教圣地通常也比道教庙宇更受欢迎。

三教

两个宗教之间的竞争导致了许多激烈的斗争。中国历代的帝王，无论汉族还是其他民族掌权，我们发现这些帝王都是只支持道教或佛教。有些帝王甚至在寺院出家，在这种情况下，朝廷需要花费大量钱财将其赎回。另一些帝王则摧毁寺庙并解散僧侣。当认为道教或佛教威胁到儒家学说至高无上的地位时，狂热的儒士有时也会插手迫害道士或僧侣。诚然儒家并不关心中国的先验信仰，也不干涉任何人的个人信仰。但是，这种宽容要求民众保持冷静而漠不关心的态度，即新教派不会破坏儒家伦理的基本原则和秩序。因此，官府的法令规定，道教和佛教神职人员必须遵循祖先崇拜，尽管这个要求触及了出家生活的根本。如何再次将地狱天堂与赏罚观念调和在一起，这取决于皇帝。作为上天在人间的代理者，皇帝拥有"天下的一切"，甚至有升贬神明的能力。当然任何企图削弱天子特权的行为，都是干扰宇宙的秩序。

事实上，保守主义很少被推到这种极致。在漫长的宗教竞争中出现的规定，很少被强制执行，实际上这些规定主要为了限制寺院、道观的发展，并控制不事生产的闲散人口数量的增长。朝廷对道教和佛教颁布管控条例，防止出现威胁到朝廷的学说。

但是，大多数人简单地认为，三个教派中似乎只有神力超强的神明才能回应他们的祈祷。无论是对皇帝册封的、道士提倡的，还是对源自佛教的神明，进行祈祷和请愿都可能有用，从而获得神佛的护佑。这导致人们祈求的万神殿不断增大，容纳不同宗教的神明。这就解释了为什么我们发现孔子、老子和佛陀出现在同一处，为什么许多神明安然地出现在另一宗教的祭坛上。

上述现象也解释了百神混淆的问题（见"正月"，每个神明有特定的诞日）。无论佛陀如何看待马王，他们的神像都并排出现在新年祭坛的纸马上。无论娘娘是否嫉妒观音，从教义上说，她们都回应了忧心忡忡的母亲们的祈祷。神灵无处不在，鬼变成神，神也变成鬼，中国人为了履行对看不见的、无边无际的另一世界的职责，邀请所有教派的神职人员参加死者的葬礼,道家的驱魔者把恶魔赶出家门,而佛教僧侣则超度死者的灵魂。不只是贤能之士而且儒家学说,以及道教的象征符号,都试图顺应道——统治宇宙的道。①

---

① 中国自然崇拜一个有趣、重要而且非常古老的产物是复杂的风水学,俗称风水。风水是影响到人类福祉的自然力量。人们根据风水原理,确定城镇、宫殿、房屋和坟墓的位置,并添加显然毫无用处的塔楼和墙壁以"挡煞"(见高延《中国的宗教系统》)。

第三章 国家祭典

官方祭祀体现了中华民族最古老的信仰，包括三个层次的祭典：由皇帝作为主祭者的大祭、中祭、小祭。

虽然这些祭典已经不再举行了，但是民众却将这些祭典作为典范，在家内举行简单的仪式，这非常有趣。

大祭

大祭包括祭天、祭地、祭先皇先祖、祭社稷和祭孔（由皇太后慈禧颁布懿旨）。

（a）祭天

由于祭天仪式最高级和最完备，以下我们仅描述祭天仪式。

一个特殊的部门即礼部，负责祭典，因为任何偏离先例的举动都会影响祭祀的效果。祭祀过程被写在本子上，并提前几天呈交给皇帝。在特定大臣的监督下，天坛以及周围的寺庙都做了准备，其他人负责牺牛、玉器、玉帛以及在"神厨"里烹制食物。食物包括牛、猪、羊、鹿、兔、鱼、米、高粱以及其他的谷物、盐、大枣、栗子、菱角、甜菜根、芹菜、竹笋和各种糕饼。每道菜都用蓝色瓷器或竹器盛放，这些器具的样式有严格的规定。礼部会进行仪式彩排，玉器和玉帛陈列在宫殿里，以便皇帝查看，并在皇帝九次叩头之后被撤走。需要呈交的还有祭天时皇帝读的祝文。每年的大祭和中祭都需要起草新的祝文，并题写在祝版上。祝版由不同颜色的纸张覆盖：蓝色代表天，黄色代表地，红色代表太阳，白色代表其他的神明。祝文从祭典的日期开始，当皇帝祭天或祭地时，紧接着的祝文是："皇天在上，主祭者"（皇帝自己的名字，这名字对皇帝最亲近的亲属来说也是禁忌）；祭祀日月时，不提"主祭者"的名字；向祖先祈祷时，皇帝称自己是"皇孙"；其他的场合，则简单地称"朕"。在祭天、地、先皇先祖，以及土地神和谷物神（社和稷）时，实际祝文是这样开头的："皇天在上，临照下土"；祭祀日月时，上述祝文被替换为"嗣天子谨告"；而在其他祭典中仅用"尚飨"代替。这种变化表明中国人在主要神明之间做了明确的区分。皇帝要在祝文上签名。

皇帝以及所有参加祭祀的人，都必须进行为期三天的斋戒，皇子和大臣也要斋戒，这是很好理解的。没有一个外国人见过这个最盛大的中国仪式，也没有一个中国人被允许参与。守丧的人、身上有伤口的人，被排除在祭典之外。斋戒的规则（只有六十岁以上的男性才获得豁免），要求不喝酒，不吃大蒜或葱，不探访病人，不扫墓或者参加葬礼，不敬拜其他神灵，不听音乐，不陷于法律诉讼——简而言之，不做任何使人分散注意力、显得不够庄严肃穆的事情。皇帝前两天在皇宫内斋戒，第三天在斋宫，所有大的祭坛附近都有一个斋宫。在皇宫和斋宫都有一尊沉默的铜人像，铜人把左手一根手指放在嘴唇上，而右手拿着一块刻有斋戒规则的木板。

当天子沿着神道走近天坛的时候，展示了最壮丽、最肃穆的崇敬氛围。天子穿过午门的巨大门廊，两旁有跪着的朝臣，悬挂在塔楼里的乐器也奏响了。街上的行人都被疏散了。同时，所有向着街头的门窗都被关上，并竖起了蓝色的窗帘，以确保在天子出行的过程中不会有人闯入。

到达天坛之后，皇帝来到祭坛，走到天神的灵牌前——上帝、天，以及先皇先祖、太阳、度母、五星（等同于五帝）、中国月道的二十八宿（见《中国年历》）、天上所有的星星、月亮、云、雨、风和雷等共享祭坛的神灵——总而言之，所有的天神。皇帝祭拜过所有这些神灵，然后查看严格按照仪式屠宰和清洗的牲牛、各类供品，并在斋宫进行最后一天的斋戒。

日出前 1 小时 45 分钟，大臣叫醒皇帝，沐浴之后，皇帝走到帐篷里，换上祭天的古老长袍。与此同时，天以及其他神明的神位被以最高等级的仪式，从通常的供奉地运送到祭坛上，祭坛的圆顶象征着穹苍，神位放在大理石底座上，用蓝色布帛围绕着，在神位之下的木桌上面放了牺牛以及其他的供品。大火盆和火把现场照亮。三个露台中的每个陪祭者都在为其预留的地方跪下。然后，天子登上祭坛，有两个赞礼官在其左右，一个指示祭祀的程序，另一个大声喊出皇帝下一个要做的动作。除非我们一直铭记，在中国，统治者是沟通天人之中介的观念，否则我们不可能意识到这一刻皇帝的每一个虔敬的动作都必须被密切关注。时间的分毫之差是否会影响祭祀的效果？对于中国人来说，皇帝是将他们与上天联系在一起的纽带。

祭天是唯一的所谓完整祭祀，包括九个仪式（三的三倍——天的数字），每个仪式都有一首特别的赞诗：

1. 接灵。天子从南面走向中间的祭坛，那里有顶黄色的帐篷，覆盖着祭拜之地。第一首赞诗唱响之时，天子在赞礼官的指引下登上露台上层，赞礼官说："燃香，接灵！"——迎接上帝和先皇先祖的灵魂。随后，赞礼官提示皇帝："归位！"

2. 供玉器玉帛。先皇先祖的灵魂现在进入了灵位，赞礼官提示皇帝供奉土地产出的珍品。因被祭祀的对象不同，玉帛的颜色也不同：蓝色为天，红色为太阳，白色为月亮，等等。

3. 第一次献牛。与上述仪式相同。

4. 第一次奠酒。同时有八组舞生手执戚和戚跳舞，八佾是军事舞蹈。

在上述四个步骤之后，皇帝跪拜在天坛圜丘（被认为是世界的中心）的中央，而一位大臣阅读预先准备好的祝文，读祝文是为了祈求上天接受祭品。随后是迎接其他的神明，仪式过程中有祝祷舞，舞生手指雉翟与龠。

5. 第二次献牛。

6. 第二次奠酒。

7. 撤供。依照古老的传统，皇帝从一位大臣那里接过酒和肉吃下。其余的供品随后分给陪祭的大臣吃。这叫作分享福酒和胙肉。

8. 送神。与接神仪式一样。

9. 皇帝望着平底烤炉中焚烧的牺牛和露天铁炉中焚烧的其他祭品，然后赞礼官宣布"礼毕"。

在所有祭祀中，首要的是冬至日在天坛举行的祭天礼，仪式简述如上。可以说，在白天最短的冬至日，阳气（阳在天代表是上帝，在地代表是皇帝）开始回升，就像古埃及的奥西里斯一样。因此，皇帝在冬至日祈求上天赐福人间六至：君义，臣行，父慈，子孝，兄爱，弟敬。立春，皇帝又在天坛进行大祭以祈祷庄稼丰收。在立春祭祀时，上帝的神位会单独出现。在初夏的四月，天坛会举行一场特殊祈雨仪式。这场仪式比平时的祭天仪式简单得多：皇帝和大臣穿着便衣和雨衣，仪式没有牛或酒，禁屠是祈求下雨的手段之一。新皇登基，也会在天坛举行一场令人印象深刻的仪式，先皇的灵牌被供奉在天坛。最后，特别值得注意的是，皇帝有时通过中祭向天报告。

天坛的祭祀仪式是所有祭祀中的典型，不同之处仅在于赞诗、叩首和奠酒的次数，祭品的数量和种类，祭服的剪裁和颜色，礼器的形状，等等。

因此，祭祀土地的时候配有八个舞蹈队和八个赞诗，而先皇先祖则是六个，祭祀社稷则七个，太阳和蚕神也是七个。祭祀月亮、孔子、太岁和众神，有六个舞蹈队和六个赞诗。小祭只有一个舞蹈队，没有赞诗和叩拜礼。

（b）祭地

第二个大祭是祭祀土地。在中国的二元思维中，土地是上天的配偶，地坛（见"百神"和"二月"）位于都城的北方，因为中国人认为北方属阴。相反，南方属阳，天坛要建在城南。此外，在天坛，几乎所有的围墙都呈圆形。而在地坛，围墙是方形的。天坛整体呈蓝色，地坛的屋顶呈黄色。祭地的祭品并没有在烟雾中升天，而是被埋在地下。最后，祭地在夏至早晨，祭天在冬至，因为从夏至到冬至，白天变得越来越短，地所代表的阴占据优势。祭地的时候，也像祭天那样祭祀先皇先祖。此外，我们看到祭地仪式有与祭天一样的仪式。代表地祇的神位包围着地神的神龛。这些神位代表着五岳（见"十月"），另外非常有名的圣山，保护帝国坟墓的山丘，四海（人们想象四海围绕着地球），四渎（长江、黄河、河南的淮河和山东的济河）。皇帝登基以及其他的重大事件都要向地神报告，与祭天的情况相同。

(c) 祭先皇先祖

第三个大祭是在年底和每一个季节之初在太庙祭祀先皇先祖。太庙位于紫禁城主道的东南方，从古至今很少有外人参观过太庙。遇到重大事情时，皇帝会来到太庙向祖宗上香报告，将最近驾崩的先皇牌位放入太庙本身就是皇宫内的大事件。我们发现太庙里也立有皇室成员的牌位。

可以说，所有这些祭典都在皇宫的奉先殿私下举行，皇室也在正月初一和十五以及其他时间，祭祀先皇先祖。在北京煤山①后面的寿皇殿，以及帝王陵墓中也会举行祭祀先皇先祖的仪式。皇室成员一般在清明节，即第一个鬼节（见"十二"》）前往陵墓，进行惯常的扫祭，并在巨大的坟墓上象征性地撒一点土，就像农民在田地里修补小坟墓一样。

(d) 祭社稷神

大祭中的第四个祭典在社稷坛举行。社稷坛位于皇宫的西南方，太庙的正对面，由一个祭坛和一些建筑物构成。在社稷坛，管理土地的神（社），以及控制粮食作物的神（稷）——国家的食物供应——受到崇拜。每处领土都有自己的社稷神，最伟大的社稷神自然对应着首都。因此，在社稷坛祭祀社稷神是皇帝的专属权利，是皇权的象征。在祭祀开始之前，祭坛上覆盖着五种颜色的土，对应四个基点和中心。祭坛的中间竖立有一块特殊的石碑，仪式结束后将其埋入土中直到下一次祭祀。三皇时期的两个圣人被认为是社稷神，他们是教人们区分土壤品质的后土（句龙），帮助其父神农传播农业知识的后稷（Chu Wang）②。

祭祀社稷神的仪式在春季和秋季，主要目的是祈祷风调雨顺。

(e) 祭孔

最后一个大祭——民国时期仍保留的唯一一个祭典——是二月和八月的祭孔仪式。本书将在"二月"一章中描述祭孔仪式。

中祭

大祭祭祀的主神及其配位神，囊括了中国古老信仰中的主要神明。

---

① 煤山，景山的俗称。——译者

② Chu Wang 不知道是何人物，现在流行的神话传说一般也不认为后稷是神农的儿子。——译者

图 2-9 北京天坛穿着礼服的祭祀官

图 2-10 社稷坛（皇帝在此祭祀土地神）

然而，中祭体现了中国人有关神明的观念，而且进一步使得一些次要神明转变为个人祭祀。

（a）祭日月

中祭的第一个祭典便是春分早晨在日坛祭祀太阳，秋分晚上在月坛祭祀月亮。日坛和月坛位于首都东部和西部。隆起的日坛和凹陷的月坛，体现了阴阳的不同。

（b）祭历代先皇

北京的历代帝王庙即"万神殿"或"先王庙"，供奉有前朝的皇帝和圣人，令人印象深刻的是，他们的牌位被简单地归在一起。朝廷在三月和九月举行祭仪。

（c）祭先农

一个非常重要的祭典是农忙时节的三月，在首都西南的先农坛，祭祀农业守护神先农。接下来是众所周知的籍田礼，皇帝在大臣和从直隶省挑选出来的一百名农民的协助下，亲手在神圣的田地用耕牛拉出六条犁沟。随即，从祭者按照地位的高低顺序，以同样的方式犁地。已种下去的农作物会得到精心的照料，收割后作为国家祭典的祭品。这个古老的仪式，体现了帝王为百姓树立榜样的想法，以及天子亲手为祖先提供供品的行为。

（d）祭蚕女[①]

每年三月，皇后在位于中南海北部的先蚕坛祭祀蚕女，实际上这模仿了先农坛和社稷坛的祭祀仪式，皇后在皇宫和先蚕坛所行的仪式与皇

[①] 蚕女是神话中黄帝的妻子。蚕女被认为是纺织的发明者，教授人们纺织的技艺。然而，据一个古老的民间传说，远古时候有个女孩，她的父亲被人绑架了。女孩的母亲很绝望，许诺无论谁能救出她的丈夫，就可以娶她的女儿。这时，独自回来的马，躁动不安，挣脱栏杆，然后消失了——几天后马驮着女孩的父亲回来了。当马说出女孩的母亲的承诺时，女孩的父亲非常生气，说诺言针对人类而不是动物。但是马绝食，跺蹄子，后腿直立，坚持要他们履行诺言——女孩的父亲最终杀了马，并将马皮放在院子里晾晒。然而，在女孩路过院子不久后，飞下来的马皮裹着她消失在空中。经过十天的寻找，人们在桑树下发现了马皮，但是女孩已经变成了一条正忙着吐丝结茧的蚕。女孩的父母非常伤心、懊悔，直到有一天他们看见女儿骑着马出现并说道，由于她为父母牺牲了自己，现在成了天上的公主。与这个传说相一致的是，有时蚕神的头上和肩膀上会披着一张马皮（这就是马头娘的由来），这种蚕神在四川特别受欢迎。

帝所做的祭祀仪式相似。仪式中的一些细节很奇特，例如皇后和宫女用小镰刀从祭坛附近的桑树上割下几片叶子，并交给负责养蚕的女官，待到蚕化成茧之日（主要看一些蚕的成长情况），皇后等人到神圣的护城河边洗涤蚕茧，最后制成玉帛供祭祀时使用，道理与谷物由皇帝亲手在先农坛耕种是相同的。

（e）祭天神地祇

祈雨时和发生天灾时，便要祭祀天神（雷神、云神、风神和雨神）和地祇（山神、海神和河神），我们已经在祭天仪式中看到了他们的牌位。先农坛的附近，设有这些神明的祭坛。

（f）祭太岁

我们还发现了年神——太岁（见《中国年历》）的祭坛。腊月和正月是祭祀太岁的时候，到这儿介绍完中祭了。

小祭

小祭至少有三十个（很少出现皇帝亲自祭祀的情况）：药王（二月和十一月），火神（六月），文昌（二月和八月），关帝（二月，五月，八月），历代先皇（二月和八月），龙神，河流、湖泊和泉水之神（二月和八月），泰山神，城隍神和紫微星。万寿节那天，皇帝祭祀象征着自己的星神，所有臣民都应该祭拜与自己同一天出生的星神，新年时再重复这一项祭祀。（见《正月·星节》）

虽然朝廷的大臣都庆祝万寿节，但是万寿节并没有像民国时期的纪念日那样影响到人们的日常生活。因此，在我们看来，万寿节并不是一个全民性的节日。先皇或者先后的祭日禁止公众行乐，反而对街上的人来说影响更大。

在整个国家的省、府和县的某些寺庙，大臣也代表君主对国家祭典中的大部分神明进行小规模的祭祀活动。一些地方官甚至举行籍田礼，他们也不会忘记祭祀守护一方的圣贤和英雄。

但是平民百姓——无论其地位如何——都不能参与这些祭祀活动，不管是作为主礼官，还是从祭者。如果被允许参加，百姓所能做的只是依礼跪拜，或者为自己烧点香。

第四章 十二月·腊月

69 　　中国人星期六不休息，星期日也不休息。周末休息对勤快的中国人来说太奢侈了。在人口非常密集的中国生活，压力太大了，祖先崇拜——沟通人世与需要祭品和抚慰的神灵世界之间的桥梁——是大家庭的责任，没有儿子的大家庭也就没有了香火。

　　不过，换季使得中国的劳苦大众有几天休息时间，至少有六个大节打破了单调的日常生活：新年、端午节和中秋节三个人节以及清明节、七月十五和十月初一三个鬼节。春节是所有节日中最盛大、时间最长、最快乐、最热闹的。每个人都放下手上的工作，享受闲暇的时光。节俭的日子让位于节日的盛宴，团聚替代了分离造成的痛苦。娱乐就像明亮的线条为单调的日常生活着色。

70 　　实际上，西方人很难理解中国春节的全部意义。圣诞节、复活节以及其他所有的西方节日对西方人的意义，远没有春节对辛勤劳动的中国人的意义那么重要。在社会交往方面，春节意味着重新团聚。在精神层面，春节象征着重生与新的一年开始，因为春节包括立春以及其他的时间——万物复苏，一切显得生机勃勃；上天神奇地让土壤长出养育中华民族的作物；每个生物的脉搏跳动得更快，加速生长。在物质方面，春节代表着家庭和市场的复兴。在个人和商业方面，人们翻开新篇章，努力偿还旧债，并从头开始，希望拥有更高的成就和更多的幸福。

　　随着春节的即将到来，人们自然需要为持续很久的庆祝活动多做准备。人们从十二月开始就做准备了，十二月通常被称为腊月（虽然也有

其他的名字，如祭祀月），因为十二月有小寒和大寒两个节气。节气是中国天文学家划分农历年的依据。（见《中国年历》）

腊八粥

腊八是一个非常古老的节日。初八一大早，女人们就开始准备腊八粥。腊八粥相当于西方的肉馅饼或李子布丁。煮腊八粥需要许多食材：几种谷物（但不需要肉或面粉）、一种特殊的长期储存在可能有毒蝎子的谷仓里的米——旧米、豆子、坚果、水果和四种不同的糖。煮熟腊八粥后，先向祖先的牌位供上热气腾腾的一碗，接着每个家庭成员都会分到一份，剩下的腊八粥送给亲朋好友，按习俗人们必须在中午之前将腊八粥送给别人。

传说腊八粥起源于一个可怜的母亲，不孝儿逼得她不得不向邻居们乞讨食物。有的邻居给了一把谷物，有的给了一盘水果，有的给了一碗豆子。因此，这些食材构成腊八粥。腊八粥还受到达官贵人和平民百姓的喜爱，因为它隐含着特别的情谊。

佛教徒巧妙地将佛教节日定在中国已有的农历节日上，把腊八作为观音的纪念日（见"二月"）。佛教徒吃腊八粥是为了纪念观音，观音离家之前的最后一餐吃了腊八粥。佛教僧侣擅长制作腊八粥，尤其是北京雍和宫的喇嘛。喇嘛的腊八粥有些供给观音，有些送给寺庙附近的居民，居民会回馈给喇嘛一些财物。

在腊八节，亲友往往互送白菜做的汤。第一次霜冻以后，人们就将白菜埋在地下。浅坑中的白菜像坟堆一样，被整齐地排成一排，每层之间有薄薄的泥土，最上面覆盖着厚厚的干泥，它们不仅新鲜，而且在黑暗中生长。白菜嫩白的叶子不仅能做出美味佳肴，而且可以预言，人们根据白菜叶子口味的酸甜来判断吉凶。

扫除

在年历上，腊月二十是扫除日，这意味着每个家庭都会清洁屋子。一年中至少一次移动笨重的橱柜，扫去积聚在柜子上的大量灰尘。"仔细打扫，我的女儿们，"年纪太大已无法打扫的太夫人喊道，"仔细打扫，

岁时 | 279

以免你所忽视的污垢飞入眼。"她们相信微小的灰尘也有可能使人眼瞎。大约在同一时间，富贵之家会重新为大门刷漆，涂白外墙，糊窗户纸；贫民也尽可能擦洗和修补门窗。这种物质上的更新意味着渴望摆脱即将过去的一年的不足和晦气。这是一种普遍的愿望。我们发现墨西哥人也习惯将家具弃旧换新，以便与重生的季节保持一致。我们还发现欧洲的农民在复活节为家具擦洗、抛光或涂漆。扫除日期的差异仅仅是由于气候不同所致。在任何地方，扫除表达的含义是一致的。

一旦清洁完房屋，中国人就开始为节日的盛宴做准备。街头小贩用竹扁担挑着篮子小步走，以保持货物的平衡。他们用富有音乐性的声音叫卖道："醋咧，给粗饽饽（新年的饺子）调味的醋咧！整饺子馅的猪肉哟！"站在门阶的女人们讨价还价，而小贩则蹲在地上用小铜秤给货品称重。

灶王

在忙碌的准备中，时间过得飞快，到了腊月二十三（在华南是腊月二十四），无论达官贵人还是平民百姓，都在灶神上天报告家庭在过去一年中的行为之前，祭祀灶王或灶君。在中国，灶王扮演的角色非常重要。只有少数几个神明比灶王更古老。没有比灶王更广泛地受到祭祀的神明了，因为灶王的起源与火的发明者有关——火是上天赠给人类的最重要的礼物——火也已经被人格化为灶神，家庭的守护神。自汉朝以来——公元前 133 年，汉武帝第一次为火神举行国家祭典——灶王也成为道德的审查者，如同古老的婆罗门教的火神阿格尼（Agni），两者都是神人之间的使者。有关灶神出现和消失的想法，是否源于众神将第一把火送给人类时天地之间的一道闪电？这很有可能。庄士敦在《狮龙共舞》中说道："有理由相信，灶王曾被视为家庭的无名远祖，尽管这种关系现在被忽视了……"

为了将这样一位受欢迎的神明纳入万神殿，道士发明了解释灶王的神话，并赋予灶王人格和神性。佛教徒也在佛寺中供奉灶王。他们不得不这样做，因为没有任何宗教比古代自然神和祖先崇拜更吸引中国人了。然而，佛教徒宣称佛教的灶王与道教崇拜的灶王不同，佛教的"金纳拉斯之王（a king of the Kinnaras，神话中的天神）"在唐朝时转世为一个中国和尚，去世之后，他被册封为管理僧侣素食的神明。这显然是一个无力的辩白，明目张胆地改造流行观念，以适用于自己的宗教。

如今，虽然中国万神殿里有一个特殊的火神（见"六月"），但灶王作为灶神和上天的使者仍然广受祭祀，灶王计算着家里每一位成员一生的长短和应得的财富。每逢重大节日以及初一和十五，人们在灶神前燃香。灶王的生日在八月初三，这一日北京的厨师协会在哈德门外一个非常破旧的灶王庙里烧香。但是每个中国家庭的厨房都有灶王的神龛——炉灶后面的一个小壁炉，被烟熏黑，并且经常爬满蟑螂，人们称蟑螂为"灶王马"。由竹、木和纸构成的神龛内，粘贴有灶王的年画。有时画中的灶王坐着，身边拴着马；有时画中有一位老爷爷和一位老奶奶；有时画中有一个站着的年轻人，手拿记录上天汇报内容的"灶板"。

这些灶王年画年年更新。灶王年画只卖一个铜钱。没钱买灶王年画的贫民，只简单张贴一张红纸，红纸上写有"灶君"以及"上天言好事，下界保平安"。传唱在街头的歌谣可以解释这种困境：

哎，灶王！

这是一碗水和三支香。

今年，我生活得非常悲苦。

明年，或许能供你吃满族糖！

住在简陋小屋的人们不敢忽视灶王，在笼罩着烟雾和家庭晚餐气味的灶间，灶王巧妙地承担着家庭神、人类朋友、监督者的职能。

自然地，我们期待女性在祭灶方面发挥重要的作用。但是习俗禁止女性祭灶。由于灶台及灶王象征着家庭的基石，因此一家之主祭拜灶王才是合适的。一家之主单独负责在厨房，按照礼仪要求清洁灶台——古老的卫生规则隐藏在礼仪或崇敬的名义之下，禁止女性在灶王前梳头，在灶王面前洗手，在灶王守卫的范围内磨刀，将鸡毛放入火中。只有一家之主可以在灶王上天的时候，崇敬地向灶王鞠躬，在灶王的神像前上香。

在即将出发的时刻，向上天的信使灶王供奉甜食：甜瓜、糕饼、蜜饯和用糯米制成的白色甜食。用以上甜食或者蜂蜜涂抹灶王的嘴，灶王就不会在天上乱说话而只会言好事，他会提及家人的善行而不言及家人的缺点。传说有些家庭用鸦片代替糖，以让灶王在上天前昏昏欲睡，或者把灶王像浸在酒中。因此，来到玉皇大帝神座前的灶王，是带有醉意、幽默、宽容的，而不是挑刺的。"陛下，孩子到底还是孩子。"同情世人的灶王以愉快的心情向玉皇报告。

供奉灶王之后，灶王像被拿到庭院，有时会被放在一个小轿子里。如果没有轿子，就把纸神像放在临时的祭坛上，蜡烛和香火会照亮上天之路。人们在灶王像前鞠躬，喃喃自语地祈祷。接着点燃神像，火光中的灶王坐着马车开始升天，扔进火中的稻草可作为灶王马的食料；倒在地上的一杯茶是为了让灶王喝的，就连动物也有茶水款待。与此同时，豌豆和蚕豆被扔上厨房的屋顶，模仿灶王离去的脚步声和灶王坐骑的咔嗒声。这些供品将为家畜带来好运，并确保家庭在来年有充足的饲料。

祭灶以一连串神圣的鞭炮声结束。声音在中国仪式中是必需的，鞭炮是仪式必不可少的组成部分。虽然神明和人都喜欢鞭炮，但是魔鬼却害怕鞭炮声并因之而畏缩不前。因此，在整个春节的庆祝活动中，到处都是噼里啪啦的爆竹声，夜晚也变得令人惊骇，使敏感的外国人彻夜不眠。鞭炮声有三种意义：颂扬神仙，驱散邪恶的灵魂，取悦当地的民众。中国人乐于听到节日的鞭炮声而不觉得喧嚣、震耳欲聋。①

灶王上天后，人们可以随意活动。人们尽自己所能举行最好的送灶仪式，然后趁灶神不在的时候放松，如果愿意的话，人们会在厨房梳头，或者朝灶台吐口水。正如俗语所说的："山中无老虎，猴子称大王。"

---

① "鞭炮"的"鞭"与"鞭子"的"鞭"相同，因为在非常古老的时候，在发明鞭炮之前，用细竹棒代替鞭炮。点燃干竹子的一端，并像鞭子一样挥舞。当火焰燃到每个竹节时，会发出一声巨响，吓跑可能潜伏在附近的恶魔。现代的鞭炮将粉末和黏土填充在小小的纸盒里。有一种较小的串在绳子上的鞭炮，当点燃连接各纸盒的引子时，会一个接一个地爆破。一个有趣的变化是双响炮，内含一个有双引子的筒子。第一个引子被抛出后，会在空气中爆破二次。

中国人爱热闹，为了迎合中国人这种无伤大雅的喜好，在弥撒最庄严的时刻，天主教的传教士有时也会让人放鞭炮。在动荡不安的年代，警局禁止在新年燃放鞭炮，以免鞭炮声被误认为是叛军的枪声并吓着胆小的人，禁止燃放鞭炮对于北京人而言的确是一种损失。

礼物

现在是所谓的小年了,大街上人们挤得水泄不通。有些人聚在小贩的摊位前,小贩出售的芝麻秆、松枝和驱邪符可辟邪;有些人在暖房买花,中国花农使用暖房的历史已有两千多年。暖房的每株植物都被精心种在肥沃的土壤里,并且很早就用纸包着每个花芽,这种巧妙的干预使得矮化果树和牡丹可以在春节盛开。购买者成对地选购植物,然后看着它们被装在一个有小木炭火盆加热的大篮子里,篮子上盖着可防寒的厚被子。

所有商店很快会关门数天,人们忙着为朋友选礼物,因为春节意味着送礼——就像圣诞节对西方人来说一样。令人高兴的是,东方人在选择礼物时不会犹豫不决。很久以前的习俗限制了礼物的选择范围。中国姑姑会给小侄子送一套精装书,而不是孩子喜欢的自行车;中国妻子会给丈夫送一包好香烟而不是劣质烟。除非是没有价值的,或是令人讨厌的东西,才不会作为礼品。

那么习俗认可的礼物是什么呢?对于家人——丝绸、饰品甚至是珠宝;对于远亲和朋友——盆花(而非切花)、精品茶叶、稀有的水果和食物,食物最好。在中国,食物非常实在而且受欢迎。"从来就不是一点小食!"俗话说"总能找到喜欢吃的人"。此外,食品类礼物具有象征意义。作为礼物的食品表明给予者不愁吃穿,而且巧妙地希望受礼者不愁吃、不愁穿。也许,西方人认为烤鸭不是一个诗意的礼物。但它不比拿破仑的石膏半身像更有用吗?虽然我们不愿意承认,但是比起多汁的通心粉,谁会真心喜欢花边做得不好的帽子呢?

活禽和煮好的菜肴同样可作为新年礼物。富贵人家两样都会送——各种各样的食物被放在两个圆形漆盒里。接受所有的礼物是不礼貌的。一个有礼貌的人只会选择一些东西,比如雪白脖子上涂了喜庆红标记的活鸭,以及数个在严寒天气仍保持多汁的小橙子。收到礼物的人会根据所接受礼物的价格给搬运者小费,并且返回其余的礼物,表示礼物太过慷慨而不能全收的意思。习俗有一个很大的优点:一个人没有收下的礼物,可能会被送给另一个人,反之亦然。在平民百姓看来,一双新鞋便是得体而受欢迎的礼物。

结算日

购买年货的热潮结束后,店主会结算一年的账目。此时达官贵人和平民百姓都煞费苦心地去收取应得的资金,以解决债务问题。与西方人每月结算不同,中国人有三个讨债的日子:新年,端午节(五月初五)和中秋节(八月十五)。普通人,特别是穷人,在很大程度上依靠借贷过日子,借贷甚至成为生活的必需品。因此,当一个结算日来临——最大的结算日是新年——为了收回现金,平民和官员都可能不太体面地,通常有些可怜地去催债。比法令更有效的是习俗,它规定了个人(和官府)尽可能地还钱,有时会引发滑稽的情景。例如,一个人可能靠偷窃还清债务以挽回面子。骡车夫或马车夫,可能在租用牲畜期间拼命使用以致牲畜伤残,只是为了准时把牲畜还给老板以结清租金。每个人都催债或被催债的季节,古玩商会廉价出售古玩还债。这非常像:

大跳蚤的背上有小跳蚤,而小跳蚤上还有其他的跳蚤,如此无穷无尽。

外国人与中国仆人之间也面临着小争论,仆人想在农历新年预支一个月或半个月的工资。西方人永远无法理解那些"拆东墙补西墙"之人。中国人说:"当三四个地方都需要一杯水时,生活确实变得困难。"即便是忠实可靠的人,在被催债之前也很少主动还钱。为此,道德劝说派上了用场。一个债主上街追欠债的人,如果这不算丢脸的话,或者会守在欠债人的家门口。不那么温和的讨债方法是骂脏话,甚至拳打脚踢。

没法还债的欠债者会躲藏到新年的早晨。然后,至少在理论上说,直到下一个结算日(五月初五)他都是安全的。实际上,尽管有幸躲过旧历的最后一刻,但是只要债主打着灯笼找,欠债者仍然有可能在太阳升起之后被讨债。"不怎么客气地说,灯表示天仍然是黑的,此时仍是除夕,所以还可以讨债而且没有违反新年不能讨债的规定。"当然,在邻居们看来,一个人在白天被人一手拿着欠条,一手提着灯笼讨债是不光彩的。

令人欣慰的是,在中国的大多数城市,贫困的欠债者都有避难处——城隍庙前的戏台。为了祭祀城隍神,镇上的戏班都应该在戏台免费(或者由官府赞助）演戏。演出从腊月二十四开始，到月底结束。"演戏是大事"，没有债主敢在人群中找欠债者或讨债，以免打扰观众看戏而受到攻击。类似的豁免似乎也存在于古希腊的依洛西斯秘密宗教仪式（Elusinian Mysteries）中，没有人敢干扰他人，而且此时讨债可能会被判处死刑。

幸运符

一旦匆忙的讨债结束，民众就会贴上新的门钱。这是一些写有吉祥语的红纸条。人们贴上适合自己的门钱。在商人的居所，我们可以发现"万事胜意"或"招财进宝"或"繁荣昌盛"。一些商人在大门上悬挂纸币以表达财源滚滚来，就像物以类聚，他们相信钱可生钱。一位客栈老板希望新的一年客似云来，而农民渴望五谷丰登。

私人住宅中的门钱总是表达富贵长寿、儿孙满堂和升官发财等愿望——这是中国人的生活理想。中国人永远不会像西方人一样热爱娱乐、旅行或冒险，因为中国人想要稳妥而不是变化。最受欢迎的门钱是"心想事成"，门楣两侧的对联则有"千秋万代"或"新年新禧"等短句，对联无论在什么地方都成对出现。如果条件允许，人们希望在对着大门的地方贴上"出门大吉"。要小聪明的人甚至在邻居的墙上贴一张"富贵迎门"的红纸，希望神灵相信这是邻居的祈愿。

门钱总是红色的，除了服丧之家用蓝色，寺庙用黄色。① 门钱可大可小，可简单可精致。有时刻有字符的门钱被称为"五福临门"——长寿、富贵、康宁、好德、善终。按照宋朝的风俗，贫苦人家的门槛上飘扬着"五福临门"的红纸条。有时，门钱是一块漂亮木板，刻有一个大大的"福"字，"福"字由一个贫穷的书生所写。门钱的流行可以追溯到明朝，就像现在一样，中国人喜爱猜谜。传说当时人们贴画在门上的门钱，画中有一个赤脚妇人，怀里抱着西瓜，画的寓意是"淮西妇人好大脚"。

---

① 所有国家都将红色视为喜悦和生命的颜色，不过中国人将桃红色作为节日或幸运的颜色。桃花在远古时代就被认为象征着太阳，因为它在春分开花，然后长新芽，完全与太阳同步。因此迷信认为桃木能对付在黑暗中游荡的恶鬼，桃红色可抵挡邪祟的影响。

问及原因是没有用的，因为里面的谜语与明朝的创建者洪武皇帝有关，注定要带着冷酷的幽默去猜测。

　　元宵节漫步在都城南京的洪武皇帝出身卑微。他看到门钱上的赤脚妇人图案，怀疑这是在讽刺马皇后，因为马皇后（淮西人）不缠足，大脚。这看起来像有造反的意味，必须打压。对于没有贴这一图画的家庭，愤怒和可疑的统治者让他们贴一张写有"福"字的红纸，然后向将士下令："杀死门上没有贴'福'字的百姓。"

　　至今人们仍隐隐约约记得这一痛苦的教训。吉祥的表意文字仍然受欢迎。它不仅体现了忠于朝廷的想法，而且意味着吸引好运。在封建帝制时期，皇帝手写的"福"字是赏赐大臣的新年礼物。民国时期，总统以同样的方式奖励部下。

　　在中国，用幸运符来保护财产的习俗影响深远，并且仍然普遍存在。我们可从橱柜和帆船、骡子的鞍和骆驼的挽具、手推车的转轴和水井里的水桶上发现这些幸运符。农夫把幸运符贴在犁、猪圈、磨坊、驴子的头绳和后臀上，也贴在其他东西上。然后，为了双重保险，还有一些额外的幸运符："捉鬼者"钟馗的画像（因为在中国，制造危险的恶鬼永远存在）；差官像、福神像（见"八月"）、财神像（见"正月"）、寿星像（见"八月"）以及画有男孩和象征多子的石榴，能带来富贵的牡丹、灵芝草；象征财运、促进商业繁荣的发财树；能带来福气的蝙蝠；等等。图案的选择通常因为双关语，图案的名称在发音上与心意相同。"福""蝠"和"富"的发音相似；喜鹊的"喜"，与欢喜的"喜"谐音；"瓶"与"平"（没有障碍）谐音；"鞍"与"安"谐音。同样地，"鹿"与"禄"谐音；"祭祀的杯"与"官员辈分"谐音；"银锭"对应"繁荣"。这就是为什么这些吉祥图案经常出现在新年、生日礼物的图画中，还被应用于家具刻纹、刺绣和礼服装饰上。

门神

　　最后，除了上述这些防护恶鬼的吉祥符之外，人们还在两扇前门贴上新的门神。色彩绚丽、全副武装的门神来源于古老的中国神明，是家庭的杰出守护者。根据道教传说，门神源自远古时代的两个兄弟。他们生活在一棵大桃树下，五千人伸展双臂也无法围住这棵树。两兄弟是人类的保护者，把抓到的鬼喂老虎吃。在道士的记忆中，以前的地方官过去常常在衙门上张贴桃木神像，并在衙门贴老虎图①。后来，木雕的桃人被木牌取代，之后，木牌又被有桃树做背景的人物画像代替。

民间现在把最初的"捉鬼者"与唐太宗的两位将军相混淆。远征高句丽②失败之后，感到愤怒和没面子的太宗病倒了，鬼魂夜夜萦绕着他的床不去，使他不能入睡。御医也无能为力，无法提供帮助。于是，太宗最喜欢的两位将军跪在地上说："陛下！我们一生都为您杀敌。敌人尸体如山，好像蚂蚁一样。我们不害怕邪恶的鬼魂，让我们在夜间守在您的门外，杀死恶鬼。""如此甚好。"太宗回答道。忠诚的将军全副武装值守在门外，直到鬼魂和噩梦都消失，太宗的病也痊愈了。"你们两个没有必要再奉献自己啦，"康复后的太宗说，"你们也需要睡觉，为此我命令宫廷画师画了你们全副武装的画像，并把这些画贴在宫门上，我们可能永远不会被鬼魂困扰了。"糊弄鬼魂的想法在中国很普遍，然而这种做法成功了。皇宫和平了，直到鬼魂在后宫门发现一个不受守护的入口。然后，第三位将军魏徵③自愿去值守，直到今天，我们有时会在门神画中发现他与另外两个门神一起出现。

从皇宫传入寻常百姓家——如其他习俗一样——使用门神保护房子的习俗流传开了。这一习俗仍然存在，这是中国迷信持续存在的一个奇特而典型的例子。几乎在任何的中国城镇，都可以看到门神，这些古老的将军已经守卫了中国十三个世纪，而且可能还要延续十三个世纪。尽管外国风格的政府办公大门已经没有门神了，但门神仍然守护着信仰他们的民众的家园。为什么不呢？显然，忠诚和自我牺牲的传统不应废止。

家庭内的东西都得到了精心的保护，不受"地精和鬼怪以及那些在黑暗中肆意'砰砰'的东西"的侵害之后，接下来的腊月二十九是人们

---

① 老虎——东亚的百兽之王——在中国是鬼的死敌，尤其是可能伤害死者的恶鬼。因此，我们发现老虎被雕刻在墓葬和纪念碑上。

② 高句丽是中国古代的一个边疆政权，存在时间为公元前1世纪到公元7世纪，位置在中国的东北地区与朝鲜半岛的北部。——译者

③ Wei Chin 的音译。——译者

拜访不住在同一屋檐下的父母和亲戚的日子。无论多么忙碌,这都是一项基本义务——尤其是在北京。即使是在家庭关系松动的当下,除夕拜访的习俗仍然保留了下来。因为家庭有着相互的义务和责任,长期以来被视为百姓团结的纽带。学生们还应该拜访老师,并"辞年",因为尊师仅次于敬奉双亲。这一天剩余的时间,人们可能会做慈善。善良的民众走上街头,身后有一名带着钱财的仆人跟随。如果听到妇女在房子里哭泣,习俗允许他们进门询问发生了什么,并且帮助负债者或困难之人。

现在到了腊月的最后一天,即一年中最后的一天。因家庭责任被困在家中的妇女,准备食物以满足神灵和来客的胃口。春节禁止用菜刀或锋利的器具,以免损伤运气,也尽可能地禁止烹饪。因此,各种各样的美食均需提前做好——菜肴有着诗意的名字,例如"金鸡"或"神仙鸡","肾花""莲藕丸"。但是至少在华北地区,主菜是粗饽饽或肉饺子。肉类对大多数中国家庭来说都是奢侈品。对北京人来说肉类确实匮乏,在除夕夜都没有听到剁肉馅的声音。

如果忘记了许多调味料中的一种,一位小女仆会匆匆赶往商店,通过一个小窗户购买。可以这么说,在傍晚之后,在其他商店关闭很久之后,这些商店仍然半营业。中国城市的街头照明还没有普及,电在许多内陆城镇还不为人知,所以寺庙挂上特殊的灯笼,指引晚归的购物者从尚未铺砌石砖的街道回家。

烹饪完成后,要抽水供家庭在接下来的四十八小时内使用。在此期间井被封住了。家神中还算重要的井神也需要假期。打扰井神是不礼貌的。

然后人们对客厅进行除尘。"真可惜,太可惜了。"老仆人抱怨道,"今天我们打扫,明天客人就把一切弄脏。"事实上,地板上堆满瓜子,桌子上放满食物。黑木博古架上的珍稀古玩,也可能被兴奋的孩子弄翻。然而,无价的花瓶被从橱柜里取出来,家里最精美的画也被精心展开并挂上。作为礼品的花朵摆在了最适合的地方。矮果树和所有开花的植物都成对出现。柠檬,橙子,长有红色浆果的"南天竹",为暗淡的木隔板增添了明亮的色彩。佛手——一种状如半张开的手掌的水果——一个挨着一个放在装有闪闪发亮的生米的瓷碗上。

在上述一切准备妥当后，或者看到仆人准备好之后，女士们在闺房里洗澡，而男士们则到公共浴室洗澡，在经过街角的理发摊时顺便刮胡子和剪头发，或者与老派的绅士一起排队修面。华南在夜幕降临不久盛行两个奇怪的习俗。年轻的男孩子穿过空荡荡的街巷呼唤："卖傻"或"卖懒"，或是"卖懒，明年更聪明"。格雷在《中国》一书中说"这个习俗在广州非常流行，在湖南省和湖北省也很常见"。在广东和福建都有一种叫镜卜的迷信。任何寻求新年预兆的人都要在空炉子上放筛子，接着在筛子上放一盆水和一个镜子，然后默默走出门外，仔细听第一个路人说的话。好话意味着接下来的一年会取得很大的成功，坏话则预示着运气不好。有些人称这一习俗为"碰彩头"。

预测必须在晚上八点之前进行，因为八点之后通常会休息一会，然后开始守岁——在漫长的夜晚，没有人会睡觉，因为过年就要守岁。

在家庭祭祀仪式开始之前，柏树枝和芝麻秆会像地毯一样铺在外院，这个想法源于任何潜伏的魔鬼走在上面都会噼啪作响，从而发出警告声。人们预想至少貔虎子会偷年糕。他从穷人那里偷来年糕给富人。"这是，"人们说，"因为整年的时间里，富人会施舍穷人。"然后人们关上前门并贴上十字纸条，直到新年的早晨才打开，以免好运离开。如果听到敲门声，没有人会应答，因为人们害怕招来地精。人们还会烧柏树枝以"暖年"——欢快的篝火、飞舞的火花就像闪闪发光的珠宝。

三重祭礼

随着新年的来临，每个中国家庭都会举行基本的祭祀仪式：祭天祭地，祭家庭神，以及祭祖先的灵位，这可以看到宗教的古老根源。这三个祭祀仪式都要重复两次，一次是午夜前的送神仪式，一次是初一的接神仪式。尽管细节有所不同，但是很相似，并且仪式都由户主以整个家庭的名义来举行。

现在，西方人的家庭指的是妻子和孩子，但是中国的家庭是一个更大的群体。由于结婚早，新人往往与父辈同住，家庭可能包括同住一个大院里的几代人，他们不断扩建房屋以满足很多人一起居住。在早期，家族可能构成一个村庄，甚至是一个小镇。

为了维持这个超级大家庭的运转，必然发展出父权组织。家族的首领权力理论上至高无上，总是最年长的男性担任，或者由于年龄或疾病将权力授予后代。所有族人都必须服从族长。此外，女性必须服从男性，妻子服从丈夫，姐妹服从兄弟，以及原则上年轻的服从年老的。即使是儿童也必须遵守家中的长幼之序，这一规则被温和而牢固地执行着——尽管现在不如过去那么牢固了。

祭祀天地

然而，族长仍然是家庭祭祀的祭司，负责祭祀家族的所有神灵和祖先。只有他可以接近除夕守岁时为祭天地而准备的祭桌，祭桌上的供品、蜡烛和香是中国人与神灵沟通中必不可少的东西。在南方，装满大米的木质容器占据了祭坛的中心，周围摆着鲜花、柏树枝和十双筷子；在北方，则用小麦、小米或高粱代替大米。这项名为"供年米或年谷"的仪式，旨在感谢神灵在过去一年的馈赠。在新年到来时，人们重复这一仪式，表达在未来能够获得同等恩赐的希望。

祭天地的两场仪式都在庭院进行。竹凳上大而圆的丝绸灯，投射出柔和的光芒，而悬挂在用柏树枝装饰的桅杆上的特殊"天灯"，高出屋檐很多，在房子周围投下闪闪发光的光环。如此布置之后，户主穿着长长的丝绸礼服，毕恭毕敬地走到祭桌边，祭桌上有由苹果、橘子和甜食分别整齐地堆成塔状的供品。烛台上燃烧着红蜡烛，每个烛台的底座都有一个尖刺固定蜡烛。一把香在一个带有龙柄的青铜器皿中燃着，升起薄薄的蓝色烟雾，在星光闪烁的空中散发出温暖的香气。当户主跪在丝绸垫上时，鞭炮声响起，户主向天地叩首，一次，两次，三次，额头触到地上。这便是很多个世纪以来被圣化的叩头（见"正月"），叩头时双手紧握且头着地。整个仪式庄严肃穆，我们感觉仪式体现了中华民族的灵魂。

家神

接下来轮到家神接受供品和祭拜了。对家神的崇拜，比对寺庙中供奉的许多神灵的崇拜更古老。早在佛教和道教在中国出现之前，人们已相当熟悉家神（Lares and Penates）①。家神的职能原则上不变。在不同的时间和不同的地方，家神的内涵有所不同。但是现在，至少在华北地区，有五个主要的家神：灶神、土地（见"九月"）、门神、户神、毛姑姑（妇女、女工、厕所守护神）。有时候会加上厅神、井神，以及床公床母。床公床母守护着卧室，不让婴儿从炕上滚下来。人们在床边的桌子上摆放水果、酒水、酸姜和染红的鸡蛋供奉床公床母，并且祈求他们保佑室内平安。

与此同时，上述这些神明分享了为家神供奉的盛宴，因为他们属于家神这个群体。对家神的崇拜可能永远不会被忽视，因为后来的宗教无力取代他们，例如灶王（正如我们已经说过的）便被纳入道教和佛教。

中国人新年祭祀家神的供桌与祭天地的一样，祭祀仪式实际上是相同的：再次奉上蜡烛、香枝、鞭炮和食品；再次叩头，燃烧裹着金箔或银箔的元宝状冥纸，以及纸马②——祭家神的一套纸马有一百张（12×18寸）——大致代表了大多数中国的神明。③

这些印有神灵肖像的纸马有着神奇的起源。古人用活的动物，特别是马匹，向神灵献祭。后来出现了木雕的动物偶替代活生生的动物，然后又出现布制的动物偶，在唐明皇时有了纸马。如今的纸马源自某个守护神的画像，神明骑在马背上或牵着马匹。当彩色的神像被用于家庭祭祀时，纸马的原意被保留了下来，尽管很久以来马在大多数图像中消失了。每个中国城市都有印刷纸马的用具，成千上万的纸马被印出来，供人们在节日时烧给众神。

---

① 家神的起源晚于自然崇拜，但是《礼记》已经提到家神——《礼记》是中国五经之一，目前的《礼记》版本可以追溯至公元200年，其包含许多古老的传统。最古老的是灶神和门神。中国最早的家神有户神、灶神、室神、门神、路神。对路神的崇拜非常特别，现在与城隍信仰联系在一起（见"百神"和"九月"）。

② 作者在索引中，将chih Ma（posters）译为"纸马"。——译者

③ 在中国，冥纸常被用来满足神明的需求，普通民众认为，神明如同凡人一样渴望财富。冥纸各种各样。铜钱形状的普通白纸，主要作为祭品，烧给死者。很古老的时代，就有金元宝和银锭了。事实上，早在公元前200年，富人就在坟墓里埋下金块。尽管人们批评烧冥纸不尊重并且欺骗了众神，但是冥纸还是逐渐取代了真金白银。直到今天，冥纸被认为是冥界的钱币，并且应用于所有祭祀鬼神的场合。

祈祷祖先

除夕祭祀家庭守护神之后，也要祭拜祖先。前面已经解释了中国原始宗教信仰为何源自祖先崇拜（见《百神》）。祖先崇拜仍然体现着中华民族的传统，体现了正直、遵法守纪的文化内蕴——最重要的是，中国人相信他们的所有来自死者的恩赐，并对死者怀有强烈的感激之情。

感谢祖先的仪式在新年前举行，这是家庭年内最后一个关键的仪式。这项简单的祭拜仪式，尽管看上去微不足道，但是很少有人会忽视。关于祈祷没有强制性的规定。召唤神灵的声音低沉而短促。祭品是从家庭烹饪的食物中挑选出来的，死者的灵魂像神明一样对食物的香味感到满足，而食物本身则留给活着的后代，因为食物的香气供养灵魂，肉食则喂养活人。这些祭品随后被家人取走并吃掉，这一行为符合古代的仪式规定，即"祭品应被祭拜者虔诚地吃掉"。

我们再次发现，一家之主代表家庭所有人感谢死去的几代人。在居住着死者灵魂的牌位之前，一家之主深深地鞠躬并跪拜。

第一块祖先牌位可能起源于公元前350年的战国时期，一位感恩的天子替为主牺牲的忠臣做了一个木雕像（见"三月"），也有人说木雕是汉代一个失去双亲的孝子做的，他为父母竖立雕像并像往日一样侍奉他们。

虽然不同地区的祖先灵牌在尺寸和形状方面略有不同，但是木制底座上都放有一个木条，上面凸起或镀金的字符表明死者的姓名和生卒日期。灵牌上有一个重要的红点，这个红点有时是用红墨水，有时是用白公鸡的鸡冠血点上的，称"点主"。点主仪式是葬礼的重要组成部分。经过点主的灵牌才有灵，就像神像的眼睛经过开光有灵一样。点主仪式主要在富裕家庭举行，而且通常伴随许多仪式。据说点主仪式源于过去在坟墓供奉活祭品。[①] 我们通常能在富裕家庭中找到一个特殊的祠堂，一般有一栋独立的建筑物，或一间房供奉祖先。穷人有时用一个特殊的神龛，一个架子，甚至一个柜子供奉祖先。当然，即使是大厅也不可能存放三十或四十代祖先的灵牌，这种情况不常见。一个神龛的灵牌数量通

---

① 见高延《中国的宗教系统》。

常不会超过五三代或六代，只有最近死亡之人的灵牌才在祠堂。条件允许的话，远祖被刻在卷轴上，悬挂在祠堂里，杰出的祖先会有特别的铭文。只有直系后代才能祭祀祖先。大儿子继承灵牌，担负起祭祀先祖的职责。其他儿子会成为自己房支的始祖，没有灵牌可供祭祀他们，有时在客厅西墙上放一个黑色袋子，上面贴着一块写有祖先名字的方形白纸。女儿们只是暂时祭拜祖先，出嫁之后她们会属于不同姓氏的家族。

家人在祭祖仪式结束之后一起吃年夜饭。即使是最亲密的朋友，也不会出席别人家的年夜饭。一起吃年夜饭的家人应该忘记争吵，享受冒着香气的粗饽饽和美味珍馐，中国人允许在宴席上打嗝，这是享受食物的明显迹象。①

某些地区有奇特的年夜饭风俗。某些城镇的民众在桌子下方放一个有炭火的平底锅，抑或是周围有一圈银币或铜币的新土炉，从这些钱币中可得出或吉或凶的预兆。人们通过预测天气而自娱自乐，他们用筷子捡起少量燃着的竹子，并投入一沓冥纸。这些东西会被分为十二份，当它们燃尽的时候，预兆就产生了。

稍作休息，也许是一顿饭的工夫，新年即将到来，随之而来的是新的责任和节日的乐趣。

---

① 年夜饭没有外人，很少出现少于十二个人吃年夜饭的情况。《圣令》（Sacred Commands）提到一个小家庭有九代人一起吃年夜饭，另一个家庭每日有七百人一起吃饭。有这么多个性不同的家人，难怪"一起吃饭"在中国人的生活中必不可少且广受欢迎。

第五章　正月·嘉月

101　　家人在年三十晚（年终的最后一晚）的午夜时分互相祝福。守旧的人家需要做许多仪式。一家之主和主母像佛陀一样僵坐在客厅的两把硬椅上，住在同一屋檐的家人在他们面前磕头。

　　即使在次要的礼仪问题上，守旧的人家也严格遵守辈分顺序。丈夫和妻子不应互相鞠躬，除了极少数有名的泼妇——被称为骂街姊——可能因脾气暴躁或不服命令而被要求向丈夫磕头。子孙们轮流磕头，年长的在先，年幼的在后，自然地男孩在女孩之前。他们穿着鲜艳又好看的长袍，在准备好的垫子上跪下，前额触地，鞠躬三次，并低声说："应当"（"我应该"），这相当于发誓明年听长辈的话。

102　　妾（一般被委婉地称为"小星"，虽然受过西方教育的中国朋友称之为"我妻子的助手"）、儿媳妇和家中的仆人，可以说他们都不是血亲而仅仅嫁接在家谱上，即使是最年轻的直系后代也优先于他们。然而，他们也必须候在客厅祝福一家之主和主母，这意味着请年假，同时感谢前一天家长给的赏钱。

磕头①（字面意思是磕碰头部）已经过时了。事实上，中国人的见面礼一般是放松的。但是儿童对父母、年幼者对年长者应尽的礼仪仍然执行。人们非常重视长子，因为他们"在祖先崇拜、分家、继承家业方面，有与生俱来的优先权"。

在西方人看来，中国人的新年问候显得很冷漠，中国人表达情感的方式与西方完全不同。东方社会不喜欢直接表达感情。因此，即使是关系非常亲近的中国人，私人来往中也相当讲究和克制。父母很少拥抱或亲吻自己的孩子。最温柔的丈夫也不会在公开场合向妻子示爱。甚至于女性之间也很少亲密接触，并且她们也使用东方男性都用的方式含蓄地打招呼。

重复三重祭礼

在寅时即凌晨三点到五点（见《中国年历》），公鸡还没有啼叫，院子里再次铺好了柏树枝和松树枝，一家之主走到房门前，小心翼翼地打开前天晚上的封条。②家主知道有七十二煞萦绕着无人看守的大门，因此，家主低声说一些幸运的短语，如"新年发财"。这个小仪式叫"开门大吉"。

然后重复三个仪式，即祭拜天地、祖先以及从天上归来的灶王。在晴朗的天空下，人们再次把天地牌位③放到院子里。在除夕人们感谢天地过去一年的保护，在新年重复这一仪式是为了请求天地继续庇佑。

---

① 古典的跪拜礼是一个人先跪下，然后根据对方的等级磕三到九个头。皇帝总是接受"三拜九叩"。有些神明也享受跪拜礼，尽管只需向某些神明磕三个头。跪拜礼在帝制时期非常流行，到了民国，官方接待场合已用深鞠躬，甚至在私人礼仪中跪拜礼也变得罕见了。原先有八个等级的跪拜礼。第一（称为拱手）双手合拢并提到胸前或额前，这对应于西方人的握手礼。第二（称为作揖）弯腰并且双手合在一起。第三（称为打千）意味着弯曲一个膝盖，好像要跪下。第四是跪，或实实在在地跪下。第五、第六、第七、第八是磕头，包括磕一个、三个、六个或九个头。另一个源自满族的招呼礼也逐渐被废弃，即一个膝盖弯曲并将右手放在地上。

② 这两种习俗在某种程度上都模仿了官府在新年前后进行的封印和开印仪式。

③ 每月的初一和十五以及所有的重要时间点，大多数中国家庭都祭拜天地牌位。"娶媳妇的时候，这是婚礼的一部分；当儿子出生时，作为庆生的一部分；庆祝生日时，作为庆祝活动的一部分；当住宅建成时，作为乔迁聚会的一部分。"

祖先也会受到祭拜，人们祈求祖先继续保佑家人。第二次祭祖在客厅进行，人们展开日常被精心包裹起来的神轴图谱，把五代祖先的牌位放好。

超过五代的祖先牌位（越遥远的先祖，其对家庭的影响力似乎越小）被保存在祠堂中，在不可能全部保存的情况下则被虔诚地烧掉。远古祖先被记录在卷轴上，卷轴"通常是一幅美丽的艺术作品，画有一座寺庙或一栋豪宅。几代祖先的名字被依次写在卷轴上，因而每个名字所在的空间看起来像一个微型的牌位……在中国的一些地区，人们习惯绘制家庭画像，祖先的'影像'被视为祠堂中神圣的传家宝。像神轴图谱一样，这些画像只在庄严的场合拿出来。高延将这些家庭画像与古罗马人的家庭画像做了比较"。

整整两周祖先的灵魂被留在家中（通常直到正月十六左右），像招待尊敬的客人一样，人们给祖先准备好食物和茶酒，并用热毛巾擦拭祖先像。供品包括五种食物、五杯酒和五杯茶。放在祭坛上的十双筷子供祖先使用，还有一本历书方便祖先知道即将到来的节日。实际上，远古时代祭祀祖先时，会让活人扮演祖先。

新年不祭祖是大逆不道，也是家庭的耻辱，只顾享乐的家人忘记了对祖先的责任。即使是远房亲戚，在拜年时也会到别人家的祭坛前致敬死去的先人。家中最小的孩子也被母亲抱到牌位前向祖先鞠躬，小孩子头戴装饰有金、银或铜制的十八个佛教人物像的节日帽子。

一些省份的民众认为灶王正月初四才回家，而北京的灶王初一就回家了。人们再次祭祀灶王。长途跋涉之后，饥肠辘辘的灶王渴望享受这场盛宴的香火，热烈的欢迎仪式会使灶王在未来的一年里兴高采烈。灶王的护佑非常重要，人们礼貌地将灶王请到厨房的神龛里，那里贴了一张新的灶王年画。因此，作为家庭的守护者，灶王享受大量的香火——因为"人还在，就有众神的香火"——以及大量的鞭炮。

新年升起的太阳温暖着寂静的中国城市，日常的所有景象和声音都不存在了。不见戴蓝色头巾的推车夫，不见待出租的小灰驴，也不见沿街叫卖的小贩。街巷空无一人，就像新英格兰的安息日。家家户户门外散落着昨夜燃放的爆竹的纸屑，大门紧闭，商店也不营业。装有木栅栏

图 2-11 儿童游戏图

的窗户后面，偶尔发出的鼓声和钹声打破了寂静。也许这是私人的宗教仪式，又或许根本不是。仅仅是一群在柜台后面玩得开心的学徒，除非有差事，他们不应该出门。事实上没有人出门。

大年初一，至少是初一的早晨，人们通常在家里度过。初一主要是团聚的日子，是家庭聚会的时间，每家每户都如此。像西方人那样和亲朋好友、商业伙伴一起在嘈杂的餐厅里过年，这对于守旧的中国人来说不可想象。

如果可以的话，中国人宁愿待在家里。中国社会非常有组织性，因运气不好或品行不端而得不到家族的护佑并且被排除在新年的宗族聚会之外是非常严重的事情。许多回国的留学生都面临着这种困境，已经远离保守家族的他们与家人在一起会感到不安。然而，如果没有家族的支持，留学生在中国人的生活中便会无足轻重——变成一个没有背景的孤独者。"过去的宗族组织有许多优点，个体为此付出的代价就是必须服从……除了服从，家族也是一个互助性的组织。在有需要的情况下，每个族人都应该帮助他人。每个族人都有权得到所有族人的保护。即使是主仆之间也如此，仆人虽然地位低下，但他们也是家族的一员。值得信赖的仆人被允许参加家族的大部分聚会，当年老而无法工作时，他们也会得到照顾并获得扶持。"

虽然中国家族的权力不再完全属于个别成员，但是父母健在者通常努力在新年回到家或祖屋，共享假期的快乐并履行职责。

除了必要的三重祭礼，还有一些次要的家庭祭仪。例如，必须在正月初二重新打开水井，祭祀井神。在抽取第一桶水时，人们照常点蜡烛、燃香、放鞭炮。

财神

初三必须举行一个更重要的仪式，那便是在家里祭拜财神。财神的保佑对中国人来说弥足珍贵。像灶王一样，财神的画像出现在大多数房屋和商店里。财神像每年要烧毁更新。在新年的下午，穷孩子挨家挨户喊道："我们给你带来了一个新财神！财神在摇钱树下，摇钱树的果实是金子，树枝上挂着金币！财神有神奇的宝盒！打开盒子就有取之不尽的宝藏。摇一下摇钱树，财富将降临在你身上！谁要买？"当然很少有人会拒绝。虔诚和谨慎使得人们对神通广大而受欢迎的财神保持友好的态度。人们慷慨地供奉财神，在财神的祭坛摆满肉食和财神喜欢的活鲤鱼，以便财神赐予他们更多的财富。鱼贩担着装满鱼儿的木桶，他很清楚没有人会压价，如果经济条件允许的话，没有人会拒绝献祭给财神的供品。

不管是学识渊博的还是目不识丁的，信神的还是不信神的，只要诚恳地祭拜财神都很灵验。然而，财神的起源无从考证，神格也不明朗。一些人认为北方之神（生日在三月十五，见《四月·四金刚》）是财神，其他人则认为五猖也是财神。但是最受欢迎的传说将财神追溯到峨眉山一个叫赵公明的隐士身上。赵公明生前拥有无限天资和智慧，他骑着黑虎，因此老虎经常出现在他的身旁。他可以抛出像炸弹一样的珍珠。然而，他被一种古老而普遍的巫术击败了。他的死敌"用巫术扎了个赵公明的稻草人，在稻草人面前连续磕头二十天，然后朝稻草人的心脏和眼睛射出了一根桃木箭杀死了赵公明"。幸运的是，死亡在中国并不总是神明生涯的终结——往往是开始。信众的祭拜使得赵公明以及在战斗中死去的其他英雄的灵魂被从地狱释放出来。圣迹也紧随其后。接着，外来的传说附加到赵公明的身上。美德如同光环一样聚集在赵公明的周围，直到他获得了册封并且出现在家庭和寺庙中，就像我们今天看到的那样，财神的"眼睛炯炯有神，手里拿着银元宝"。

中国的重要神明，按惯例包括财神在内，都在家中受到祭拜。佛教和道教的庙宇不会每周祭拜财神，而虔诚的人希望每周去祭拜财神，就像基督徒每个星期天都去教堂做礼拜。事实上，除了神职人员，没人会每周到庙里祭祀财神。但是很多人每逢节日都去逛庙（参观寺庙）。虽然信仰并没有要求人们必须如此做，北京人却每逢正月初三都会恭敬地到赛马场附近的财神庙祭祀财神。信众挤在财神庙的红色大门前——各个阶层的人都想向财神请愿。当"拿刷的女人"用掸子轻拍来客的时候，她们轻松地达成了一笔交易，并且企图尽可能多地抖落顾客衣服上的灰尘而再挣一些铜板。城市里的乞丐都在这里了。蹲在路边的盲人，准备好芦苇编的篮子接受施舍。瘸腿之人、瘫痪之人、麻风病人发出哀叫声博取同情。许多贫苦之人不去治愈伤口,因为这些伤口可以博得同情,他们爬行数里路就是为了出现在这样令人高兴的场合之中。

人们从狭窄的入口进进出出,而拥挤在门口的小贩使得入口更挤了。"借光!借光!"(相当于西方人说的"让一让")这是信众说的礼貌语,他们想越过那些停下来购买玩具、糕饼或附在竹签上的纸鱼①的顾客。

一旦进入庭院,虔诚的信众便被巨大香炉里飘来的烟包围,香炉上满是正在燃烧着的金银元宝冥钱和香棒。②它们燃烧的火焰几乎升到了屋顶,散发的热量使人们不得不用袖子遮住脸以防烧伤。

急切的信众向前挤着,来到了露天的财神祭台前。他们不顾呛人的烟雾和震耳欲聋的钟鼓声,跪着祭拜祭台上的五个神像(财神与五圣有关,见"二月")。年迈的道士准备点燃香烛和冥钱时,嘴始终半开着祈祷,像水族馆里的一条鱼。道士还负责给虔诚的信众解签。为了获得神明的旨意,人们摇动竹签直到有一根竹签掉出来。按竹签的编号,道士找到书上的解释。如果解释不明朗或不吉,还可以再次求签。

有时候,中国南方的民众在财神庙前搭一个平台。一个"装着少量火药的送炮器突然发出一个藤球,向空中飞出四十或五十尺后掉下来,无数伸出的手臂想接住它。抓到藤球的人在接下来的时间会备受财神的眷顾,并将藤球供在祖先的祭坛前……有时候送炮器发射出三十个藤球,但最幸运的是抢到第一个藤球的人"。

初三之后,人们又开始出门活动,小贩开始走街串巷。然而,最好是待在家里直到正月初五,初五对应于西方的第十二夜。然后撤掉放有幸运符、红蜡烛、堆成塔状的糕饼和水果的漂亮家庭祭坛。所有装饰都撤掉了,每个房子也都清扫干净了,因为根据流行的说法春节

---

① "鱼"与盈余的"余"谐音,因此鱼成为财富的象征。
② 这显然只是普通的香。更上等的香不会在庙会上出售,因为大多数人买不起。因此我们发现普通的香只需几个铜板,可用作表达真诚愿望的媒介。每根香的厚度和普通铅笔差不多,但是长度比铅笔长。小泉八云(Lafcadio Hearn)《日本的幽灵》中的一些诗意传说,受到了古代中国还愿香以及其他名贵香的传说的启发。传说中香不仅用于宗教祭祀,而且用于高雅享受以及与鬼神交流。

已结束。

随着一阵鞭炮声,不能继续歇业的小店铺在清晨重新开业了,并拿更多的酒水和食品供奉财神。店主隆重地将财神请到神龛里:"财神,财神,请进来!请进来!财神,财神!保佑富贵繁荣!"有时候,店主"整天都开着大门,害怕门关着的时候财神路过,从而失去一笔财富。财神庙中的财神像经常被抬到街上,游神时店主更隆重地祭拜财神"。

拜年

男人们穿上像样的外套或者租借一件,去给亲戚和朋友拜年,在新年第一次离开家的时候要留意第一个幸运场地。外出时滑倒或摔倒,会给自己家以及即将拜访之人招致不幸。同样重要的是遇到的第一个人。遇到女人会走霉运,遇见僧人或道士则更糟糕——后一种迷信在一些西方国家同样为人所知。

几年前社会大众仍然遵行旧时的习俗,拜年对一个有广泛社会关系的高位者来说是巨大的负担,实际上他不可能一一亲自拜年。职位比其低者,可以让仆人带上拜帖——大约八寸长、三寸宽的红纸条,上面写着名字,另外还有一些诸如"卑职"这样的短语。拜帖有时也画有一些象征多子、升官、长寿的图案。

但是对于老师、血亲和岳父岳母——如果他们都住得不远——每个绅士都必须亲自去拜年。除村里最老一代的男性之外,其他男性都应该向其他族人拜年。每个家庭的代表都到邻居的庭院,在耆老面前磕头。根据家谱中的长幼排序进行跪拜。由于年龄最大者辈分不一定最高,因此经常发生七十岁老人是一个男孩的侄子甚至于侄孙的情况。如果出现这种荒谬的情况,人们会认为老人是知道传统习俗的,而不需要他给别人磕头拜年——这对中国人来说是莫大的安慰与借口。

来客在鞠躬时说些古老的美好祝愿。"祝你欢喜快乐"或"新年发财"并不别扭,甚至是优雅的。但是更简单的句子,如"拜年""迎年"或"请安""祝你平安"则更常用。中国的许多美好祝愿都与财富、平安有关,也许因为财富太被看重了。就政治而言,和平甚至更为被看重。

在新年期间只说"好话"至关重要。特别要警告儿童不要说"鬼""死亡""棺材""狮子""老虎""大象""蛇"之类不吉利的字眼。为避免儿童忘记或故意说"坏话",紧张的父母会在墙上贴一张红纸,纸上写着"童言不算数",或在前门贴一个布告,上边写有"天地,阴阳,大吉大利"。有时管不住嘴的顽皮小男孩可能会给家里招致贫穷或不幸,可以用冥钱擦他的嘴。这样无论说了什么,都会变为好运。

当然,为了避免提及不吉利的词语,成年人无论说话还是写文章都可能用些含糊不清的短语。聪明人深知写信时粗心大意可能意味着整整一年运气不佳,新年的第一封信便用财富、幸福或长寿等词语开头。新年的许多禁忌使得中国人小心翼翼。中国人的"幸运之花"如此脆弱,小小的错误也可能导致其枯萎与死亡。因此,新年不得发生任何伤财运的事。吵架或责骂仆人也不吉利。洗完澡就赌博会倒霉运,在他人吃饭时更换菜碟会对主母不利。此外,每个家庭都有特殊的禁忌。因而谚语说"入门而问讳"——避免犯忌讳。每一天都有某些禁忌。例如,永远不要在正月初七或初八穿针,永远不要在每月的初七、十七或二十七出门旅行,也不要在每月的初八、十八或二十八回家。①

然而,若认为中国人过年备受恐惧的煎熬并且不堪重负,这是错误的。很多时候,中国人喜欢享受娱乐,虽然中国人的娱乐在西方人来看枯燥乏味。

中国人平日里辛勤劳作,所以休闲本身就是一种娱乐,人们满足于穿着最好的衣服,坐在坚硬的椅子上,无所事事地度过一部分长假。以下三个"民族恶习"——宴会、赌博和看戏,更使中国人兴奋。

虽然一些虔诚的佛教徒会在年关吃斋,他们认为这是一年中最有价值的斋戒并且能积很大的功德,但是大多数居士只在新年的第一天吃一

---

① 七不出,八不归。——译者

顿素食。①

吃斋以及新年不吃肉饺子对爱吃肉的中国人来说是在积功德。 117

"吃好"是节日的常用语，拜年是宴会的延续。谚语说："正月嘴巴吃不停。"尽管熟人到访的时间很短，但是糕饼、甜食、水果、瓜子和茶水等食物不断被端上来，亲戚们不得不留下来吃东西，因为礼仪不允许他们拒绝。

对中国人来说，正规的宴会有目不暇接的美味佳肴，富有的主人会连续提供多种菜肴。中国人会使用许多西方人不熟悉的食材，如皮蛋、海藻、燕窝、鱼翅、鱼脑、菱角、竹笋、海参、泡菜、豆腐、鸭舌、鸡冠、 118
莲藕等，但又遗漏了许多西方人认为必不可少的东西，如黄油、奶酪和奶油。尽管如此，中国菜很精致，外国美食家也承认中国菜与法国菜一样美味。虽然烹饪方式不同，但是中国的调料和佐料——所有美味佳肴的基础——的味道同样细腻。如美食家告诉我们的那样，"胃喜欢惊喜"，中国厨师擅长制作令人喜悦又令人费解的菜肴。虽然宴会多次端上用鸭肉或鸡肉做的菜肴，但是这些菜肴特别精致，我们必须承认最好的厨师是"创意艺术家"。

---

① 中国人吃斋的日子很多，但经常吃斋的居士都是异乎寻常的宗教信仰者。吃斋的方式各异，包括"常年吃斋"即终年严格吃素，只有僧侣和少数特别虔诚的人才遵守。"短期吃斋"可能持续几年或几个月。然后是"一日斋"，比如在每个月的初三、十三、二十三、初六、十六、二十六、初九、十九、二十九吃斋，即"三六九斋"；还有"一四七斋"，即在每月的初一、十一、二十一、初四、十四、二十四、初七、十七、二十七吃斋。两者都是为了遵守向神佛许下的誓言。

吃斋可以在任何合适的时间进行。最受欢迎的斋戒是"观音斋"，从二月、六月、九月的初一到二十（有时只是在十八至二十吃斋，有些时候整月吃斋）。二月十九是观音诞辰，六月十九是观音得道日，九月十九是观音涅槃日（见"二月"）。

"太阳斋"每年两次分别在二月十九和十一月十九，人们相信吃斋可免罪。四月初八的"佛陀诞辰斋"是为了获得佛祖的保护。"地藏斋"从地藏诞辰的七月三十开始持续三天，可防御邪灵、赦罪和减轻在地狱中的痛苦。"星星斋"意味直到星星出现的晚上什么都不吃。最后，"父母斋"是在双亲冥诞日那天吃斋，以帮助已故的父母，也感谢父母的养育之恩。（见 C.H. 普洛普《中国宗教谚语》）。

吃斋也被称为"在例"，即遵守习俗的规定。为了免受美酒和山珍海味等的诱惑，吃斋者通常会佩戴有铭文的特殊徽章。在例的铭文有时会被秘密社团用作识别其成员的秘密语。

岁时 | 303

所有的中国食物在上桌之前都被切成小块，因为中国人认为将大块的食物端上桌，然后像屠夫一样切下它们不文雅。在餐厅只用筷子，在厨房才用刀。最后一道菜是印有"幸福"或"长寿"等红色字符的蒸糕以及一碗米饭。为了表达对这种美好祝愿的感谢，客人会把这两样食物吃完，有时候主人会给客人一个下台阶的机会："米饭不需要吃完。"出于礼貌，客人会品尝按顺序端上来的每一道菜，好胃口很有必要，而且食欲大增被认为是对主人的赞美。当不以吸烟为乐的苏格兰人掏出自己的烟袋时，放入烟斗的烟丝很少，但是当朋友向他借烟时，就会放很多的烟丝。同样的，当中国人"独自吃饭的时候，他不会吃很多，但是当他去做客的时候，他会吃到再也塞不下"。

宴会往往提供昂贵的食物，并且带有几小杯温好的各式小酒。外国美食家称"黄绍是中国最好的烧酒，可与西班牙以及欧洲的烧酒齐名"。常见的烧酒经过三次蒸馏，叫作三烧（san shao），外国人将其误认作"samshoo"，即不易喝醉。这种烧酒以及其他名酒佳酿被大量而又优雅地端上桌，随后会端上比美酒还珍贵的小杯茶水。

朋友之间喝酒一般行酒令或猜谜语，输了的人必须喝光杯里的酒（干杯）。但是，中国的喝酒规则会带来更多的智慧、乐趣和笑声，而不是过度饮酒，因为讲究优雅得体的中国社会（可根据他们的习俗去理解）不至于使绅士们醉酒。中国人的礼仪要求"君子在任何事情上都不应该有极端或疯狂的行为"。

同时，习俗认为客人酒足饭饱后发出一系列打嗝声是表达满足之意。客人脱去长外衣，或者在新菜肴上桌的间隔离开餐桌散步或抽根烟也不会失礼。当然，习俗规定女性不能上桌，除最现代的中国家庭外，女性依然在闺房内吃饭。

进行完数小时的宴会后，主人会给客人送上拧干的热毛巾。接着主客到另一个房间享受各种形式的博戏。中国大部分地区的博戏遭到了法令的禁止。然而，很多中国人喜欢博戏。事实上，博戏是中国各阶层都喜欢的民族游戏。即使是小贩也随身携带骰子，只有两个铜钱的孩子也会与摊主赌一把，看能不能赢得两块蛋糕。条件较好的家庭玩各种博戏，一些用骰子，一些用长约两寸、宽约半寸的纸牌。日本哲学家、敏锐的观察员 Kwazan[①] 说道："博戏在中国人的生活中必不可少，精心设计的博戏包括了一千零一种打赌的方式，是一门伟大的艺术……"他认为："中国的博戏极有可能源自人类的斗争本能，据卡庞蒂埃（Carpentier）所言，斗争是推动人类发展的两种本能之一。虽然中国孩子从不玩打斗游戏，但是没有一个不打赌的。"

麻将的碰撞声以及鞭炮声都是新年的特色。几乎在所有的娱乐场合，客人都坐在麻将桌旁，桌上摆放着作为赌徒守护神的陶制老虎。正如我们所见的那样，因凶猛而闻名的老虎是财神的助手，是邪灵畏惧的对象。人们认为老虎可以吓走招致霉运的恶魔。也许这就是老虎被认作赌徒守护神，也是手拿金银财宝的老虎出现在赌场的木板上或纸卷轴上的原因。号称"金老虎"的老虎图案出现在街头的招幌上，这是赌场的标志。

如果愿意，一个男人可以在正月初五之前开始拜年和宴饮，但是旧时代的女性直到春节结束都不会出门看望朋友。人们认为女性在春节期间出门到别人家，这很晦气，但是即使在守旧的北京，这一习俗也正在消失。

然而，在习俗禁止女性出门的年代，严格的规定也不会给习惯在家中待几个星期的女性带来任何的影响。生活在很大程度上源于习惯。受到男女授受不亲这一社会惯例的影响，她们安心在自己的家庭和花园内度过一生，直到自己也处处讲究"三从四德"。处于青春期的我们无法理解这些女性会对家庭生活感到满足。但是事实确实如此。被扼杀个性的女孩子从不孤单，因为家里通常有几位女性一起生活——妻妾还有女儿或儿媳妇。当然，有时候她们争风吃醋，但是总的来说，她们相处和谐。她们一起玩游戏、打麻将、玩骨牌或把箭投入类似于我们在古玩店中看到的广口铜壶中。铜壶的用途毫无疑问是这样的。她们经常故意谈论八卦，喂养温顺的金鱼，花好几个小时给鞋子或衣服绣上图案以期多子多福。

[①] 日本历史民俗博物馆的松尾恒一教授说 Kwazan 不像普通日本人的用名，或许是僧人的用名。另外，Kwazan 与渡边华山（Watanabe Kazan, 1793—1841）的 Kazan 颇为相似，但是教授也未能确定裴丽珠提及的是不是渡边华山。——译者

迷信

某些家庭仪式也由女性操持，例如洒醋总是由主母完成。遵照旧习俗，主母将醋倒入一个长柄的炖锅里，锅下面有一个装满热煤的小土炉，一会儿的工夫醋化成了水雾。她将脸转向一边，避开呛人的水雾，然后持小土炉到每个房间的角落和桌子下面来回挥动。主母希望借此净化家庭，赶走潜伏的邪灵。

正如我们在"十二月"中提到的那样，邪灵在新年期间似乎特别爱捣乱。因此，驱鬼仪式（见"五月"）在新年有很大的市场。穿着明亮长袍的祭司们挨家挨户驱鬼，成为节日的街头一景。年内运气不好的家庭会举行烦琐的仪式——通常请道士驱魔。"站着的驱魔人头戴一顶黑色帽子，身穿红色长袍，腿套蓝色长袜子，手拿一把桃木剑，在临时祭坛上点燃蜡烛和香……接着把木剑放在祭坛上，并准备好一个神秘的卷轴。这些卷轴将被烧掉，灰烬会倒进装有泉水的水杯里。然后驱魔人右手握剑，举起左边的杯子……开始祈祷：'天地众神！赐予我封印的神力，让我将屋里的邪灵封印。'在获得了所祈祷的神力后，驱魔人命令邪灵：'急急如律令，快离开这个宅子。'然后，驱魔人拿柳枝蘸杯子里的符水，洒在房子的东西南北四个角落……在洒符水之后，驱魔人喝口符水并将其喷到东墙。然后大喊'杀死来自灾星上的青色邪灵，或者把他们赶到远方去。'在房子的每个角落和中心，驱魔人重复以上的仪式，在南边的角落喊道'杀死红色的火灵等'；在西边的角落喊道'杀死白色的邪灵等'；在中心喊道'杀死黄色的邪灵等'。同时，驱魔人示意助手敲锣打鼓。在令人震惊的喧嚣中，驱魔人大声喊道：'东方的邪灵回到东方，南方的回南方，北方的回北方，来自世界中心的，我命令你们都回去！让所有的灵魂回到各自所属的地方！让所有邪灵立刻消失！'最后，驱魔人走到门口，用桃木剑在空中做了一些神秘的动作，目的是阻止邪灵返回家中。最后，驱魔人祝贺家主家里的所有邪灵都已经走了，并收取费用。"

这个仪式只是众多驱邪方式中的一种。驱邪的方式有千种，比如将公鸡的鲜血和羽毛洒在门柱上，在公鸡脖子上挂锁，等等。大多数人似乎对保护他们免受邪灵伤害的方法漠不关心，一些家庭则尽自己所能尝试多种方法，邀请道士和僧人举行烦琐的仪式以清除晦气。除念经之外，僧人还通过售卖无数种驱邪符和护身符来获得稳定的收入，所有的偶然事件都有对应的符箓，从投胎轮回到预防咳嗽和牙痛。

占年是闺房内经常使用的一种驱邪方式。几乎每个家庭都有一些年老的仆人，她也许是某个农妇，长期为家庭干活使她有权向主母提建议，甚至客人在场时也可以插话。这种人熟悉预兆，人们也相信她能预测吉凶。例如，她知道一只乌鸦飞过房子预示着灾难，一只猫头鹰进入房间会招致麻烦，喜鹊在中午出现预示着幸福，但是喜鹊晚些时候出现则是警告人们有邪灵。

仆人记得新年开始的十天是动物和谷物的生日，初一家禽，初二狗，初三猪，初四鸭，初五牛，初六马，初七人，初八谷，初九水果和蔬菜，初十麦子。她会提醒主母每天要举行的仪式。猪日要向财神献祭，也许因为猪是中国最古老的家畜，虽然猪"付出了生命的代价"，但猪肉却是新年晚宴的主菜。鸭日，应该重新开放公共浴室并请僧侣做仪式。这需要准备一只鸡，杀死后喷上一口酒，把鸡头砍下，然后将鸡的鲜血涂在浴室的门柱上。这样可以确保年内没有人会淹死在下沉的浴缸中或被蒸汽窒息。马日是访问亲属的吉日。然而到了人日，为了保护自己不生病，明智的做法是留在家里吃红豆，男人吃七颗，女人吃十四颗。

新年期间占卜天气，用预兆解释家庭小事，都是古老信仰的遗存。例如，如果正月初一吹东南风，收成会很好；如果厚厚的云层覆盖天空，粮食就会很贵；等等。所有的老年妇女都是准天文学家，她们在春节期间仔细观察天象，并且她们的推论往往是对的，因为老年人很擅长占卜天气。因此，她们也带动主母占卜天气，她们的智慧已成为一种民间遗产，也成为日常信仰的一部分。没有人会怀疑"猫洗脸，会有客人来""蚂蚁掠夺邻居的巢穴，可能会下雨""眼皮跳，是有人承认自己的罪过""灯笼闪烁，富贵盈门"。

在保守的中国女性看来，任何打破家庭日常生活的事情，都是生活中的大事，拜年在闺房内会引起极大的兴奋。如果主母仍然梳老式的发型，女仆会花几个小时精心梳理、熏香并编好主母的头发，而主母自己则会熟练地插上鲜花和饰品。化妆也需要很长时间——首先是大面积抹粉，然后在脸颊涂上明亮的胭脂。涂脂抹粉有很好的效果，尽管对于西方人来说这有点粗糙。最后，她们穿上在新年必不可少的新衣让家人欣赏。

127 　　对于外国人来说，中国女性服饰的样式看起来没有大的变化。也许这是因为中国人认为女性不应显露她们的身材，而应将其隐藏在宽大的衣服之下。但是近距离观察会发现中国的女性服饰在过去几年中发生了许多变化，尽管其轮廓与巴黎风格的细线缝相差很小。有褶皱的衬裙曾经在中国非常流行，现在则很少见了。事实上，衬裙在北方几乎已经消失了。女性的外套变得更短，袖子变得更窄，扣了翡翠针饰或珍珠扣的衣领也变低了。然而，天生的品位使得中国女人钟爱没有花样的直领口，光滑的头颅像一朵盛开在领口的黑花。

　　还需母亲照料的孩子也穿得很好。孩子的衣服大多用红色，因为邪灵惧怕红色。安静的小女孩以及参加某些仪式而穿得成熟稳重的婴孩，他们小巧的披挂上绣有吉祥图案——也许是象征美丽的梅花，松鼠吃葡萄（一种象征长寿的古老而又受到欢迎的图案），代表长寿的竹子。他们化了妆的小额头，系了一条狭长的黑色头带，长长的头带上缝有镀金的八仙小像。小孩子也盛装打扮，穿着染有虎纹的短外套，丝质的长裤

128 和猫鞋，戴着有直耳朵的老虎帽，以及百家长命锁。长命锁是最好的护身符，可确保小儿长寿。甚至仍在怀抱里的婴儿，也有红色缎面披肩环绕，小手戴着红绳子，绳上系有几个钱币。这是亲戚给的压岁钱，希望在未来的岁月婴儿健康成长，钱币不能从打结的绳子上掉下来。如果绳子断了，意味着孩子会早夭。因此，人们总是选择粗绳子。

　　女士们在仆人的陪同下，开始无休止地送礼。在古老的广州，人们习惯将长长的甘蔗放到出门乘坐的轿子上，因为甘蔗是一种吉祥的礼物。然而，习俗强调不能去掉甘蔗的头和尾，"因为砍掉甘蔗头尾就不是善始善终、有头有尾了"。

　　北京人的礼物则是各种染有颜色的年糕和蒸熟的馒头，而推车、汽车甚至人力车都是比轿子更常见的交通工具。然而，各地的风俗习惯和娱乐活动却非常相似。家主及儿子在客厅接待男性访客，他们做梦也不

敢拜访女子的闺房，但是闺房对于访客的妻子和孩子来说犹如在家。闺房内有单独的宴会，男女分开玩同样的游戏，享用同样的茶水和甜食，聊同样的八卦故事。当一天快结束的时候，在招待完"来了却不打算离开"的朋友以及心中互相憎恨却彼此恭维的亲戚之后，家主和主母是快乐而疲惫的，他们厌倦了老生常谈的笑话或出于好客而催促来客大吃大喝。然而，第二天他们也许又必须去拜年，为了表明他们喜欢这种热闹而在亲戚家暴饮暴食。

立春，春牛

新年的庆祝活动如火如荼，在天寒地冻的时候，中国年历宣告了立春的到来。立春对应的农历日期每年都会有变动，在谷物生日的初八前后。立春日有古老而富有象征意味的仪式，预示着开始新一年的耕种活动。在举行国家祭典之前，中国农民不应耕种土地。北京的立春仪式由皇帝主持，各省的则由地方官主持，这些祭典表明中国人非常重视与农业相关的信仰。

最初，立春祭祀与土地崇拜有关，有宰杀活牛的习俗。后来，土牛取代了活牛，直到最近——也许一些偏远地区——仍用纸牛或纸水牛。福建是最后受到中华文明洗礼的省份之一，近来福建人仍以活牛迎春，"牛肉分给参加立春仪式的各级官员，而牛头总是留给总督大人"（卢公明）。立春仪式还有一头纸牛，纸牛被涂上了白、青、赤、黑、黄五种颜色，分别代表五行中的金、木、火、水、土。据一位专家说：

在上海，也可能还有其他的地方，立春有时会用到活牛，牛由一个小孩牵着……当然，现在没有流血的场面了，尽管看起来不太可能，但是曾经有一段时间，流行用孩童和活牛进行祭祀。①

最常见的立春队列包括奏乐者、舞者、歌者、纸春牛和鞭春牛者。

为立春准备的纸牛和芒神是在官员指导下做的，官员仔细查阅"新颁发的历书，并根据历书的提示装饰春牛……因此，观看仪式的百姓不仅是为了消遣，而且为了从牛的颜色和装饰了解来年的农业情况……如

---

① 包克私（Rev. A. Box）：《上海民俗》（Shanghai Folk-Lore），《皇家亚洲文会北华支会会刊》第 19 卷（1901—1902）和第 20 卷（1905）。

果牛头染成黄色,则预示着夏天非常热;如果是绿色,那么春天会多发疾病;如果是红色,就会干旱;如果是黑色,则会多雨;如果是白色,会有暴风雨。芒神也是沉默的预言家。如果芒神戴有帽子,将会干旱;如果芒神不戴帽子,就会有雨水。同样地,芒神穿鞋预示着雨水多;不穿鞋子,则会有干旱。芒神穿有许多衣服,预示天气炎热;芒神穿衣少,则会寒冷……因为神明的行为与普通人完全相反,芒神的穿着与普通人也完全相反。最后,芒神系有红腰带,将有许多疾病和死亡发生;芒神系有白腰带,则预示大家身体健康"。

一位骑马者在途中三次叫停立春队列,并三次在地方官面前下马,祝愿官员加官晋爵,每次都获得了奖赏。

到达城东的一处空地后,官员和下属,有时还有旁观者,举行鞭春牛和犁地仪式,以此为农民树立榜样。鞭春牛必须在立春时刻用彩色纸装饰的竹竿来进行。同时,人们将一根空心的竹子插在门前的空地上,竹子里装有鸡毛。我们在北京见到人们依然这样做。当第一阵微风吹动鸡毛时,就是鞭春牛的时刻了,每个人都知道春天真的来了。

在这些仪式之后,纸春牛会被烧毁,人们冲上前去抓取春牛的灰烬作为辟邪物,官员则脱掉冬季的毛皮长袍穿上春服准备回府。

在某些省份,春牛被献给祭坛位于田野的农业神。这似乎证明了仪式的根本动机是促进五谷丰登。"在北京先农坛举行的国家祭典以及在不同的县府由地方官主持的鞭春牛仪式,原理与印度孔德人(Khonds)的人祭仪式(Meriah),以色列人放在门柱上的羔羊,乌菩萨拉(Upsala)祭祀托尔(Thor)、奥丁(Odin)、弗雷(Frey)时撒在祭拜身上的鲜血相似。中国古人用于祭祀土地神的生肉,同样会分给参加祭祀的人。"[①]

庄士敦在《狮龙共舞》中说:"在英格兰的诺森伯兰郡(Northumberland),曾经流行一种习俗,在新年举行化装舞会之时,人们穿上牛皮制作的服装。"(参考第4卷的《乡村习俗》)

为什么要鞭打拉犁的牛?这无法解释清楚。最初可能是为了唤醒春天和促进土地丰收,尽管现在流行的说法是驱逐春季的疾病。

---

① Herbert Chaltey, "The Dead Hand in China", *Journal of the North China Branch of the Royal Asiatic Society*, Vol. XV, 1924.

鞭子通常由柳条制成。柳树象征着太阳的生命能量（见"三月"）。人们认为鞭春牛能恢复牛耕地的能力。象征春天的柳枝可驱使牛赶走冬天，这一点为《礼记》中的古老俗语所证实："立春，出土牛，以送寒气。"①

灯节

官方新年在灯节结束，灯节也叫"元宵节"，时间是正月十五。

一般认为灯节起源于约两千年前的汉代。那时一家之主把灯挂在门上，并挂上象征长寿和富贵的松树枝。汉代的正月十三至十六为灯节，皇帝在太极殿（太一，见《百神》）举行祭祀仪式，从而庄重地结束新年。灯盏使得元宵节成为最漂亮和最生动的节日之一，直到八百年后的唐代，灯展才成为元宵节的一大特色。除为祭祀家神而举行的家庭仪式外，灯节的宗教含义在唐代丢失了。

中国习俗经常发生变化，古老的灯节变成了纯粹的娱乐活动，皇宫也举行盛大的庆祝活动。唐朝的一些皇帝不满足于像列祖列宗那样从高耸的塔中眺望首都的灯展，因而隐瞒身份走上街头，而嫔妃们也如此。风流韵事屡见不鲜。狂欢占据主导地位，皇帝和朝臣直到拂晓才回皇宫。

古籍记录了历史上的几次灯节，最奢华的是明朝一位皇帝在南京举办的灯节。湖面上漂浮着一万盏灯，如此美景吸引了天上的佛陀下凡赏花灯。乾隆在颐和园也举办过类似的灯会，每个楼阁——有几百个——用灯点缀，每条运河上都飘荡着灯火通明的小船，每棵树上都挂着闪亮的灯笼，几里长的大理石栏杆也装饰了闪闪发光的小彩灯。

南方省份的公园通常有灯市。为了感谢神明，新生儿的父母在灯市上买一盏花灯，挂在家附近的寺庙中。求子之人在花灯上写上名字和地址，"花灯在月底由送灯人和歌手一起送来之前，先在祭坛前点亮，通常花灯的中间放有蜡烛和一棵生菜，底部放有两棵洋葱。送灯仪式通常伴有晚宴，花灯会被挂到祖先的祭坛前……在十五的晚上，这是一种习惯……宗族的成员一起用餐。晚宴结束后，出价最高者获得自初一就放在祭坛

---

① 柳树也是祈雨符，与雨水紧密相关，可增强水与牛之间的神秘联系。牛或水牛是一种温顺的动物，在中国的十二生肖中属阴。它们也是昆明湖的守护神，昆明湖在卢沟桥的附近。

图 2-12 元宵节

前的一盏大灯……在广东省的一些地方，为了祝愿宗族人丁兴旺，人们会在祠堂前放置一棵有许多树枝的树。那些在过去一年中经商成功或有新生儿的人家，从初一到十五会在祠堂请族人吃饭。有男婴的人家或是新搬来的人家，会在正月初七或正月十五给穷人吃的……并且有信使在主道或旁道敲锣打鼓招呼客人。"

这些古老的习俗正在消亡。然而，许多中国城镇在十五晚上看起来像仙境。每个人都提着灯笼，福州人也许会提两三个。狭窄的街巷上人头攒动，灯光闪闪似在跳舞。

在长江流域，农民们在寺庙的柱子旁挂上长长的灯串，形成一个灯的海洋。"放在地上的小灯就像闪烁的鬼火，这是为了祭祀阳寿未尽就死去的灵魂"，阎王（见"二月"）也没有把他们的灵魂收归地狱。因为没有指引，这些灵魂无助地在人间游荡，无法找到通往地狱的路，并且容易给人带来麻烦。这就是乡下人在十字路口、靠近水井、沼泽和河流的地方或鬼魂可能出没的角落放上灯的原因。即使只能燃烧几分钟，这些灯也足以让游荡的灵魂成功转世。

"在威海卫，"庄士敦在《狮龙共舞》中说道，"灯节在很大程度上是孩子们的节日。在正月十五前后的几天，一群乡村男孩组成戏班，穿着奇怪的服装，日夜演出古老的小戏，部分人扮成哑巴，部分人对白、跳舞、唱歌。有些孩子戴着可怕的野兽面具，有些孩子扮成白胡子老人，还有些孩子男扮女装。戴着面具游行的孩子们，以极大的热情表演各自的角色，尽情地唱歌跳舞，他们的表演与英式童话剧非常相似。事实上，在灯节之前，他们已经在长辈的指导下练习了几个星期。每个村庄都有面具、假胡子、服装等装备，并且总有成年人乐意将孩提时期学到的经验教给孩子们。白天，化了装的男孩参加当地寺庙的游行活动。晚上，他们提着大灯笼，在音乐和歌唱中走街串巷，从一个村庄走到另一个村庄。偶尔，他们会在一个乡绅的家门前停下来，表演小戏或是跳灯笼舞。"

北京的灯节不像以前那么精彩了。首都灯市的辉煌已经一去不复返，曾经的灯市包括很多艺术品展览，有价值千盎司的银器、漆器，由著名艺术家绘制的号角，还有一些贝壳、雕刻品、镀金装饰品和许多人造珠宝。几年前，通往鼓楼的大街还有特别的灯展，装饰有柏树枝的冰灯里有明亮的纸人和纸山。

不过，前门外的灯市街仍有辉煌的灯展。这些灯展吸引了愉快的观众，也作为广告吸引着消费者。商店内展出的花灯品种多样——形状、材料、装饰、尺寸和价格各不相同。商店前门两侧放置有成对出售的壁灯，其他花灯八个或十六个成套销售，挂在一起组成一个完整的场景。"客灯"——用购买者名字和蝙蝠图案装饰的大型白布圆形灯——目的是照亮来客从庭院到客厅的路，已被挂在竹制三脚架上。天花板上挂着的廉价纸灯，惟妙惟肖：钳子活动的迷人螃蟹，翅膀振动的蜻蜓，脖子摇摆的鸟类。有些灯由画有历史场景的玻璃或纱布做成，也已用木框裱好，然后以各种方式展出。商店内有许多特殊的灯笼：形状像男娃娃的灯可作为礼物送给还没儿子的家庭；松树枝装饰的天灯可悬挂在院子的一根高杆上；装有轮子的圆形玩具灯像火球一样在地上滚动；小小的红灯笼灯孔形成了诸如"幸福""繁荣"等字样；有两个或多个线框套在一起的走马灯，"依据热空气上升产生推力的原理不停地旋转"。最后，读书人家中往往悬挂两侧贴有谜语的灯，供朋友赏玩。

真武

在中国，由于每个节日都有神明的存在，虔诚的信众会给寺庙送新灯笼。北京东安门附近的真武庙有漂亮的小型灯展。挂在桅杆十字横梁上的彩灯，指引观光者前往真武庙，描绘在寺庙白色外墙上的古典美人、英勇战士、神兽和神仙，在灯火的照耀下栩栩如生。狭窄天井的墙壁上，也挂了更多的灯笼，有些灯笼与真武的传奇故事有关。

真武全称真武大帝，也是凡人成神的个例。曾是王子和士兵的他，放弃了世俗的功名利禄，成为道的追随者。意志薄弱的时候，真武开始云游四方。但是，这次他偶然遇到了一位正在把大铁棒磨成针的老太太，老太太告诉他："只要功夫深，铁杵磨成针。"于是他回到山里继续修道。

真武碰巧遵循了经书的要求："如果你的眼睛阻碍了你，就把它挖出来。"在修仙的过程中，为肉体所困的他说道："如果我的五脏六腑妨碍了我，我就舍弃它们。"于是他剖开自己的身体，取下五个重要器官，无心、无肺、无肝地生活，却没有明显的不便。因此他得名"净土佛"，即"没有五脏六腑的佛"。但是他的心肺等器官变成了折磨民众的龙和虎。"唉！"历经磨难的真武惊呼，"如果我身体的一部分给人们造成不幸，我怎么能成神呢？"因此，他放缓修仙的步伐，开始追捕野兽，并把它们变成了乐器。最终，他被册封为北极玄天上帝并居于北极。画像中的真武是个平静的老人，留有长长的白胡子，赤脚，有时已被驯服的老虎、龙、蛇和乌龟围绕着他。（真武在姻缘中的作用，见"八月"。）

民国时期的官府仍过灯节，官方关闭办公大楼，把大街装饰一新，在公园内放烟花等。众所周知，中国人善于制作烟花，广东人尤其擅长在圆形的空地上搭建高高的架子，然后点燃烟花的一连串引子，连续绽放七八个不同的火花场景。第一个场景，寺庙或宝塔的多层轮廓被照亮，甚至挂在屋檐下的铃铛也被烧毁，残骸掉到了地上；第二个场景，一个官员坐在椅上；第三个场景，两个勇士在战斗。直到最后，在观众热烈的掌声中，最精彩的场景消失于黑暗中。

谚语说"天下没有不散的筵席"。在三天的灯节之后，人们开始辛勤劳作。灯节过后，春节真的结束了。甚至糕饼店也推出一种名为喜元宵的薄甜点。在大吃大喝之后，人们回到日常的吃便饭状态，"吃饭很多的人会被说成饭桶"——中国人用饭桶形容食量大。

星节

虽然娱乐活动众多的春节已结束，但是仍然有祭祀的责任要履行。人们在正月十八（某些省份是初八）酬谢本命星君，因为那天是星节。现在中国人说"大脑一片空白，无法知道从天而降的是什么"。对中国人而言，星星和星宿不是空洞的世界，而是神明的居所，神明不仅统治着天空，而且影响着人类的命运。很久以前，分管天上不同星宿的神明受到古人的祭拜。因此，在三更时分，当所有的星星都闪闪发光时，一张朝北的祭桌放在庭院中，上面有两张粗糙的彩色画像，一个是星神，另一个是与人类密切相关的太岁，还有一个装有标示吉星和凶星图表的密封信封。文昌、寿星、北斗等星辰，在其他时间也会受到祭祀，不过这次祭祀包括所有的星神。

图像中的十二生肖神（见《中国年历》），有些是男神，有些是女神，大都以"白色、黑色、黄色和红色呈现，神像怒目圆睁，脸像油灰，看起来很威猛"。

家主首先祭拜作为一个团体的星神，然后祭拜本命星君。这次祭拜属于家主个人，他在新年也要祭拜星神，因为中国人认为新年是每个人的生日。

祭桌上的食物微不足道——只有三五碗用糖和面粉制成的汤圆，但是当家主鞠躬时，星神的灵位前已点亮了一百八十盏小灯。小灯有特殊的灯芯，或是用红纸和黄纸浸泡了油制成的纸捻。灯芯只需几分钟便燃尽了，儿子们重新点亮三盏灯，祭拜自己的本命星君，并根据火焰的亮度，占卜等着他们的是好运还是坏运。为了让星神落地，过去有些人常常把灯放在家附近的水井旁、洗衣的石头上以及庭院的周围。

妇女不能参加星节，并且应该藏起来直到祭祀结束，然后与家人一起吃掉祭桌上的汤圆。而年幼的孩子则祭拜灶王和门神，并在厨房和每扇门前点灯。这些习俗和礼仪，使得孩子们有机会记住与家人亲密接触的神明。

老鼠嫁女日

星节之后的正月十九是"老鼠打洞日"或"老鼠嫁女日"。人们早早上床睡觉，以免打扰到老鼠，避免年内家里受到老鼠的祸害。事实上，大多数人在春节已经疲惫不堪，准备休息以度过老鼠嫁女日。

老鼠嫁女日有个奇怪的传说。北京流传的版本如下：五百年前，有一只光滑的小老鼠，住在北部丘陵的某个洞穴里。因为喜爱独处以及为了避暑，聪明的小老鼠以岩洞为家，不知何故小老鼠变成了一个女人。孤独可能适合于老鼠，但女人无法忍受孤独。于是，有一天，一些烧炭工在附近的山坡上建造小屋，变成女人的老鼠便去敲门了。一位留在小屋的男人正在为同伴准备饺子作为晚餐。在这个偏僻的地方看到女人，他感到很惊讶。但是，当女人提出为男人做饭时，男人就让她准备晚餐，而自己坐在旁边安静地抽烟。男人注意到面团上有一个爪痕。然后他仔细看女人的手，惊恐地发现那是老鼠爪。"这个妖物，"他对自己说，

"一定是个巫婆。"因此他抓起一把刀，砍下女人的一只手，女人立刻消失了。后来，男人和同伴循着血迹追踪到洞穴，发现既没有老鼠也没有女人。"啊！"他们惊呼，"她一定是个神仙。"他们回家并将这件事告诉了妻子。由于害怕被报复，妻子们立即准备好祭祀老鼠的食物。她们的女儿、孙女乃至于曾孙女也在每年的这一天祭祀老鼠。她们希望以此鼓励温和而仁慈的老鼠来保佑自己免受更具破坏性的鼠害，并且劝服坏老鼠到别处觅食。这个关于人类和动物的传说，折射出的思想非常具有中国特色。

会神仙

正月十九在民众生活中有着深远的意义。这是正月里新婚女儿拜访父母的唯一一天，因为这天本来是会面日。众神在这一天拜访道教至尊玉皇，因而女性也会探望父母。会神仙，顾名思义是在家中准备供品，烧冥钱以照亮神仙的"宝座"，黄纸制成的梯子可帮助神仙升天。① 145

没有一个祭坛可以容纳所有的神明雕像，人们像送客一样举行送神仙仪式，拿出绘有几排常见神像的一幅画或一块木板。上排的神仙有观音或天仙娘娘、眼光娘娘、子孙娘娘，下排的神仙有战神关帝、财神和中国万神殿中最受欢迎的药王。此外，人们也在祭坛上放一包献给所有神仙的纸马（见"十二月"），祭祀祖先的冥纸，并在走廊挂上象征天神地祇的铭文，这些在祭祀结束时都要烧毁。

值得特别说明的是，百神纸马也叫百分或万佛，中国人认为纸马非常重要。百神纸马由印有多个神像的单张纸，或由每张印有单个神像的许多张纸构成。纸马包含多个神明，每个神明有不同的个性、属性和神职。纸马中的神像有并排的，多手的，双头的，坐在宝座上的，骑着神兽的，被火包围的，沉着冷静的，发怒的。纸马印有中国自然崇拜中的古老神明，如天地神、龙王、家神、城隍、可怕的火神等。纸马也可能印有孔子及其弟子，星神、四季神、方位神、财神、福神、寿星、药王，以及众多被人格化的自然神如雷神、电母和水神的部众。佛陀以及佛教的重要圣 146

---

① 众所周知，百神代表着整个万神殿，实际上有数千神仙。同样的，百家代表着整个中华民族。

图 2-13 玉皇殿

图 2-14 供桌上皇室成员的牌位

徒也会出现在纸马上。被神化了的国家英雄关帝、岳飞和鲁班也都被印上了。纸马上还印着传说或历史上各行各业的守护神，以及距今相对较近的时期才被神化的英雄，例如17世纪在北京通过考试的张生，他神奇地梦见自己成了天国的官员。

玉帝

147　　纸马上的神仙非常多，但是它们只是玉皇麾下八百神仙中的一部分，此外还有无数的圣人。这个庞大的神仙团体每年都拜访玉皇（人们通常称其为玉皇或玉帝）并做述职报告。

尽管拥有至高的权力和声望，但是玉帝起源较晚，而且神格较为模糊。有许多关于玉皇的传说。在人间的时候，玉皇似乎是个普通人，但是对待穷人非常善良、慷慨。当父亲去世时，这位孝顺的青年登基为王，但是不久他就退位了，成为一名余生都做善事的隐士。许多传奇都如此。

从历史上看，玉皇是宋朝的一位皇帝发明的幌子，他假装在一个时辰内与天帝进行了直接的交流（参见文仁亭的《中国的神话和传说》）。一些权威人士断言玉皇的起源与因陀罗有关。玉皇本是佛教神明，后来被纳入道教的万神殿。其他人则认为道士担心佛教更受民众的青睐，于是发明了玉帝。数个世纪以来，佛教与道教存在许多的竞争，有时甚至

148　是激烈的冲突。当佛教宣传佛、法、僧三宝时，老子的追随者也制定了道教的三宝，即道、经、师。玉皇被当作佛祖的对手，并且玉皇所统治的三重天比佛教的天堂更出色。

单纯的民众认为玉皇是人格化了的上帝或上天本身。因此，玉皇变得广受欢迎。许多山顶有玉皇的神龛，许多村庙有玉帝的神像。在中国经常发生这种情况：神殿倒塌很久之后，玉帝还会受到祭祀。事实上，祭拜会持续到玉皇殿内任何可见或可供想象玉皇神力的东西都消失，并且玉皇的神像也被损坏了为止。正月初九玉皇诞辰，仍然有人会在破损的陶香炉中插上燃香，就像在北京城外的白云观一样，拥挤的人群在会神仙之日向玉皇祈祷。

民众娱乐

正如我们所看到的那样，新年本质上是个家庭节日，人们回到家中祭拜祖先，给家族的老人拜年，在一年的辛勤工作后好好休息。新年也是民众娱乐的时节。

在北京及其周边地区有无数的集市可供人们打发闲散时间。护国寺有花市，花市上有正在开花的水仙、牡丹、木兰、在北京培育的早季双瓣桃花，以及结了果的天竹、橘树、柠檬、佛手。各个喇嘛庙都有傩舞。东直门外面的天台寺、东四牌楼附近的三官庙、大钟寺和许多其他的寺庙都有庙市。

最重要、最受欢迎、最典型的北京集市，是有一百多年历史的琉璃厂庙会，皇帝和农民都经常游逛琉璃厂。

琉璃厂集市被分为两个截然不同的区域，其中一个区域经常有达官贵人光顾。在通往火神庙的狭窄街巷，挤满了黄铜镶边的人力车和豪华轿车。庭院被改成了古玩展厅，京城重要的古玩商都在此展示他们的玉器、瓷器和珍珠。古玩商的摊位离火神殿太近，在穿着华丽刺绣长袍的红脸火神面前，虔诚的信众（我们发现他们中有许多是商人）几乎没有磕头的地方。

同一条街稍远的地方有一个露天广场，这是穿蓝色棉衣的普通人的假日胜地，蓝色棉衣在中国到处都是。这个有趣且欢乐的地方，让人联想到诺伊利博的娱乐集市（foire de Neuilly）。伞棚下色调明艳的各种水果，尤其引人注目。人们在露天的茶店和餐厅侃侃而谈，这些地方往往是流言的汇聚地和政变（coups d'Etat）的策划地。小贩们叫卖着诱人的商品。一排排临时的小摊位，出售各种各样的小玩意儿——假发、缎带、袜带、女性饰品，甚至有廉价的外国商品如短袜或露指手套。这里有个铁器摊，那边有个出售受欢迎的廉价小说的书摊。一位穿着蓝灰色长袍、头顶着明朝样式盘发的道士在售卖护身符。旁边的小贩则喊道："热气腾腾的饺子哟！"整条小路被卖玩具的小贩独占了，拿着压岁钱的小孩子在纠结选什么玩具。玩偶、铁弹珠、粘有粉色和蓝色羽毛的毽子、用薄片制成的栩栩如生的士兵、泥屋模型、成套的微型家具、泥娃娃和绒布狗，年复一年地出现。这些用简单材料制成的小玩意儿，售价极其低廉，让不在意玩具新奇性的中国孩子高兴不已。

摆有西洋镜的小摊会震撼挑剌的成年人，从镜筒里可以看到穿着时髦的中国女郎和穿着不合身的欧式衣服的年轻女性抓着一辆纸板汽车的方向盘，或者乘着纸船在纸海上航行。

151　守旧之人往往会聚到说书者所在的角落。说书台摇摇晃晃的，一个老人站在头发花白的老年听众中间，敲打标志着说书的两根木棍以吸引路人的注意，这样就没有人会错过他的说书了。说书者旁边有一张一条桌腿弯了的木桌，桌上放着扇子、茶壶和吱吱作响的三弦。讲到激动人心的时刻，坐在说书者身后的青年助手会伴奏。

对于那些能听懂中文口语的人来说，听东方说书者的即兴创作非常有趣。搞笑至关重要，因为在开始说书之前，说书者可能用即兴创编的韵文打趣陌生人。

从很远，很远的地方，来了个陌生人。

他唱道：

那人鼻子长，指甲短，

也许，朋友们，他的口袋里装满了钱，

因为我听说外国人很有钱，就是没有礼貌。

这种打趣并不意味着无礼。它们是活跃气氛的玩笑，代价是冒犯本地或外地的听众。事实上，即兴创编的效果与西方魔术师从胖绅士的马甲上提出一只兔子异曲同工。

152　在这个诙谐的前奏之后，说书者巧妙地从平淡无奇的部分讲到幻想和浪漫的部分。他所讲的故事来自历史或宗教传说。随着听众的投入，年老的说书者使人想起辉煌的宫廷情景，宫廷里有诗人、哲学家、可爱的仕女、圣人、士兵，以及受欢迎的戏剧人物。说书者在听众的眼前编织了一个经久不衰的幻想世界。说书者从遥远的过去（越远越好，因为中国听众更喜欢听公元前数个世纪的故事，而不是当下发生的事情）开始，惟妙惟肖地讲述英雄的传奇故事，似乎他们还活着。智慧、正义和神机妙算的诸葛亮，英勇、在无形的舞台上相当炫目的岳飞；像太宗这样的皇帝宜采取庄严的讲述策略，像杨贵妃这样美女需要描述其优雅的背影，而像八仙这样的仙人（见"四月"）则需要描绘他们传奇的生平故事；二郎神和哮天犬（见"二月"）之类的天神也要提及。

因为日复一日的枯燥生活扼杀了浪漫，因为在单调的时代里，世界各国的政府已经忘记了罗马人的格言：人们需要娱乐，如同需要食物一样。被听众围绕的说书者通过调整声音，描绘过去时代的美好生活。说书摊被遗忘了，关帝（见"五月"）骑着赤兔马，而猪八戒花了一个小时追赶天猴。

只要人们寻求幻想，说书者就会继续出现在中国人的生活中。他们受邀到富贵之家娱乐闺房女眷，在夏天的夜晚受到乡村茶馆的欢迎。他们是聚集在那儿的农民们的"活历史"。在集市上吸引观众的说书者仅靠一张嘴从人们的口袋里获得来之不易的铜币，就像西方读者要为连载在杂志上的新故事买单一样。①

卖草药者和江湖术士也有适合他们的角落。不远处就是拿有占卜书籍的占卜者。占卜者为顾客挑选婚礼的吉日，并判断两个人是否合适。在中国，婚姻并非个体的选择，而是家庭选择，男女双方在士绅们的眼中没有隐私可言。最优秀的占卜者无疑开了天眼，继承了祖先给后代的知识。部分依靠本能，部分依靠对古代书籍的多年研究，他们掌握了精巧的技术，以揭开未来的面纱。他们包括通灵者、扶乩的解读者以及依靠预言获得丰厚报酬的受过良好教育的人。他们在集市上用简单的伎俩谋生，并为不识字的民众择日，告诉民众建房子、裁衣服、签合同、种地、埋葬亲属、办酒席、关闭鼠洞、清洗水罐的吉日。如果没有得到星神的认可，迷信的中国人在日常生活中不敢轻举妄动。

侧面的街巷可能会增加琉璃厂庙会的吸引力。我们在这里找到了不同的艺人。可能会有一群希望有人雇佣她们参加家庭节日的唱曲姊——

---

① 说书者有行会，学徒有时跟随一位经验丰富的说书者学习说书。但是这些经验丰富的说书者以前也是不出色的学徒。他们的榜样是中国著名小说家蒲松龄（17世纪）。在科举考试中遭遇不公的蒲松龄，用最优美的风格和最凝练的语言构写了鬼怪和妖精——女狐仙、勇士和少女——的神奇故事。但主流观念认为读书人写这些非经典的鬼怪故事是不体面的。《聊斋志异》广为人知，精选集见翟理思翻译的《中国的神奇故事》（*Strange Stories from a Chinese Studio*）。

图 2-15　女杂技表演者

图 2-16 乡下说书者

人们认为这群人道德品性极差。还有在临时搭建的舞台上表演的女戏——她们总是站着。有时候男歌手会扮成女戏，而他们的女儿则在响板的伴奏下唱着粗俗的歌谣。杂技演员最引人注目。他们设置了一个像马戏团的小围场，围场的中间有个高杆，还有一条站着马戏女孩的飞绳。杂技由骑手和杂技演员轮流表演。大多数表演者都是穿红丝绸的小女孩。类似于西方马戏团的演员，骑着小马的缠足女子像明亮的罂粟花。穿印花棉质黑白紧身裤的女孩，小脚上顶着一个大陶碗，并用脚趾旋转陶碗。接着她停了下来，等另一个更小的女孩爬到她的小脚上，然后上下跳动。在受到束缚的情况下，她们这样表演是相当惊人的。下一个杂技表演是空中秋千。杂技的行规是不需要网，表演看起来惊险而刺激。杆本身摇摆着，而空中飞人系着的绳索看起来很旧了。然而，空中飞人通过两条绳索表演了惊险的杂技动作，一个小丑像一团跳动的火焰向上攀爬，或向下滑动并向观众打招呼，精湛的表演增加了戏剧的效果。

当蝙蝠盘旋在广场上空时，侧面的街巷关闭了，小贩们开始收拾货物，人群也散开了。疲惫不堪的婴儿抱着玩具，在母亲的膝盖上昏昏欲睡，不受来回穿梭的人力车夫的叫声影响。快乐而疲惫的女人边谈论着当天的高兴事，边向家人展示她们买的东西。不愿意缩短假期的年轻人，选择去新式餐馆享受令人愉快的宴会或在剧院过夜。

所有阶层的中国人都热衷于看戏，并且乐意进入梨园看戏。不过中国戏台的传统风格在西方人看来很奇怪——虽然与莎士比亚时代的没有什么不同。中国戏剧在数个世纪里得到了民众的认可与理解，而且精心构筑的戏台激发了观众的想象。中国戏剧的情节几乎没有创新。许多戏剧都是手势与身段结合的场景，戏剧的念白服务于画面，但是优美、雅致的表演总是让人愉悦。

在看戏的过程中，无论是打戏中刺激耳朵的钹和鼓槌，还是大多数通风条件不好的戏台，都不会打乱观众看戏的热情。在连绵不断的喧嚣中，爱看戏的中国人坐着，而没有受到卖食物的小贩、剧院里乱扔的热毛巾、来来往往的服务员，以及大声讨论的观众的干扰。西方的看戏礼仪要求观众保持沉默，即使那是个无聊的戏剧，观众也有必要关注受赞扬的著名演员，因为坐立不安和喋喋不休是不尊重演员的表现。在中国却并非如此。受欢迎的演员也是受欢迎的偶像，会获得观众的热烈喝彩。不过，在许多演出场合，观众说话聊天，伸伸僵硬的腿，喝喝茶，遛达遛达，然后吵闹地回到座位上。

演员创造的幻想世界足以抵挡上述干扰。事实上，当引人入胜的戏剧结束，观众突然回到了现实世界时，写在戏台两侧的对联通常会缓和这种落差。对联提醒正要离去的观众"生活不是演戏"。"当演员谢幕时，悲剧的分离和喜剧的团圆，立即成为一个不复存在的梦。"

第六章　二月·芽月

在祭祀太阳的二月初二，人们以"山上植物如玉"这一古代表述来描述每片叶子和嫩芽都欣欣向荣。柳树变绿，紫丁香即将开花，每个果园的花朵都含苞待放。然而，如果华北地区的春季迟迟未至，除温室里的花朵外，便没有其他花儿会在寒风和骤雪中绽放。

祭祀太阳

北京的乞丐中流传着这样一句俗语："现在是脱下棉袄换上黄色新外套的时候了。"黄色外套即以日光为衣裳。从理论上说，天气应该变得越发温暖。实际上，当乞丐重复这一可疑的俗语时，这些衣服褴褛的可怜人经常在街角冻得发抖。

《太阳经》以太阳神的口吻说道："日夜行程不住停。行得快来催人老，行得迟来不留存……家家门前都行过，太阳一出满天红……有人念我太阳经……世上若无太阳照，万物皆空化灰尘。"为了赎罪或感谢神明使人康复，富人有时会分发《太阳经》。

与其他地方一样，中国的太阳节是史前时代的遗物，原始人很早就祭祀太阳。在神话中，太阳对中国人的影响没有月亮那么深，太阳神话相对较少。然而，太阳崇拜仍然直接影响到日常生活。"风水信仰[①]是原始祭司知识的遗存……并且有助于中国民众认识天体运动，接着自然而然地发明历法并对罗盘的重要性感兴趣。"

---

① 见《百神》。

作为天地主权代理者的皇帝，在日坛庄严地举行国家祭典，卑微的百姓则以更谦卑的方式祭拜太阳。与西方人的烤蛋糕相比，用竹签串起来的太阳糕更薄，大小也不同。另外竹签上还有个用面团制成的红公鸡。①

大多数家庭在中午前准备好五个装满太阳糕的碟子，以及常见的红蜡烛、冥钱和香，放在对着太阳的供桌上。短暂而简单的户外祭祀仪式始于向太阳磕头，终于在铁火盆中烧冥钱。这个仪式的不同寻常之处在于，由被禁止上桌吃饭的女性祭祀太阳。女性祭祀太阳是因为人们迷信人死后必须喝他们生前浪费的水，而日神知晓所有事情并知道谁在造孽，女性祈求日神在审判日来临时宽恕死者。

过去皇宫会在太阳节组织各种娱乐活动。宫廷有斗鸡活动，类似的斗鸡活动在马来人中仍然很受欢迎。②与此同时，女士们也有自己的娱乐，用明亮的丝带装饰秋千架。唐明皇三千嫔妃荡秋千的场面一定非常优美，唐明皇称她们为"飞仙"——她们身穿昂贵的纱裙，肩披长长的环带，头发装饰有迷人的花朵、精美的发钗以及珍珠和玉石，荡着秋千就像藤蔓上的鲜花来回摆动。

唐中宗不似唐明皇那么沉迷于文雅的娱乐，而下令在适合运动的春季举行拔河比赛。一方有七位大臣和他们的两位女婿，另一方有五位大臣和四位将军。③历史并没记录哪一方获胜，但是似乎有两位大臣被拉倒了。年老的大臣很难站起来，他们挣扎着站起来的样子，使皇帝想到有甲虫在他们的背上而开怀大笑。

---

① 中国人认为太阳上住着一只公鸡，这个东方雄鸡随着日出和日落而起落。如同欧洲一样，中国人相信打鸣的公鸡能驱除黑暗和邪恶。但是在东方，公鸡不仅象征着黎明，也象征着新的一年和吉祥的开端。太阳节的公鸡用代表着快乐、光和活力的红色。通常，白色的公鸡被装在篮子里，放在棺材的顶部。人们相信打鸣的公鸡能让灵魂跟随身体到达坟墓。

② 唐明皇在位时，皇宫里建有一个特别的斗鸡场，五百个皇家侍卫的孩子负责养鸡并训练它们战斗。

③ 作者的表述与唐代文人笔记的记录有出入，据唐人武平一《景龙文馆记》载："四年清明，中宗幸梨园，命侍臣为拔河之戏。……时七宰相、二驸马为东朋，三相、五将为西朋，仆射韦巨源、少师唐休璟以年老，随絙而踣，久不能起，帝以为笑乐。"——译者

人们如今在北京哈德门外的太阳宫（Tai Yüan Kung）①游玩。在太阳宫小小的太阳星君神殿中，有一个镀金的木制太阳神像。信众在神像前烧香，然后到小亭子里休息，附近围着黄围裙的志愿者在亭子里免费提供茶水——志愿者以此做功德或履行谦卑的誓言。行走的说书者极有可能为百姓讲述古老的太阳神话。"听！"他用颤抖的声音说道，"据说太初，万物还没被创造的时候，地球是一个没有形状的物体，像水母一样漂浮在水面上，而神明时隐时现。盘古诞生，将大地与天空分开。盘古忘记将太阳和月亮放在适当的轨道上，日月便退回汉海②，因此人们生活在黑暗中。然后，'方帝'（Terrestrial Emperor）派遣一名'时官'（Terrestrial Time），传令太阳、月亮分开以作为'天灯'。日月不从。因而方帝再次召唤盘古。在佛陀的指引下，盘古在左手写上'日'字，在右手写上'月'字。走到汉海，伸出左手让太阳转动，伸出右手让月亮转动，并虔诚地重复施咒七次。日神和月神升到了高处，天下不再黑暗了。"

这个神话的奇特之处在于混合了各种宗教观念，这在中国很常见。佛陀可以指导盘古，而盘古是晚近才出现的道教神明，这表明民间想象容易将不同时代和不同的宗教信仰混淆。

土地神

在虔诚地祭祀太阳之后，中国皇帝和百姓接下来进行对农业来说更为重要的仪式，即在黑暗冬天逝去、光明春天来临的季节祭祀土地神。

自远古时代以来，人类就希望粮食丰收。甚至在转入农耕社会之前，人类就期望食物充足。随着社会的发展和政权的稳定，朝廷将基本的祭祀仪式分为官方祭典和民间信仰。

从这个意义上讲，天地被称为"皇天""后土"。地作为天的配偶自然而然受到统治者的尊敬。天子承担沟通人神的责任，并有权引导和调整祭典，祭典所祭祀的超自然存在依靠神力将所有的生物紧密

---

① 潘荣陛的《燕京岁时纪胜》二月"中和节"条记："左安门内有太阳宫，都人结侣携觞，往游竟日。"——译者

② 原文为 Han Sea。——译者

联系在一起。因此，我们发现一代代独揽大权的帝王顺应天道，册封先贤，如犁的发明者神农（公元前2838—前2697年）通常被称为农神或农业守护神，更有甚者如汉高祖刘邦，将神农纳入国家祭典。

通常，朝廷祭祀土地时会举行盛大的仪式（见《国家祭典》），统治者亲自耕田以作为典范。地方上的土地神受到当地人的祭祀。土地神在特定的地方有受欢迎的替代者或下属，他们可以说是丰产之神。农民在早春的某个时候，如播种的时候（尽管实际日期因地区而不同），在门外祭祀土地神，并在八月酬谢土地神。每个家庭要么在田地上用一块石头砌一个祭坛，奠酒并请求土地神保护他们，要么在村民聚集的地方设立一个祭坛，妇女们也热衷于祭拜土地。

有一大群神明可保佑粮食丰产。最早、最重要的是形象模糊的后土，有时是男性，有时是女性，有时被认为是发明了农业或疏通运河分出九州的古代圣贤。

接下来的两个重要神明是土地公和土地母。人们不敢在不吉利的日子动土，也不敢在犁地种新作物时忽略他们。土地公和土地母还是摔跤手的守护神，摔跤手求他们赐予温和的摔跤技术。

还有特殊的丰收神和许多不那么重要的农业神，包括芽神、玉米神、五谷神和蝗神。不知出于何种原因，蝗神也是乞丐的守护神。蝗神叫"刘元帅"（刘猛将军），在直隶和山东特别受人尊敬，尽管偶然受到了宋代皇帝的册封，但是人们认为蝗神是唐代或元代的一位将军。长江以南的农民也在小小的神坛以另一种名义祭祀蝗神，这些神坛通常只包含未经雕刻的简单石像。没有人会忘记祭祀蝗神，人们自私地希望蝗神将瘟疫带到一些不好好祭祀他的地方。"威海卫的汉人认为，尽管蝗虫毁坏农作物，但是蝗虫并不像其他昆虫那样可怕，因为其他昆虫不受神明掌管，也不受礼仪的约束。如果所有有害的臭虫和苍蝇都被封神，那么劳动人民就更幸福了。"

青蛙神

青蛙神也值得一提。这个有趣的小动物喜欢美酒、佳肴和戏剧。祭酒被认为可以治耳聋。演戏之时，青蛙会跳到戏台上用一条腿指出它最喜欢的剧目。在整个长江流域，青蛙神已经成为水神的随从。我们无法追溯青蛙在中国的深层含义及其模糊起源。奇怪的是，与中国阴阳学说关于万物起源的想法相对应，在古埃及、托特（Tot God），伊西斯（Isis）和奥西里斯（Osiris）的孩子以青蛙的形象出现，控制着尼罗河的泛滥。因此，我们可以想象这种两栖生物为何会成为土地的守护者，因为土地依赖于河水的涨落来增肥。在中国河流或湖泊众多的省份，青蛙神非常流行，这似乎也证实了我们的设想。①

华中地区的青蛙神通常有自己的庙宇，某些新上任的地方官会祭拜青蛙神。在浙江，青蛙神祭拜依然广为流传，青蛙神可能光临私人住宅，人们必须敲锣打鼓将其送回庙中。幸运的是这种情况极少出现，尽管青蛙在庙中享有极大的自由。青蛙可能会跳上祭坛或者进入僧侣的起居室。青蛙无论走到哪里，都会被虔诚的佛教徒喂养。

在中国，青蛙也象征着财富。非常流行的一种象征好运的图像是一个男人和青蛙在玩一串钱。传说这个男人是仙人刘海，他有一个交替放有鸡蛋和铜钱的如意带。出生于北京的刘海，曾是燕王的大臣，仙人汉钟离（见《四月·八仙》）曾拜见他。汉钟离在客厅把一个鸡蛋叠放在另一个鸡蛋上，两个鸡蛋之间用铜钱隔开。"这是危险的把戏！"刘海喊道。"比起您的主子，这只不过是个小把戏而已。"汉钟离答道。刘海明白了汉钟离的暗示，随即指控燕王是个篡位者——他本来就是。

坦率的刘海被罢了官。于是，他开始全神贯注地寻找不老药。数个世纪以后——公元1662年——他再次出现，这次是作为裴②氏商人家的仆人。当带着主人的儿子在福州看灯展时，他从人群中消失并在短时间内神奇地穿越了各省，主人才意识到他是仙人。有一天，他终于从水井里捞出一只青蛙，用彩绳捆住青蛙并放在肩上，高兴地大叫："我寻找这只青蛙好多年了，最后我终于找到了它。"邻居们蜂拥而至，他当着众人的面感谢了裴氏的盛情款待，然后从目瞪口呆的人群中跃上半空消失了，青蛙也消失了。由于刘海携有钱币以及与青蛙有神秘关联，商人向他祈祷经商成功，他的画像被贴在两扇大门上。

---

① 蟾，或三足蟾蜍，与潮湿的月亮有关。（见"八月"）
② Pei 的音译。——译者

三官

与农业神密切相关的三官,也叫"三界之王",他们管理着土地、天空和水域。①

道教的天官、地官、水官,分别代表着赐福、赦罪和解厄,他们的起源可以追溯到公元5世纪。三官崇拜历经兴衰起伏,特别是在祈祷无灾的农民中间。

三官崇拜在福建省最为兴盛。三官分别在各自的诞辰受到祭拜——正月十五祭拜天官,七月十五祭拜地官,十月十五祭拜水官。人们通常称其为"三元",除了禳灾和治病,他们也记下凡人做的好事和坏事,在三官生日的时候官府不行刑罚。

五圣

在所有农业神中,五圣最为奇特。为了避免家畜生病,农民祭祀五圣。华北民众一般将狐、黄鼠狼、刺猬、蛇、老鼠这五种动物称为五圣。虽然五圣在明朝受到祭拜,但是清朝将五圣视为"淫神",禁止祭祀。单就一项,五圣就应该遭到朝廷禁止,即他们出现在女孩和妇女的梦中勾引她们,并与已婚妇女发生关系。因此,对五圣的崇拜在中国近似于神化好色,宗教永远不支持放纵或狂欢。毫无疑问,正是中国人对家庭的推崇,清除了宗教信仰和民俗中的不和谐元素。中国人的万神殿没有与西方维纳斯或爱神对应的神明。不像印度传说和希腊神话,中国没有描述神明爱情的文献,无论是神明还是人,不正当的爱或激情从未被提及。

五圣也受到了规则的管控。尽管不时有反对祭祀五圣的提议,但即使是朝廷也无力将这些古老而广受欢迎的神明连根拔起。几年前浙江省的一位大官便谴责五圣是邪恶和瘟疫的制造者。百姓对他说:"来自众神恩赐的,众神也会带走。我们比任何时候都应该祭祀那些可能伤害我们的神明。"在这里我们又一次发现,神人之间的关系是互惠的。因此,必须考虑到人们是为了消灾才祭拜五圣。

---

① 不要将三官与三皇混淆。(见"五月")

南方人祭祀五圣的仪式更烦琐，可能是因为南方远离朝廷的控制。不过在北京周边的村庄，小小五圣神殿看起来更像狗窝而不像寺庙。即使祭拜五圣的仪式被严格禁止，被取缔，被改头换面，农村的五圣神像和古老的仪式也几乎没有发生变化。有时五圣庙也奉祀其他的神明尤其是战神，虔诚的信众为了祭拜五圣故意将五圣与财神（见"正月"）混淆，发明了一个叫五圣的财神。

龙抬头

祭祀农业神之时也是春回大地之时，二月初二俗称"龙抬头"的日子。龙从立冬的九月[①]开始冬眠，人们认为冬眠的龙变成了一种小生物。但是，当温暖的春天带来第一场雷雨时，龙便飞上天。飞龙象征着所有昆虫共享的新生命力。因此，二月二也叫"惊蛰"。

在这个季节穿越华北的村庄，我们注意到每个农民都会在院子堆化肥的地方放一块冰，或者在芦苇旗杆上放三角形的纸旗子。两种拜物行为都是为了安抚地里的小动物，希望在巨龙的影响下它们变得慈悲，将来的日子没有虫灾。其他各种古老而奇特的习俗也与此有关。山东人在日出之前起床煮饺子，人们认为浮起的饺子可协助大自然唤醒疲软或休眠的动植物。迷信的家庭在惊蛰这天洗净水罐并用烟熏。惊蛰这天女性不能做任何针线活以免不小心戳伤龙，与龙受伤的部位对应，她们的身体也可能出现水肿或疮疖。惊蛰的特色是午餐吃饺子和有肉的面条。前者与耳朵相似，后者与胡须相似，尽管它们之间的相似性需要靠想象。此外，惊蛰这天向中国朋友打招呼是礼貌的："您吃过龙耳了吗？"或"您品尝过龙须[②]了吗？"每个人都会明白这些话的意思。

在惊蛰的晚上应该用枸杞叶煮汤给孩子洗脸，可保佑他们健康和不变老。庄士敦说："这使我们想起英格兰人的习俗，年轻人如果在五月一日到田野里，以露水洗脸，就会青春永葆。"

[①] 立冬对应农历的九月到十月之间。——译者
[②] 现在，龙须指的是芦笋。

二郎

二月初三，北京的爱狗者到哈德门大街，在一间有黄色屋顶的唐代寺庙祭拜玉皇大帝的侄子二郎神和哮天犬。

二郎神因追捕齐天大圣而声名鹊起，《西游记》详尽地记述了这一传奇故事。《西游记》讲的是唐僧师徒前往西天取经的故事①，实际上是中国版的《天路历程》。整个故事是个构思巧妙的寓言，二郎神击败了顽皮的齐天大圣，暗示着精神战胜了物质。由玉皇大帝创造的孙悟空，"可以在高山上翻筋斗，在水里来去自如，吃树上的果子，并与长臂猿和鹤为伴"。但是这个"美猴王"并不满足玉皇大帝授予的职位。孙悟空自封为齐天大圣，发现了长生不老的秘诀，并且大闹玉帝的天宫。

玉皇大帝（见"正月"）大为恼火，命令二郎神追捕偷吃蟠桃和长生不老仙丹的孙悟空。"将他交给我，"玉皇大帝说，"我要将他投入八卦炉提炼出长生不老仙丹。"然而，这说来容易做起来难，因为孙悟空在受困的时候会变成不同的东西，如虫子、道士和佛寺。最终，二郎神的仙术打败了孙悟空的变形法，这个传奇故事的道德寓意是行善会获胜。

协助二郎神追捕孙悟空的哮天犬，与二郎神出现在同一个祭坛。有宠物生病的人来此烧香，然后将香灰作为治疗的药物。如果宠物恢复了健康（有时是在服用了最好的药物之后），忠实的宠物主就会购买一只有真皮和红布舌头的玩具狗，放在二郎神和哮天犬面前还愿。

道教和佛教的地狱

二月（初一）也是秦广王的生日，秦广王掌管着十王地狱中的第一层，决定人类的阳寿与投胎转世，让男人投胎为女人，女人投胎为男人，以便那些功过相抵的人享有平等的机会。

中国神话并没有极乐世界或冥界的观念。天宫或地狱的概念来自佛教，后来被道教借用了。两种宗教相互借用，常常使人难以厘清某些信仰的起源。佛教和道教的地狱都有许多层，地狱图景出现在罪人受酷刑

---

① 有关西天取经的细节，读者可参阅文仁亭《中国的神话和传说》的第十四章。

的卷轴上，也出现在外国人看来相当恐怖的神殿中，神殿里有真人大小的陶土像。令人敬畏的东岳庙和十八狱庙①（在北京齐化门外）完整地反映了中国人的地狱世界。我们在那里看到了艺术家描绘的逼真地狱。吴道子是唐代的大画家，据说他描绘的地狱吓坏了都城的屠夫和鱼贩，使他们放弃了"佛教徒极度厌恶的谋生方式，寻求其他生计"。

尽管识字的中国人轻视这些地狱绘画，而明智的僧侣知道这些绘画不符合真正的教义，但它们的存在警告了那些需要直观了解作孽后果的不识字的民众。佛教描述的地狱包括地下的一百二十八个热地狱，以及位于宇宙边缘的八个冷地狱，八个黑暗地狱和八万四千个其他地狱。佛教的教义说罪人不会永远受罚，因为这些地狱组成了炼狱。罪人重生在受苦的地方，地狱的最高统治者阎罗王判定他们不断轮回。尽管无论过去还是未来，阎罗王都是一个无情的法官，但是"无论身在哪个地狱，鬼魂都不会永远被诅咒"，迟早会得到救赎。

依照佛教的地狱观念，道教将其简化为十个地狱。就像中国的衙门一样，地狱王像地方官，记录员像衙门的"跑腿者"或师爷，勾魂使者的绳索装饰有虎纹，这象征着他们的残忍之心。

地狱的入口被委婉地称为"黄泉"，据说位于四川丰都，穿过一座十层高的紧靠着山上悬崖峭壁的建筑才能到达。阴森可怕的地狱大门紧锁，到了晚上诅咒的叫声会穿透悬崖。只有一个人敢进入地狱——万历年间的一个官员。官员手拿火把穿过可怕的大门来到地狱，在地狱里遇到了关帝（见"五月"），然后周游地狱。他提到了地狱被分为十层，每层地狱又分为十六个区，并由十王统治。

第一层实际上是个前庭。生死簿中记载着人类所做的好事和坏事，那些功过相抵的人会投胎转世。同样，只要真诚悔改，轻罪者可以被宽恕。作恶的灵魂则被狱卒拖到一个高塔——恶镜台——从悬挂在空中的一面大镜子里，他们可以看到自己的过去。

第二层地狱据说位于海底，是盗贼和谋杀者的冷地狱。惩罚的方式千变万化。楚江王（三月初一生日）掌管着这个广阔的地狱，这里有巨

---

① 道家的地狱，可参考翟理思翻译的《聊斋志异》一书的附录。

大的寒冰池，罪人被推来推去，直到筋疲力尽。

第三层黑绳地狱，由宋帝王管辖（二月初八生日）。不孝子、不听话的奴隶、逃叛的士兵、逆反的大臣在此受苦。

第四层血湖地狱，由五官王（二月十八生日）统治。商业交易中的作弊者、不付房租者、售卖假药者、伪造钱币者、纵容宠物滋扰他人者均在此遭受酷刑。

阎罗王

第五层地狱——哀号地狱——由阎罗王管辖，阎罗（正月初八生日）原是印度的古老神明。奇怪的是，早期的雅利安人认为阎罗"是第一个死者，仁慈的他曾统治着一个天堂，那里没有炎热或寒冷，没有生老或病死，也没有七情六欲"。守卫第五层地狱的两条狗，长有四只眼睛和一个大鼻孔，鬼魂应该快速越过这两只猛兽，这是早期神话中与阎罗王有关的恐怖景象。

后来，我们在东方的众神中发现了一种神圣的变形，阎罗成为审判死者的可怕法官。有传说解释其起源。他曾是凡间卷入血腥战争的国王，要为所犯下的罪受到惩罚。因此，他重生为地狱的统治者。十八名将军，其中包括阎罗的儿子，以及八万名士兵，与阎罗一同下到了地狱，在阎罗身边担任助理判官和狱卒。但是在人间所犯的罪行使得阎罗必须接受惩罚，沸腾的铜水每天在阎罗的嘴上倒三次。①

有人认为并非阎罗，而是阎罗的儿子掌管着第五层地狱。之所以有这样的误解，是因为曾经有个年轻人因为太仁慈而被从第一层地狱降到第五层任职。

第五层地狱的惩罚是一种较轻的道德折磨。罪人被带到著名的望乡台，望乡台周围竖着利箭，罪人看到了自己尘世的居所。最痛苦的莫过于回忆起过去的快乐。骄傲的国王想起自己无可挽回的宫廷；聪明的恶人想起自己的图书馆和研究仪器；艺术爱好者想起自己的绘画、玉器和

---

① 有关阎罗的情况，参考钢和泰男爵（Baron Stael-holstein）的《论诸神变》（*The Pamphlet on Some Divine Metamorphoses*）和艾德（Eitel）的《中国佛教手册》（*Handbook of Chinese Buddhism*）。

青铜器；享乐之人想起盛宴上精心准备的菜肴和美酒；守财奴沉痛地回忆起他积存的金子；强盗想到了偷来的财富；残忍之人想到了自己血腥又暴力的行为。记起前尘往事的他们，厌恶自己所犯的罪过，愤怒地以为自己因尘世的几块金子、爱慕虚荣或是贪图享受，而不能在天堂享福。但丁在《神曲》中让有罪的灵魂"回望荒凉的家园和破败的家庭神像"，也表达了同样的痛苦。

第六层地狱，由卞城王（三月初八诞辰）管辖，用以惩罚亵渎天、地和北极星之人。

第七层地狱，由圣山的神明（见"十月"）泰山王（三月二十七生日）管辖，那些用人脑、用从坟场和陶器里挖出的人骨来造药的人，煽动他人吵架或打架的人会被下油锅。

第八层地狱，即大热脑地狱，由都市王（正月初七生日）统治。这个地狱是给不孝子以及对长辈忘恩负义或不敬之人而准备的。将衣服晾在房顶上的妇女也会在这里受罚。中国人认为这冒犯了神明，因为房顶上的衣服妨碍了他们在空中战斗。

第九层地狱，由平等王（四月初八生日）管辖。被处决的杀人犯、鼓吹叛乱者以及犯下十大罪行之一的人，在围有铁网的圆形地狱接受审判，并遭受酷刑直到所有被害者得到重生。

第十层地狱，由转轮王（七月十七生日）管辖。该地狱的六座桥对应轮回的六道。所有将要重生的灵魂都必须从其他的地狱来到这里，然后在风神的引导下进入健忘塔。他们喝下醉人的孟婆汤忘记前世，孟婆汤类似于希腊人的忘川（the Waters of Lethe）。

观音——慈悲女神

幸运的是，这些可怕的地狱之苦可以被减轻。像许多普通官员一样，地狱之王也可能被贿赂。在诞辰之日，地狱之王享受香火和祭品，忏悔者挤在神殿上恳求他的宽恕。赦罪和减轻痛苦是所有神明的职责。有两个友好而慈悲的神明牺牲自己为人类赎罪,他们分别是地藏王（见"七月"）和观世音菩萨。地藏是民众将救赎观念人格化的神明，观音则宽恕所有堕入地狱的亡魂。

象征着温柔与怜悯的观音，在中国人心中占有独特的位置。观世音证明她抚慰悲伤者和保护危难者。像罗马的玛利亚一样，观音是佛教信仰的神圣中介，观音与圣母有许多相似之处，因而守旧而偏执的法国传教士古伯察神父（Abbe Huc）认为魔鬼会幻化成菩萨，模仿真实的菩萨欺骗灵魂。

对于信众而言，观音比佛陀更亲切。观音不只是女神，也体现了人类的心灵。"男人喜欢她，孩子们崇拜她，女人向她祈祷。"无论供奉什么神的庙宇，几乎总有一座供奉观音的小神殿。观音的神像也出现在许多家庭中。许多人的心中立有观音的神坛。"其他的神明使人惧怕，观音则慈悲为怀。其他的神明都有傲慢的黑脸，观音面如金光、温柔如月光。" 因为观音与信众亲近，所以信众也亲近观音并重复着古老的祈祷："伟大的菩萨呀，伟大的菩萨呀！您带走了恐惧，菩萨！以女人的温柔之心和大佛的神奇力量救苦救难！"

代表着观音各种化身的观音像，通常非常漂亮而且引人注目。现在我们看到千手观音伸出的双手象征着观音对人类的爱。观音与欧洲大教堂里的圣母非常相似，都戴有高高的头罩，头部下垂，身上披着精美的袍子，手指非常纤细。观音经常怀抱一个孩子，这个形象源自印度女神哈里提（Hariti），她是一个散布瘟疫和天花的坏夜叉，直到佛陀将其最小的孩子封印在托钵里，她才皈依了佛教。她看到了邪恶和自私造成的罪过后并变得慈悲。悔悟后的女神哈里提已经与观音融合。观音是完美女性的象征，尽管不像爱神维纳斯。东方人非常清楚地区分了激情与亲情，激情是为了实现欲望，而亲情则包括家庭之乐和关怀，如果有幸，也包括与妻妾的感情。对中国人来说，最神圣的是母爱，而观音象征并守护着母爱。

观音在帮助人类时有众多的化身，而备受崇敬的有送子的白衣观音［这是摩尼教（明教，"Religion of Light"）的遗物］，以及站在巨浪汹涌的岩石上、解救沉船上的凡人的南海观音。观音的头衔有"慈航""普度"，这表示她有能力拯救在苦难和黑暗中挣扎的罪人，并使他们到达真理的彼岸。

观音有象征着向干渴的大地洒下雨水的两件法宝：甘露瓶［有时也

称为永生瓶（净瓶）]和求雨符柳枝。"佛教文献中，佛法经常被比喻为向干旱的大地上降下复活生命的雨……这看起来自然又恰切，救苦救难的观音菩萨手握可使法雨从天而降的柳枝，向世间洒下永生的甘露。"最后，除了帮助信众之外，观音还保护那些单独上路的旅人，使他们免受强盗和野兽的侵害。

尽管我们不可能在这一章中详细描述观音崇拜，但是慈悲、宽容、救苦救难的观音吸引了所有疲倦而心情沉重的人来到其祭坛，这表明了观音在佛教中的重要地位。"观音有求必应。"《莲华经》写道："任何遭受痛苦或麻烦的生灵向观音祈祷，观音都会立即听到并施救。任何小生灵坚持念诵观音的名字，就算是被扔进熊熊的熔炉中，火焰也伤害不了他；就算被利剑刺中，利剑也会被击碎；就算掉入深水中快要溺亡，观音也会把他带到浅水处。"

如今的中国人认为观音是位女神，对应着道家的西王母（见"四月"《三月·西王母》），并像西王母一样源自古老的母性崇拜。但情况有时并非如此。许多个世纪以来，中国观音似乎徘徊在男性和女性之间，佛教中的菩萨实际上没有固定的性别，可以以任何的化身出现。印度佛教的观音，即观自在（Avalokita）①是男的，是爱与同情之神，是佛教的圣约翰，是佛陀最爱的弟子。观音诞生自释迦牟尼为苦难世界留下的怜悯之泪，释迦牟尼头上小小的佛陀头像象征着慈爱。

直到唐朝，观音仍然是男的，那时某些佛寺的观音身穿长袍、留有胡须，有着印度圣徒的面容。但是观音在公元12世纪前后变成了女性，这种变化极大地提高了观音的知名度，后来观音成为理想化的女神，成为"凡人和不可触及的神明之间的纽带"。

佛经记载观音菩萨为了救苦救难决定留在轮回中不断经历生死的故事，宋朝的普明（P'u-ming）禅师也创作了有关观音生平的浪漫传说。

普明禅师因为写下了观音传说以及传颂观音的事迹而获得了福报。传说简单明了的语言不但方便民众直接阅读，也体现了中国人关于观音的真正想法。我们在一个乡庙中听到了这个故事。那里有一个古老而褪

---

① 喇嘛教用披在左肩上的鹿皮和手里的玫瑰来区别观自在的性别。

340 | 中国的风俗与岁时

色的神坛，很多信众在祭坛向观音祈祷。松树和银杏树遮蔽了乡庙，蝙蝠绕着摇摇欲坠的屋檐盘旋并发出幽灵般的声响。一些来访的僧侣和俗人在树阴下听观音传说，如同雾气一样的白色飞蛾在树木的周围盘旋。一位禅师提醒听众二月十九是观音诞辰①，并恳求他们静听记载观音生平的经文。然后双手合十，开始诵经。

很久很久以前，有一位国王叫宝嘉（P'o Chia），他非常爱王后。然而，他们却不幸福，因为没有孩子。国王觉得自己的王国被众神否定了，因为他是靠残忍和流血获得了王位。国王便对王后说："我们去华山朝圣，为过去的罪过忏悔，并求神赐予我们一个男儿吧。"于是，国王和王后去了华山，神赐给他们三个孩子，可惜三个都是女孩子。

当三个女孩子长大成人，没有儿子的国王决定将女儿们嫁给自己指定的男人，并且要从三个女婿中选出一个适合的继承王位。大女儿和二女儿乖乖地听从了父母的吩咐，但是沉浸在祈祷和冥想中的小女儿妙善却拒绝结婚。经过多次徒劳的劝说，愤怒的国王把妙善赶出了皇宫。妙善穿过森林，与月亮为伴，与风为友，然后以白鸟庵为栖身之所。因为有国王的命令，寺庙的女住持不得不竭力阻止妙善成为尼姑。劝说无果之后，妙善被派去干粗活。舍己为人的妙善欣然接受安排，天神也来帮忙完成这令人厌烦的粗活。海龙帮她在厨房附近挖了一口井，老虎帮她捡拾柴火，鸟儿帮她摘野菜，以便她可以不受干扰地修道。

意识到女儿的决心，国王越发愤怒了，派士兵包围庵堂并放了一把火。妙善从头上摘下一根竹发簪刺破上颚，将血洒向天空，瞬间乌云密布，大雨倾盆。怒气冲冲的国王下令将妙善斩首，但是到了处决日，落在妙善脖子上的刀却被一分为二，大片的黑暗降落大地，老虎驱散了刽子手，带走了晕倒的妙善。

在恢复意识之后，妙善发现自己到了一个陌生的地方，"没有山脉，没有树木，没有植被，没有太阳，没有月亮，没有星星，没有栖息地，

---

① 农历二月十九是广受欢迎的观音诞日。实际上，纪念观音的节日有不少于三个，习俗认为这些节日是为了纪念观音修道的三个阶段。虔诚之人在二月十九、六月十九和九月十九祭拜观音。在每月的初一和十五，信奉观音的信众会转动佛珠并念经，许多家庭也向观音烧香。

没有声音，没有鸟鸣或狗吠"。她遇见"一个发光的身穿蓝色衣服的英俊年轻人"，年轻人说自己是地狱王的使节，特来祝贺妙善得道并且想听妙善讲经。"请让我带领你，"年轻人恳求道，"到不远的地狱。"妙善同意了，但是有一个条件：让在地狱受苦的灵魂听她诵经。诵经的时候，地狱突然变成了极乐天堂，刑具变成了漂亮的莲花。阎罗王对这一违背佛法和秩序的现象感到震惊。"如果允许这种不加选择的仁慈存在，"他说，"我们会完蛋的。我们的权威将受到挑战，地狱的整个组织将会被摧毁。"随后，阎罗王让妙善的灵魂重返人间，灵魂不情愿地回到了她的身体中。

又成为苦修的流浪者之后，妙善遇到了西天佛祖，佛祖建议她在普陀岛（在上海的南部）立庙普度众生。"不要怕旅途疲劳。"佛祖说，"瞧，我带了一个在任何果园都找不到的桃子。吃了它，你永远不会感到饥饿和口渴。你永远也不会变老和死去。"然后，佛祖叫来土地神并将之变成老虎，背上妙善到了普陀岛。

九年来，妙善都待在普陀的静修处，直至得道成佛。然后，人们称她为"观音菩萨"。将她带到岛上的守卫、西海龙王、五岳之神、一百二十位皇帝、时间部的三十六天将、风伯、雨师、雷公，三官、五圣以及地狱十王都受邀参加她的成佛仪式。妙善坐在莲座上，赴会的众神（也有道教的神明）宣布妙善得道成佛。众神认为妙善应该留在普陀岛，选择一个有担当的年轻人和一个有德行的少女在庙里协助她。妙善的老朋友，即岛上的守卫也受邀来帮助她，守卫找到了一个孤儿——一位来自偏僻寺院的僧人以及龙王的三女儿。两人都向观音表明自己的诚意，成为观音的侍从，他们以弟弟和妹妹的身份出现在观音的身边，大部分的观音庙中都有他们的雕像。

龙王带着女儿，把发光的珍珠作为礼物送给观音，这样观音就可以在黑暗的夜晚借珍珠发出的光诵经。一天晚上，虔诚跪在地上的观音领悟了从皇宫经过的天启。

佛陀请道教至上神玉皇惩罚妙善的父亲，因为他迫害过妙善。因此，玉皇特意叫来瘟疫神折磨恶毒的国王，只有以妙善的身体为药才能医好国王的病。

孝顺而宽容的妙善意识到这一点后，假扮成医师进入国王的寝宫，让大臣们感到害怕的是，医师说唯一的救治办法是使用炼自活人手眼的药膏。生病的国王呻吟道："啊！谁愿意献出自己的手和眼睛？我在哪里可以买到这种药膏？""陛下，"医师回答，"如果您派遵守佛教戒律的大臣到普陀山，就会得到所需的。"

使者到达普陀岛之后，妙善让他们用刀割下她的左手并挖出她的左眼，把它们放在金色的盘子里，并让使者带走交给生病的国王。妙善准备的神奇药膏治愈了有罪的国王，但只是治好了国王左边的身体。"如果您希望自己完全康复，请再次派使者去取右眼和右手。"医师说道。妙善又一次献出了自己的身体。王后从手上的疤痕认出了女儿，激动地说道："为了挽救国王的性命，除了自己的孩子，还有谁能忍受这样的痛苦？"

病愈后，国王和王后与朝臣一起探访普陀岛，历经许多艰险，他们来到寺院感谢妙善并祭拜她。国王和王后进入寺庙烧香，看到妙善坐在祭坛上，眼睛被挖空，手腕滴着血，周围缭绕着香的甜味。国王认出了妙善，皇后晕倒了。当妙善念诵安抚的经文时，国王真诚地忏悔了，并祈祷妙善身体健康。奇迹很快就出现了，妙善的身体恢复了，从祭坛下来与父母团聚。妙善恳请众神宽恕父亲，众神宽恕了退位的国王并册封他为"德胜菩萨"，皇后为"万德菩萨"。

国王和王后的尊号由一个特殊的使者授予，使者有玉皇大帝的神圣法令。传说使者也给妙善的侍从授予了善财和龙女的头衔，而妙善则被称为"大慈大悲救苦救难观世音菩萨"。

普陀

普陀岛成为观音的道场有以下原因。

四面环海的普陀岛冥冥之中就是一个佛教圣地，因为观音象征生命之海，而且普陀岛本身非常契合妙善传说。

公元10世纪，一位名叫慧锷（Egaku）的日本僧人在五台山（见"四月"）获得了一个精美的观音像，并想把神像带回日本。经过普陀所在的舟山群岛时，慧锷所在的船只突然被铺满海面的莲花围住了。天亮后，慧锷发现他的船就像睡着了一样越来越慢，而周围的大海就像一片芬芳的草地。漂浮在水面上的莲花如厚厚的白雪，又像无数蛇缠绕着船舵使船无法移动。然后，慧锷跪在甲板上向观音祈祷："如果您乐意去我的国家，请开路。如果您不乐意，无论您走到哪里，我都愿意和您一起。""一阵风轻轻吹过海面，像掠过衣服一样，象牙般的莲花合上了，清澈的水流形成了一条通往小岛的路，慧锷的船在潮音洞靠岸了，慧锷在那里为观音像建了一座神殿——这便是数百年来非常有名的'观音殿'。"[①] 传说观音两次以莲花显圣。一次是某些"倭寇"（中国人过去以此称呼日本人）向宋皇帝朝贡，当他们从宋朝都城杭州返回日本时，停靠普陀岛并且带走了一些珍贵的文物。他们发现自己的船陷入了莲花丛中。[②] 同样的事情也发生在傲慢的中国官员身上。宋朝皇帝派官员去普陀祭祀观音，对圣地无礼的官员及其随从被莲花紧紧包围住。但是当官员真诚悔改并恳求观音宽恕时，一头白牛从海中浮出水面，吞下了莲花，让他们可以继续返航。白牛最后变成了现在仍然可以看到的白色岩石，这片海也叫"莲花洋"。

无数的传说将观音与普陀岛和各个庙宇的修建联系在一起。观音坐着莲花漂到了普陀岛上；为了拯救被暴风雨打翻的官船，身穿华丽长袍、戴有珠宝的观音在山洞中显圣；观音又一次听到从高丽[③]返航、遭受了四天风暴的大臣的呼救声，用佛光照亮大海。公元1424年，白衣观音与龙王、龙女一起在潮音洞显圣，并在山峰之间滑行，留下月牙形的光弧。

的确，观音的圣迹曾落在薄雾萦绕的美丽的普陀岛上，狭窄的小岛长四里，酷热难耐，有很多小海湾，在锯齿状的海角周围，被击碎的浪花像大理石一样闪烁，映衬在蔚蓝的大海上。

但是直到最近，普陀岛才由官府掌管，之前则由独立于世俗之外的僧侣管理。尽管妇女可以参加二月的朝圣活动，但是任何妇女甚至于一

---

① 显通寺水陆观音殿。——译者
② 清康熙《定海县志》转引《普陀志》云："宋元丰中，侯夷人贡，见大土灵异，欲载至本国，海生铁莲花，舟不能行，倭惧而还之，得名以此。"——译者
③ 高丽是朝鲜半岛上的古代国家之一，政权存在的时间为918—1392年。——译者

只母鸡,都不允许在夜幕降临后留居普陀岛,一旦夜幕降临,她们必须乘船离开。

朝圣船只的到来又一次证明经常被指责没有宗教信仰的中国人崇信观音。每年都有成千上万的信众,冒着暴风雨来到普陀岛多石的海岸,船只在小码头常常难以停泊。来朝圣的人数,依据商人和农民的处境而增加或减少。观音诞越繁荣,朝圣的信众就越多。朝圣者来自不同省份,甚至于遥远的蒙古地区也有大量虔诚的喇嘛和普通信众来聆听观音诞的诵经。普陀岛的观音庙与藏传佛教有着精神关联,达赖喇嘛被认为是观音菩萨的化身,这太奇怪了。普陀岛上没有女人祭祀观音,这也太奇怪了!

在神圣的普陀岛上有一百多个大大小小的寺院——不包括居士的住所——有一千多名僧侣居住于此。现存的建筑物都不是很古老。实际上,唯一一个历史悠久的景点是破败的太子塔,可追溯至14世纪。大火和海盗摧毁了约建于公元900年的观音庙。即使在鼎盛时期,观音庙的宏伟程度也未能与五台山或峨眉山的寺庙相提并论。但是,普陀岛上的主要寺院,自然风光无与伦比。除了南寺(普济寺)、法雨寺、慧济禅寺这三座大寺庙外,如果沿着石径走到最高的山上,朝圣者会发现四通八达的小径都可以到达较小的圣殿。那边是一块带有破旧铭文的岩壁——灵石禅林。远处是被风吹雨打的神像,足上缠了蕨类植物。不远处是一座古老寺庙,花园里有深红色的喇叭花,鸟鸣声声,铁线蕨的叶子被阳光映照在古老的庙墙上。邻近的山谷有芬芳的小白花(栀子花),地上立有坟墓和方丈的墓穴,普陀岛以栀子花而闻名千年。

最高峰上的岩石叫磐陀石,在磐陀石上可以看到大海,海上的群岛如浮在水面上的白色贝壳,也可以看到主殿的黄色屋顶(黄色象征皇帝)在正午的阳光下闪闪发光。站在磐陀石上的朝圣者感到:"普陀山上的众多寺庙只不过是一座大寺庙的小寺院。诵经的和尚在宽阔的佛殿里赞颂观音,每天从铜香炉和石香炉里升起的香雾飘到了观音的神座上,海浪似乎也发出响亮的诵经声。从寺庙屋顶滴落的雨水,乃是观音净瓶中倒出的甘露。风在神圣的洞穴低吟,在幽灵萦绕的林中,野鸟也加入祭拜的行列,而栀子花似数百万个天然的香炉,源源不断发出的花香飘到了天上。"

女海神

尽管观音是最受下海人欢迎的保护神,并在一定程度上取代了其他的女海神,但是当地的一些水手仍信奉其他的守护神,如天妃、妈祖婆和妈祖(后两者可能是天妃的别称)。南方沿海港口的大多数航海家庭都祭拜妈祖。有许多精巧的庙宇供奉着妈祖,在中国有数百万人信仰妈祖,他们以水为家,在船上出生、成长然后老去,最后也死在船上甚至是狭窄的舢板上。①

相传妈祖出生于宋朝的渔民之家,她有两个兄弟。一天,缝制衣服时睡着了的妈祖梦见了父亲和两个兄弟分别在两条船上,遇到了一场可怕的台风。孝顺的妈祖立即用嘴拖住父亲的船只,用双手拖住兄弟的船只。当母亲呼唤她时,妈祖正把两条船往岸上拖,听话的妈祖本能地张嘴应答。几天后,有消息说找到了父亲所在的船只,所有人都死了,而一个少女很懊悔没有在暴风雨来临的时候闭上嘴。

尽管妈祖未能成功救下父亲,但是因为梦兆,妈祖仍然被视为女海神。在碧空万里的日子,水手们从港口出发前,将从妈祖庙香炉收集的珍贵香灰装在红色的小袋子里,挂在脖子上或系在船上的某个地方。当暴风雨来临时,水手们跪在船头,手拿香灰呼唤妈祖施救,如果他们安全到达港口,就会酬谢妈祖。水手会告诉你,女神有时像火球一样在桅杆上上下移动,这种迷信与西方人在帆船的桅杆顶端看到圣艾尔摩之火(St. Elmo's Fire)没什么不同。或者,妈祖和两个助手顺风耳、千里眼在危在旦夕之际出现。顺风耳和千里眼两个名字表明了他们在海上的作用。

杨四老爷②有时也叫杨四将军,是受水手欢迎的另一位水神,因为"感化了龙王的他管理着水面"。他的形象通常为十岁左右的孩子,白脸,穿着白色长袍,手里举着一把斧头恐吓龙。

正如上述提到的,福建的女海神妈祖婆,可能是妈祖在其他地方的

---

① 在香港,约有七万人生活在海港的船屋上。
② 人们在六月初六庆祝杨四老爷的诞辰。

一个别称。妈祖婆创造了许多奇迹。事实上，妈祖婆神通广大，人们在新船下水之时，会组织一场盛宴和戏曲表演以取悦妈祖婆。就像古希腊人把一尊雕像带到船上一样，中国水手在船左侧（在中国，左边代表神圣的东方）的神龛里供奉妈祖婆的神像。船员早晚为妈祖婆烧香。在微风吹拂海面的黎明时分，在"微风不足以吹动三根头发"的日落时分，可以看到一位年轻渔夫站在船头向妈祖婆祈祷，祈祷保佑他们白天好运，夜晚安全。

除许多其他的职能外，天妃在海洋上也大显神通，她也是水手信奉的女神，因观音的流行而受到了很大的影响。道教发明的天妃，在某种程度上可与佛教的观音相提并论。天妃和观音都被视为人类的救护神。两者都救助在海洋中处境危险之人，两者都是母亲的守护神和送子神。然而，我们可以从观音的圣地普陀岛上也建有祭祀天妃的庙宇这一事实，得出这两个神明"不会敌视对方"的结论。①

天妃的起源也很神秘。有人认为她生于宋太宗年间的一个官宦之家，去世时年仅二十六岁。死前身穿红色长袍在村子附近的水域上行走，这证明她神通广大。后来，为了表彰她对朝廷的贡献，元世祖册封她为"护国明著天妃"。那时正巧从南方海运一批大米到北京。海运充满艰难与险阻，面临着突然的暴风雨、逆风和湍急的水流。② 有一次，一艘载有粮食的船只撞到了礁石，水手们向天妃祈祷，天妃助他们脱离了危险。

大多数中国神明都有多种职能，从元世祖的时代起，曾作为送子神的天妃就成了水手信奉的女神。天妃的神像被贴在许多船舱中，从天妃庙求来的驱邪符被放在船上。当灾难降临时，先烧第一张符。如果海浪还不平静，继续烧第二张符。最后，万不得已——烧第三张符。有时，为了回应虔诚的祈祷，天妃会在水面上放一盏红灯作为指引，甚至在空中用剑将风暴劈开。

---

① 请注意，这并不是普陀岛上唯一的道教庙宇。普陀山山顶上的寺庙中有供奉道教的至尊神，因为在中国各地，道教的至尊神主管着每个山峰。因而，中国人不会觉得在佛教的圣山上有道教神明是不合适的。

② 由于这些危险和困难，人们修建了京杭大运河，这样就不会延误运输，首都也不会出现大米短缺的情况。

一些船长，特别是在海神崇拜最发达的福建省，总是把木杖放在天妃神像的旁边。有时在海中嬉戏的两条大鱼龙互相吐水，"阳光被遮住了，海洋被深深的黑暗笼罩"。当暴风雨临近时，这些怪物会接近船只。因此，一旦发现它们，通常会烧纸或烧毛料，防止它们将船只拖入海中。船长通常在天妃神龛前烧香，然后取下有魔力的木杖，在被暴风雨笼罩的大海上绕圈挥动三次。天妃将令鱼龙收起尾巴并消失。

巧合的是，中国人在二月祭祀两位伟大先贤老子和孔子。我们已经尝试在《百神》一章中解释道家思想和儒家伦理体系在中国人的生活中发挥的重要作用。然而，我们必须再次强调老子和孔子在占世界人口四分之一的中国有着巨大的影响——而且仍然影响着亿万民众。

老子

尽管大家都确定老子的诞辰是二月十五，民间而非官方认为老子出生于公元前 604 年，但老子本人仍是个谜。没有人知道老子的生平和去世的地方。有关老子的信息似乎一开始就不清楚。传说老子决定离开不欢迎其学说的地方，他骑着青牛一路向西，最后一次出现在人们的视野中是在遥远的关口。因出生就白头，他被亲切地称为"老子"。老子在长城的关口待了一晚，守卫这个荒凉前哨的士兵欣赏老子的哲学，准备钻研老子的思想。在荒芜的环境中，靠着一个装满豆油的灯发出的昏暗光线，两个背景相异的人彻夜交谈，孤单又绝望的老子口授了《道德经》，只有五千个字的《道德经》是世界上最优秀的书籍之一。

《道德经》写完的时候，太阳从山上升起了，老子与士兵告别，再次骑上他的青牛，从此消失在人们的视野中。

在口述《道德经》时，老子极有可能没有想过要创立一种宗教，而且可以肯定的是老子对其学说在现代的退化会感到震惊。如今，道教已经成为由道士主持、以符箓和驱邪为主的信仰，道士们通常将老子的纯正学说转变为一个适合自己的万神殿。这也许是不可避免的。每一种信仰的核心在传播的过程中都会或多或少地被修改以适于传播，老子的追随者无法生活在老子所乐意的朴素环境中，很快就把他的学说带给了穷人。因此，旨在摆脱形式寻求自由的哲学学说，发展成为裹挟着迷信实践的神秘个人救赎系统，老子会像我们一样惊讶于这些迷信的做法。在公元1世纪及之后的几个世纪，道士们就忘记了崇高的道德规范，放弃了纯理论的完美之道转而追求长生不老，荒山野林里的道家石刻记下的方法使我们想起印度的托钵僧。道士将自然力量人格化为神明，结合古老神话的统治者、神明和神化的英雄，创造了一个庞大的万神殿，老子也被包括在这个万神殿中。这种将老子捧上神坛的尝试实际上是对老子的尊崇。

如今，人们不再将老子视为永恒真理的先驱，而是如画家所画的头戴着宽边帽、胡须下垂、骑着青牛的温和老绅士，或是寺庙中的至尊神。

孔子

如果说老子神秘如同童话，那么孔子的身世就明确多了。孔子是山东人，出生在公元前551年，父亲非常英勇，喜欢打仗而不是读书，在与山东省边界的野蛮人的战争中一战成名。孔子没有继承父亲的军事才能，很早就开始教书并投身政治，去世时七十三岁。孔子是个失意者，对婚姻生活感到不满的他不得不与妻子离婚，而且他的独生子比他还早死。像老子一样，孔子感到"上天授予他的知识没有得到广泛的接受"。他的话最能概括他自己的一生：

> 吾十有五而志于学，三十而立，四十而不惑，五十而知天命，六十而耳顺，七十而从心所欲，不逾矩。

正如孔子自己以及后人对他的评价一样，孔子的一生是悲壮的。他一生都在不同国家之间奔波，试图说服不愿改革的诸侯进行改革并提出只有少数人接受的建议。但是，"尽管一生落魄受排斥，孔子的学说很快就得到了认可"。在"无冕之王"孔子"死后的23个世纪里，儒家学说的地位牢不可破……目前，中国的每个州府、郡县、乡镇都有一座孔庙，当地官员在每年的春秋两季主持举行祭孔仪式"。自公元前建立第一座孔庙起，统治者就下令向孔子献祭。公元1906年，慈禧太后颁布懿旨，将之前属于中祭的祭孔典礼改为由皇帝主持的大祭。这一懿旨的真正目的是表达对孔子及其创立的凝聚了历代中国人的儒家道德伦理的尊重，这位伟大的女政治家认识到在引入现代知识时有必要尊孔。

慈禧的王朝已经土崩瓦解,时局和掌权者以惊人的速度变化着。然而,北京孔庙的祭孔仪式仍然像皇帝亲自祭祀,或皇帝指定亲王祭祀那样隆重。中华民国政府取消了祭天、祭日、祭月,实际上取消了所有的大祭,却仍然非常重视祭祀孔子的春祭和秋祭。北洋政府在公元1926年仍以民国总统的名义祭孔。对孔子来说,这确实是个讽刺。就像"深爱君主"的沃利(Wally)一样,孔子在形制、礼节、仪式和宗族方面都是个保守者。在社会层面,孔子应该会同意迈克尔·阿伦(Michael Arlen)的观点,现代英雄认为"世界和平必须依靠民主,就像排水管需要疏通一样,但是不可相信世界会永远和平"。

每年在北京举行的两次祭孔大典从来没有外国人在场。祭孔仪式在凌晨三点开始,甚至连中国民众也不能参加。但是,百姓可能会受邀参加前一天下午的彩排活动。

206　有幸获得许可的百姓,来到专门为纪念孔子而建造的孔庙中,在大殿外的大理石栏杆旁找到预留给他们的位置,在那里他们可以看到整个祭祀过程,部分祭祀仪式在大成殿内举行,部分仪式在台阶上进行。主礼者穿着孔子时代的古装(身着浅蓝色装饰的深蓝长袍,腰系绸带,头戴像大学学位帽的奇怪帽子),缓缓登上通向大成殿的、中间雕刻有神明的三层大理石台阶,然后在司仪的指导下坐下。奏乐者站在古朴的乐器旁,圆润低沉的特磬是上古以来就在中国使用的一种悬挂乐器。事实上,自从音乐被认为可促进天人合一而被用于宗教仪式以来,中国人一直用磬。尧帝留下了关于磬的赞诗:

当我敲击我的磬,
不管温柔或强烈地敲击,
热烈之心就会欢呼,
首领们就会达成一致。
当你们用悦耳的声音回应旋律时,
当你们抚琴时,
当祖先的灵魂喜欢这甜美的声响时,
便会下来聆听。

尧所说的琴或月琴,琴弦固定在可旋转的螺丝上。正是通过这种音域有限、声音柔和的古琴，西方人发明了伟大的钢琴。

仪式中的另一种乐器是笙，其十六根短竹管固定在一个木板上，这是西方大风琴的原型。早期的俄罗斯使者将笙带回欧洲，受这些成簇竹管的启发，圣彼得堡的一位音乐家发明了手风琴和脚踏式风琴。

更具东方特色的乐器是编钟，被诗意地称为"迷人的玉石"。一组编钟有十六块音调各不相同的石板。宝钟是有尖头的椭圆形铃铛；编钟由悬挂在木条上的十六个椭圆形铃铛组成；尺是横着吹奏的竹笛；六孔笛子的起源可追溯至汉代；埙是有多个孔的陶乐器；单簧管，吟唱者在吹奏时簧片会发出声响；柷，一个用槌敲打的盆状乐器；敔，像蹲在基座上的木老虎，背部有一排锯齿；手板，黑色的木制拍板；还有各种鼓，例如龙鼓，大鼓（直径为六尺的琴鼓），铜鼓，桶形的应鼓，排鼓，小皮鼓，得胜鼓，十个悬挂成一排的云锣；最后是一组微型金属铸件小星星。装在木雕和镀金架子上的精美传统乐器，为孔庙增添了优雅的气息。

整套乐器给祭孔仪式增加了庄严的气息。头顶的天空如此蔚蓝，甚至意大利的天空与之对比也黯然失色。我们感受到了一种虔诚而沉默的氛围。我们似乎远离了北京这座古老的东方大都市，远离了政治斗争、东方宿命论和阴谋诡计。我们似乎借由一块魔毯，回到了孔子本人所热爱的中国黄金时代，那时半神的统治者为想象蒙上了一层阴影。千年的柏树，大成殿的黄色屋顶，记录诸如康熙、乾隆等皇帝和伟大学者功绩的牌位，刻有关于中国文字最早记录的石鼓，这一切让我们觉得时间仿佛注视着我们。

总统登上龙梯，站在大理石阶上的男孩们齐声吟唱道：

"孔子，孔子！伟大的孔子啊！"

司仪邀请主祭上前祭拜。第一首赞诗要用七对不同的乐器演奏。在音乐的伴奏下，男孩们缓慢而统一地吟唱赞诗，这像早期的基督教咏叹调，悦耳的声音犹如一条系着金子的线贯穿整个过程。乐曲突然结束了，但是我们的耳朵却觉得意犹未尽。孔子是个伟大的音乐家，这种赞诗会吸引孔子前来参加仪式，因此曲名叫"接灵"。

音乐停止时，主祭进入列有孔子及其弟子神位的大成殿，毕恭毕敬地鞠躬。在实际的仪式中，主祭走近上面放满一尘不染的猪、羊、牛以及谷物、水果、油和酒的祭坛。每次献祭，祷告的声音相当低沉；每次上供，食物的香气从敞开的大门飘出。音乐声再次打破庄严的氛围，供品前后两次被放于灵牌前，然后拿到院子，在铁火盆里烧掉。最后，伴随着一连串的鞠躬与祈祷，象征着玉帛的供品被烧掉了。主祭离开大成殿，走下龙梯。男孩们再次齐声唱道：

"孔子，孔子！伟大的孔子啊！"

然后，祭孔仪式结束了。自汉武帝将祭孔纳入国家祭祀以来，已有两千零二十年的历史。①

每座城市的地方官员也可主持祭孔仪式，但是没有那么复杂。此外，即使在现代学校，身着外国制服的学生每年也要行两次祭孔礼。每个班级以主祭为首，朝孔子的灵位焚香和鞠躬，这证明，尽管中国的学术如其他事物一样经历着许多变化，但儒学仍然是博学的典范。甚至教会大学在孔子诞辰之际，也举行纪念孔子的庆祝活动，邀请政府机构中的名人向学生发表致辞。教会的领袖们承认孔子是世界上最伟大的哲学家之一，基督徒也不会被排除在为纪念孔子而成立的儒学会之外。

曲阜

如果要进一步感受儒家学说的强大生命力以及人们对孔子的尊重，我们可以去参观孔林，这是中国最令人印象深刻的景点之一。

从离津浦铁路最近的火车站出发，乘中国马车或更为原始的独轮车走上六里路，便可到达古朴的曲阜老城区，这就是孔子及其七十四代后人居住的地方。获得"公"头衔的现任继承者是个还由叔叔监护的小男孩。这是中国唯一的世袭头衔，由朝廷授予孔子及其后代。这个令人印象深刻的小男孩生活在一座宏伟的宫殿里，这座宫殿就建在孔子的故居上。孔子的后代已经在这儿生活了两千四百年——他们依靠着大片土地，不需纳税而获得收入。农民如男孩的家臣一般耕种他的土地，因为他们担负着维护孔林和祭祀孔子的职责。

这个古老小城三分之一的土地始终为孔府和孔庙所有。最早的孔庙

---

① 从汉武帝时期将祭孔纳入国家祭典的时间至作者写书的时间。——译者

图 2-17　曲阜孔庙

图 2-18　曲阜孔庙的露井

建于公元前47年，最初只有三间房。如今的孔庙虽然是按公元739年的样子建造的，但是历代帝王一直对其进行重修与美化，直到现在仍是整个中国最华丽的建筑之一。每一处建筑的屋顶上都挂满了铃铛，风在上面不停地吹，像永不停息地唱着歌。每一处建筑上都有十九个高高的雕了龙的石柱。每一处建筑都可以在墙内找到非常多的纪念物。在随从的引导下，来客虔诚地穿过汉代的柏树林，开启多愁善感的朝圣之旅。随从向游客介绍孔子讲过学的杏坛，喝过水的水井，坐过的紫色石凳，亲手所种之树的树桩，用过的砚盒，以及其他纪念物。大大小小的纪念碑记录着历代皇室对孔子的敬意，大殿有孔子像，著名的孔碑记录了孔子的生平，大成殿内设立有"万世师表"的牌匾。

从孔庙往前，距离城北门大概一里的地方便是孔林。我们坐在颠簸的蓝布车里，沿着一条布满灰尘、长满古柏的道路往前，穿过一座横跨在人造溪之上的石桥，便到了孔氏旁系后代居住的外墙大门。右边的神殿供奉有颜回，"品行高尚的颜回是孔子最欣赏的学生（见"九月"），死后受到孔子的深切哀悼"。孔子说："一箪食，一瓢饮，在陋巷，人不堪其忧，回也不改其乐。"

除此之外，还有第二堵墙围着孔墓和孔子直系后裔的坟墓，通向坟墓的神道边有石兽。东边葬有孔子的独子，南边葬有孔子的孙子子思，子思是《中庸》的作者，被称为"述圣"。

孔子的坟墓占据孔林的中心位置，以高一丈二尺的泥堆为标志。墓前有一个石基座以及刻着"大成至圣文宣王之墓"的石碑。没有夸张的墓志铭，没有华丽的装饰，只有树干反射出金属光泽的老树遮住了朴实的土堆，总体而言这是一方庄重而尊贵的休憩处。

众多帝王将相为自己建有宏伟的陵墓，但是都不像伟大思想家孔子安静而朴素的坟墓那样令人印象深刻。我们还参观了一个小石屋，那是其他子弟散去很久后，子贡为他心爱的师父守丧六年的地方。几只蓝蝴蝶像天上的云朵，落在石板上——忠孝的纪念碑。

朝着日落的方向，我们又兴致勃勃地回到了孔林旁。天色暗淡，暮色茫茫，黄昏把松树变得幽灵似的。粗糙的树干和弯曲的树枝，投下羊角一样的树影。新月像弯曲的手指，而月光似银色的长指甲抚摸着墓碑。

我们意识到，这个朴素的坟墓象征着中国的最高理想。许多事物已经消失了，但孔子的学说仍然活跃，并从神圣的山东省传播出去。当我们转身走过寂静的石桥，穿过迷雾笼罩的传说之地回到曲阜时，有一些奇妙的感触，既悲伤又惊喜，仿佛生命和时间的潮水突然倒流，这些思绪总结了我们对一个时代的总体印象。

第七章 三月·睡月

中国人习惯称三月为"睡月"。这意味着春天的睡意弥漫在空气中,春天真的来了,不再是春寒料峭的立春时节了。北方平原漫长的冬天看起来死气沉沉,而三月带来了奇迹。干燥、光秃秃的树枝在一夜间萌芽。很少有人认为柳絮是花朵。棕色的果园突然红花满枝头,杨树在谷雨的滋润下冒出绿色和银色的新芽。大雁排成扇形飞过天空。从南方飞回的燕子在城门下筑巢,提醒着我们中国首都的名字叫燕京,即"燕城"。

现在已没有霜冻,农民开始犁地了。黎明时分,祖孙三代便离开村庄,用原始的农具在农田里劳作。自黄帝时代以来,这些农具从未改变过。犁不重,可以抬到齐肩高。农民不得不依靠土地生存,把犁拴在羸弱的耕牛上,小灰驴和人也可以犁出浅浅的犁沟。

然而,使用原始农具的中国农民在世界范围内都是无与伦比的。在很久以前,农民就知道轮耕,这个方式使中国人能够在同一片土地上耕种五千年而不耗尽土壤的养分,并且以人均极少的土地养活很多的人。但是,只要生活继续,就得不断劳作,而没有改善的方式。为了破土而出的嫩芽、幼苗和根须,每个家庭成员都相当忙碌。男人耕种,或拉像木梳子一样的驴耙,或拉大小和形状像女式毛皮袖套的小石滚。妇女则从事较轻松的除草和摘棉花等工作,即使是小孩子也要砍干草或秸秆以作为燃料。

所有深耕细作的农民都知道"虚幻的蛋糕提供不了养分";有吃有喝的日子,不是意味着舒适的生活,而是意味着不懈的辛劳和自律,意味着以各种方式挣钱，农民耕种自己的土地而不受地主的压迫。这就是中国农民对动荡的社会表现得无知和冷漠的原因之一。

此外，农民生活也有轻松的时刻，那些饱食终日的懒汉无法体会到短暂的休闲也充满了欢乐。庙会和节日调节了沉闷的日常。农民喜欢一年中的大节日（见"十二月"），没有人会因太穷或负担太重而无法享受节日的快乐。

寒食

清明（字面意思是"纯净而明亮"），通常在农历三月初，有时在二月末，对应的阳历会变动，但是根据中国历法，清明的日期是固定的，在冬至后的第一百六十天（见"十一月"）。

人们曾在清明前夕过寒食节，在这天不吃热食，二十四小时内不生火。这些习俗在北京已逐渐消失，但我们相信中国的其他地区仍有传承。很久以前老百姓忘记了寒食的起源与每年一次庄严的改火仪式有关。改火是非常古老的仪式，可能是部落时代的遗迹，寒食标志着旧火与新火之间的间隔。

历史文献证明，最晚在唐朝，人们便学会了通过摩擦两根柳树棍获取新火。朝臣的孩子在皇宫前的空地举行典礼，第一个将木棍点燃的孩子会获得一个金杯和三片丝绸的赏赐。这一壮观的习俗在元朝（公元1260—1368年）消失了。这一习俗毫无疑问是古代太阳崇拜的遗存，并且很可能与新火仪式有模糊的联系，天主教的逾越节现在仍然有新火仪式。①

随着时间的流逝，这些古老而神秘的仪式的深层意义不再为人所知，中国人常常会创造神话解释习俗。因此，寒食被解释为纪念周朝（公元前350年）的一位爱国者介子推，古人为其竖立了最早的祖先牌位（见"十二月"）。介子推随晋公子重耳逃亡。逃亡中没有粮食了，为了不让公子饿死，忠心的介子推切掉身上的一块肉。晋文公继位后，想嘉奖介子推，介子推躲进了山里。晋文公下令点燃山上的灌木丛迫使他现身。晋文公说："谦逊不能作为逃避封赏的借口。"忠心的介子推宁愿被活

---

① 英国不久前还存在在复活节当天熄灭炉火，然后在第二天燃新火的习俗。在中国、墨西哥、埃及和秘鲁等地也存有类似的习俗，这是古老崇拜的遗存。

活烧死，也不接受赏赐。"寡人失去了心爱的大臣，"晋文公揪着身上的长袍，悲伤地说道，"任何人都不应忘记介子推的高尚品格，每年的这个时候，全国禁火三天，吃冷食以表缅怀。"

清明——第一个鬼节

寒食之后的清明原本是生命重生的狂欢节，每个宗教都有庆祝春天的节日。远古时代，远东的少男少女在放有鲜花的河岸跳舞。随着社会的发展，以各种方式摆脱过去一年邪祟的节日消失了，其性质和意义也逐渐发生了变化，如今清明节已成为亡魂的节日，普遍的习俗是扫墓。

植树节作为清明节的别称可进一步证明清明节源自古老的春节，中国的植树节恰好与西方的植树节相对应。两者的联系太明显而无需解释。以往的植树节，皇帝自己或派王子在皇宫里种树。尽管许多人认为这种习俗是留美学生带回中国的，但其实是民众在复活并改造具有历史意义的中国旧习俗。如今民国总统或代理人也会在一些公共场所种树。

弄明白死者是如何与最初的节日联系起来的，这很有趣。正如我们已经了解的，中国宗教信仰的基本理念是祖先崇拜。祖先的灵魂仍徘徊在坟墓旁，灵魂以一种西方人无法理解的、中国人自身也无法清楚解释的神秘方式，微妙地连接着遗体，从而与其后代保持联系。灵魂每年会在规定的时间——死者的节日——接受敬拜和献祭。灵魂会带来好运或灾难。事实上，可以说中国人相信死者仍然生活在人间并控制着人间，不仅影响人类的命运而且影响着大自然。

因此，农业民族最自然的愿望是在每年的重生时节扫墓。人们在春种秋收的时节祭祀祖先（与立春请求神明保佑的官方仪式一样），抚慰鬼神。在某种程度上，亡魂确实发挥了作用。人们在清明献上合宜的食物、音乐、焚烧过的祭品，总之任何可能愉悦鬼神的东西。

这种想法不限于中国人。根据《马太福音》："犹太人在春天到来的时候，即庆祝逾越节之前，在耶路撒冷附近扫祭坟墓。"在其他地方，我们也发现与死者崇拜相关的类似做法。甚至在细节上，西方和东方的仪式也相似。例如，"身穿紫色长袍的主判官普拉达（Platea）用双手清洗与波斯人打仗的战士的墓碑并涂抹上油膏。还会在燃烧的火堆上杀死一头黑牛并且召唤亡魂来参加盛宴。为了安抚死者灵魂而在葬礼上举行运动比赛和格斗的习俗,在西方人的祖先中屡见不鲜……还有赛马、徒步和射击比赛"。就像中国一样,"爱尔兰的原始集市如伊曼(Emain)和卡梅因(Carmain)起源于祭祀死者,人们像东方人那样深信死者决定活人福祉,并且以葬礼、运动比赛和献祭食物(可能是最早收获的果实)的形式祈求亡魂长久地祝福活人,保佑土地长出丰盛的农作物,保佑奶牛产出牛奶,保佑水里的鱼有很多。然而如果亡魂被忽视或轻视,就会不再提供粮食,给人民带来死亡和其他的灾难"。(见弗雷泽《金枝》)

这个想法导致人们精心保护尸体。[①]中国人不像埃及人那样制作木乃伊,但是他们历时数月的埋葬工作体现了类似的理想。精心准备的葬礼需要巨额的支出和沉重的个人牺牲(众所周知,有人卖身为奴以体面地安葬父母),而且中国人也仔细建造和维护坟地。

由于中国人认为灵魂与尸体存在着紧密的联系,并且模糊地相信几个灵魂中的一个可以重生为人,因而非常恐惧埋入墓中的尸体有任何残缺。中国认为斩首通常比勒死更可怕。没有得到病人家属的书面同意,即使是为了救命,西方的外科医生也很少对中国病人进行截肢手术,因为许多中国人宁愿看着亲人死去,也不愿意接受病人痊愈后是瘸子的事实。一些同意手术的病人为了避免或减少风险,将截肢埋在病人死后的坟墓里。在谴责这种迷信之前,我们应记住欧洲也有类似的做法。这类习俗不久前在爱尔兰仍然非常普遍,最近一个真实发生的例子:"英格兰威尔特郡的一名妇女为被截掉的腿做了小棺材,并把它埋在(基督教徒)墓地里。"

中国的坟墓

除那些委婉说来已经脱离家庭的太监、神职人员、妓女以及信仰外来宗教的人外,很少有中国人死后会葬在公墓。但是在一些人口众多的

[①] 为了防止尸体腐烂,玉器——象征着生命——经常与尸体埋在一起。玉器出现在尸体的七窍如耳、鼻、口中,有时古玩店也会出售玉器。中国玉器的象征意义及其与丧葬礼的联系,是非常有趣的话题(见高延的《中国的宗教系统》和劳费尔的《玉器》)。

南部省份（例如广州附近），可以找到公共墓地。那些因太穷而买不起私人墓地的穷苦百姓（活着与死去都一样拥挤），他们无法区分祖先的坟墓，只能竖立一块石碑，以此间接祭拜自己的祖先。

中国家庭一般有一处在城外的私人墓地，墓地通常在耕地中间，有时还附有可耕的土地。上面种植的农作物不但供养了守墓人，而且为坟墓的修复提供了资金。

墓地的选址非常重要。为保墓地吉利，中国人会咨询风水先生。墓地的南边有山脉或者马蹄墙，会获得好的影响。临近溪流或水沟也可取，树木尤其是柏树，被认为可吸收阴阳之精华，从而保护尸体不腐烂或免受到恶魔的攻击。松树也很受欢迎，弯曲的树枝像遮风挡雨的胳膊。中国人称松树为树木中的"公爵"，因为松树的"松"字由"木"字和"公"字组成。"木"字像一棵树的形状，由一个"十"字以及两个笔画组成，与数字十八很相似（"十"和"八"）。因此，"疾风吹过墓道的松树"的声音经常被比喻为"十八位公爵带领侍从打了胜仗"。

不同省份的坟墓形制略有不同，常见的土堆或小丘是传统的延续。中华民族的先民将死者埋在山坡以防洪、防盗等。典型的例子是中国皇帝的陵寝，墓室的布置使人联想到埃及的金字塔。王子的陵墓相对较小，但是形制相同；同样地，简陋的农民坟墓也堆成土堆。农民被葬在自己的土地上，因为他们买不起其他的墓地。尽管如此，风水先生——至少在理论上——认为平地不利于墓葬。

每个墓地均由族长管理。族长的职责是维护家族不分裂。此外，族人根据生前的地位葬在指定的位置，而且"墓地的某些部分，在层次上总是比其他部分更受人尊敬……墓地的前后和中央是留给有孩子的已婚夫妇（夫妻经常被埋在同一个土堆中），他们在家谱中也享有尊贵的地位，而未婚或早夭者不会被安葬在家庭墓地中，他们通常被葬在墓地的附近"。"一个村民曾被带到我的面前，"庄士敦在《狮龙共舞》说，"他将死去的两岁婴儿埋在墓地中留给尊者使用的地方。在这种情况下，维护当地的风俗习惯是明智之举，我无奈地责令该村民将孩子的遗体移到墓地中适合埋葬婴儿的地方。"

出于实际上和道德上的考虑，中国人每年至少要扫一次墓，因为这种祭祀表明了家庭对墓地的拥有权。没被祭扫的坟墓表明这个家族已经没人了。经过相当长的时间，如果在清明节再没有人依照习俗上坟，废弃的墓地将逐渐与周围的土地融为一体，而农夫将推平坟堆。最后，当无人祭扫之墓的所有痕迹都消失时，该墓地可能会被售给其他人作为墓地。然而，只要墓地有人维护，毁坏坟墓、侵占墓地以获得几尺耕地、砍伐树木或在墓地上放牛等行为都将受到重罚。村里的年长者会立即行动，迫使有上述行为者祭祀被侮辱的死者。破坏皇室墓地者会被处以死刑。

225

那些清明时节仍然远离家乡，不能前往墓地祭扫的人，会派仆人回去在此时居住的房屋中烧包袱。为此，他们会购买一个约一尺见方的纸袋，纸袋上印有两个小人，其周围印有一些具有特殊意义的花朵图案。他们在纸袋的空白处写上祖先的名字，接着往纸袋里装满冥钱，然后放在供奉有食物的炕上。一切准备好之后，作为家庭主祭者的父亲双手鞠躬，就像他在坟墓旁祭祀一样。不久之后纸袋被拿到门外烧掉。需要强调的是，这个仪式要在日落之前进行，因为他们相信与后代共度清明的祖先灵魂要在夜幕降临之前重返坟墓。

如果可能的话，人们会尽量在清明节回家。有钱人提前几天派年老的仆人（如果他们没有守墓人的话）扫墓或重修坟墓，而穷人则扛着铲子亲手将土块放在风雪刮得粉碎的坟头上。

226

清明节的早晨，农村充满了生机，人们忙着祭祀死者。中国人的术语"拜山"，即在山上敬拜，有特别的意义。尽管某些省份只有男性祭扫坟墓，但在直隶整个家庭都出动了——孩子们骑着毛驴，破旧的驴鞍表明驴子整日奔波，缠足的女人痛苦地走着，男人拿着装有香和冥钱的布包。除最近丧亲的人家和穿白色孝服的女人外，看不到人们悲伤的迹象。大多数穿着干净蓝布衫的农民看起来颇像过节，似乎是去参加令人愉快的纪念仪式。

祖先长眠的棕色小帐篷点缀着每一个家庭继承的土地。"人属于土地，而不是土地属于人，土地永远是死者的归宿，农民会像孩子一样回到大地母亲的子宫中。"中国人认为死亡太自然了，不足为惧。在西方的教义中，罪人受罚的时间是未知的。但是中国人相信死者不会升入活人无法到达的金色天堂，而是继续亲近并且关怀凡人"死者在人间"的

图 2-19 担冥钱到坟墓焚烧

观念极大地影响了中国哀悼者的态度,尽管中国人在亲人死后也非常悲伤。习俗允许亲戚在病人临终时守在床边说话,并且与病人讨论为其精心准备的葬礼。甚至临终者的妻子也坐在其旁边为家人缝制丧服,而木匠则在临死之人听得见的地方赶制棺材。

如果想看到简单而感人的祭祀仪式,我们也许会注意到坟墓旁的祭品和真诚的人们。农民双手举起盛有粗粮的碟子,鞠躬并低声祈求:"您的孩子们今天带着食物来了。请您瞧瞧这些食物,谅解我们太穷了,无法为您提供丰盛的回报。请您原谅并享用。"然后在每个坟墓上放两张刻有图案的方形冥钱,并用一块石头或一块黏土将冥纸固定在适当的位置。此后的几天里,这些冥纸在微风中飘扬,像白鸽落在平原上。

黄昏时分,中国士绅在家族墓地的石坛上摆放了更精美的祭品。许多灵魂将享用丰盛的供品。但是祭拜者总是小心谨慎,用双数的祭品献祭灵魂,用单数的祭品献祭神明,因为神明对应阳,而鬼魂对应阴。

人们用相同的仪式祭扫每座坟墓。为了避免任何远祖被遗忘(这可能发生在最古老的墓碑上,因为其字迹变得难以辨认),除祭扫个人的几代祖先之外,宗族的所有祖先也要祭扫。

对祖先的崇敬之情掩盖了最不起眼的祭品。关爱与感激之情最是触动人心。关爱的确使人感到死者的灵魂注视着他们。[①] 祖先会默默地听着人们的祈祷:"我们房支,我们宗族,我们民族的祖先,希望您保佑我们。我们拥有的都是您的恩赐,我们知道的都是您遗赠的知识——生死的规律,什么该做和什么不该做,让生命不那么痛苦的方法,正确和错误,悲伤和幸福,自私的过失,善良的智慧,祭祀的必要性。向您,我们家园的建造者,表示衷心的感谢。"

与此同时,过去也许确实有音乐家藏在树林中,吹奏芦苇愉悦灵魂。即使在今天,偶尔也能听到坟墓间忧郁而神秘的笛声,像瓦格纳的《特里斯坦和伊索尔德》(Tristan and Isolde)一样。

墓祭过后,家人有时在坟墓附近用餐或回到家中聚餐,死者吸收了

---

① 墓葬中的旧青铜器上有像眼睛一样的奇怪图案。这种图案似乎表明祭祀之时祖先的眼睛会注视着后代。这种原始图案的含义也表明,数百年以来中国人都相信灵魂会在清明节那天聚在坟墓旁。

图 2-20 一座寺庙的朝圣者

香气的祭品也会被吃掉。①

在某些方面而且只是在某些方面，中国人扫墓的祭品与其他民族，甚至日本人几乎都不一样。中国人的坟墓没有鲜花，坟墓附近也没有人种鲜花，因为在远古时代这是皇室的特权，因此厦门人通常用假花装饰坟墓。

柳树的神话

柳树是唯一被允许用以装饰民众坟墓的植物。柳树与清明有着神秘的联系，人们将柳树枝插在墓地上，悬挂在房子的屋檐下。民间传说挂柳树枝的习俗与唐朝一位把柳树作为旗帜的反叛者有关。支持新政权者被要求将柳树枝挂在门上。清明时节，那些悬挂柳树枝以对新政权表忠心的人，在随后的起义中幸免于难，他们的后代也继续佩挂柳树枝。

事实上，象征着春天的柳树有非常深远的文化含义。首先，柳树在阳光下长出嫩叶，成为光明的标志。其次，柳树的生命力非常强，几乎可以在任何地方生长，因此民众将柳树作为活力和战胜黑暗的象征。

这一逻辑使得柳树成为抵御邪祟的常用护身符——邪祟处于黑暗之中。为了预防蝎子毒害，唐高宗李治让侍卫头戴柳条环。由于柳树和太阳的联系，人们也用柳木抵御疾病。为免邪祟的伤害，江苏的妇女在清明节仍在头发上扎一小束柳条，其他地区的年轻人也头戴叫柳狗的柳树嫩芽，因为俗话说"清明不戴柳，来生变黄狗"——这在中国是不好的命运。

柳树不仅可以避邪，还可以带来好运。柳树引导祖先的灵魂回到家中，同时驱逐异类甚至是恶意的鬼魂。柳树对中邪者也有帮助。最后，正如我们在稍后将要讲到的那样（见"六月"），柳枝是非常灵验的求雨符。②

---

① 似乎从很早的时候开始，所有的民族就向死者献祭食物。一些信基督教的民族在万灵节那天也在坟墓上放丧礼的肉食。俄罗斯人在被称为"父母礼拜六"的那天在坟墓附近吃一顿特别的饭。

② 并非只有中国人相信柳树具有神奇的力量，亚洲最古老的民族如阿伊努人（Ainus）等都崇拜柳树。

西王母

除祭祀祖先之外，清明扫墓还是令人愉悦的野餐时间，一年中第一次真正的旅行，接下来会有更多的。随着春天的到来，庙会开始了。这不仅是郊游的绝佳借口，而且也促进了资金的流动。

北京三月首个重要的宗教节日是西王母诞，东便门附近、靠近运河的蟠桃宫将举行为期三天的集市（从初一到初三）。

受人尊崇的女神名字多样，这在中国很常见。女神此时以一个名字出现，彼时又有别的名字。但是最简单、最能表达其在民众心中地位的称号是西王母。

人们认为西王母和她的丈夫穆公（或东王公）是生于西方和东方的原始神，是阳和阴的先驱。阴阳在中国象征主义中具有关键作用。穆公也是个起源模糊的男神仙，是东方天宫的统治者，身穿紫罗兰色的薄衫，住在云雾笼罩的宫殿中。西王母住西天，西天位于突厥人①居住的昆仑山上。西王母的天宫非比寻常。周围有三百里的黄金城墙，十二座玉塔以及镶嵌着宝石的城垛，花园里有喷出珠宝的神奇喷泉，蟠桃园里长有使人长生不老的桃子。②

这个迷人的天宫是神仙的家园。神仙们穿着的蓝、黑、黄、紫和黄褐色的长袍，对应着不同的等级，是分属西王母的不同部下。很少有人到访过西王母的天宫。公元前10世纪，穆王曾带着心爱的八匹骏马拜访西王母——这是中国艺术家热爱的题材。有人认为周穆王西行见西王母

---

① 中国人崇拜的昆仑山在遥远的落日方向，中华民族的一些传统习俗可能也来自西方。重要的是，许多具有不同文化背景的人都想象他们的天堂（或地狱）在西方。希腊传说中的金苹果乐园（Gardens of the Hesperides）在西方，佛经记载的阿弥陀天堂（the Heaven of Amida）也在西方（见"十一月"）。

波利尼西亚人相信幽灵会朝着日落的方向游走，而在西方现代英语中，"向西"是广为流传的太阳崇拜神话的遗留物。

② 翟理思在《耀山笔记》（Adversaria Sinica）中比较了西王母和朱诺（Juno）。西王母住在昆仑山的云巅上，朱诺住在耸入云霄的奥林匹斯山（Olympus）上。西王母有蟠桃园，朱诺有神奇的苹果乐园。朱诺的随从是孔雀，西王母则有凤凰相伴，这也许是受到印度孔雀的启发。诸多相似的现象表明道教万神殿中不止一位神明的来源可追溯到遥远的西方神话。

象征着早期中国与西方的关联。在洛阳的皇宫里，西王母赐予汉武帝七个三千年才一熟的神奇桃子。

每年三月三的西王母诞，众神到天宫给西王母祝寿。福神身穿蓝色官袍，财神怀抱宝藏，龙王、海洋、湖泊之神腾云驾雾。道教神仙都拿着礼物来到西王母的天宫祝寿。盛宴有熊掌、猴肝、凤凰髓以及仙桃，而天上的乐器也会发出比凡间更甜美的乐声。

为了纪念精彩的西王母诞会，民众在蟠桃宫举行庆祝活动。唉！可悲的是，人间的蟠桃宫缺乏神秘的气氛。北京的蟠桃宫狭小又俗气。里面有个不起眼的西王母泥塑像，在诞会前被除了尘；还有一个褪色的纸桃花架，其弯曲的树枝像蟠龙（蟠桃宫的名字，由桃子的"桃"字和表示弯曲的"蟠"字组成）。然而，庙里还是挤满了信众，特别是妇女和儿童。在宗教方面，中国人像看戏一样想象着神迹。当需要表现将军骑马的姿态时，马鞭就象征着马；如果供奉着受人爱戴的女神，小庙就像大庙。尘土飞扬的祭坛不会无人问津，通风不足也不再是劣势。事实上，挤在庙里的人们越多，在一片窒息的拥挤中涌出的香气越多，噪音越多，脚下的儿童和公鸡越多，供奉的茶水越多，诞会就越发成功。让我们补充一下，蟠桃宫符合以上的大多数描述，因此乡民和城里人都在这里度过愉快的节期。

东岳庙

三月另一个同样重要且吸引更多民众参与的诞会，便是庆祝泰山神生日的东岳庙庙会（东岳庙是北京通州附近的道教寺庙）。

东岳庙的庙会组织得非常好。三个行会为庙会的顺利举办做出了贡献。除尘会将神像上的灰尘除掉，制灯会捐赠一盏长明灯，纸花匠在每个入口摆上纸拱门。东岳庙富丽堂皇，规模宏大，各个大殿供奉有不同的神明。各种各样的神明迎合了不同的宗教习俗，情侣向月老（见"八月"）祈祷，债务人借助大门刚进来的墙上悬挂的算盘解决有争议的账目，残疾人触摸被认为可治愈所有疾病的青铜骡子，而读书人则祭拜文昌。

尽管在漫长的历史中，中国一直受到侵略和破坏，但是中国人依然相信"笔比剑更有力"。王国可能消失，帝国可能灭亡，但智慧之光依然闪烁并可征服一切。因此，中国人最大的忠诚不在于拥护某个王朝或朝廷（在西方人的认识中这就是爱国主义），而在于传承古老的中华文化。这是个绝妙的观念，与欧洲人如罗马人和德国人靠战争征服一切的理想截然相反。在官绅看来，欧洲人取笑书呆子却称赞战士。

但是中国人看不起学武之人。中国人认为学识是对执政能力的考验，因为学识蕴含了道德修养，而且中国人认为学识可治理天下，而武力远远不可与学识相比。

基于这种逻辑，朝廷举行以古典书籍为基础的科举考试，大多数情况下，道德论文是为了倡导善行，达成善治，即尽可能少的统治，因为安守本分的老百姓几乎不需要法令和官员。"如果父亲是好父亲，丈夫是好丈夫，邻居是好邻居，统治者是好统治者，并且所有阶级都认真实践仁、义、礼、智、信五德，那么还需要官府来干涉什么呢？"

从理论上讲，有一个完美的、人人平等的世界，因为不存在世袭的头衔（存在一两个例外）。这是真正的民主，也是我们梦寐以求的。并非出身而是学识成为做官的资格，不管出身高贵或贫贱都有机会读书。

中国的科举考试有很大的效益。科举考试以道德区分不同的读书人，摆脱了阶级偏见和束缚，形成了任何人都为读书感到自豪的文化链。但是科举考试实际上也扼杀了进步，因此这一制度注定要衰亡。现代中国学者声称，科举考试追求文采是为了遏制和粉碎危险的自由思想，就像研究已消亡语言的欧洲古典教育也受到指责一样。事实上，作为一种选拔机制，上述两种方法都鼓励年轻人进行逻辑思考，保护他们免受杂乱无章的信息的困扰；作为一种智力训练方式，科举考试发挥作用并为当下看起来理所当然的事情提供了历史背景。

文昌

时至今日，中国文化的衣钵虽然经常遭到破坏，但是传承的责任落在了那些理想与先辈们截然相反的学生肩上。然而即使是这些学生，单靠读过书这一点，也获得了民众的尊重并且维持了权威的表象。他们研究的内容与深度倒成了次要的问题。作为识字文人的后代，读书人获得了一丝同情，即使他们才疏学浅，而且读书人的礼仪已僵化，尤其是在需要确立与传统有联系的新机制来取代科举考试的关键时期。

有学识可以做官，难怪文昌在中国一直被渴望博学和官运亨通的人崇拜。文学守护神中最主要的是文昌，文昌所住的星宿叫文昌宫，有六颗星星，与大熊座（Ursa Major）有联系。文昌的神格是模糊的，其历史起源令人困惑。现在一般认为才华出众的文昌生活在唐代，在其出生地四川省文昌仍然特别受人尊敬。道教的一个传说讲到文昌化身为毒蛇。其他神话则提及在历时三千多年的轮回过程中，文昌在第十七次转生为圣人。① 士兵、学者、先知，随便你怎么定义文昌，最终他受到了朝廷的册封，并且拥有了神秘的法术，能够让居于星星上的凡人灵魂（凡人的功德使他们具有这种资格）下凡去统治宇宙的一角。

文昌神像通常身穿蓝色长袍，手执如意。骑白马的文昌，身边有两名随从天聋和地哑，在赐予知识分子天赋时，他们不会泄露天机。

魁星同样是大熊座的一颗星星，很久之前人们便将魁星与文昌联系在一起，他们的关系难以解释清楚。魁星和文昌实际上并没有联系，但是道教相信诸神可灵活变化、互相辉映，于是道教将魁星和文昌结合在一起，并且两者都获得了国家的册封。如今，在东岳庙和其他地方，形如鬼的小魁星也出现在文昌祭坛上。魁星的形象之所以如此，是因为形如鬼的魁星与"魁"字中的"鬼"一语双关，"魁星踢斗"与表意文字"魁"非常相似。魁星一生相当可悲，天生残疾，外形丑陋，但是才华出众。高中榜首后，皇帝准备颁金花给魁星，但是因为魁星丑陋的外表，皇帝转过身拒绝给魁星颁奖。于是，可怜的魁星跳海自尽了。幸运的是，一只海怪背上绝望的魁星浮出水面。这一传说解释了"独占鳌头"的文化内涵，该词语形容读书人在考试中表现出色。

魁星也获得了回报。升天后的魁星住在与其同名的星星上，并与文昌一起（由于汉字"魁"有多种含义）受到民众的祭拜，死后的魁星获得了在世时没得到的官方认可。

读书人的守护神经常出现在道教庙宇中，我们发现魁星、朱衣和金甲三者密不可分。很久以前，一位仙女爱上一个男子并将他带到天上。但是更喜欢学习经典的男子又回到尘世并做了大官。男子曾身穿红色长

---

① 民间称文昌有七十三个化身。——译者

袍——因而有朱衣的叫法——出现在考生面前，靠打手势使考生通过了科举考试。因此在考试前夕，朋友会说"朱衣点头"鼓励读书人。

人们认为朱衣保佑升官，而金甲则是心怀鬼胎之人的噩梦。同时，金甲还提携正义之士。金甲在读书人的家门前挥动旗帜，预示这家会有人金榜题名。

民众仍然热衷于祭祀这些文学神①，庙会期间在东岳庙里供奉笔墨纸砚。

以上所描述的庙会都在京城内，随着天气转暖，虔诚的信众开始到更远的地方参加庙会。最受欢迎的景点是潭柘寺，它是北京附近最古老、最精美、保存最完好的寺院之一。我们朝美丽的大殿走去，蓝色屋顶如弯弓，周围都是盖有黄瓦的凉亭，它们像阳光照耀的水池，在树木繁茂的山丘上显得特别突出。大门后方有涂了各种色彩的精美拱门，接着是一系列华丽的庭院和供民众祭拜的大殿。在永恒的暮色中，丝绸帷幔围绕着佛像，镀金基座上装饰着紫色荷花，而祭坛前摆着青铜香炉和五彩缤纷的珐琅花瓶。

小山的另一边是潭柘寺的一些偏殿、念佛堂、戒台、竹苑和客房。偏殿里面供奉有较小的神佛，还有绘画、织物或金属制品（一个像首饰盒的圆形小宝库）等珍宝。众多客房中的一间是专门给寺庙捐款很多的重要香客预留的，当北京还是首都时，许多皇室成员和官员就给潭柘寺捐款了。

树崇拜

潭柘寺的一棵大银杏树也特别有趣，树前有一个牌楼和一个祭坛。这棵树受到国家的册封，可以说是清朝的守护神，因为每个皇帝登基后，树干都会抽出新芽。

这是我们知道的唯一一个树木被列入官方祭典的例子，尽管在中国树崇拜很常见。实际上，树崇拜始自原始先民，偶然与儒教、道教或佛教联系在一起，被认为是中国宗教的遗留物之一。树崇拜特别有趣，在中国、印度和欧洲都有相似的民俗和神话。罗马战神之子罗穆卢斯

---

① 还有其他的文学神明，如八仙之一的吕洞宾。

（Romulus）的无花果树受到民众崇拜。印度的菩提树和阎浮树因与佛陀的联系而受到崇拜。在欧洲各地的民间传说和风俗中，崇拜树木是真实存在的，英国有圣树和被砍伐时显灵的神树的传说，瑞士和奥地利蒂罗尔州也有很多传说涉及树灵，弗雷泽的《金枝》也提及，直到1859年人们都认为有棵树被砍伐时会流血。"树崇拜带着一层基督教的光芒，"弗雷泽说，"而且与圣人相关联，像水崇拜一样延续至今。"

人们相信高山、湖泊、河流甚至石头皆有神灵居住，树木也有神灵栖息，这在中国不会令人感到惊讶。有些树精很友善，有些会害人。因此，砍伐树木并非没有风险，要避免冒犯害人的树精。中国人传言：有一种愤怒的鬼化为蓝色公牛出现。西方也存在这类传说，某个村庄的灾难被追溯到一棵美丽的榆树上，树干里住着一只蜈蚣精，乡下人害怕蜈蚣精，但是雷公听到了人们的祈祷，击毙了蜈蚣精。

福建省南部的民众不敢砍大树。他们认为生气的树精很危险，可能给整个村庄招来疾病和灾难。厦门的农民甚至不喜欢种树，因为他们相信树干长得像人的脖子一样粗时，种树者就会被勒死。

有时，农民在砍树之前请求树神的原谅："孩子很冷，而我们没有木头做饭。"树像人一样能感到疼痛。即使在中国的正史中，我们也读到被砍之树哭泣和流血的记录。比如北京西山黑龙潭附近的蜘蛛山上有一棵会哭泣和流血的孤松，而泰安府岱庙的六棵松树中的一棵也如此。据说斧头刚一砍这棵松树，"鲜红的树汁便汹涌而出，伐木工在树精发怒之前逃跑了"。

毫无疑问，安抚灵魂是华北地区的习俗，特别是在陕北、晋北、晋西以及鄂尔多斯沙漠的边沿，农民"总是把整只羊或羊头、羊腿挂在树上作为祭祀树神的祭品"。日耳曼人以及一些崇拜树的民族也流传着类似的习俗。每个氏族都有一棵或几棵特别神圣的松树或云杉，或一些形状相似的松柏科植物，人们在圣诞节期间将祭品悬挂在树上以祭祀太阳。这些祭品包括动物（无论是家养的还是野生的）的头、皮毛以及其他部位。树崇拜衍生出了西方人的圣诞树。

幸运的是，中国的树精会知恩图报。许多树精对人类非常友好，并回应人们的祈祷，特别是会帮助病人康复。这类神树的树枝上挂有敬拜者所赠的纸卷或色彩鲜艳的布条——这是从远东先民那里继承下来的一种习俗——并且在神像前摆放食物和香。我们了解到潭柘寺的一座偏殿也存在这种习俗。一棵老栗子树的树干上有一座小神龛,里面供奉着两条蛇,它们被认为是树神的化身。自然而然地,村民们认为毁坏神树会带来灾难。

中国的一些树神传说值得讲述。例如,有个故事说山上有棵松树。一天,一个农民在松树的附近看到一位路人和一条白狗。农民问道:"老兄,你住在哪里?""在那边的树上。"路人回答,然后继续上山。好奇的农民不信路人的话,尾随路人想一探究竟!农民看到路人和白狗消失在松树旁,然后意识到路人是松树精,而白狗则是长在树根的木耳精①。

传说中的松树通常代表道德,象征着贤德之士——他们往往悲天悯人。传说时代的统治者往往因自己无能为力而哭泣,在上天面前怪罪自己引发自然灾害,这实际上超出了凡人的能力范围。孔子的出生地山东附近也有一个认真负责的树神,善良的树神拒绝长出新枝,"直到一代明君感动了树神,它才抽出新芽。清朝建立,雍正皇帝诞生时……都有关于神树长新树枝的记录"。

枫树也与中国古代的统治者有关。汉朝的皇宫叫枫亭,因为一些枫树遮蔽了庭院。某些枫树精因回应信众的祈祷而闻名,人们相信枫木制作的神像非常灵验。

正如我们已经知道的,柳树精非常温柔。那些讲述书生、女妖在阳光明媚的花园相会的优美故事也讲到了柳树精。其中有个故事讲道:有个年轻人在柳树下学习古籍,听到了轻柔的琴声,遂询问弹琴者的名字,柳树精用柔和的声音回答"我是柳树精",然后一只看不见的手洒下柔和的柳树雨。柳树精继续说:"您将通过科举考试。然后,您必须用糕

---

① 木耳在中国有重要的文化价值。木耳也被称为长生不老灵芝,在装饰艺术中象征着长寿。劳费尔(Laufer)说:"木耳是一种伞菌,也被视为一种非常好的植物,因为木耳吸收了土地的水气……可用于制作中国宴会的美味佳肴。木耳是有药用价值的滋补品,湖北省西部、四川省和广西省的气候条件最有利于木耳的生长,每年木耳的出口价值近五十万两。"木耳除了具有帮助病人恢复健康,甚至使死者复活的功效外,雕刻成木耳形状的如意也被官员用于送礼,据说如意可以使人梦想成真。

点祭祀我。"这位年轻人答应祭拜柳树精，最终顺利通过了科举考试。

中国戏剧演绎了另一个迷人的柳树传奇。这个故事讲的是英俊的书生有一幅美人画，书生在读书的时候经常望着画。有一天，画中的美人对他微微一笑，书生合上书本，跪在卷轴前，乞求画中人说话。美人的声音比莲花还甜美，书生爱上了画中的美人。"你是谁？"书生激动而颤抖地问。美人红着脸答道："我是长在花园的柳树精。"然后书生彬彬有礼地向美人求婚，美人表示如果书生为自己准备嫁衣，自己就同意。一切准备就绪，美人穿着嫁衣走出画框成为书生的妻子，并且得到了书生父母的祝福。

按照古老的中国迷信，每棵神树都代表着世间的一个女子。如果代表她的树开花了，意味着她将有孩子。红花表示生女孩，白花表示生男孩，而光秃的树枝则意味着她不会有孩子。在后一种情况下，可以领养一个孩子确保子嗣绵延。就像为了获得果实而嫁接树木一样，无子嗣的家庭通过领养孩子使家族枝繁叶茂。

我们知道中国有一个美好的传奇，这也许是公元 8 世纪的故事。独居的书生，与书为伴，与花为友。在美丽的春天傍晚，书生在花园里散步，穿着长裙的少女朝他走来。少女轻声朝书生打招呼："我和同伴要去探望姨妈，请您允许我们在花园里歇息一会。"书生同意了，少女叫躲在竹林中像萤火虫一样闪闪发光的朋友们出来并向书生介绍她们。"这是李花，那边深红色的是石榴花，而我是桃花。"书生被优雅的少女们迷住了。她们端着鲜花和柳树枝，纤细优美的身影像微风中摇曳的紫藤，害羞地朝书生走来。她们一走动，空气中便弥漫着好闻的香味；她们一说话，就像有小铃铛在叮叮当当地作响。

当书生和少女们聊天时，西风姨妈带着一团飘扬的彩虹丝带来到了花园。随即，有人为西风姨妈送上美酒，迷人的花园里飘荡着美味佳肴的香气。派对欢乐，歌声缭绕，正在跳舞的少女像蓝色月光下的一群蝴蝶。不幸的是，在欢乐的气氛中西风姨妈不小心把酒打翻在了桃花的长裙上，生气的桃花责备了姨妈，而后西风姨妈也批评了桃花。随后她们发生了争吵，桃花在争吵中突然消失于稀薄的空气中。

第二天晚上，愤愤不平的少女再次来到书生面前说："我和同伴昨晚探视您,在您的花园里。唉!我们不能平安地住在那儿了,因为每年残酷的东风都去那儿。通常,我们请西风姨妈保护我们。昨天晚上我本该这样做,但是她弄脏了我的衣服,生气的我忘了请她帮助。因此,我请您帮帮我们。"

"我该怎么做?"书生问道。

"我们希望您准备一面绣有月亮和星星的深红色旗子,并将旗子挂在花园里。清晨,只要看到东风来临,您就祈祷,因为旗子将保护我们免受东风的肆虐。"

这位年轻人欣然同意按照少女的意愿去做,少女非常感激书生:"感谢您的帮助,我们会回报您的。"

次日的早晨,狂风大作。风吹弯了柳枝,把松树变成了竖琴,嫩灌木被撕成了碎片。但是在旗子的保护下,烈风在书生花园里无能为力,没有一朵花被吹倒。

书生意识到昨晚的来访者是桃花仙子,认为受了侮辱前来报仇的姨妈实际上是可恶的东风。

晚上,少女们拿着花环作为谢礼再次出现了。少女们说道:"您救了我们,我们别无他物。如果您吃了这些花,您将永远不会变老。同时,我们恳请您每年这一天在花园里竖起旗子,以便我们也可以青春焕发。"

这个奇怪的神话融合了两种流行的迷信。为了纪念桃花仙子,乡下人在这个季节收集桃花,晒干并研磨成粉,然后混合井水喝下,以治疗心脏病或恢复活力。与此同时,有句俗话说"清明刮动土,要刮四十五",这表明人们忘不了可恶的东风女士会前来报仇。根据我们的经验,至少在北京,这一预言会实现。

第八章　四月·牡丹月

中国的夏季始于四月。北京的街头小贩售卖红如孩子脸颊的小樱桃、淡紫色的玫瑰花以及露水，中国妇女用这些东西做美味的果酱。

每个花园都有鲜花盛放。中国人钟爱鲜花。原本自然成长的灌木甚至于树木，要满足东方园丁的意愿，生长成人类喜欢的样子。贫穷的疍家妇女在旧番茄锡罐中种下的天竺葵开花了。苦力们种在有裂缝的杯子里的水仙有了星状花瓣。警岗亭旁边的石板路上也长出了一丛紫菀，警察用茶壶每天给花儿浇水。

中国日历标有花神的生日，每月都有特定的花仙子。一月玫瑰仙子；二月杏花仙子；三月桃花仙子；四月蔷薇仙子；五月石榴花仙子；六月荷花仙子；七月凤仙花仙子；八月桂花仙子；九月菊花仙子；十月金盏花仙子；十一月茶花仙子；十二月忍冬花仙子。

花神的生日通常在二月十二（某些地方是十五）。如果花神节那天没有下雨，全年将会繁花似锦。四月十九被称为洗花日，也是花朵守护神①的生日。人们聚在各自的花园，庆祝洗花日与花朵守护神的生日。

纵观整个中国，四月是赏花的季节，到处都有牡丹开园。牡丹是中国的百花之王，也被称为"国花"。牡丹花开时，民国总统邀请权贵观

---

① 花朵守护神名叫 Wei Shên，其对应的汉字目前未知。——译者

赏牡丹。[1] 来客通过望乡门进入设有牡丹展厅的中南海,乾隆的回部妃子曾在望乡门寂寞地朝遥远的出生地喀什噶尔凝望。来客坐船横过南海到达展厅,站着划桨的船夫会将他们送至套房内。眼前的情景使人想起身穿金色长袍、坐在金色靠垫上的皇帝,其周围有低头鞠躬的宫女,她们头戴花冠、身穿紫色长袍。唉!当这些美景只属于皇帝和朝臣的时候,他们不懂得欣赏。现在没有皇帝和朝臣了,我们却感到过去永远属于他们。"活人都是过客,死者才有归宿。"

牡丹花展

尽管过往挥之不去,但清朝已覆灭了,许多诗词和绘画也消失了,帝国赏牡丹的场景也成为过去。民国的赏牡丹活动虽庄重却平常得很。穿着制服的行政人员在现代化的展厅迎接宾客,请他们品尝餐饮商提供的三明治。只有少数几位官员是大清遗老。大多数宾客穿着长衫,而身穿西装的宾客中有些是西方留学归来的年轻人——来自说不同方言的省份、用英语交流的他们是各自家乡的陌生人。

正式问候结束后,宾客可以自由在花园中漫步,花园的牡丹像精美的相框。我们穿过蜿蜒曲折的石桥,池塘里闪烁的金鱼像火焰一样。我们在露天的凉亭中停下来,凉亭顶上挂满了紫藤,长长的紫蓝色花朵如悬下来的窗帘,使得穿过其间的阳光也变了颜色,掉落的花瓣则像紫红色的地毯覆盖着大理石地板。在我们的头顶上方,蜜蜂在花丛中发出像贝壳里听到的海浪声一样的嗡嗡声。

我们经常停下来欣赏每一处新景象,然后朝花王的方向行进,假山上有奇形怪状的灰色石头,露台上铺有反射阳光的黄色琉璃瓦。一排排植物反映了很久以前中国园丁对配色的理解:粉红色对绿色,灰色对玫瑰色,毛竹和松树等深色植物作为背景衬托美丽的花朵。阳光透过植株,沐浴在阳光中的花朵,像"花园里的圣杯"。

"好极了,不是吗?"我们身边的一位中国绅士说,"牡丹在中国

---

[1] 我们这里说的是直隶省,特指北京。在陕西,牡丹的生日是三月十五。其他省份牡丹开花的日期也各不相同,见亨利·安伯特(Henri Imbert)的《牡丹》(*La Pivoine*)。

长期备受推崇,你们看到的牡丹经过了数百年的精心培育,其花朵完美无瑕。在我们这里,养牡丹是有钱人的嗜好,牡丹象征着古老的理想——雍容华贵、繁荣昌盛、端庄典雅。我了解到你们的国家只有一两个品种的牡丹,但是我们却拥有许多种牡丹,大朵的如夏天的扇子,小朵的比茶杯还小。有五种牡丹被列为名贵品种,但最著名的两种是姚家种的黄牡丹和魏家种的紫牡丹。这些牡丹只有洛阳有,这对洛阳人来说是莫大的荣耀,洛阳因为牡丹而闻名天下。从前,传说唐太宗的妃子武则天是中国最伟大的皇帝之一,尽管她有缺点。在西安府的御花园散步时,一时兴起的武则天对鲜花说道:'我希望明天再来时,每一朵花都开放了!不要等春雨降临的时候才开!不要待夏光照射的时候才开!听着,你们必须服从!'在女皇的命令下,虎百合赶紧解开了花瓣儿,金银花打开了小喇叭,茉莉花也鼓起了花骨朵。只有牡丹认为此时开花没有尊严。武则天对抗旨的牡丹非常生气,事实上抗旨不可饶恕。武则天下令:'牡丹触犯了龙颜,将她从御花园逐出去。不要让朕看见牡丹。'因此,被流放到洛阳的牡丹是'陆地上坚韧不屈,最美丽的花朵'。"[①]

并不是每个家庭都种得起牡丹。北京的普通市民去供奉吕洞宾的崇效寺,或如梦如幻的法源寺赏花。崇效寺和法源寺都在北京的外城,由唐太宗建立。比起看护祭坛,住持尤其是上述这些寺院的住持,更虔诚地打理花园以吸引那些可能捐款的游客。一般人首先看到的是假山旁边的花朵。许多经过两百多年培育的牡丹被放在低矮的砖墙或瓷砖上——从酒红色、粉色、李色渐变到黑色、金黄色、纯白色、嫩绿色等罕见花色。痴迷牡丹的花友黎明就来了,并用诗句赞美香气弥漫的牡丹:"睡在月光中的水""少女的梦""被天子吻过的白袍""沾有酒的黑袍",或是"染上彩虹的脸颊"。普通百姓也欣赏牡丹的美丽,同时看到一群女学生花半小时观赏绝美的牡丹花。

大约在立夏或是夏至牡丹花就凋谢了,此后寺院又远离纷扰的俗人,来访的僧侣也离开了。来访的僧侣们手拿托钵,一路乞讨回到自己的寺庙,

---

[①] 河南洛阳近年来是军人兼诗人吴佩孚的总部,曾经的数个世纪里,洛阳是中国的首都。在唐朝(武则天的时代),洛阳取代长安(现在的西安,陕西省省会)成为首都。

在那里度过炎热的夏季，他们以印度的佛教徒为榜样，严格遵守出家的戒律。依照每年的习俗，住持此时也开始修道并且到不同的寺庙讲一些著名的经文。住持建议，"僧侣们要在雨季到来之时聚在一起冥想和静修"——这在某些方面与西方的四月旬节相似。①

中国的僧侣和尼姑在修行上远远不及佛祖及其弟子。尽管一些有真正的信念和热情的人过着圣洁的宗教生活并且认真学习，但是总体上来看，僧侣和尼姑都是些懒散之人，他们因为寺院安稳而有保证的生活而出家。这些人机械地满足民众的小愿望，对他们抱有一些敬意的民众只要求他们循规蹈矩，而不是达到佛祖所追寻的纯粹而超凡脱俗的状态。

尽管出家的时候有点轻率，但是为了吸引民众信仰佛教或者捐款，中国的佛教僧侣在盛大节日热衷于举行法会。

浴佛节

最隆重的佛教节日之一是释迦牟尼诞（四月初八），释迦牟尼是世界性宗教佛教的创始人。

几乎没有什么故事比仍有亿万人信仰的佛祖故事更吸引人了——佛教是人类共有的、取代过各族本土神明的信仰。

正如艾德（Edkins）所说，"了解佛教的秘诀在于研究佛祖的生平……因为在释迦牟尼看来，人性是首要的，其次才是佛性"。佛陀的传说多如牛毛而且富丽堂皇，数代学者的毕生研究使得这些传说广为人知，因此我们只想简单地概述一下佛陀的传说。

悉达多王子是萨迦王室的圣贤，生于公元前6世纪的卡帕拉瓦斯图（Kapilavastu）。其位于喜马拉雅山浩瀚的雪山顶下，现在是尼泊尔的一个州府。悉达多的母亲摩耶王后，年轻的时候梦见佛祖从天而降。因为看到一头长有许多獠牙的白象，皇后神奇地怀孕了，然后神奇地生下了佛祖。

---

① 在中国和印度，事实上整个东方的雨季，与欧洲或美洲的雨季大不相同。东方的雨几乎没有意外地，大约在每年的同一时期开始下，并且持续一段时间。在雨季，出门几乎是不可能的。因此，同所有的伟大宗教领袖一样，释迦牟尼在追求宗教理想时考虑到了实际的需要。

图 2-21 正定府犍陀罗艺术风格的释迦牟尼佛像

佛祖出生的时候，因陀罗以一位老妇的形象出现，协助佛祖的母亲。梵天和其他较老的神明向他致意，站在地球四个角落的"四大天王"向他致敬，所有人都欢欣鼓舞，凉风轻轻吹着树木，泉水从干旱的地面冒出，光照亮了整个世界，提婆①送上鲜花，四只巨龙（根据中国的传说）吐出水流为婴儿沐浴。接着，婴儿马上站了起来，向东走了七步，又向西走了七步。

国王期望王子长大后继承王位，因而教给他所有的统治技能，让王子过锦衣玉食的生活。一位先知预言王子有两个选择。"如果，"先知说，"他留在王室，将成为万年一遇的统治者。他的国土会延伸到地球的遥远角落，所有国家都会臣服于他。但是，如果他放弃尘世，成为苦行僧，那么他将成为大圣人和人类的先师。"

国王希望王子留在身边，看着王子享受物质上的荣耀。国王为王子提供了优渥的生活以免他离开。根据王室的命令，所有悲伤和丑陋的景象都要隐藏起来，以免受宠的王子看到。但不可避免的是，世俗的苦难发生在王子的眼前。年轻的王子坐着金碧辉煌的马车去往一些乐园，然后有了与贫穷、疾病、悲伤和死亡的四次相遇。这是四个决定他命运的预兆。第一次，他看到一个白发驼背的老人在乞讨。第二次，他看到躺在路边的一个人病得很重。第三次，他看见一具尸体，后面有女人在哭泣。第四次，他遇见一个和尚在乞讨残羹剩饭。王子对人间的悲苦印象深刻，行乞僧平静而快乐的表情使他感到震惊。当他们在路边交谈时，突然间王子的所有疑虑和困惑都消失了……"我会像这个人一样，"王子自言自语，"我会放弃拥有的一切，并且效法行乞僧，抛弃俗世及其乐趣。我会找到和平并且体悟教给人类克服痛苦的智慧。"

那天晚上，在盛大的节日过后，宫殿里的所有人都睡着了，王子决心放弃大权，因为他不再留恋财富、权力和高位。他轻轻地穿过女眷们芬芳的房间，昏昏欲睡的女人看起来像死人，这让他充满了厌恶。他默默地告别了妻子和躺在茉莉沙发上做梦的婴儿。他非常想将儿子抱在怀里，但是平静下来之后，他离开了宫殿，外面"月光照耀，似山上的积

---

① 佛教万神殿中的圣人，主要是婆罗门的教徒。

图 2-22 化缘僧

雪覆盖着整个大地"。

王子忠实的仆人及爱马汉卡（Khantaka）正等着他。当王子骑马穿过寂静的街道时，为帮助王子离开，沉重的大门奇迹般地打开了，提婆撒下缤纷的花朵，这样就没人听见铁蹄的声音了。

王子走了很远的路，当月亮落山、东方的天空闪耀着白昼的光芒时，他才在阿诺玛（Anoma）的河岸下马。在此，王子与马分开，马虔诚地亲吻他的脚。他摘下王冠和沉重的耳环，叫信得过的仆人带回宫殿。然后，他拔剑斩断长长的头发和胡须，并将细布棉服换成乞丐长袍，然后在芬芳寂静的夜晚启程，寻求解脱之道。

无家可归的王子走上了漫长而艰难的修行之路。他本习惯于被服侍，柔软的沙发、精美的食物、上等的衣服，但六年疲倦的修行生活，使他也习惯了没有屋顶遮风挡雨，只有融化的雪水解渴，除了好心的路人把少量东西放进他用树叶做成的碗里以外，什么也没有了的生活。然而，禁欲、斋戒和苦行的生活并没有使他离真理更近。

最后是正觉成道日。在开始流浪生活之后，人们通常称他为乔达摩。坐在木瓜林（Uruvela）里的一棵菩提树下休息的乔达摩，决定开悟了才从这个地方离开。恶魔玛拉（Mara）用地狱的力量诱惑他，用可扰乱人心的恐惧攻击他。但是，当恶魔想要伤害他时，乔达摩一动不动，致命的武器像无害的莲蓬落在他的脚下。玛拉派出了自己的三个女儿贪望（Desire）、乐欲（Pleasure）和爱乐（Delight）[①]，以激起乔达摩的尘世欲望，但是美丽的少女变成了丑陋的老巫婆。"当夜色弥漫，所有邪恶的方法在佛陀坚定的心智和与生俱来的圣洁之前都失败了，玛拉承认自己被打败了……天上的神明都为乔达摩的胜利感到高兴，乔达摩通过觉悟获得了和平。"

成佛之时，乔达摩已经三十五岁了。"像从黑暗监狱来到光明之地的人一样"，乔达摩对悟道一清二楚。因热爱人类，他又回到凡间宣讲佛法。在贝纳雷斯（Benares）附近的鹿园，佛祖向所有听众宣讲轮回的佛法。佛教不像婆罗门教只向有权贵开放，佛教对穷人、富人和男女老

[①] 《杂阿含经》卷三十九说道，魔王波旬派出三个女儿爱欲、爱念和爱乐诱惑佛祖。——译者

少都开放。此后，乔达摩和门徒以不同的方式传播这一学说。直到四十多年之后，即使年老体弱多病，乔达摩仍然在不同的村庄教导人们。乔达摩知道自己的使命即将结束（乔达摩去世时七十九岁），身患重病的他把门徒叫到周围，对他们说道："师父现在驼背又虚弱，像一辆绑有绳子的破旧手推车艰难前行，因此只有小心和谨慎，肉体才能继续存在。我老了，我的旅程快结束了，但是你们不要悲伤，让佛法成为你们的避难所。"说完之后，乔达摩涅槃了，元神再次融入永恒之地，如一滴水从乌云中滴落在荷叶上，然后从荷叶滑落到水池里，再从水池汇入河里，最后归于海洋。

佛祖在世的时候，佛教教义在印度得到了广泛的传播。其他民族很快就从佛祖的学说中寻求到了宽慰，从变化不定的尘世生活中获得了解脱。虔诚的门徒在印度和世界各地传播佛教，甚至传到了叙利亚、马来半岛、朝鲜半岛、日本。佛教的真坛①与佛法也随布道者和商人一起穿越"世界屋脊"的冰川、中亚的沙漠，传到了中国。任何艰难险阻都无法阻挡佛教的传播。

  灰色的大篷车，有着灰色的大车顶……
  车辙碾过那些荒无人烟的地方，
  周围是散落无声的砾石，
  匆匆行进的大篷车，留下沉默的足迹。
  缓缓行进的大篷车，在夜色里摇曳，
  叮叮当当的铃声和马蹄声，带来了旅行商的香料，
  轻柔的月光下是白色的沙漠，
  缓缓行进的大篷车，留下精微深邃的佛教。

在佛教漫长的传播历史中，佛祖简单的教义演变成了复杂的佛学。佛教发生了分裂，每个新支派都努力从遮蔽佛祖教义的多神论迷宫中还原佛法。"就像罗马的基督教与贵格会②之类的教派不同，藏传佛教因其复杂的仪轨而不同于流传在锡兰和缅甸的南传佛教。"

富有耐心和爱心的佛祖是完美的榜样，佛祖传说也发生着变化。当

---

① 原文为 Chen T'an。——译者
② 贵格会是基督教教派，反对暴力，宗教仪式简单且无神职人员。——译者

佛陀的生活故事一次次被讲述时，"刚开始很简单的叙述在离佛祖生活地很远的地方被添加了神奇的故事情节"。直到佛祖的形象被笼罩上许多面纱，以许多化身出现，神圣的戒律也为许多评论所覆盖。

在中国这片遥远的土地上，坐在金色基座上的释迦牟尼佛也向中国人显现神迹。人类共有的同情心扫除了理解佛教的障碍，正如我们在《百神》一章中看到的那样，佛教深深地影响着中国的思想文化。即使是今天，佛教信仰在中国仍然非常活跃，不仅受到民众的推崇，而且许多受过高等教育的人士也信佛。

整个中国有无数的佛寺，在纪念佛陀的节日，僧侣在音乐声中念佛经，有鼓、小铃和大磬的声音，用小棍子敲木鱼①的声音，铜铃子的声响，铛子的呼声，用绳子绑着的小锣声，还有引磬的叮当声，可用一根细铁杆敲打花朵状的云板声，这些乐器的声响提示着念经的节奏。

法会往往显得寒酸而且有不合理之处。穿着脏袍子的住持，漫不经心的助手——东方信众在领会佛经的深意时会忽略这些。如果中国僧侣在仪式上表现不佳，这是因为对他们来说不可见的意义比表象更重要，尽管他们不会有意识地为自己辩护。

我们认识的一位住持邀请我们到北京的一座佛寺观看佛诞法会。打招呼的时候，他告诉我们："你们昨晚没来太可惜了，不然有机会参加每年一次的浴佛仪式。无论是木佛像或石佛像，都被搬到院子里并被浇上清水。这是我们的习俗。"私人神龛的佛像并未被移动，而是将纸条小心地贴在他们的眼上，这样佛像就看不到什么时候洗澡了。在为佛殿除尘时，佛像也都会被蒙住双眼。有人将释迦牟尼像放在一口大缸水里，经过院子的信众取少许水浇在佛像头上，接着洗干净几枚铜钱，然后用这些铜钱去买香。

像所有夜间的仪式一样，浴佛仪式非常壮观，因为挂有灯笼的寺院看起来像夜晚中的火炬。身穿灰色长袍的住持跪在灰色的人行道上念经，每个僧侣负责给一个佛像沐浴。这些佛像本身不像在寺庙那样按等级排列，而是无序地混合在一起，堆在阴暗的角落：有多个化身的观音，有

---

① 木鱼象征着凝视，因为鱼永远不会闭上眼睛。

不同叫法的佛陀，有穿着甲胄的韦陀，有骑着大象的普贤菩萨，有坐在黄金基座上的阿弥陀。随着灯光逐渐暗淡下去，佛像的影子也越发模糊，铜香炉冒出的香气飘在流水上，流水缓缓地流淌在佛像的冠冕和暗黄色身躯之间。

因为要参加仪式，住持便让我们在圣殿里闲逛。这是一个很好的学习机会，一个年轻又聪明的和尚，给我们详细介绍了寺院（包括建筑）的布置，这也适用于了解任何一座普通的中国佛寺。此外，我们看到相同的佛像在各地都以相同的顺序排列。这样，一旦了解了佛像的位置和名称，我们就能识别出其中较为著名的佛陀了。

大门入口处的两只石狮子是佛陀的守护者——可能源自被驯服的恶魔。通过大门，我们注意到所有的重要建筑物都朝南。在中国，指南针始终非常重要，正如人们在古代的礼仪指南《礼记》中所看到的，方位甚至还影响着社会关系，因而中国的佛殿也都朝南。

四金刚

入门的佛殿左右入口摆有"四大天王"或"四金刚"（在"浴佛节"中已经提及）的巨型雕像。

四大天王起源于印度，但是道教宫观也有四大天王，他们有着不同的名称以及不同的传说。"中外研究者对于佛教金刚和道教天王的关联问题存在一些小分歧……然而，一般来说，他们可能代表着季节和方向……他们很少受到祭祀，祭拜其他佛像的信众偶尔在他们面前放上香棒。"（见 C.H. 普洛普的《中国宗教谚语》）

多闻[①]（Vaisravana），北沙门或北方天王，手中握着一只具有魔力的猫鼬。持国（Dhritarashtra），东方天王，有一个能控制大风的大琵琶。增长（Virudhaka），南方天王，手上的宝剑可以呼风唤雨。广目

[①] 佛经最初用梵文抄写，但是中国佛教徒用梵文名称的转译或音译来称呼各路神佛。出于同样的原因，"手稿、题词、铜镜上的装饰以及寺院屋檐和门上的幸运语，经常用梵语书写。在北京印刷的多语种书籍中，梵语也是其中一种"。

正如钢和泰男爵（Baron staël-Holstein）所指出的那样，多闻（Valeravan）在一些国家被认为是七财神之一，他的财宝有一群大蚂蚁守护。他的妻子哈里提（Hariti），最初是女魔和天花娘娘。（见"二月"）

（Virupaksha），西方天王，宝伞打开时给宇宙带来黑暗。①

四金刚都是被人格化了的天气神，可干预世间的事务。例如，当国王和百姓不重视佛法时，他们便不再保护人间。尽管面目狰狞的四金刚被涂成蓝色、黑色、红色和白色，但是却"给那些供奉佛、法、僧三宝的信众带来平静和幸福"。

哼哈二将

在四金刚和面南的一堵墙之间，有时还摆放有两名身穿军装，长相凶狠的守护神，他们分别是哼元帅和哈元帅。公元前1122年的牧野之战②，哼哈成了战神。两位元帅都从道士那里获得了神奇的力量，尽管传说忽视了道教直到很多个世纪之后才形成的事实。哼是纣王（商朝最后一位皇帝）的军队主帅，能够从鼻孔中射出两道白光，发出像大钟被撞击一样的巨响；哈可以从嘴里吹出一大团可怕的黄色气体，消灭碰到的所有东西。因此，哼哈二将也叫"哼哈"。③

哈最终在与哼的战斗中丧了命，哼后来又被另一位将军杀死。两位元帅都因英勇善战而受到了朝廷的册封。中国人甚至奖赏敌人，以安抚神灵世界中的强敌。这就是鼻孔大的哼元帅和嘴巴大的哈元帅，被立在寺庙前庭的原因。

布袋

在同一个入门的佛殿中背对大门的地方，有布袋和尚的佛像。布袋是一个真实的历史人物，在中国布袋通常被认为是弥勒（Maitreya），是善良和未来佛的化身（六月初三是布袋诞）。在印度人的传统观念中，未来佛是一个贵族，身高六十埃尺。这种大小的弥勒佛会在重生后降世，

---

① 作者似乎将四金刚混淆了，他们分别是东方持国天王、南方增长天王、西方广目天王和北方多闻天王。——译者
② 也有很多学者认为商周更迭以及牧野之战的时间是公元前1046年。——译者
③ 东西方神话与故事中都包含了许多的现代发明。"伊卡洛斯（希腊神话中的飞人——译者）预见了威尔伯·怀特（历史上第一个成功驾驶飞机的人——译者）吗？我们不这样认为。但是，许多老派的中国学者赞同这些讨人喜欢的传说，或者至少接受了其中有价值的部分。"

图 2-23 两个天王

图 2-24 在杭州所见的布袋和尚像

但是在汉传佛教中，这种形象的未来佛很少见，尽管在藏传佛教中并非如此。喇嘛教的迈达拉（Maidari）是个很好的例子，北京雍和宫有一个木雕佛像。弥勒佛常见的化身是布袋，其形象是一个胖和尚，长袍从胸前滑落，裸露的大肚皮像水果一样饱满，而且快要裂开了，周围经常有孩子围绕。矮胖的布袋和尚身穿便装，面带微笑，在外国人中赢得了"笑佛"的称号。西方人认为他是世间美德的化身。然而，事实上，布袋被尊为未来三千年的救世主，尽管未来的使命与滑稽的形象形成了鲜明的对比。

韦陀

弥勒有时会和关帝共享一个佛殿（见"五月"），但弥勒总是与战士以及法律的保护者韦陀背靠背出现，韦陀背靠木制屏风面向内院。韦陀最初是个金刚，因热情和善良被升格为菩萨，他身穿铠甲，右手持金刚杵，"随时准备打击轻视佛教之人"。大慈大悲的佛教有针对万物生灵都不可杀生的戒律，而穿着铠甲的韦陀却是佛教的护卫，这似乎有些不协调。但是韦陀只对恶魔和邪灵开战，直到它们的罪孽得到净化并重生。此外，韦陀也不总是打斗。韦陀是观音的侍从，经常出现在观音庙中。韦陀似乎也是寺院的守护者（见裴丽珠的《北京》）。为寺院募捐的化缘僧的肩上有个便携的韦陀神龛，僧侣们因物质需求而求韦陀保佑。庄士敦在《狮龙共舞》中说："佛教书籍的最后一页经常画有韦陀像。这样可防止书籍遭到火和昆虫的破坏，并且（已被人证实）可促使借书者把书归还给所有者。"庄士敦还补充道："对于拥有丰富藏书的英国人来说，最想要的神明便是保护书籍的韦陀了。"

韦陀望向寺庙的主殿。我们进入主殿是为了了解佛教对中国的雕刻、绘画、塑像和壁画等装饰艺术的贡献。有时，我们发现墙壁绘有绚丽的、让人联想到意大利原始艺术的壁画，或是并排悬挂有展示灵魂通往审判地狱以及各个地狱的恐怖景象的卷轴画。这些绘画营造的氛围常常为另一些绘画抵消——观世音菩萨慈悲的面容，地藏菩萨充满同情的笑容，虔诚的艺术家幻想的种有宝树的极乐天宫，好人的灵魂会在湖中重生为莲花。

放在祭坛上刻有漂亮花边的圣骨匣，使我们想到了文艺复兴时期的艺术品，而内嵌在底座上的雕花与希腊和古罗马纪念碑上的很相似，使我们意识到亚历山大大帝征服波斯、占领印度是"许多新思想起源于被征服的国家"的标志，并且可能促进了佛教在中国的传播。

三世佛

第一个佛殿布置有香炉、烛台和八宝（右旋螺、宝瓶、法轮、宝伞、佛塔、双鱼、吉祥结和胜利幢），后面有三个被称为现在佛、过去佛和未来佛的金色佛像。中间的是今世佛释迦牟尼，在许愿灯闪烁的火花中，坐在莲花座上的身影明明灭灭。艺术装饰表明了释迦牟尼佛的印度起源，佛像周围有庄严的帷幔，佛像脸上一丝悲伤的微笑反映了他在流浪时经历的悲苦。当疾风吹来时，就像在中国北方经常发生的那样，佛像脸上的一丝忧郁似乎暗示着他所做出的牺牲，舍弃温暖和奢华的王宫，帮助那些经常匆忙地在口头祭拜他的信众。

过去佛和未来佛与释迦牟尼佛相似，只是手印不同，他们都属于智慧和力量的化身。三世佛的出现只是试图扩大佛教的内涵，使佛教显得无所不知、无所不包和无所不能。《佛经》说："佛有千万相，万相如一。一切皆是表相。"

三世佛（过去佛、现在佛和未来佛）总是在一块，并且非常容易辨认，他们有螺形的短卷发①，佛教寺庙中只有三世佛如此装扮。

观音、普贤、阿弥陀、无量寿佛（即长寿佛）等其他的佛陀以及释迦牟尼佛可能会出现在第二个主殿中，两侧也列有佛祖最喜欢的两个门徒——年老的迦叶佛（Kasyapa）和年轻的阿难陀（Ananda）。迦叶佛是佛祖的第一任弟子，而阿难陀获得了佛祖的佛心。"当太阳升起，佛教的光芒直照西墙。"

有时前世燃灯佛或药师佛（Divine Healer）也出现在第二个主殿中，梵天和帝释也在。汉传佛教的佛寺主殿包含"代表所有超越轮回的四个等级的众生……佛教认可的最高四类存在……"超越生死的较低等级的

---

① 在一个美好但有争议的传说中，蜗牛忠实地保护乔达摩的头部免受烈日的照射，这解释了佛陀头发的形状。

门徒被称为圣闻听者，以阿难陀、迦叶佛、提婆或阿罗汉（Arhats）为代表。尽管因为在轮回中沉浸于俗世的激情和追求，他们尚未达到菩萨的等级，但是通过聆听佛陀的教诲，他们获得了力量和知识，可以继续参悟大地和天堂的奥秘。比他们更圣洁的是菩萨①，以戴有金色皇冠的文殊和普贤为代表。

罗汉

释迦牟尼佛的众弟子罗汉，位于大殿的东西两侧，通常九个连续一排，每个都有自己的特色。罗汉有时包括一千二百个，有时五百个，但是大多数佛寺只展示最有名的十八罗汉。佛经记载，佛祖临死之时将佛教托付给十六个罗汉，让他们守望"世俗信众的福祉和佛教精神。罗汉会一直存在于世间，直到弥勒佛出现并带来一个新的世界。然后这些罗汉将收集佛陀的所有遗物，用来建造一座宏伟的佛塔。完成这些工作后，他们对遗物进行最后的祭拜，升天并涅槃"。中国人在原来的十六罗汉上增加了两个罗汉，因此成了十八罗汉。

蹲伏在罗汉旁边的神兽以及罗汉的名字体现了罗汉的神力：降龙尊者的身体盘绕着神龙，龙头握在手里，而伏虎尊者的后背或脚下有老虎。

类似于西方的圣徒和殉道者，罗汉在弥勒佛到来前是人类苦难的代祷者。二十提婆（二十诸天，在某种程度上与罗汉相同）是更古老的印度神灵，甚至是月神的自然神灵，在传入中国后都或多或少地为适应中国习俗而发生了改变。在东西两旁的墙壁上，二十提婆每十个排成一列，位于十八罗汉的南端。②

位于大殿中间的文殊和普贤是佛教四大菩萨中的两位，他们坐镇圣山，像佛陀守护佛教寺庙一样在中国守护着佛法。尽管大乘佛经提到的许多神佛在寺庙中没有佛像或神殿，但是一般都有文殊和普贤的佛像。

---

① 有关菩萨一词的含义，见"二月"的脚注。
② 在中国，除非常大的庙宇外，这些神像很少见，他们的神像与佛经中提婆聚集在佛陀周围聆听布道的绘画相似。在北京附近的大觉寺和西域寺，都可以找到提婆神像。

文殊菩萨

文殊是佛教最有名的菩萨之一。根据黄教（喇嘛教）的教义，他转世为乌尔加（Urga）的一个活佛，通常被信众视为智慧的化身。文殊右手握剑，左手持有花朵，花朵上有一本书。我们应该知道，剑代表着理解佛教深奥思想的智慧，书象征着佛祖的神圣教导。

根据佛经的说法，文殊菩萨受命于佛祖，在五台山教导和救赎中国人，因而佛法萦绕着建有五座佛塔的五台山。

从那时起，传说就将山西东部的五台山定为四个佛教圣山之一，曾几何时，五台山上的很多寺院构成了宏伟的宗教建筑群。9世纪的宗教打压在某种程度上降低了五台山佛教建筑的宏伟程度。尽管如此，五台山至今仍是朝圣的重要之地。文殊菩萨时不时在高山古寺显圣，使得薄雾笼罩的圣山一次又一次被神化。阳光明媚的日子，从远处可以看到五台山的银灰色轮廓，而在太阳落山之后，圣山似紫色的金字塔一样发光。传说谈到远离尘世烦恼的和美生活，这是一种比我们现在的生活更美好、更崇高的生活。朝拜者艰苦修行，希望通过坚持和毅力过上这种生活。

山上的寺庙大部分由喇嘛看守。蒙古人、布里亚特人，甚至来自遥远的俄罗斯卡尔穆克人，在所有朝拜者中占多数，我们在中国找不到第二个地方有如此声势浩大的朝拜者。他们举起圆形的转经筒像向蓝天祈祷一样，或者随着绿松石色的饰物叮当作响，艰难地向文殊菩萨鞠躬。而坐在狮子基座上的文殊菩萨，手持一朵蓝莲花，金绿色的眼睛看着朝拜者，充满了智慧的光芒。

普贤菩萨

普贤菩萨的圣地在四川峨眉山，受信众尊敬的程度与文殊菩萨不相上下，而且有藏族人和尼泊尔人在内的成千上万的朝拜者，每年登上宏伟的峨眉山朝拜普贤菩萨。作为佛教圣地的峨眉山，美景一览无余，山坡上每隔几里就有一座寺庙。金顶有一座铜铸的圣殿以及万里寺①，公元

---

① 万里寺是 Wan Li temple 的音译，疑为华藏寺。——译者

图 2-25 五台山上的铜塔

图 2-26 在北京所见的穿法衣的喇嘛

1819年寺庙被闪电击毁，住持尚未筹到足够的资金重建该寺。

　　传说，文殊骑着狮子到五台山时，普贤才坐到大象的背上。万年寺里的一头铜大象，证实了这一神奇的传说。峨眉山有七十座寺庙和两千名僧侣。巴伯（Baber）在公元1877年登上峨眉山，是第一位登上此山的外国人，在其准确而不受质疑的记录中提到，万年寺有方形的地基，设计巧妙的斗栱支撑着圆屋顶，这实际上是除了长城之外现存最古老的中国建筑。木笼子围着大象，这让人联想到动物园，巴伯说这是世界上最古老的青铜像，高大的青铜像超过十二尺。大象背上有巨大莲花座，而头戴天冠的普贤菩萨就坐在莲花座上。

　　然而，更令人瞩目的是在峨眉山金顶上观察到的自然奇观。天空晴朗，薄雾漂浮在峰顶下方的沟谷中，伟大的峨眉山并没有被孤独的鸟群打扰，似乎有类似于布罗肯的幽灵（the Spectre of the Brocken），它们状如"金球，周围有彩虹漂浮在薄雾上"。并非所有人都能看到这种奇观，但是内心纯洁之人知道那是佛光，"是峨眉山显灵的可见迹象"，是佛陀显灵了。这种奇观令人印象深刻，以至于朝拜者在黎明看到这一现象时，因宗教狂喜去跳崖。因此，如今的黑色峭壁上散布着血色的斑点，似血滴从有锁链作为防护栏的石头中渗出。

　　回到佛寺布置的话题上，我们在主殿旁发现了其他的偏殿。其中一个供奉着观音（见"二月"），另一个供奉着地藏（见"七月"）。观音、地藏、文殊、普贤是中国人喜欢的四大菩萨，像四道圣火彰显着佛教的教义。象征西方天堂的阿弥陀（见"十一月"），除了作为三世佛之一出现外，要么与观音同在一个偏殿，要么有独立的佛殿。

　　药上菩萨和药王菩萨也可以如此布置，但是对他们的布置有许多例外，因此没有一成不变的惯例。

　　原来不属于佛教的神佛如财神、关帝、龙王以及一些小的药王神也出现在佛寺中。布满了蜘蛛网的药王殿很少有人参观，蜘蛛网给我们的脸也蒙上了阴影。

圣地游

　　佛教教义会告诉你，佛像的作用仅仅是引导虔诚者向善与体悟佛法。但是，普通百姓无法理解抽象的佛法，在每个佛像中看到的都是真实的佛陀。

香客们在节日的时候聚在一起——大多数是老太太——在佛像前跪下，呼唤佛祖的名字，每次祈求都献上白豆，然后将这些豆子与嫩胡萝卜、柳树芽煮熟。寺庙的厨房有放满豆子的大锅。"我们称其为福豆，"向导解释道，"首先将它们装在篮子里供给佛陀，然后住持把一些福豆分给路人。其他的福豆则留给孩子。由此，我们尝试与附近的民众建立起宗教联系，并希望他们来到寺庙，了解佛法。"

中国僧侣最喜欢组织和鼓励圣地游，其目的是与俗人保持联系，并为寺院争取到捐款。就像乔叟《英格兰》说的五月"民间开始朝圣之旅"一样，公历五月对应的农历四月是中国信众朝圣的月份，并非"他们此时更虔诚，而是大自然诱使人们走出家门"。

中国的每个省份，实际上几乎是每个地区，都有一座道教或佛教或同属于道教和佛教的圣山吸引着信众。要描述中国所有的朝圣地需要整卷书。泰山（见"十月"）和普陀岛（见"二月"）是全国性的圣地，吸引着来自不同地域的信众。不过妙峰山的茶棚也很有代表性。妙峰山位于北京西侧，是燕山山脉的一座山峰（中国画中陡峭而奇妙的妙峰山看起来不太真实，却具有中国风景的特征）。妙峰山朝圣非常典型，值得详细描述。

在一群小庙中，最美丽的寺庙坐落在能俯瞰浑河河谷的山顶上，里面供奉有三位女神：已被道家认作是泰山神孙女的天仙娘娘，有时也叫玉女，但更常见的称呼是碧霞元君（见"十月"）；治愈中国人常见的眼疾，作为盲人守护神的眼光娘娘；子孙娘娘（见"八月"）即送子娘娘，有时她戴着面纱出现，肩膀上有一个麻袋，麻袋里装有送给信众的婴儿。感激的母亲将鞋子和红鸡蛋供奉给子孙娘娘，那些没有孩子的夫妇会偷走这些供品以求连生贵子。子孙娘娘的神像经常被从祭坛上取下来，拿进临盆的产妇的房间。

娘娘指的是一组守护神，一共有九位娘娘：①天仙娘娘，地位最高；②再生娘娘，天上的助产士；③斑疹娘娘，防止猩红热的守护神；④奶母娘娘，乳母的守护神；⑤培养娘娘，保护孩子的出生、喂养和成长；

⑥眼光娘娘，视力很强；⑦子孙娘娘，送子神（见《八月·婚姻神》）；⑧引蒙娘娘，儿童的守护者；⑨痘疹娘娘，有两个侍从的天花女神。人们恳求痘疹娘娘远离家人，但是家人得了痘疹的家庭会为痘疹娘娘准备一个灵牌，每天谨慎而客气地恳求很容易生气的她护佑病人康复。如果病人痊愈，则会制作纸椅子或纸船将痘疹娘娘的灵牌放在里面，接着将纸椅子、纸船裱在一只凤凰的背上，然后将整个纸扎放在一堆稻草上烧掉，这样痘疹娘娘就远离了这个地方。但是，如果病人死亡，痘疹娘娘会受到诅咒。

华南地区有更多的娘娘。有时我们发现有十六个或二十个功能相似的守护妇女和儿童的娘娘。

最主要的三位娘娘中，玉女是最受欢迎和最灵验的女神。就像神话中的玉皇大帝一样（见"正月"），玉女出现在道教万神殿的时间很晚，这是宋人的发明，目的是与对信众有强大吸引力的佛教观音相抗衡。抽象的思想家满足于道家早期的纯粹教义，但是普通民众需要神明听见他们的祈祷，女性希望有女性化的神明理解她们做母亲的愿望，与作为英雄和父亲的男神相对，女神作为妻子和母亲受到祭祀。

玉女是道教中最受欢迎的神明之一，灵验是即时、持久和广泛的。尽管不同省份玉女有不同的名称，但是在明朝这一信仰达到鼎盛，现在仍然很有名。例如，福建人称她为母亲，认为她是福建省古老的守护神（见"二月"）。在其他地方，玉女从已有的女神中脱颖而出，拥有独立的庙宇、随从以及护佑婴儿和产妇的神力。

无论哪个玉女殿都不缺信众，通向妙峰山的四条山路挤满了朝圣者，人们从四月初一到十八都可祭拜她。自然而然地，"在责任与享乐很难协调的生活中"，忙碌的人们很少能在享受清新空气和美丽自然风光的同时，获得"令人振奋的宗教成就感"。

各阶层的民众经常到三娘娘庙朝圣——包括退休官员及其女眷、光头的僧侣、农夫农妇。在中国，朝圣者独自出行很少见，除非他们履行特别的誓言，像从寺庙借用锁链的朝拜者和没有子嗣的妇女会完全俯伏在地完成朝圣。他们先跪下，接着向前趴下，脸贴到地面，然后站起来，手举至最高，重复这一痛苦而费力的跪拜仪式直至圣地。那些已怀孕的妇女再次穿上红色嫁衣,像定罪了的犯人相信过去的罪过会被抹去,从而生出儿子。

但是,朝圣者通常一起朝圣,而且几乎每个省份都有为朝拜某些寺庙而形成的会社。① 那些卑微的劳作者构成了朝圣的主力军,但即使路途花费很少他们也负担不起几天的旅费。因此会社拿出一定的钱帮助一定数量的成员(抽签选择)代表最贫穷的小村庄去朝圣。中签者从会社的共同资金中领取住宿费和车旅费,但是给仆人的小费和给乞丐的施舍——东方人非常慷慨——由个人自掏腰包。

比起背着卧具的贫困农民,较富裕的朝圣者要舒适得多。穷人走路,有钱人坐椅子或手推车。一些人拿着垫子和热水瓶,另一些人则满足地坐在木凳上。穷人在村庄里买物品,而有钱人则带着自己的或者把东西装在有黄色三角旗和铃铛的箱子里,运行李的人马在平原上奔跑,铃铛便会发出叮当声,似乎在说"山是大众的"。

但是,总的来说,朝圣者之间完全平等。人们走的是同一条朝圣之路,谄上欺下不存在。穿丝绸的绅士不会因为穿棉衣的工匠无意的推撞而生气,大家在节日里都非常愉快。

过去,杂技演员(花会)沿途表演,希望在愉悦疲倦登山者的同时,也吸引皇室成员的注意从而获得一面黄旗,然后在轮到自己村表演时展出旗子。标有"陛下特令"的旗子有很好的宣传作用。年轻的杂技爱好者喜欢惊险的表演,如在桥栏杆上跳舞,骑着两匹小马,同时平衡重物,用陶罐表演魔术,等等,这些项目都是为了娱乐信众。

人们在经过村子时停下来给当地的寺庙烧香,铃铛不断地响着,烟从香炉盖的孔隙中升起,富商之妻自在地与农妇混在一起。在休息室,抬椅子的苦力们完全平等地坐在雇主旁边喝茶而没有任何不适宜,因为

---

① 明恩溥在《中国的乡村生活》中谈到这些会社有两种形式:行山会和坐山会。"前者制定朝圣计划……后者只是模拟朝圣,从而避免遥远而难走的朝圣所产生的麻烦与花费。坐山会的朝圣包括戏剧表演、杂耍和宴饮,在这些娱乐活动的间隔,朝圣者会抽时间在代表圣山的纸山上祭拜女神。人们觉得这种朝圣不会获得很多好运,这可从人们对这种朝圣的鄙视态度中得到证实——正如坐山会的绰号'蹲膘会'所表示的鄙视一样。"

他们看重和谐的人际关系，这是几代人一起朝圣的结果。可以说，朝圣者的优雅举止保证了没有人会被冒犯到。如果很久以前社会在需要的地方做出了规定，现在就没必要再设置障碍了。

除了普通的规定之外，朝圣者还有专门的旅行指南，就像欧洲的朝圣者有贝德克尔（Baedekers）的《旅行指南》那样。这些手册有道路信息并指明了在哪个庙宇中要朝拜捐钱。中国的旅行指南同样有世俗的提示，书内穿插有宗教行为的箴言，与上级、同级和下级如何相处的禁令，提升自我需要思考的内容，该敬拜的神明以及其他的提示。

从物质的角度看，所有的摆设都是为了妙峰山朝圣。慈善会设立的茶棚可供娱乐并且供应热茶。每个村庄都有新鲜的鸡蛋出售，并为口渴的牲畜准备好几碗水，在骡子喝完水后，车夫会将一枚铜钱放进碗中。当地人出售草编的扇子、发饰，用红布绒制成的蝙蝠、蝴蝶或十字形的福旗。男男女女都会购买福旗，这一习俗叫戴福还家。事实上，人们永远不会认不出朝圣者，因为福旗粘有亮片，可绑在头上以防落灰。

山上有很多小寺庙，朝圣者通常会在这些寺庙稍作停留。此外，每一个平坦的地方都有露天饮食店，疲惫的登山者停下来饮茶水或者吃粉。小贩在附近设立摊位，出售雕刻有龙头的朝圣杖或篮子等物品——这是朝圣的必需品。

穿过高高的山峰后，大多数人徘徊在美丽的山谷中，山谷里的玫瑰花散发着浓郁的香气，接着到了最后一段陡峭的坡路，路上到处是粗糙的藤蔓，弯曲的枝条在小径上投下一片阴影，就像农妇脸上的皱纹一样。

历史遗迹甚少的几个小神龛耸立在山顶上，传说它们由一位道士、一位佛教僧侣和一位虔诚的信众在公元1622年建造，为此目的他们一起收集铭文。最近又重新镀金的女神像也不似艺术品。更有趣的是一座偏殿，里面穿着蓝色外套的老妇雕像被誉为治疗者并且受到民众的祭拜。这很好地说明了凡人在有利的情况下，也可以成为当地的神明或圣人。尽管她不属于万神殿，也没有官方头衔，但是妇女们在她面前鞠躬，低声念诵着神秘而熟悉的话语，感觉像有了护身符一样。

虔诚的朝圣者因朝拜碧霞元君聚在一起，但是他们不会忽略山顶上的任何一座神庙。每一项功德都是福缘，因此，朝圣者无休止地祈祷，许愿的铜币把几尺深的大池子填满了，他们挥舞着香火，不停地跪拜和鞠躬，甚至朝院子里的石板磕头，那石板是山峰凸出的部分，称作圣石，即真正的妙峰。

在做完所有的功绩之后，朝圣者挤在山谷上方的小露台欣赏浑河的美景。日落给所有人带来了光环，金光笼罩在每个人的头顶。老妇有了灵气，下面的柳树也年轻了，甚至疲惫的农民也头戴光环。美丽圣殿像鸟落在岩石上，周围是山峰的蓝色轮廓，朝圣者逗留至天黑，然后打着火把，浩浩荡荡下山去。

八仙

如果妙峰山朝圣后还来得及的话，一些信众会赶到吕洞宾（生日在四月十四）和汉钟离（生日在四月十五）的神殿祭拜他们最喜欢的这两个神仙。如果中国人祭祀所有的神明，那么他们将永远不会祭拜完，因为除万神殿之外还有大量的神像，其中有些是不容忽视的各行各业的守护神。

这些神仙是道教的独特发明。这一理念融合了永生在更美好世界和保留肉身的想法，相当有吸引力。相比于成为模糊的鬼（其本质是灵魂），在没有阳光的地狱里依靠阳间的亲属提供的祭品而存活，谁会不喜欢"长生不老，永远健康快乐呢？"

长生不老的观念一旦形成，道教更吸引大众的注意了。道教徒——而且只有他们——掌握着永生的秘密。他们制定长生不老的规则。人们想要长生不老，就必须寻求道教的帮助。

从理论上讲，任何人都可以长生不老。但实际上，成仙并非易事。修仙者必须严格遵循有关身体和灵魂的戒律，同时积极寻找精华。有很多种方式可以获得仙丹和神话中的不老药。修仙要经历三个公认的阶段：首先是禁欲，像蝉一样挣脱躯体的束缚，在保持尘世外表的同时，拥有完美的健康状态，不再饥饿，不必担心疾病或死亡，而且有环游宇宙的能力。其次是英雄或完人，已经圣化的身体可以腾云驾雾而不受任何自然规律的支配。最后是圣人或上仙，他们可以在白天变身，与处于较低级和只有在黑暗中才能变幻的仙人形成鲜明对比。不论白天或黑夜，这些仙人都可变幻,"成为世界的统治者"。

许多神仙住在西王母的天宫(见"三月"),面目模糊的神明对普通人没有什么吸引力。但是直到今天,八仙仍然非常流行。我们发现八仙中的一些源自历史人物,另一些则纯属虚构。他们出现在各种艺术品中,从昂贵的屏风、瓷器到普通茶壶和只卖一文钱的绘画。乡村集市的说书者仍讲述八仙的传奇故事,现代小说和戏剧中也有八仙的身影。"天生搞笑,感觉世界疯了"的八仙,仍然是戏剧、爱情传奇和神话中的主角。

就像道教本身一样,八仙源自民众在思想和感情上对平庸的厌恶——这种信念在历史上一直存在。八仙起源于宋朝,是幽默而充满活力的民间对僵化的官方崇拜的反叛,官方崇拜的神明相当枯燥无味,总是按照大家认可的方式做出合宜的举动。而热情洋溢的八仙有着令人震惊的外表和习惯,是一群堂吉诃德式的人物,他们成仙不走寻常之路,而是通过古怪而奇妙的历险,这要归功于神奇的长生不老药。对八仙来说,人们崇尚的事物并不是他们需要的。宇宙是八仙的玩具盒,他们与妖怪一起玩耍。这就是八仙仍然流行,而许多贤人被人遗忘的原因。八仙永远吸引着童真之人,这与东方人热爱虚构的性格相一致。许多人并不认真对待八仙,而是因为传奇中的八仙滑稽又自负喜欢他们。八仙把驴藏在腰带中,在云上行走,火烧大海,骑杖踏浪,在酒罐里相会,在天门翻腾。

难怪中国人会因为八仙荒谬、快乐、幽默、天真的特点而感到兴奋。从这些虚构的神仙中,民众看到了完美的蓝图,理智的民众必然会羡慕酒足饭饱的八仙。受传统束缚的人们享受着令人愉快的表演,八仙像草场的小马驹一样手舞足蹈。八仙吸引着所有人,无论贫穷或富裕、文盲或识字、健康或患病的男女老少。完整的八仙故事将占满整本书。因此,这里只描述八仙的主要特征。

八仙中最著名的是吕洞宾,历史上确有其人,他生于唐代的山西,唐朝某位皇帝可能与他有交集。他出生时忽然有一道白光,一只鹳从房间飞过,这是他不同于常人的明显迹象。在人们的盼望下,他长大成人了,身高八尺,胡子稀疏,令人印象深刻。作为绅士和读书人,他位列高官,直到武则天登基，他和妻子逃到了山上。在流亡期间，姓李的他改姓吕，名改为洞宾，即住在洞里的客人，研究炼金术的奥秘，独自在空中斩杀巨龙，驱散在人间四百多年的各种邪祟。吕洞宾惯有的法宝是斩魔刀和飞拂尘，后者表明"他能够随意飞翔，或在云中行走"。比较罕见的是吕洞宾有时怀抱一个小男孩，似乎向祭拜他的男孩许诺他们长大后会做大官。出于这个原因，学者们祭拜吕洞宾，在北京城的吕祖庙供奉有吕洞宾的神位。在庄严的祭祀仪式中，街头理发师和愚昧的占卜者虔诚烧香。吕洞宾是如何获得这些人朝拜的呢？因为吕洞宾的名字发音易与吕祖大仙相混淆，吕祖是个修为差到不得不放弃修仙还俗的道士。还俗后的吕祖以理发为业，真正成为理发师守护神的是这个无名小卒。但是由于一些荒谬的错误，剃刀会每年聚在吕祖庙烧香、看戏并且商定中国剃须和理发的价格。这一场合似乎与吕洞宾作为文人守护神的尊严不符。293

  吕洞宾的老师、朋友和酒友汉钟离是八仙的另一个典型。然而，汉钟离的生平传奇有很多版本，以至于他被描述为战士、道士、获得长生不老药的乞丐。汉钟离的军事才能被炼金术天赋掩盖。汉钟离穿着便服，有时手拿羽毛扇或寿桃。

  如果说汉钟离和吕洞宾是八仙中最著名的，那么铁拐李则是第一个长生不老的仙人，在治愈了他的小腿溃疡之后，西王母教他长生术。铁拐李是个可怜人。幼年时父母亡故，还被一个狠心的嫂子虐待，半饿半饱的他逃到了山上。逗留山林之时，他历尽艰苦，灵魂离开身体去华山朝圣。有人说他升天去见了老子。无论如何，这都是非常受人尊敬的差事，但是当他的灵魂返回时，发现身体已经不见了。灵魂必须进入能找到的第一个身体里，而且这个身体的精髓还没有完全离开。这时恰好有个乞丐的尸体无人认领——可怜的小伙子最近饿死了，瘸腿，头发乱蓬蓬，眼睛鼓鼓的。发现这一点时，他当然想用更好的身体来替换这丑陋的躯体，但是为时已晚。天上的老子劝他不要尝试不可能的事情，并且给了他"一条金带子把头发绑整齐，一个铁拐杖支撑瘸腿"。因此，从瘸腿的身形很好辨认出铁拐李。中国的药材铺有时使用铁拐李的画像作为商店的招幌，因为他随身携带药草，而且驱魔人也把他视为守护神。294

  八仙中的另一位是山西的张果老，智慧过人的他拒绝来自唐朝宫廷

岁时 | 403

的所有邀请，而宁愿默默无闻。张果老出生就显老，并且喜欢化身为混沌初分的白蝙蝠，他每天骑着白驴走几千里，结束时把白驴像张纸一样折起来，需要时再在驴身上撒上几滴水。张果老倒骑驴的画像（这是张果老的一个特点）通常被贴在婚房里并受到祭祀，以护佑新婚夫妇早生贵子。张果老保佑婚姻幸福和早生贵子，这似乎有点奇怪。但是张果老也以诡计多端闻名，他手中的凤羽可创造奇迹①。

如果张果老表代着宋代的老神仙，那么青年神仙的代表就是唐代伟大的政治家、哲学家和诗人韩愈（公元768—824年）的侄子韩湘子。韩湘子在韩愈的教育下长大成人，他是个爱花之人，能在叶子上写出金色的诗词，创造出神奇的植物。有些人认为精致又温柔的韩湘子是吕洞宾的学生，是中国乐人的守护神，他要么带着一篮心爱的花朵，要么携有玉笛。

高贵的曹国舅与宋皇室颇有渊源，在八仙中代表着官场。在经历了世间最放荡的生活之后，曹国舅成仙了。八仙居住的八窟恰好有个空缺，他们提议有仙人性情的曹国舅补这个空缺，再没有比这更好的理由了。脾气暴躁的曹国舅杀死了别人的妻子，又因为皇帝大赦天下而获释。曹国舅沉迷于修仙。如今，我们发现曹国舅成了受人尊敬的神仙，双手握着以前官员上朝用的笏板——玉板会发出神奇的光芒。玉板是拜见高级神明的凭证，并且使曹国舅显得光彩照人。自从成为皇室的姻亲之后，曹国舅便有权进入皇宫，尽管曹国舅被曹氏家族看作"害群之马"。

八仙中只有一个女仙叫何仙姑，约公元700年出生于广州。"年轻的何仙姑手拿一朵荷花或是吕洞宾送的象征着身份的桃子，吹笙或喝酒"——这是何仙姑的常见形象。一个友好的鬼魂送给她珠母粉，所以她长生不老，大部分时间都在山上漫游或漂在彩云上。

最后，八仙中最疯狂的是蓝采和，人们甚至不知道他是男是女。蓝采和生前是个有点疯的流浪乐人或江湖骗子。没有人知道蓝采和从哪儿来，也没有人知道他是否真的疯了。当蓝采和在街头靠唱歌的微薄收入为生时，他称"自己是男人，但不是真男人"。蓝采和的诗句"人生苦短，

---

① 张果老手持的宝物叫渔鼓，能占卜人生。——译者

及时行乐"似乎又表明他头脑很清醒。然而，在有钱的时候，蓝采和把钱串在绳子上，拖在身后，从不回头看钱是否还在。对于节俭的中国人来说，这无疑是个疯狂的举动。蓝采和的穿着比行为还古怪：身穿一件破烂蓝长袍，腰系一个宽木条，一只脚穿鞋，另一只光脚。夏天穿棉衣，冬天睡在雪地上，"呼气像大锅里的蒸汽，升腾到明亮的云中"。蓝采和离开世间的方式，也如他生前一样，疯疯癫癫的。他以站着摘星星的夸张姿态轻轻地升天了，喝着美酒，把鞋、腰带、长袍和响板都扔在了地上。为什么这个怪人成仙后拿着一篮鲜花，成为园丁的守护神？这又是八仙中的一个谜了。

最后，本质上凌驾于规则之上的八仙，可能会使人想起中国人的一句古老谚语："没有人能确保自己会免于牢狱之灾或沦为乞丐"，即"循此苦旅，以达天际"（per aspera ad astra）。八仙体现了东方人对疯狂的崇敬，对放弃世俗荣誉和财产的钦佩，这些荣誉和财产对大多数人来说是极为珍贵的。事实上，即使在 20 世纪，八仙故事所体现出的智慧、幽默和道德教训意味，仍然使八仙活在人们的心中——梦想破碎的八仙敢于反抗传统。

第九章　五月·龙月

299　　仲夏时节的五月，晴空万里，牛经过的路上尘土飞扬，树丛里蝉鸣不断。

北京的街头回荡着衣衫褴褛的小贩的叫卖声：

冰镇的，滑溜溜的糖水，

吃一次，您会想吃第二次，

一个铜板一碗，远离炎热，

吃起来很甜——甜的咧。

顾客聚围着小摊饮这些用陈皮、木兰皮、豆蔻和芙蓉制成的消暑的糖水，然后用比锡箔还薄的汤匙搅拌旧玻璃杯里的冰块。过去，皇帝像关怀百姓的父亲，在衙门附近发放冰糖水并写上："皇帝的怜悯无所不包。"善良的富人有段时间也如此做，但是他们的善行有时会得不到任何回报，如若我们相信以下愤世嫉俗的话："有些人送冰水，有些人偷勺子。"

300　在中国南方用大水壶为路人提供热茶仍是一种善行，因为许多南方人认为饮用未经煮沸的水会生病。

北京人似乎不怕细菌，我们可以从挤在水果摊周围的苦力来判断，露出石榴籽的石榴以及切成片的西瓜都有苍蝇围绕，但是仍有很多人买。

小贩生意兴隆，顾客众多。即使是贫穷之人也可能会奢侈一回，因为临近著名的五月节了。全国各地都有庆祝活动，即使在遥远的云南，苗族人、彝族人也过五月节。

端阳

这个节日简称五月节,即五月的节日,但是外国人将其称为龙舟节。

从经济层面讲,五月节是一年中的三个结算日之一;从天文学上说,五月节是季节的转折点,因为阳气已非常充盈,从现在开始逐渐衰落。自文明社会诞生以来,人们有了里程碑式的年历,世界各地的人们以不同的方式庆祝夏至。回顾远古时代,我们可以在节日中一瞥与狩猎、捕鱼和战争有关的祈祷仪式——狩猎、捕鱼和战争是原始民族生活中的三大重要事件。

在中国,五月节似乎主要是为了祭祀河神。过去,很大一部分人靠河神的保佑收获渔类食物。最初的水神包括溺水的鬼魂,这些不能入土为安的鬼魂被迫流浪,因没有受到祭祀而作恶。高延大胆假设中国的食人虎都有受害者灵魂的气息,因此吞噬溺水者的古代食人鳄,获得了死者的灵魂和力量。如果龙是从食人鳄或蜥蜴进化而来的,那么我们可以将龙与五月节联系起来。在雨季来临之前的干旱季节,人们祭祀司雨的神龙(见"六月")。因此在仲夏——收获的季节,五月——庄稼成长的月份,人们安抚以怪物形态出现的溺死鬼,以免他们破坏成熟的农作物并给人类带来饥荒和瘟疫。

当然,如此复杂而遥远的五月节起源早被中国人遗忘了。他们需要半历史性的挂钩来悬挂古老的神话。因此,流行的传说指出五月节是为了纪念楚国的政治家和诗人屈原,他生活在公元前4世纪的封建时期。

在动荡而互相猜疑的时代,诚实而正直的屈原多次劝谏楚王,但是楚王充耳不闻。当所有的劝说手法都徒劳时,忠实的爱国者相信自杀是一种道德抗议——一种反抗无耻小人的正当抗议。因此,无能为力的屈原创作了著名的《离骚》,详述他的忧思忧虑,然后抱石跳入洞庭湖(湖南省)[①]。看到屈原跳水的渔民匆匆划艇救他。渔民找不到屈原的尸体了。所有人都为屈原的自杀而哭泣,把米饭投到水里祭祀他的鬼魂。然而,屈原的鬼魂仍然不满足,有一天他向一群祭拜者显灵:"迄今为止,我仍然无法享用你们以及其他人慷慨献给我的祭品,因为有一只巨大的爬

[①] 屈原跳水的地方是汨罗江,在洞庭湖东侧,属于洞庭湖水系。——译者

行动物（显然指的是龙）吞噬抛入水中的所有东西。因此，我恳请你们用布包裹供品，并用五根不同颜色的丝线绑住，水里的爬行动物就不敢靠近以这种方式制作的供品了。"① 这就是三角粽的起源，如今人们用叶子包三角粽供给屈原。② 从某种意义上说，一个虚弱的鬼魂回来并提出有关食物的建议是可笑的，另一方面，真正的悲哀在于善良的鬼魂仍然关心他的晚餐。

显然，一位大臣的离世不可能是五月节的真正起源，德高望重的屈原可能代表了所有被淹死的鬼魂，并且与他们一起分享祭品——粽子。漂浮在水上的灯方便饥饿的鬼魂看到路，赛龙舟虽说纪念屈原，却是为了祭祀远古时代死于水中的所有人。根据高延的说法，这些龙舟"代表着战斗的龙，目的是激发真正的（天上）龙比赛，因为赛龙舟之时总下大雨"。

华北地区很少有龙舟比赛③，但是在江河众多的南方，赛龙舟仍然是一种流行的娱乐。厦门、福州和广州的赛龙舟特别精彩，比赛有时持续数天。成千上万的人挤在岸边，为了方便，他们竖起草席或租用沿途停放的舢板船。穿着鲜艳节日服装的小女佣像飞蛾和蝴蝶，弹奏着古老的乐器。三弦尖锐的乐声漂浮在水面上，那是一首可追溯到周朝的哀伤情歌。家眷在彩船的甲板上野餐，亲友们互相敬酒或蹲着闲聊。到处都是观看比赛的人群及喧闹声，声音、光影、动荡的游船、人群、阳光下不断变化的黄土地和荡漾的水面，似一个色彩缤纷的万花筒。

---

① 《续齐谐记》云："屈原五月五日投汨罗而死，楚人哀之。每至此日，以竹筒贮米投水祭之。汉建武中，长沙欧回白日忽见一人，自称三闾大夫，谓曰：'君常见祭，甚善。但常所遗，苦为蛟龙所窃。今若有惠，可以楝树叶塞其上，仍以五彩丝约缚之。此二物，蛟龙所惮也。'回依其言。世人作粽，并带五彩丝及楝叶，皆汨罗之遗风也。"——译者

② 内陆地区的中国农民在端午节吃粽子（用大米或小米做，里面有一点糖或蜜饯）而往往不知其含义。

③ 在北京，各种陆上运动曾是五月节的标志，皇宫有马球，首都的露天场所有射柳活动。人们快乐地到城外的各个地方去野餐。而官员则悬挂旗子在南海子捕蛙。捕到青蛙后，把蛙眼刺穿，烤到渗出液体，这种液体有强心的药用价值，至今中医仍使用。西方科学发现青蛙的泪比洋地黄更有效，这进一步说明了，很久以前中医的经验就达到了现代西医的某些效果。

突然，人群的注意力集中到出发处。赛龙舟的队员上船了。在观众热烈的掌声和"好！好！"的叫声中，他们慢慢划着桨，以便观众有充裕的时间来欣赏比赛。热闹是有道理的。河里的景色很好，每条龙舟长九十多尺，显得修长而纤细，并排坐的两人觉得有些拥挤。带有龙梢的船尾高出船舷许多尺，船头像嘴巴张开、露出獠牙的龙头，位于船头和船尾的龙身绘有龙麟并且镀上了明亮的金色。站在船舷上的男人仿佛正在寻找屈原的尸体，他比画着胳膊似在水上撒下米饭。在划龙舟的队员中间，有人挥舞着鲜艳的彩旗，有人敲锣打鼓，震耳欲聋的喧嚣可能会吓倒屈原所担心的怪物。

现在，龙舟聚集在出发处，到了让人喘不过气的紧张时刻。发信号之后，龙舟出发了。船长挥舞明亮的旗子控制节奏，200个船桨同时溅起水花，纤细的龙舟像箭一样穿过水面。白色和银色的水柱从船头射出，船桨周围的水花像奶油一样。队员努力划桨的肌肉闪闪发光，喧嚣的锣鼓声激励着他们，绑有绳索的龙头栩栩如生，不同行会的龙舟互相角逐，围观的观众大叫，之后是迎接获胜者震耳欲聋的掌声，这一切都是难忘的景象。

据《北华捷报》报道，1926年的广州端午节以现代游行为特色，游行的队伍中有人装扮成留着大胡子的大清官员。官员走在两个欧洲人之间（穿着纸衣服的中国人看上去像邦德街上的新鲜事物），洋人要求官员签署一些文件。游行队伍的另一名成员举着竹竿，竹竿上的标语说明了这一幕的含义。一个围观者被问到这是怎么回事，他说道："外国人要求这位官员签署条约。"满族人和欧洲人表演得很好，他们看上去非常沮丧和不安，群众充分理解了这种装扮。

接下来是一些中国将领，他们也穿着有肩章、剑和皮靴的纸制服。他们经过的时候，百姓没有发表太多的评论。轮到民众经过时，街上出现了热烈的欢呼声——拿着扫帚的苦力，肩膀上举着桨叶的可怜船民，穿着破烂衣服、拿着铁锹和其他农具的农民，他们是领着世界上最低工资的工人，贴在扫帚上的标语写着"劳动时间最长，薪水最少"。然后，沿着法国大教堂过来的是一把看上去很厉害的巨大黑枪。从远处看，竹子扎成的黑枪上面覆盖着黑纸，看上去像是一把真枪。十个人奋力推着有轮子的平台，或假装艰难地将纸黑枪推着走，贴在枪上的标语写着："一种无用的武器。"跟在纸黑枪后的是许多罢工者，他们的标语写着："这是我们使用的武器。"中文解释了所有这些装饰的含义，但他们这样做却没有任何恶意。事实上，整个游行队伍确实非常有趣。

307　　唉！端午活动的乐趣常常因致命事故而减弱，因为龙舟的特殊构造可能造成侧翻，导致人员伤亡。

由于洪水突发，河道淤塞，以及宗族争斗，福州和广州都发生过很多事故，数年来警方禁止赛龙舟，现在又允许了。许多恶性事件本可以避免，但是"中国人奇怪的迷信阻止他们帮助溺水者，即使救人对他们来说并没有危险。冷漠是由于担心自己会招致水鬼报复，甚至担心有代替被救的人去死的危险。这种迷信曾经也普遍存在于相距遥远的地方，例如爱尔兰和所罗门群岛"。

夜幕降临之后，船队常常缓缓把龙舟拖下水，然后再次驶入河里，船上的灯勾勒出龙舟的轮廓。水中充满了磷光，一切美如童话。船桨的每一划都闪着光芒，随着船头荡起的涟漪，左右移动的火光飞向黑暗，火光一会儿变亮，一会儿又熄灭了。龙舟溅起的大大小小水花，似乎都变成了火花，亮了一会又熄灭了。放在水面上的灯使一切风景如画。对于迷信之人而言，河灯不仅仅是祭品，还是防疫的保证。

药王

308　　自公元前500年以来，五月就被认为是一年中最毒的月份。这不是没有原因的。户外就像一个炉子，热风和干旱首先袭来——热风会刺痛神经。然后，热气像黏糊糊的热毯悬挂在大地上。有害气体从土地里冒出来。排水不好的中国城市，疾病潜伏在气味中，而且有五种毒动物：蛇、蝎、壁虎、蟾蜍和蜈蚣。

为了驱散五月的晦气，人们向药王祈祷。正统的佛教徒转动佛珠，祭拜能减轻痛苦并延长生命的药师佛。药师佛出现在大多数寺庙中。药师佛居住的天宫体现了东方人丰富的想象力，有各种颜色的玉石，它们"绿如翠鸟的羽毛，黄如蜂蜜，红如鸡冠，黑如墨水"，可与阿弥陀佛（见"十一月"）的天宫相媲美。

道教也有药王部，由神话中的三皇——伏羲、神农和黄帝作为主神。伏羲是百姓的领袖和八卦的发现者。直线和虚线结合的八卦，象征着中国最深奥的智慧，是所有知识的基础。我们不打算引用有关八卦的无数讨论，只提及伟大的哲学家莱布尼茨（Leibnitz），他认为八卦值得考察，早期的天主教神父——科学工作者——也对八卦进行了长时间的研究。中医仍然相信八卦的神秘力量主导着患者的疾病和命运。

此外，人们认为伏羲建立了婚姻制度（在伏羲之前，人类像动物一样繁殖），形成了民政管理的基础，发明了文字和计算时间的方法。不过，是伏羲妻子或妹妹（这种模糊的关系是早期文明的特征）的女娲仍然像近东早期的某些神像一样人首蛇身或人首鱼身。

伏羲的后继者神农发明了农业、天文、武器和医学，这与八卦有所不同。在神农的领导下，中国的父权制组织分裂为宗族组织，然后发展出上古时代的王国。

神农时期对应埃及的金字塔时期（Great Pyramids）和苏美罗－阿卡德帝国时期（Sumero-Akkadian）。神农之后是黄帝。黄帝发明了蚕桑、铸铜铸铁、造币的技艺等。

无论这三位发明家是否有历史依据，他们的出现都与文明的发展同步，象征中国从野蛮到文明的缓慢发展过程。三皇的神像经常一起出现在乡村小庙中，位于中间的是握有八卦的伏羲，右边的是神农，伏羲和神农通常以树叶为衣，而左边的黄帝则是衣服的发明者。

然而，民众很少注意到这些远古时期的先皇。人们向药王祈祷减轻病痛。药王是天上的神医，每个村子都有药王庙，很多时候药王似乎有能力救别人，尽管他不能使自己的寺庙免于崩塌。我们常常感叹农妇抱着生病的孩子在小小的一半被烧毁的药王殿祈祷，而村子却无力维修药王庙。药王信仰没有消失，尽管药王的神像被风吹雨打，药王庙的墙壁布满了灰尘。纸糊的天花板破烂不堪，供桌的一条腿歪了，裹着一件长斗篷的药王神像有着扁平的脸庞，因为日晒雨淋，神像褪色得就像整晚淋在毛毛雨中的吸水纸一样。

深受信众欢迎的药王在"危险的五月"（尽管药王诞在三月）受到祭拜。人们把不同的神明或圣人视为药王。通过神秘的道教方式，古代的医学名人,甚至包括来自印度的非常著名的医师,都被纳入药王崇拜。有一只黑狗伴在药王左右,他们一起在中国各地行医——这有一点儿巫术的意味吗?——以"最大程度减少灯笼的数量①",换句话说就是医生治愈的患者比病死的患者多。

药王部还有许多其他的神明协助药王守护人类的健康。我们曾提及的九天娘娘(见"四月")在药王部有重要的地位,而瘟疫神五帝(见"十月")负责散播季节性的瘟疫。此外,还有一个痘神娘娘,在出天花的时候中国人单独祭祀她。大多数中国儿童会得天花,尽管如今接种疫苗很普遍,但是痘神娘娘并没有完全消失。药王的部下可能像凡间的一些政府部门一样几乎不做任何工作而继续受人尊敬。

除了具有治病职能的神仙外,许多历史悠久的医生也被神化,这增加了药王的数量。最引人注目的是为曹操做手术的华佗。曹操头疼得厉害,医生建议他进行类似于现代穿孔的手术。手术由华佗主刀,但是还没完成初步的治疗,曹操就怀疑华佗是间谍。怕死的曹操将华佗判处死刑。在被处决之前,或许为了报答狱卒的帮助,华佗将其书籍捐出。但是狱卒去取华佗的遗物时,发现华佗的妻子把大部分书籍用来烧饭。"书有什么用呢?"她说道,"它们间接造成了我丈夫的死亡。但是,如果您想要剩下的遗失了几页的一本书,就把它带走吧!"这是华佗藏书中遗留的全部内容了,一本重要的仍被使用的外科手册。禄是遒神父(Father Doré)在公元1913年发表的研究认为,华佗被纳入药王部是我们所知的医者被神化的个例。

驱魔神

在"危险的五月",除祈祷药王外,中国人还寻求道教驱魔神的帮助。②道教的驱魔神主要包括七位神仙,他们的职责"通常是驱逐住宅中的恶魔"。

---

① 医生遵循一种古老的习俗,在他们的门上为每位死亡的病人挂灯。一百多年前,英国人认为医生应该参加患者的葬礼;在日本,医生和护士仍然这样做。

② 库寿龄(Samuel Couling)在《中国百科全书》(*Encyclopaedia Sinica*)指出巫术与治疗、占卜在道教教义中早已密不可分。"灵丹妙药和仙人都起源于医学思想。"

其中有两个特别的神明——判官和钟馗。守护冥界生死者的判官，已被驱魔神钟馗取代。有一次，发烧的唐明皇梦见自己被闯入皇宫的红衣小鬼折磨。唐明皇愤怒地询问他是谁，红衣小鬼轻蔑地回答道："我叫虚耗。"小鬼傲慢的态度进一步激怒了正要叫侍卫捉鬼的唐明皇，此时身穿蓝色长袍的高个子走到小鬼前撕下他的一只眼睛吃了。当被问到是谁时，高个子答道："我是钟馗，曾是长安的一名术士，在公开考试中遭遇不公，并且被剥夺了应得的荣誉。"感到羞耻和愤怒的术士，在皇宫的台阶上以自杀的方式作出抗议。当时的皇帝唐高祖下旨，绿袍埋葬他，这是皇室成员才享有的殊荣。因此，感恩的钟馗发誓保护唐朝皇帝（无论他是谁）免受"虚耗"的困扰。醒后的唐明皇发现自己已退烧，他让著名画家画下梦中所见钟馗的肖像。画被证明是极好的，艺术家获赏一百金，画像被悬挂在宫殿中，钟馗也被封为"驱魔镇妖之神"。从那以后，在"危险的五月"，钟馗的画像就被贴在房门上了。

驱邪符

由于五月有各种邪祟出没，人们行事相当谨慎。不会有人在五月盖新房或开始任何事业，以免招惹不幸。家庭主妇也不会在阳光下晒被褥。

可以看到城镇和乡村的门上都挂有艾蒿、菖蒲、大蒜和其他有香味的植物。作为驱邪物，每一种植物都有特殊的含义。菖蒲的尖叶子代表杀妖的剑。有句老话说，端午（五月初五）"不挂艾，不得吃新麦"。挂艾习俗还与历史上著名的反叛者黄巢有关。传说黄巢下令家家户户在门上挂艾。但是，挂艾习俗似乎比传说中的黄巢时代要早得多。实际上，远古时代的人们就认为艾蒿可驱邪，判官在审讯后跨过燃烧的艾蒿以防止鬼魂跟随。

重要的是几乎所有的驱邪植物都有芬芳的气味，能够驱除夏天的蚊虫。长期以来，中国人认为气味越大个头越大的药丸，其提升道德以及治疗身体的效果就越好。佛陀有莲花的香气。关于仲夏挂香草的习俗，东西方在植物的选择方面有很多相似之处。俄罗斯、挪威、瑞典、比利时、英国和法国等欧洲国家的民众，圣约翰节在房屋和马棚上挂圣约翰草以避免巫师及其法术的侵害，这与悬挂在中国农家门上的艾没什么不同。

这种巧合既奇怪又真实存在。

此外，源自法国的古老信仰认为圣约翰草必须在盛夏前夕（节日的前一天）采集，此时的圣约翰草可保护人们和畜牧远离溃疡、发烧、瘟疫、闪电、火灾。普林尼（Pliny）指出，必须在仲夏节而不是其他时间采摘圣约翰草。

中国有一个著名的习俗："早起，走一百步而不回头，到田野里拔出一百种草，小心地带回家放入一锅水中彻底煮沸。接着将煮过草的水过滤并水煮沸，最后把水装瓶，可用于治疗头痛、伤口和精神疾病。这就是百草膏，即百草的汁液。智者世代传承这一宝贵的秘方，并且解释说，如果忽略了任何规定的步骤，百草膏就会不灵。必须保证步行既不多于也不少于一百步，草不多于也不少于一百种，并以特定的方式煮沸和过滤。最重要的是，所有事情都必须在五月初五完成，因为普通的植物只在这一天有灵，具有使人康复的疗效。"

只有一个孩子的母亲，焦急地在阳光下收集露水以润墨，然后用这种墨水在小儿的额头上留一个斑点，以防患病。或者，有些人在孩子脸上写下"王"字，因为这个字看起来像老虎额头上的皱纹，使邪祟感到害怕。满七岁的孩子可以把头发编成一根辫子，而不像小婴儿编许多小辫子。年纪大些的人喝雄黄酒保护自己免受邪祟的伤害。这种迷信源于一个传说：有一个青年男子变成了一个好人的妻子。有一天，在喝了雄黄酒后，他变回了男人，这使婆婆受到了极大的惊吓，最后这个青年死于一座古庙，现在杭州仍然有庙的遗址。

预防邪祟的辟邪物层出不穷，一一描述就太多了，尤其是每省都有一套驱邪的方法。但是，可以列举一些非常吸引中国人的拜物传统。

在小男孩的手腕上绑红线或绑象征五毒的五色丝线，可确保长寿并增强记忆力。这种古老的习俗可追溯到 5 世纪，五毒作为绝对可靠的解毒剂，可治疗疾病和伤口。友好的家庭将这些礼物送给别人家的孩子。每个母亲都十分虔诚地给后代绑丝线，并记得在午后将丝线摘下，这被称为扔邪祟。流行于中国南方的习俗则是为家人制作或购买纸人偶，这被称为替代。审慎的家庭主妇将所有的人偶放在篮子里以示一家人团聚。接着，主妇将人偶一个个取出，并祈求人偶替代其所代表的人承受可能发生的不幸。最后，在亲人都在场的情况下，人偶被烧毁。在结束这一小小的仪式时，每人都喝含有雄黄和朱砂的酒，以进一步确保他们免受邪祟的侵扰。剩下的东西可能会涂在孩子的鼻子和耳朵上以保护他们远离炎热天气中常见的丘疹和流感，或者将酒洒在房里以防虫和五毒。北方民众除了挂一些叫艾子的绿色植物之外，还在门柱上放一块布偶以确保在接下来的一年内没人生病。

小女孩头戴画有五毒图案的纸花，或者将装满芳香植物的小香囊挂在脖子上、衣服上或隐藏在头发中。香囊上绣有精美的图案，娴熟的绣娘能绣出非常小的图案，因为图案越精细表示她们的绣工越精巧。香囊可以是任何颜色的，但最好用红色，因为红色是桃花的颜色，本身就可预防邪祟。①

有时我们发现村子有奇怪的护身符，这是古老信仰的产物。其中有柳树制成的微型剑。显然，剑是抵御致命邪祟或超自然强敌的良好辟邪物。但是为什么用柳树呢？因为柳树与神圣的太阳有关，太阳是大自然的伟大医者，阳光与黑暗做斗争（见"三月"）。同样，使用葫芦是因为它也有治愈的含义，医生用大量葫芦装药品和简单物品。

可能有人认为人们已经有足够多的方法预防危险的端午了。但是必须像应对魔鬼和疾病那样，小心应对总师按计划出现的五毒。为此，街上有售卖可挂在门窗上的黄纸符。受欢迎的铜牌护身符上刻有天师骑虎并用魔剑斩杀五毒的图像。因此，像往常一样，有一个传说——一个仍然活在大众想象中的古老传说。汉和帝曾命令住在江西龙虎山的张道陵捉五毒，并将五毒放进提炼不老仙丹的丹炉中。张道陵在端午捉五毒并练出了丹药，使五毒改变了原来的形态与性质，合成了被称为"龙虎丹"的不老仙丹。

张天师

符篆在中国非常流行，字符曾被刻在竹简上，如今印在纸上。中国

---

① 桃树可辟邪化煞，参考门神的故事（见"十二月"）。请注意驱魔术士使用桃木印。阎罗王的鬼卒用桃木打死冥顽不灵的鬼魂，用桃木击打发烧的病人可驱散病人身上的恶灵。

人认为符箓可以避开饿鬼和所有可见的和不可见的邪祟。符箓由道教第一位天师张道陵发明。

已经存在数个世纪的道教与叛乱有关，特别是在动荡的时代，人们认为张道陵与汉末的"黄巾"叛党有直接的关联。而道家出现在唯物主义的时代，早期的神秘主义者或虚无主义者通过哲学根基重新探索不朽，那时中世纪的欧洲也追捧不朽。

在这场哲学运动中，张道陵的作用很关键，即便只是一个江湖术士，张道陵也是非常了不起的——也许他算是当时的伟大科学家。

传说张道陵从老子那里得到了神秘的启示，从而炼成了长生不老药。然后，神灵指引他到一个山丘寻找藏有三皇著作和古老经书的石屋。他按指示的方向去寻找，结果发现了这些书本，并且学会了"自我修炼千日"的方法。之后，他可以离开身体遨游星空，可以飞翔①并能分辨出人耳听不见的声音，可以开山劈海，可以命令雷雨，可以单手与魔王抗争，妖魔鬼怪都跑得无影无踪。一言以蔽之，张道陵成了一位道行高深的术士，中国有史以来最伟大的术士。

在一百二十三岁的时候，张道陵在山间的寓所吃下长生不老药，公元157年的白天，他与两个徒弟一起羽化登仙了，他慷慨地把长生不老药分给了两个徒弟。即使是现在，天师的名字也相当响亮。尽管就我们的思维而言几乎不可能有天师，但是天师在中国仍然家喻户晓。张天师是道教第二发展阶段的教祖，是老子含糊不清的教义的通俗解释者，是玉帝在人间的总督（见"正月"）。

张天师的传人从未断绝过（张道陵在公元424年获得天师的头衔，明朝因其传人不敬而废除这一头衔，但民间仍称其为天师），天师的第六十二代传人仍生活在龙虎山上，而张天师大约在两千年前就隐退了，直到现在仍统治着一个神灵世界。民国时期，道教还保持着一个模仿旧帝国政权的组织。直到最近，天师传人像获得了玉玺的帝王一样，接待来访的道士并给他们授箓。

天师殿坐落在一个小镇的中间。新的天师殿是太平天国运动之后重

---

① 道教的术士通常称之为"羽人"，因为他们能够飞翔。

图 2-27 山上的道士

图 2-28 赶庙市

建的，没有获得特别的资助。但是，天师授箓，即便是在半现代的环境中举行仪式，也给人留下了深刻的印象。

一群朝圣者走近龙虎山。朝圣者越过风景如画的自然风光，在山脚停下，到张天师羽化的寺庙里敬拜。朝圣者往往是带有昂贵礼物的富人，因为天师的驱魔费用很贵。朝圣者通过守门人打开的大门进入大殿，发现道士穿着正统的长袍坐在宝座上。一位穿着金色和银色刺绣服的道士声称自己具有驱魔的能力，一个老人为着魔的女儿购买驱魔符，接着将薄黄纸贴在生病女孩的额头上。一个富有的寡妇诉说房子闹鬼，天师许诺会考虑用所有鬼魂都害怕的法器赶走它们。挥舞法器的道士可以抓住鬼并用法力把它们封印在罐子里。一个朝圣者听说龙虎山上有很多排罐子，尽管他没有亲眼看到过。

当天师传人离世时，他的灵魂将转世为张氏家族的另一位成员。为了确定未来的天师，宗族的所有男性成员都聚在神殿里，他们的名字被刻在木牌上，然后将这些木牌扔到装满水的花瓶中，下一任天师的木牌会漂浮在水面上。

现在的天师传人是个非常普通的男人，因为道士可以结婚，所以他有两个妻子和几个儿子。很难想象这位高大英俊的中年绅士是个驱魔师，他看起来非常理智和通情达理，礼貌而诚恳地接待来访者并且讲他正在封印恶鬼。

天师很厉害，传说在公元1014年的某个时候，道教至尊神不得不请天师除鬼。这个恶鬼原是公元前27世纪折磨黄帝的著名叛徒，最近出没在为黄帝而建的寺庙附近的池塘中。显然，祭祀黄帝的寺庙惹恼了这个恶鬼。但是圣殿无法拆除，因为这意味着丢神灵的脸。天师被请来解决这一难题。也许是没能力，也许是不愿意承担驱鬼的任务，天师建议召集关帝征服恶鬼。因此，关帝的灵魂被召到乌云笼罩的池塘边。随着武器的碰撞和隐形马的冲锋陷阵，激烈的战斗在空中展开了。当太阳再次出现时，恶鬼被击败了，皇帝下令祭祀关帝以感谢他驱鬼。

关帝

五月十三是官府祭祀关帝的日子①,虽然许多看来似乎有功于朝廷的重要神明被遗忘了,但是关帝仍被祭祀。关帝被纳入国家祭典可追溯到公元 1614 年。民国认为封建王朝册封的关帝是一个时代的标志。尚武派比民主派更强大。领导人也是军人出身,而关帝是"手持宝剑杀敌之人"的守护者。

热爱和平的中华民族,长期以来都鄙视武人,但奇怪的是中国战神、不断获得册封的关帝深受民众的喜爱,像龙王(见"六月")、土地(见"九月")、药王一样,在大多数村庄都可以找到关帝庙。事实上,关帝并不嗜好战斗和流血,战争的经历使他明白"战争即地狱",因而他愿意阻止战争并且保护人民免受战争的危害。关帝的许多封号,例如"绥靖关圣大帝"或"护国佑民关圣大帝"可以证明他并不好战。

与中国万神殿的众多神明不同,关帝不完全是虚构的,历史上确有其人。他是山西人,出生于公元 162 年。那是一个充满阴谋诡计、争权夺利、尔虞我诈、民不聊生、混乱动荡的时代,也是一个英雄辈出的时代。国家需要高如树、力大如牛、双目怒视的正义之士。关帝出生于中国历史上的传奇时期,有着传奇的个性,声音振聋发聩,做彰显男子气概的事情,更重要的是行侠仗义。作为战士,他"大胆摸老虎的胡须"。这个战士的生平一开始就非常传奇。他的职业生涯始于救一名年轻女子,这名女子杀死了专横的地方官,而后他改名为关羽然后逃离了家乡。

从那时起,关羽开始了他激动人心的事业,"不算太成功,也不至于太单调。"机遇或命运使他遇见了刘备和张飞,并结下了终生难忘的兄弟情谊,在涿州(在北京至汉口的铁路)附近的桃园,三人结拜为兄弟。这是一种誓言,他们各自滴血,以一头黑牛和一匹白马作为牺牲,在桃树下发誓:"从今以后,直到死亡,我们都是兄弟。"②

《三国演义》即中国人的《伊利亚特》,为桃园三结义的故事添加了许多奇妙的情节,为关羽做了出色的宣传,但是"关羽名声大噪实际

---

① 关帝的生日是否是五月十三仍有争议。根据流行的传说,关帝在五月十三磨刀,而那天总是下雨。这很好地说明了他的双重职能,即战神和雨神。

② 异姓兄弟结义,在中国的历史上很常见,在今天也常见。

上与他被列入官方祭典和成为圣人是互相独立的,在封建王朝和官方祭典消失后,关帝崇拜也几乎不受影响"。

遗憾的是那时候还没有电影院能为我们留下汉皇室后裔刘备的确切图像,刘备能成为蜀国的国君,在很大程度上应归功于关羽的忠诚与奉献。刘备身高九尺,有蚕一样的眉毛,两尺长的胡须。张飞身高八尺,头似黑豹,下巴似燕,闪闪发光的眼睛似珠宝,声音似雷声。张飞是个屠夫和酒贩,也是桃园的主人。

名人结义并不是件轻松的事。结义汇集了三人的资源和才华,使得他们一起为保卫皇权而战,并且取得了显著的成功。刘、关、张最惊人的战绩是在汉灵帝时期,作为三千人的头领,他们击败被称为"黄巾"的三十万叛乱分子。不幸的是,柔弱的皇帝并没有赏识他们,继续过着悠闲的生活。直到最后一次叛乱,汉灵帝悲痛万分地死去。汉献帝在位时期,刘备再次率领军队,在关羽和张飞的帮助下取得了更为辉煌的胜利。但是敌军由拥有权力的曹操(中国历史上的经典反派)指挥。刘、关、张无法公然击败强大、奸诈的曹操。刘备曾想过下毒,但是曹操发现了这个计谋并且请来医师解毒。此后,刘备在中国的西部地区进行了荷马式的战斗,结拜兄弟关羽和张飞为加强蜀国的实力而战。

简而言之,这就是三国初期的历史,这是中国戏剧最爱演绎的情节,说书者最爱讲述的主题。曹操最终割据了长江以北的地区,长江以南的地区则被名将孙坚占据,而刘备则统领了西部地区。然而,即使是在这片领土上也没有实现完全和平,刘备与以前的督军们的生死斗争仍在继续。刘、关、张在短暂的胜利之后又失败了。关羽在公元219年被俘并被处死;死于悲痛的刘备将王位留给小儿子;最后,张飞也遭到了暗杀。有一个令人震惊的画面,去世之前的张飞为已故的关羽悲泣。看起来蛮横的张飞也有温柔的一面。命运使坦率又粗暴、重情义的张飞成为将军(继承巨额资产的张飞原本可以和平地度过一生),嗜酒的他战无不胜、严管下属甚至鞭打违反命令的官兵,但是他最终被两名遭到自己鞭打的下属杀死。

刘、关、张三人只有关羽成了神,因为他千里走单骑,最终为刘备战死。在去世后的十年到四十年之间,关羽拥有了第一个头衔——壮缪侯，但是很长一段时间之后关羽似乎被人遗忘了，直到宋皇室追封他为"忠惠公"并立庙祭祀。从那时起，关羽在后世取得了各种封号。

关羽在16世纪频繁受到皇室的册封，并有刺绣长袍和官帽。这些长袍和官帽仍保存在北京前门外的关帝庙里。

清朝特别尊敬关羽。从某种意义上说，关羽实际上成了清朝皇室的守护神。传说将关帝崇拜的起源追溯至清太祖努尔哈赤的时代，努尔哈赤曾请明朝皇帝送神像给他。明朝皇帝给了关羽神像，努尔哈赤发现关羽长得像他的父亲，因而特别尊敬关羽。后来，关羽不断为满族显圣以报答清皇室的祭祀。公元1813年，关羽协助清军平定袭击皇宫的白莲教叛军。次年，关羽再次帮助清军击败河南的叛军。"据说关羽在19世纪中叶帮助清军对付太平天国的叛军，并在公元1856年扭转了本来注定失败的局面"——关羽因这些圣迹获得了新的头衔，其中最生动的头衔是"翊赞"，暗示他及时显灵帮助清军。

毫无疑问，像大多数神明一样，关帝也认为寻求神明保佑的凡人必须学会自救，从而配得上神明的护佑。这也许可以解释为什么关帝（他也是三合会的主神）不再"帮助清王朝，尽管清王朝给了他如此多的荣誉"。在义和团运动开始的1900年，关帝没有给予清军任何帮助；辛亥革命时，关帝也没有像过往一样帮助清王朝。

民国士兵分别于每年的五月十三和二月十五在关帝庙举行祭礼（关帝庙在北京的德胜门附近，由摄政王载淳的先人堂改建而成）。关帝庙有关帝、岳飞、关平、周仓，以及关羽的战友——坐骑赤兔马。赤兔马可日行万里，曾到处奔跑以救助落难者。① 关帝还手握青龙偃月刀，现代士兵都无法举起这把宝刀。

现在，所有人都喜欢英雄，所有人都赞赏高大威猛的战士，但是爱好和平的农民最为崇拜尚武特征不明显的关帝。农民相信关帝可以治愈疾病并常常"出现在病人的床边，将手放在病人的身上，给病人金色药物和其他神药，使他们迅速恢复健康"。关帝在某种意义上还是雨神，这两个功能足以使关帝出现在村庙里，关帝神像由一条带有老虎图案的

---

① 格雷在《中国》（China）一书中说"甚至关帝的兵马也被祭祀"，并提到他在广东看到"妇女崇拜关帝的兵马，并将这些小袋子或钱包绑在战马的缰绳上"。

黄褐色长袍包裹，长袍有助于为神像防潮。此外，关帝还是财神，多个行业的守护神，道德的捍卫者，按照中国人的逻辑保护正义之士："所有忠诚和有原则的人死后都会成神，成为未履行社会责任和家庭责任之人的死敌。"

关帝还是读书人的守护神，尽管这个职能不算突出，传说关帝认真学习儒家经典，在晚上还穿着盔甲研究《春秋》。我们怀疑古代中国的完人是将军和学者的结合体，因为孔子本人"不但是杰出的文学圣贤，也是士兵的守护神"。中国人总是优先祭祀主管文学的神明而不是战神，以表明中华民族的理想是和平而不是战争。

庄士敦指出："如果关帝作为读书人守护神的信仰基础是薄弱的，那么将他视为佛教神明的信仰基础就更微不足道了。"① 实际上，佛教为关帝设立祭坛是因为他们无法忽视如此强大和受欢迎的神明。尽管关帝"一生都没为佛教的事业做贡献"，但佛教徒仍然将关帝改造成一个死于公元597年的和尚，并让他在伽蓝殿占有一席之地。

毫无疑问，关帝乐意与韦陀以及站在入门处护佑佛寺的四大天王一起抵御佛教的仇敌。因为讲义气的关帝随时伸出援助之手帮助朋友。有个幽默故事讲到，关帝在16世纪与江浙沿海的倭寇作战并获胜——尽管关帝生活的时代还未有倭寇。这种爱国行为使得中国各地都有关帝庙。

最后，我们发现关帝也帮助中国的通灵者，"在灵媒的请求下，关帝降乩了"，借助中国的占卜写板，关帝预言了许多历史事件，包括金人占领开封和北宋末年的靖康之耻。

临近五月尾，天上有大量的云团，阵雨过后云团又散开了，之前大风挟带黄沙的干燥天气得到了缓和。

北京的雨季已经来临，上天在"分龙"——为每条龙分配当年的管辖范围与任务。

农民猜测哪条龙将主导他们所在的地区。万一是条懒龙，田间的雨水可能很少，因此必须提前向龙王（见"六月"）祈祷，以激励龙王的部下。

有时，人们祈求龙王将聚在一处的群龙分开。游动在天空中的龙带

---

① 参见庄士敦：《中国的战神崇拜》(The Cult of Military Heroes in China)，载《新中国评论》(New China Review) 1921年。

来了局部的阵雨，但是在六月的雨季到来之时，群龙应该尽可能在广大地区活动，以合理分配各地的雨水。

这些神话最能解释神龙的天性了。

第十章 六月·荷月

龙崇拜

中国人相信神龙统治着世界。每年夏初，神龙重新分配管辖地。就像谚语所说："春天飞龙在天，秋天潜龙在渊。"神龙在干燥寒冷的季节冬眠，在第一波暖气中伸腰（见《二月·龙抬头》）。不久之后，龙成群结队升上云层，彼此作战。这些战斗带来了局部的阵雨（见"五月"）。

但是真正的雨季在六月来临，尤其是六月十三龙王诞的时候，龙王命令部下在最热的三伏天（对应于西方的 dog days）聚集雨水，向干旱的土地降雨。

龙并不仅仅存在于中国人的观念中——龙不只是雨神。《圣经》提到龙或非常像龙的生物。像中国皇宫一样，埃及底比斯（Thebes）和古希腊德尔斐（Delphi）的皇宫大门也有龙的装饰。龙在亚述王西拿基立（Sennacherib）的宫殿也非常显眼。龙也出现在许多欧洲神话传说中，仅举几个例子，如珀尔修斯（Perseus）从龙那里救了安德罗米达（Andromeda），齐格飞（Siegfried）在沃尔姆斯（Worms）杀死龙[①]，圣乔治（St. George）和龙。除了上述这些民族提到龙外，传说还记录了类似龙的怪物，它们依附于城市或河流如尼罗河、那不勒斯、阿尔勒、

[①] 齐格飞，德国叙事诗《尼伯龙根之歌》中的屠龙者；沃尔姆斯是德国西南部的一个城市。——译者

马赛、诺里奇等。①

西方神话中的龙通常非常残忍，象征着邪恶。龙是上帝、人类、圣人和烈士的死敌，并伴有危险的战斗发生。甚至像阿波罗这样的异教神都有屠龙者的光荣称号并成为古希腊英雄的后继者。

亚洲龙与古代西方的龙完全不同。中国龙是个馈赠人类礼物的善良存在。龙掌管着海洋，也掌管着时间。最重要的是，龙掌管着降雨。中国是个农业国家，人们渴望五谷丰登、风调雨顺，因此龙受到尊崇与祭拜。

事实上，除了外观相似之外，欧洲龙与东方龙的唯一相似之处是与水的关联。我们发现一条巨龙守护着古希腊的圣泉并且可以使罗纳河（the river Rhone）发生洪水。

从远古的时代开始，中国龙就被认为是"四灵之首"，其他三种动物分别是麟、凤、龟。

当然，龙的起源纯粹来自神话。有些人认为龙主要来自想象，有些人则认为龙源自印度的蛇王那伽（Nagas）。有人认为龙与海蛇、大蟒蛇或仍存在于长江流域的短吻鳄有亲缘关系。然而，最有可能的是"某些古代蜥蜴是龙的真正来源"。

黄帝时代（据推测在公元前2698—前2598年）首次出现了龙的记载。这个时候的中国人已经开始将龙想象为有骆驼头、鹿角、牛耳、蛇脖、鱼鳞、鹰爪和虎掌的复合型生物。

当龙在象征和神话中变得更加流行时，原始的中国龙被分为各种类型——它们都是龙。有些长几里，有些比蚕还小。有些长有翅膀和角，有些长有紫色胡须。然而，所有的龙都视力超凡。事实上，龙的视力非常好，可分辨出百里外的一片草叶。②

八种有名的龙包括天上的龙、沼泽地里的龙、主管季节和方向的五龙。

---

① 见海尔氏（L. Newton Hayes）的《中国的龙》（*The Chinese Dragon*）。（署名为杉木的学者在节译《中国的龙》的时候称 L. Newton Hayes 为海尔氏。但是国内不少学者将 L. Newton Hayes 错认为是海依士，其实海依士是海尔氏的父亲，其英文名为 John Newton Hayes。——译者）

② 关于这一点，海尔氏认为有趣的是英语单词 dragon 源自希腊语 drakon，意为注视或看，而典籍中不止一次提到龙视力卓绝。

"东方青龙，与春天相称。西方白龙，代表着秋天。北方黑龙，与冬天相关。南方有赤龙和黄龙，分管夏季。"在公元1110年，宋朝正式授予它们龙王的头衔。较小的龙包括各地的水神，以前人们将可爱的少女作为祭祀水神的新娘，水神是被神化的水鬼。

四大巨龙守护着首都北京：昆明湖的龙、西山黑龙潭的黑龙、玉泉的龙和密云湖的白龙。在帝国时期，王子被派去祭祀四龙，龙崇拜与妈祖婆有神秘的联系，妈祖婆是水手的守护神（见"二月"）。

毫无疑问，在中国最受欢迎的是龙王，掌管雨水的龙王代表了阳和自然界的繁殖力，象征着繁荣、和平。

所有的龙特别是龙王，起初是如何与水联系在一起的呢？这很难解释清楚。可能当普通民众不能解释自然现象时，他们看到水蒸发后变成了天空中的云，而云的形状非常像龙。当云吸收的水分以雨水的形式降落大地时，人们想象那是龙的礼物。难怪中国古代谚语说："云来自龙（或龙来自云）——如同风来自虎。"

由于龙从土地飞上天，中国龙成为超越普通民众的帝王的象征。"君主的至尊头衔是'真龙'，为了与这一说法相呼应，'龙'被用来形容皇帝的生活用品以及与皇帝有关的东西。"因此，皇帝的宝座叫龙椅，皇帝的笔叫龙笔，庙宇中由皇帝赐予的碑都被称为龙碑。明朝的皇冠有一条红色的龙，因为红色是皇家的颜色，但是清朝将黄色或金色的龙作为国家的标记。①

象征着男性力量、权力、朝廷命运的龙，出现在旗子和官袍上。即使封建王朝的象征符号已消失，中国人生活中仍然有龙的影子。人们一如既往地崇拜龙。偶尔，龙仍然出现在凡间，在传说和艺术观念中占有重要的地位，"龙"字在日常谈话中被不断使用。因此，男孩会名叫小龙。婚书被称为龙凤纸，而刺槐被称为龙爪花。甚至诸如消防车之类的现代事物也与龙扯上关系，外国进口的消防车被称为"水龙"。同样，西方管道的出水口也被命名为水龙头。

道教始终对本土神话非常仁慈，赋予龙特殊的宗教意义。他们发明

---

① 除了红龙、黄龙、金龙以外，中国龙还有许多颜色，它们可能是紫色、青色、白色或黑色的。

或改编了金龙王子的传说：四位王子生活在海洋深处，"以珍珠和蛋白石为食"。道教还有龙母，乡庙中泥塑的龙母"看来是个相当普通又仁慈的女人，给世界上想生好儿子之人带来了希望"。

340　　佛教徒认为巨龙的数量与深海鱼类一样多。佛教的四海龙王起源是蛇神，但是佛教传入中国后叠加了早期中国的龙信仰。《莲华经》提到八大龙王，例如德叉迦龙王、阿那婆达多龙王（生活在喜马拉雅山北部的无热池）和优钵罗龙王。某些佛教巨龙尤其是源自印度那加山脉的恶龙，在中国变成了居住在湖泊和河流中的乐于助人的神龙——这是佛教在热爱龙的中国传播的必要让步。

　　同时，佛教和道教似乎都有分管雨水的龙王，有时被称为海神的龙王住在周围有宝藏的美丽东海龙宫，龙宫如梦似幻，其漂亮程度无法形容。

祈雨

　　龙王是备受爱戴的神明，其生日有很多祭祀活动。龙王出巡的时间并非固定不变，但是人们通常在农田甚至农舍潮湿的泥土都被干热晒裂的五月开始祈雨，然后在接近六月尾、雨季结束的时候再次祭拜龙王，感谢龙王降雨。

341　　在这两种情况下，一条纸糊的龙被抬到街上游行。在一块蓝布下，十几个苦力充当龙骨，蓝布被漆成鳞片状并由灯照亮。纸龙上下起伏，栩栩如生，令人印象深刻，甚至令人恐惧，特别是在喧嚣嘈杂的时候。锣鼓喧天，爆竹炸裂，冥纸熊熊燃烧，人们向龙王祈雨。当"之"字形的纸龙穿过灰色的旧城门时，又害怕又喜欢的孩子们尖叫着，求子的妇女挤在一起捡龙身上掉下来的已燃尽了的蜡烛头，相信这是驱邪符。

　　繁华的游行不会持续很长时间。天黑一小时后，一切活动都结束了，最后一盏灯熄灭，锣声归于寂静，人群也散去了。弯曲竹架上的破烂龙皮被存放在一个尘土飞扬的会馆中，直到明年人们才修补、重新涂漆并且再次游行，在这段时间纸龙都被忽略了。

　　祈雨的细节各不相同。有时抬出龙王的塑像，没有脚的龙王是龙头人身。龙王的随从是能呼风唤雨的怪异海洋生物。还有彩色的横幅，其

图 2-29 在泉边祈雨的农民

图 2-30　在甘肃所见的节日游行队伍

中黄色和白色象征着风雨，黑色和绿色象征着云朵。一名侍者挑着两桶水，用一根竹枝向路人洒水，并喊道："来吧，雨！来吧，雨！"他还不时停下来向龙王献祭食物。祭桌上摆放着一份捐助者名单而不是菜单。

有时，在偏远的村庄有罕见的祈雨仪式，用纸船而不是纸龙。一个由男人扮成的女乘客坐在纸船的甲板上。他一直保持静止，直到站在旁边的船员挥舞一根杆子并假装迅速下船。然后，扮演女乘客的男人安静地走到船中，脚着地尽力奔跑，即使呼吸急促也要保持优雅并从容应对。围绕女乘客的其他人也许都是纸糊的。

自远古以来，从皇帝到普通官员都在干旱时期向雨神祈祷。有时，统治者请江西龙虎山的天师（见"五月"）祈雨，如果天师求雨失败，由国库支给他的工资会被扣押。有时皇帝会亲自祈雨或让皇室成员主持。这种仪式相当庄严，有丰富多样的器具，因为中国人善于求上天保佑风调雨顺。典礼的特点是持续不断地打鼓，汉学家认为鼓在中国人的生活中有重大的象征意义，这可能是因为中国人在很早的求雨仪式中就使用鼓。传说将雷声的起源归于地下一个千里鼓，鼓声就像遥远的雷声。因此，只需稍微想象一下，民众就会以为是鼓声带来了倾盆大雨。

即使是现在，一些省份也存在为期数天的祈雨仪式，民众通常会吃斋直至降雨为止。以前，当龙王不回应官员的祈祷时，总督会亲自祈雨。广东省或许多其他地方也有类似的例子。官员谦卑地穿上丧服，脖子和脚踝带着链条，在民众的陪同下前往龙王庙，磕头，烧香，向龙王献上一份祈雨表，并且在龙王的祭坛贴上风雨雷电这四个字符祭祀龙王的随从。

更多有趣的祈雨方法被人们记录下来。在干燥的乡村或某个关闭的城门内，人们抬出龙王的塑像。过去，在非常干旱的日子，人们捉青蛙放入浴缸，狡猾的占卜者给青蛙挠痒痒，使青蛙发出嘶哑的声音——这是一种有效的祈雨方式。铁片也是祈雨的工具，出于某种未知的原因，龙惧怕铁。① 1925 年，在旱季过后，铁碑被带到了京城，已退位的溥仪

---

① "铁为恶魔所惧怕，因此被用于制作刀剑。通常，将铁制品放在婴儿的摇篮里，恶魔就不敢靠近。"——普洛普（Plopper）《中国宗教谚语》（*Chinese Religion Seen Through the Proverb*）。

亲自祈雨，这是个用铁片祈雨的好例子。普意雅（Bouillard）在《北京风俗》（*Usages et Coutumes à Pekin*）中也讲述了类似的故事，为了祈雨一个高官被派去拿铁钱。北京—汉口铁路的第一趟火车便是为这位官员准备的，以便他可以到直隶的南部拿这个神物。

古老的迷信很难在各个阶层中彻底消失，村民仍然头戴柳枝编成的花环前往当地的庙宇。几年前在洛阳，国民党的士兵受命护送神轿上的"龙蛇"。1926年的春雨归功于班禅喇嘛的祈祷，而一位督军①最近扬言要惩罚下了太多雨的龙王。

在山西、直隶和河南，成年男子和男孩在旱季头戴鲜柳枝制成的花环，我们知道喜水的柳树是祈雨圣物（见"五月"）。甘肃最近的一次春旱引出了中国古老的祈雨方法，奇怪的仪式值得被完整描述：

> 从六月初一开始，来自不同地方的乡民随着锣声在河州②的主要通道游行，每人头戴柳枝，手拿香棒和冥纸。祈雨队伍来到龙王庙和城隍庙举行古式的仪式，与此同时，城中所有的男性都向雨神请愿。商店前摆放了水缸，缸里装满水并且插有柳枝。大街上的商铺贴了带有绳索的祈雨纸条。队伍中的男学生唱了如下的歌曲：
>
> 愿大雨不停下，
> 愿小雨点点滴滴。
> 上天！上天！
> 玉帝！玉帝！
> 城隍！土地！
> 怜悯万物！
> 我手拿两个柳枝。
> 将雨洒向全天下，等等。

在中国，这种求雨的仪式被称为祈雨。如果干旱持续，则只能依靠"请雨"。仪式中的主祭者是风水师，由村民自发组织并选出领头，领头扮演雨神的角色。在请雨仪式中，这位领头登

---

① 民国初年一省的最高军事长官兼行政长官。——译者
② 今临夏回族自治州。——译者

上临时在街上建立的搭台的第二层，三十或四十个陪祭者站在搭台的第一层。第二层的桌子放有灵牌。搭台前部有六根柱子，四个大缸（每侧两个），中间也放一个大缸，每个缸里都装有水和柳枝，缸中还放有青蛙、鱼和蝌蚪。书写有汉字的表被贴在柱子上，甚至是撒在地面上的石灰也呈现出象形文字的形状。

正常的期限——降雨的时限——是七天，但可以延长到九天。然后，结束祈雨的仪式。

禁屠持续了相当长的时间，甚至城南门也被关闭，但是事实证明，关城门只是走过场，城门只在短暂的一段时间内关闭。这个戏剧性的仪式很可笑，因为河州一百一十里外的寺庙里有个有名的女神，装扮似金花女神，代表民众在玉帝前祈雨。玉帝不仅拒绝了她的请求，而且要杀死她……祈雨者写下这些事情并到处传播，以便民众伸出援手解救她……

——《北华捷报》1926年8月

1926年6月，在中国长春也有一场独特的仪式，中国人请求俄罗斯东正教的牧师为祈雨举行教堂礼拜：

大约一个月的时间里，附近地区没有下过一滴雨，农民焦急地寻找会下雨的云团。绝望的民众想通过祈祷和祭祀来抚慰雨神，但愤怒的雨神充耳不闻。

最后，当地的商人协会在佛寺前组织农民和商人一起祈雨。每个商店都有香火和蜡烛在燃烧，所有的肉摊都关了，人们吃素直到天下雨。仪式由几位和尚主持，仪式结束的时候，所有的参与者在和尚和商人协会代表的领导下，走向东正教的教堂。根据中国人的要求，俄罗斯牧师举行了令人印象深刻的教堂礼拜，恳求上帝下雨。

教堂周围的一大群中国人，在牧师的引导下脱帽并跪下。许多俄罗斯人也祈祷下雨。宗教的鼓励作用极大，尽管中国人不了解东正教的仪式，却以自己的方式向上帝祈祷。

后来，整个队伍在俄罗斯牧师和佛教和尚的率领下，前往长春附近的特定地点。

有几名年轻的共产党员在途中碰上求雨队伍,但是他们没有脱帽,尽管警察劝他们脱帽。仪式上午 10 点开始,下午 4 点左右结束。

奇怪的是三天后下雨了,中国长春的雨季开始了——这比往年的日期提前了大约两周。

——《北京导报》①1926 年 7 月 1 日

不得不说雨神有时是愚蠢的,或者祭祀者的祈祷太虔诚了。在需要雨水的地方,雨神带来的洪流几分钟便将稻田的干土融化成了泥浆。河床水流汹涌,农民对干旱的担忧变成了对洪灾的惧怕,处境反而比干旱时更糟糕了。

以前,这种情况发生时,会有军队出手,我们读到一位汉族将军在河边沿线部署了三天的新闻。他们在河边敲鼓射箭,就像杀敌一样与洪灾搏斗,直到洪水消退。

直至 1872 年,一位天津的地方官抗洪时牺牲了。他的牺牲平息了洪水,他本人变成了小蛇。一位农民发现了小蛇,认为其是雨神的化身,小蛇被带到了天津并放在龙王庙中。以李鸿章为首的整个民政部门追封这名官员。后来,李鸿章祭祀他,根据历史先例授予特别的头衔——这也是皇帝的旨意。没有人觉得这很荒谬,因为长期以来中国人习惯了官府册封当地河流发现的小蛇。

在中国,蛇可能会变成龙,尽管这种变化需要数百年的时间。这种形变解释了为什么一条平凡的水蛇经常被作为水神祭祀,还说明了为何溺水者的灵魂有时会化成水蛇,成为龙王的侍从。

只要神明显迹,皇帝和百姓就会一直祭祀神明。神明有了显赫的名声、丝绸长袍、珠宝头饰、诞辰、巡游、香火和娱乐。但是,如果神明不回应祈祷,他们就会如凡人一样因失职而受罚。例如,如果当地的一条龙在出巡中不满足人们的祈求,就可能会被撕成碎片,甚至连法力强大的龙王,其神像也会被暴露在烈日之下。这种不敬有时会使神明意识到自己的失误,乾隆皇帝曾前往北京附近的西山黑龙潭祈雨的传说证实了这种观点。龙对皇帝的恳求充耳不闻,愤怒的皇帝立即下了一道圣旨,

---

① 《北京导报》(*The Peking Leader*)是一份创刊于 1917 年的英文报纸。——译者

将龙驱逐到东北黑龙江的荒地。不愉快的流放开始了，那时正好是大暑，龙走得越远，就感觉越热越渴，所以走了几里路，龙就忏悔并降雨了。皇帝允许龙回到黑龙潭，农民抬着神轿在马路上高兴地戏水，穿过雨淋湿的空荡街巷和村庄。国家的祈雨仪式也无法使农民走出家门，因为在中国，尤其是在北京附近，有一种古老的迷信认为下雨天出门不吉利。下雨是天公给大地施肥，礼貌和谨慎助长了这一迷信。龙王降雨，官府的工作轻松了，军队的行动也取消了。即使是现在，外国摄影师在中国照片上打广告，也以风雨无阻作为一种特色。询问中国人是否会下雨被认为是不礼貌的，因为这是责备他自作聪明。凡人怎敢预测神明的意志呢？这等于将他比作乌龟，因为乌龟的湿脖子预示着将有倾盆大雨。

雷部

如今，任何游客都可以在黑龙潭中沐浴而不必担心触怒龙神。如果游客乐意，还可以爬上小山参观龙王庙。台阶是陡峭的，但是为了看保存完好的典型神殿和见到中国村庄都有的神像，还是值得努力攀爬。黑龙潭的小庙里有一群天神——我们称之为"天气神部门"——在龙王的领导下掌管着天气。这些天神都是龙王的助手，被归为雷部，如同我们已经说过的，中国人认为天神掌管宇宙，如官府管理人间一样。

雷部有八十多个神明，包括名为造云的小神仙。然而，只有六个神明出现在大多数庙宇中并受到民众的祭拜。实际上，雷神被人格化发生在相对晚近的时候，其起源可以追溯到汉代，但是这并不妨碍雷神有自己的来源、传说、妻妾和诞辰。

雷神的出现并不会使人惊讶。到处都有雷的存在——在最简单的科学知识还缺乏的时代，早期人类自发地创造了这些神明。雷神或雷公源于原始人类的心理习惯。雷神和雷公都反映了早期人类对于自然界的可见现象的看法。对于原始人而言，还有比崇拜他们无法理解的自然力量更自然的吗？对他们来说，闪电是日神在与黑暗之魔殊死搏斗。雷声就是天鼓的声响，乌云密布是群龙在聚集，雨水是龙在战斗时分泌的唾沫。当漆黑的暴风雨像沉重的帷幕在天上闪过，似乎到了世界末日；当呼啸的大风撕毁树木，大火从天空飘落，似乎有大量的金属从高空坠落之时，披着兽皮的野蛮人向他们未知的神明弯下膝盖，祈求他们解除未知的灾难。

雷公

一个古怪的传说解释了为什么雷公（六月二十四是雷神的诞辰）在显灵时有着鸟首和鸟爪。很久以前，有位婆婆虐待她的儿媳。雷公来惩罚这位老太太，但老太太机智地用一块脏衣服盖住了雷公的脑袋。雷公非常无助，直到雨水冲走了脏衣服，才得以升天。雷公升天的时候，邻居们惊讶地发现神秘的雷公长有鸟首和鸟爪，从那时起，雷公因为这些奇怪的特征很容易被认出来。雷公通常拿着一个锤子和一面鼓（或一排鼓），或者一手拿着锤子并将系有鼓带的凿子挂在肩上。母亲有时会对淘气的孩子说："雷公劈你。"孩子立刻就变乖了，因为被雷公的锤子击打脑袋使孩子感到恐惧。当年轻人沉迷打闹，眼看着打闹会升级并伤害到对方时，旁观者只要大喊："您难道看不见天空乌云密布吗？"提到雷公锤，年轻人可能会停止打闹，因为"雷声表示上天生气了"。

尽管雷公是长有黑色蝙蝠翅膀的形象，但人们认为他很仁慈，可以保护人类免受邪恶的侵害并与雨神一起保佑农民五谷丰登。然而，将米饭扔在地上或踩在脚下是不珍惜自然的恩赐，可能被雷劈。

有些中国人认为人不是被闪电电死，而是被雷击杀。有些中国人相信陨石会落在不公正的地方，这些陨石通常被称为雷公锤。

雨师

经常出现在雷公旁边的是雨师，雨师在神农时代（公元前2838年—前2698年）解除了严重的干旱，他以凡人的形象出现，黄色甲胄令人印象深刻。雨师手握一把量天尺，量天尺可以丈量天空的高度。雨师用尺测量土地并洒满雨水。雨师的神奇本领包括过水不湿、遇火不燃、漂在天空中。最神奇的是雨师能变成蚕茧。协助雨师的是个同样神奇的黑脸女子，两手各握一条蛇，而且两耳的旁边也有红色和绿色的蛇。雨师的居所有"一只可以随意改变身高并喝干海水的神秘独脚鸟"。雨师的旁边站着一只鱼怪，能帮助雨师降雨。

电母

龙王的右边通常是电母,她身穿斑驳的长袍,手持两面镜子。镜子碰到一起或拉开,就会发出闪光。人们认为电母的两面镜子代表阴阳,根据打火石的原理,镜子合在一起会产生电火花。电母"通过震慑人心来协助雷神"。(普洛普《中国宗教谚语》)

风伯

电母旁边的是风伯。中国风神是个留着长长白胡子的绅士,有时是个骑着老虎的女人。老虎与风有关。无论哪种形象的风神都握有风袋,放出像醉汉一样跳跃的风。虾将是风神的助手,古怪的小虾将瓶子一倒便是倾盆大雨。

当仔细研究上述这些有趣的神怪时,我们发现对农民来说,他们掌管着天气并随心所欲地决定阴晴。在雷公诞辰那天,一小撮穿蓝衣服的农民用人造花摆满雷公的祭台,祈求雷公在无云的山谷聚集云朵。学生通过神像看到了阴阳和人格化了的自然力量。占卜者趁着不在田里干活的闲暇时间,离开村子到雷公前烧香,将香灰视为星星的预兆。农民、学生和占卜者的行为都是合理的,因为他们代表着活力,即使有分歧,中国人仍然都相信古老的神明。

莲花诞

当人们的祈祷得到回应,龙王和其他的雨神降雨于干旱的大地。然后,雨中的莲花盛开了。事实上,诗人称六月为荷月,因为六月二十四的莲花诞正好是雨季。日本有成百上千的人外出观赏樱花。在北京赏花也是一种时尚的娱乐方式。最好的赏花地点是中央公园,公园周围砌有红墙,红墙的颜色几近凋谢的玫瑰,其中最具特色的要数午门气派的两翼[①]。在午门可以远远看见完全被水淹没了的护城河,护城河上密集的羽状叶子隔开了一朵朵的莲花,莲花围着外墙也围住了宫殿,紫禁城如同睡美人的宫殿。

[①] 午门上部盖有一座门楼,两翼也称为燕翅楼。整个建筑错落有致,似展翅的凤凰。——译者

观光者在露天茶馆欣赏中国友人称赞的古朴风景，或者漫步欣赏并品评，或沉醉在令人愉悦的美景中。由于所有人都来赏花，因此观察不同阶层之人也很有趣。

学生们身穿着长衫，头戴不协调的外国宽边帽子。留短发的女学生手拉手——这些女士的穿着很新潮：紧身长裤、短上衣、天鹅绒帽子。比较保守的女士则穿着淡色的丝绸衣服，有蓝色、粉红色、淡紫色或玉米色——除了白色之外的任何颜色，因为白色用于丧礼。画了眉毛的富家小姐，小脚套着粉色锦缎的鞋子，在女仆的扶持下来回走动。小孩子头戴装饰有镀金小神像的帽子，长辈认为这种帽子可保护小孩免受邪灵的侵袭。

远东人民的生活理想是思索而非行动。因此，我们发现许多人并没有丢掉这门生活艺术。他们不理会路过的人群，在茶馆喝茶或悠闲地与朋友吟诗作对。一位传统画家默默站在隔间研究绘画的对象——夕阳下含苞欲放的花枝，或落有露珠的一只高脚杯。他不习惯照着模型绘画。视觉训练教会他专注于自然并与自然融为一体。然后，画家回家开始作画，他的佳作不以细节取胜，而是以精湛的技巧表达画的意境，意境可"直接体现画家思想的独立性"。

人潮涌动，他们聚集在鼓楼和钟楼旁边的北湖赏花，信步走起，周围是一排排柳树，微风拂过，柳枝轻轻飞舞，像浪花溅起的涟漪。树叶也随风翻转，叶子的背面呈银灰色，就像小白鱼一样。一个令人难忘的夏日夜晚，我们也去赏花了。赏花处，花香四溢，沁人心脾，芦苇微微荡漾，萤火虫在黑暗中飞舞。在湖边，来自附近寺庙的僧人与我们同行，并同我们讲话。"今晚的莲花真美丽，"他说，"这是人心纯洁的标志。人心不古，它们会枯萎！你们也许不知道莲花对我们意味着什么——它意味着一切。""好，先生，请说。尽管我们一无所知，但我们想知道。""我不会谈论莲花的宗教意义——这是个很大的话题——只说莲花在佛教象征着永远芬芳的天堂。莲花以荷叶为裳，根部的新鲜汁液可冷却火热的心脏。唐宋时期的皇冠用莲花装饰。你们是否还没有听过这个故事？皇后邀请诗人和她一起喝茶，直到夜晚，诗人在宫殿的凉亭里睡着了，皇后命人将诗人送回他的住所，照亮夜归之路的火把有着金莲的形状，仿佛来自皇后的头冠。"

扫晴娘娘

我们站着聊天之时，几滴雨水落下，女士们——包括满族人和汉族人都赶紧叫来车子避雨。僧人说："她们将赶回家剪下扫晴娘娘的纸像。最近下了好几天雨，因而她们会把扫晴娘娘像挂在闺房里。扫晴娘娘手里的扫帚可以扫走云层，让天气晴朗。"

"这位神奇的天女是谁？我们从未听说过。"

"她是扫帚星。现在，"僧人双手合十并鞠躬，"我也必须与你们分别了。我们的会面令人愉快，但是，正如佛经所言：'相遇即分别的开始。'"

我们后来才知道，扫晴娘娘很可能源自人们希望有神明监督六月的大雨，因为大雨可能毁坏农作物。这是收获的季节，必须打谷和扬风，所以晴天很重要。事实上，农民有句谚语："有钱难买六月晴"，或"六月连阴，吃饭不饱！"

过于潮湿的天气会损坏谷物，除非谷物入仓前晒干了。因此，俗话说："安全入仓的麦子才是粮食。"①这只是我们西方格言"孵化之前不要数鸡的数量"的东方变体。

在一个特别的日子——潮湿的六月初六——"庙里晒经书"。佛教徒和道教徒借此机会将神圣的书籍搬到阳光明媚的庭院，在桌子上打开书籍除尘并放上防虫剂。这一习俗起源于唐朝，生病的皇帝派一位和尚到西天取经。经过一条河时，经书被弄湿了，一位老太太路过，建议和尚将书摊开，放在地上晒干。但是微风将经书吹散了，并吹走了一些书页，尽管和尚孜孜不倦地寻找，但还是没找到，和尚伤心地收起剩下的经书，然后将它们呈交给皇上。这些事都发生在六月初六，因此这一天被作为晒书的纪念日。六月六被称为会或集会，它并非纯粹的宗教节日，因为所有的寺庙都遵守这一习俗，并且传到了平民百姓家。帝王家也在六月六晒书，普通百姓受此影响也晒各自的衣服。另外，妇女在六月六洗头，猫和狗的主人也给宠物洗澡。在官员的主持下，皇家大象从

---

① 民间谚语云："麦入仓，谷入囤，豆子入库才放心。"——译者

顺治门附近的饲养场中被隆重牵出，并在城外的护城河沐浴，百姓对此感到兴高采烈。

这些来自印度的大象在1900年后消失了。它们自唐朝以来就被用于皇家仪式。明代皇帝为大象建造有象房，其所在地就是现在的国会众议院①。

马王

有一些小神明的生日被标记在中国年历的六月。其中一位是马王（生日在六月二十三）。马王经常与牛王共享一个祭坛，有时没有设立任何的神像，只以一块未雕刻的石头代表它们。过去，马的守护神似乎有三个化身：春天祭祀的马祖，夏天祭祀的第一个饲马神，冬天祭祀的马瘟神。当马王以这三种面目出现时，以上三种神明的信仰融合到了马王中。在纸马（见"十二月"）中，我们有时会发现坐在宝座上的马王，周围有三名侍从。马王有时也作为龙的神使或星神出现。祭马王的仪式类似于祭灶（见"十二月"），这曾经也是官方仪式的一部分。有一张供奉马王的祭桌，仪式在皇家马场进行，从早上八点持续到十点。在一些不起眼的农场，用马匹耕地的农民烧一张纸马祭祀马王。在北方频繁用到马的省份，没有人忽略马王，尤其是马车夫和饲养马的马场老板。

火神

在南方，生日在六月二十二的火神获得民众的祭祀。格雷说，广东人为庆祝火神诞有整整一个月的活动。昔日的广州——他描述了风景如画的城市街巷："并非由灯照亮，而是由悬挂在房梁之间的水晶吊灯照亮。横跨在狭窄巷子上的一张张帆布为这些吊灯挡雨……在六月，游行队伍中有一组穿丝绸衣服的蜡像。他们再现了帝国古代历史中的某些片段②。他们的装扮非常逼真，可以与杜莎夫人蜡像馆的著名展品相提并论。位于大街旁的祭坛上有火神像，道士们通宵达旦地祈祷。人们偶尔抬火神像穿过整个城市，游行伴随着许多骑马的男孩和坐在转椅上的女孩。"

---

① 民国国会议场。——译者
② 这应该是广府地区的飘色习俗。——译者

"在发生火灾之时或之后，人们也会祭祀火神，认为火灾是火神坐骑'朱雀'飞来飞去，准备点燃建筑物。"店主会专门前往火神庙。中国人认为太阳有火轮，是火的源泉。以前，春分的前三天熄灭旧火，春分才通过凹面镜从阳光中获取新火，也可以将两块柳木放在一起摩擦来获得新火（见《三月·寒食》）。

究竟哪个火神才是主神尚不清楚，因为火神如同水神一样，有个由主神和几个下属组成的部门，像众多其他的中国神明一样，（属于星神的火神）都是暴君纣王的朝臣（公元前12世纪）。格雷记录的最有可能是火圣，即五德火君。人们通过祭祀火圣代表祭祀整个火神部门。火神最初是个道士，后来变成三头六臂的巨人，有时则身穿官袍或长着动物的身体和枣红色的人脸。火神的额头中间也有一只眼睛，留着红色的头发和胡须。身披红斗篷，性格暴躁的火神，借助火轮子四处游走，惩罚作恶之人。没有人愿意从烈火中救人或财产，"以免火神把怒气降到自己身上"。遭受火灾的人会立即去火神庙恳求火神离开起火的家庭。当大火熄灭时，人们感谢火神，在每年一次的火神诞（四月十五）祭拜火神以防患于未然，并在大街上举行出巡仪式。许多人把这个可怕的神明与南方赤帝即衡山的主神（见"十月"）联系起来，后者教会人们锻造金属的技术，统治世间两百年之后成仙。火神十分老实。为了欺骗纯洁的火神，人们在墙壁，尤其是在厨房，贴上不得体的神像画。感到震惊和丢脸的火神会避开这些房屋，由此人们避免了火灾的发生。

火神庙的火神坐像非常朴素，周围的四个下属对应着四颗星星。第一个叫贿赂，远古时代的著名巫师，手持一只会飞的火鸟。第二个有可放火的火轮。第三个头上有一只猪（对应于小神所代表的亥星），手持会喷出火焰的葫芦。第四个用火热的舌头抓住一条蛇。

五虎神

与祭祀火神的仪式相似，人们在六月二十五祭祀兵器守护神，即五虎神。对五虎神的祭祀与枪支的发明者（火炮大将军）有关，正是兵器与火炮炸开了北京附近的南口关。在最近的修路工程中，是否会有卑微的爆破者记得长期以来被忽视的守护神，并在岩石间为他们上香呢？

鲁班——木匠祖师爷

上述这些好战之神与发明家鲁班形成了鲜明的对比，鲁班诞在不同地方有不同的日期，传说似乎掩盖了鲁班是位伟大发明家的真实历史。历史上的鲁班，姓班，生活在位于如今山东的鲁国。鲁班于公元前606年出生，与孔子是同时代人，民间流传有许多关于鲁班的传说。有些传说提到鲁班是个技艺高超的木匠，这是鲁班成为手工艺者守护神的基础。四十岁时，鲁班离开工作台开始学习巫术，从此以后，我们发现鲁班表现出色。鲁班为西王母建造了一座宫殿。当天柱要倒塌时，鲁班修复了天柱。鲁班为母亲制作了一辆神奇的木马车，马车上的木车夫以及灵活的机械装置可以使马车翻山越岭。中国人无疑会说这是第一辆马车。鲁班制作的一只木鸢，像活鸟一样在空中飞了三天。鲁班的父亲坐上木雕展翅高飞到了吴国（今天的江苏苏州），就像坐飞机一样。吴国人以为鲁班的父亲是魔鬼——怎么对付魔鬼呢？——杀了他。为了报仇，鲁班制造了一只木怪，手指指向吴国并诅咒吴国大旱三年。直到灾民用无数供品祭祀鲁班后，他才将木怪的手砍下来，让雨水降到吴国。鲁班最终到了西安附近的骊山。在那儿，完全掌握了仙术的鲁班消失在天空中，并将斧头和锯子留在身后。

建新房的时候，人们祭拜鲁班。为了祭祀鲁班，人们选黄道吉日烧冥钱，烧香，放鞭炮。打扰中国人的鬼魂总是危险的，因为鬼魂可能会报仇，所以匠人通常将一堆叶子绑在脚手架上，希望邪恶的鬼魂把建筑物认成一棵树而离去。有时匠人还悬挂一个中央固定有镜子的筛子，因为运气很容易穿过筛子，而镜子可以将邪祟转化为好运。在阳光照到房梁的时候，人们经常请道士在地上洒圣水以祝福经精心挑选、没有裂缝或节子的梁木，并且请道士在上梁的时候不断向鲁班祈祷。

广州的木匠因举行壮观的鲁班出巡而全国闻名。鲁班是无产阶级的守护神，尽管鲁班不是中国唯一的手工艺神。北京平则门附近的白塔寺会在鲁班诞举行交易会。明朝，白塔开裂并濒临倒塌。传说关键时刻有打扮像木匠的人走来走去并大喊："修补大物！修补大物！"几天后，裂缝补好了，而且非常稳固。人们说："那一定是鲁班修补的，没有人修得比鲁班更好了。"这件事以街头歌谣的形式传颂至今：

  白塔寺，

  有白塔，

  塔上有砖没有瓦。

  塔台儿上裂了一缝，

  鲁班爷下来锔上塔。

  能干的神明在任何地方都是可贵的，在务实的中国尤其如此。

第十一章　七月·鬼月

368　　立秋的日子在农历七月。这是华北地区最宜人的季节。晴空万里，天气清爽。虽然正午仍然有点儿热，但是阳光灿烂，整个世界都沐浴在金光中。

　　北京周围的果园，芳香的大枣、红色的苹果、金色的柿子都熟了。桂花的香味飘散在寺院里。田野里比人还高的高粱，弯下了棕色的穗子。晒在农舍屋顶上的高粱，为村庄增加了一抹鲜艳的色彩。在一片庄稼的海洋中，高粱似一座座浅棕色的岛屿。向日葵像站在花园的哨兵，将脸转向太阳。

369　　棕色的蟋蟀，在山坡的岩石间欢快地叫着，普通的蟋蟀可以安然度过微不足道的一生。但是某些蟋蟀，例如珍贵的"小金钟"（位于西陵附近）会被关到笼子里。

　　七月的集市上，几乎每次都有人出售蟋蟀，它们被放在用竹子或草编成的小笼子里。路人停下来聆听蟋蟀的叫声，然后选择各自喜欢的。读书人对在书房或衣袖里养小蟋蟀非常痴迷，小蟋蟀的叫声像小铜锣响，还像中国的响板互相撞击的声响。粗枝大叶的外国人很难理解东方娱乐的精粹。"我们不仅喜欢蟋蟀的叫声，"老先生耐心地解释道，"而且蟋蟀使我们想起了许多事情。夏天逝去，木叶变黄的秋天有种离别的意味，暗示了人世的短暂与无常。妇女一听到蟋蟀的叫声，就知道是时候缝补家里的冬衣了，因为寒冷的冬天快来了。"

　　织布的季节即将到来，七月初七与纺织巧妙地关联在一起。在这一天的破晓时分，女孩在院里将一根针放在一碗净水上。针在碗底投射的影子，预示着女孩是否能精通女红。如果针的投影像叶子或花，表示女孩熟练女红。但是，如果投影看起来像一根粗细不均的棍子，则预示着女孩不精于女红，同伴们会嘲笑她，以至于女孩不得不躲开同伴们的戏弄。

为了知道自己将来是否会成为技艺精湛的绣娘，女孩们还用其他的方式占卜。在初六的晚上，抓一只蜘蛛放进盒子，同时对着盒子鞠躬，盒子的旁边则供奉有水果、鲜花和茶酒。第二天早上，精心梳妆打扮之后打开盒子，看看蜘蛛在夜间是否结了网。如果蜘蛛网像云朵、花朵或某个幸运符，则预示着她们会如愿。

唐明皇时期，宫女也捉蜘蛛放入漆盒中占卜。当盒子打开时，如果蜘蛛织出的网很厚，则预兆为吉；如果蜘蛛没有结网，则预兆为凶。

牛郎织女

这些古朴的仪式来自乞巧节，牛郎和织女每年七月初七的晚上相会。将蜘蛛与织女联系在一起在中国非常自然。中国织女的神话传到了日本，并且被日本人巧妙地借用了（见小泉八云的《银河的传说及其他故事》）。织女在日本经常被称为蜘蛛公主。

织布的织女自然是纺织的守护神。她曾是一名凡人，是女性的朋友，温柔的织女很同情渴望爱情的少女。织女是中国女神中最漂亮、最诗意的人物，有关织女的故事引人入胜，而且有很多版本。①

在所有版本的传说中，牛郎和织女都是银河两边的星星，中国人认为银河是条闪闪发光的星河。牛郎星位于天鹰座，而他心爱的织女星（玉帝的七个女儿之一，人们在七夕节祭拜七仙女）位于天琴座。②

从前，织女整天为神仙织布，一天织女离开织机与姐妹们一起下凡，

---

① 牛郎织女的故事在戏剧中非常常见。最近，著名表演艺术家梅兰芳主演了一部以牛郎织女传奇为基础的新戏。

② 牛郎星和织女星被纳入中国万神殿，是基于家庭劳作分工的逻辑。当冬天临近，牲畜从夏季的牧场返回牲口棚，妇女则准备御寒的冬衣。牛郎是畜牧的守护神，而织女则是纺织的守护神，但是随着岁月的流逝，祭祀牛郎织女的时间发生了改变。（见"十一月"）

在溪流中沐浴。溪流的附近，贫穷的牛郎在草地上放牛。那是头神牛，毛发像金丝，突然牛开始用人类的声音说话："主人！那边有七个仙女，第七个又聪明又漂亮。她织出云锦给神仙做衣服，是尘世少女的纺织神。如果您在她洗澡的时候拿走她的衣服，您就会成为她的丈夫并获得永生。"

牛郎赶紧去找七仙女，并将红衣服藏了起来。因此，当织女的姐妹们穿上仙衣飞回天宫时，织女发现自己被困在了人间。她是心甘情愿留下来的，因为年轻的她意识到自己非常渴望爱情。

牛郎和织女的婚姻获得了众神的认可。他们成了夫妻，过了三年幸福的生活，并生下了两个孩子。但是天上的织机是寂静的，再也听不到织布的声音了，众神对懒惰的织女越来越生气，命令她重新织布并阻止他们继续相爱。

牛郎因失去妻子而伤心不已，有一天，忠诚的老牛对牛郎说："别伤心，我很乐意为您献出自己的生命。在我死后，您披上我的皮就可以到天上找心爱的织女了。"说完老牛死了。当牛郎升上天时，王母娘娘担心其夫妻相处会使得女儿无所事事，因此在天上划了一条天河①。变成了星星的牛郎织女，发现他们彼此被天河隔开，注定要永远分开。

牛郎织女伤心欲绝，就连玉皇大帝也同情他们，恩准他们在每年七月初七的晚上相会。那天晚上，只要天空晴朗，乌鸦和喜鹊就用翅膀和身体架起一座桥——织女在桥上会见牛郎。中午过后，树上看不到一只喜鹊，因为所有的喜鹊都飞到天上帮助牛郎织女了。当牛郎织女的节日降临在十一月的时候，鹊桥也许指的是喜鹊每年迁徙。

但是，如果七夕的夜晚下雨，天河就会升高，鹊桥就无法搭成。这样的雨被称为泪雨——爱人分开时流下的眼泪。所以，牛郎织女即使在七夕也不一定能见面。由于天气不好，牛郎织女可能三四年不能见面。但是牛郎织女的爱情永远鲜活、持久。他们继续履行自己的职责，期待下一年的七夕相聚。

由于织女与毛姑姑都是女性和女红的守护神，自然而然地，七夕主

---

① 据中国传说，天上的银河（天河）是黄河的源头。神话时代的反叛者共工头触到西北天空的柱子上，这使得天河流到地上。在古代，民众认为天河与黄河之间存在着神秘的联系，因为早期的中国人逐渐沿黄河扩张。

要是女性的节日。实际上，只有女性参加七夕的活动，除仍在母亲保护下的小男孩外，没有其他男性参与。以前，女性参加针线比赛时，在刺绣或穿针中表现出色并娱乐同伴的女孩子会获得奖励。七夕时，平民少女仍就着月光或发光的香炉，穿针引线。例如，江苏省的少女在桌上几乎没有灯光照明的情况下，用一根红丝线穿七孔针，成功则预示着她们擅长女红。

过去，女性为织女准备一个精美的供桌，桌上有人物、动物和水果造型的土偶。如今，我们仍然可以看到女性以西瓜、糕饼、纸做的梳妆台祭拜织女。这些礼物被精心摆放在桌上，在七夕的夜晚有灯照着。在一连串的鞠躬之后，花朵、粉扑、胭脂盒等被扔到屋顶，因为织女可能使用它们，而糕饼则分给孩子们。

格雷记录了四十年前或更早时候的广州七夕。"女性，特别是对未婚的女孩而言，绣花鞋和绫罗绸缎是七夕献给织女的礼物。献给织女的礼物还有鲜花、果脯、装有稻谷幼苗的盘子。这些幼苗排列得非常整齐，看起来好像正在生长，每一簇的中心放置了一个小灯，灯火使人联想起萤火虫。人们还用小桥、花环、煮熟的谷物、杏仁、糨糊等装饰并连接各个供桌。"为了乞巧，一些女士在制作供品后，会马上缝几针固定它们，其他人则在假花上放一根针。

"午夜时分，年轻姑娘和女仆去打水，中国的大多数房屋都有不少于一个水井，然后将水倒入大陶罐中，并按顺序排在井口附近。她们向织女和其他仙女祈祷这些水具有药效，然后才将罐子密封并搬到安全的地方。当家人生病需要吃药时，才打开罐子。仪式结束之时，有大量的绣花衣服会被烧毁，然后烟升上天，供天上的仙女享用。"

人们也向织女祈求婚姻幸福和早生贵子。织女特别同情身为孤儿的女孩并保护她们。七夕的晚上，她们躲在葡萄藤后面听织女与牛郎的哀叹。在晴朗的夜晚，这些小女孩觉得上天和善而富有人性，她们梦想着永远不变、永远思念、永远鲜活、永不分离的爱情。

中元节——第二个鬼节

中国的许多旧习俗注定灭亡并且快速消失了。古代为纪念牛郎织女而举行的繁杂仪式已经到了被遗忘的边缘。如今，很少有人关注保留在守旧人家中的七夕活动了。

然而，七月未曾消亡的节日是中元节，即鬼节，或者更恰当地说是饿鬼节。这个节日是为没有后代照顾的鬼魂设置的。这些饥渴的鬼魂不断受苦，除非有人满足他们的需要，否则，他们会恶意地干扰人类的生活。因此，出于安全而不仅仅是慈善的原因，人们会满足鬼魂的需求。"有时候，没有后代的死者的灵牌被放在庙中的一个房间内，看门人在灵牌前烧香。这些无人祭祀的灵魂相当可怜。这些灵牌也许数百个并排立着，陈旧、变色、破碎、蒙尘，使我们在寂静中感到灵魂盘旋在周围，因为灵牌表示鬼魂是看不见的存在。"

鬼节从七月十五开始，持续到七月三十。在此期间，家人像清明节一样扫墓，但是仅在奇数日前往墓地，把食物、冥钱、纸做的生活物品（如衣服、交通工具、家具）供给死者和亡灵。这些祭品在烧毁后会转化成阴间的对应物供死者使用。

中元节的起源与灵魂崇拜有关，可追溯到遥远的古代。时至今日，它已成为佛教盂兰盆节的标志，整整一个月，鬼魂被从地狱中释放出来享受为他们准备的供品。地狱之门在六月最后一天的夜晚打开，在七月最后一天的夜晚关闭，这与封建时期新年期间的官方封印和开印仪式相似。

早期的中国人根本没有地狱的观念（见"二月"），尽管中国人认为灵魂依恋并徘徊在尘世，死后还生活在坟墓里。这种想法得到孔子和其他哲学家的认可，并对祖先崇拜产生了极大的影响。当佛教传入中国时，佛教徒面临着一个问题，即如何把佛教学说嫁接到中国古老而模糊的信仰上，佛教认为人必须通过炼狱实现救赎。与往常一样，佛教做出让步。佛教布道者对人民说："接受我们的地狱，我们的僧侣将向您展示如何逃离地狱的酷刑。"通过减轻地狱之苦的仪式和同情死者的灵魂，佛教巧妙地把古老的节日变成促进其在中国传播的工具。

盂兰盆节或盂兰盆会时，各地的佛教僧人为死者举行普度仪式。寺庙整日整夜为孤独的灵魂或遭受不公正对待的灵魂，尤其是在年内死去的乞丐的鬼魂超度。① 祈祷者带来的食物和衣服等供品,可使因灾难和不幸而变得贫穷的灵魂感到幸福,从而不再打扰人类。如果有罪的鬼魂不满足并保有恶意,这对社区构成不小的威胁。因此,为了避免邪灵的骚扰,僧侣们念诵更多的劝慰经文,并从这一迷信中获得生存的资本。

这项超度贫苦灵魂的仪式,给人留下了深刻的印象。住持和僧侣聚在一起,主祭者面对祭坛。在蜡烛和灯火的光照下,祭坛上的镀金佛像睿智而平静地俯视着众生。僧侣们面对面在祭坛的左右坐下。仪式以诵经开始,一个僧人双手各拿一个铃铛为诵经伴奏,大铃铛声音低沉,小铃铛声音小而轻快。与此同时,一个瘦削的年轻和尚有节奏地敲木鱼,被漆成红色的木鱼形如鱼头。一起念经的效果非常好,适合施食。每次念经,僧侣都会做出特别的手势。

经文开始召唤饿鬼从十方地狱出来,这叫破地狱。接下来宣读"上供"的经文,食物经过祷告会转变成天宫的花蜜和佳肴。

"我们虔诚奉上这些纯洁的食物,供给所有的鬼魂,包括居住在十方的……以及地球各个角落的鬼魂,甚至于寺庙中小如尘埃的鬼魂也请前来。我们供给新近死去的亡魂以及逝世已久的亡魂,山河、土地和荒原的神魂。我们同情怜悯所有的灵魂并且献上供品。我们希望你们可以享受美食。此外,我们祈祷无形之地的鬼魂,仍被欲望折磨的鬼魂,可以得到慰藉和开悟,摆脱一切的痛苦,最后重生在永远幸福的天堂……我们恳求你们日夜看望我们、守护我们、永远不伤害我们,接受我们赠送的食物吧。让善举惠及所有受苦的鬼魂,让善意在黑暗的地狱传播,然后所有的鬼魂都获得至高无上的天启。我们希望你们迅速成佛,完全摆脱饿鬼地狱。"

富人邀请僧侣在家中大声念经——通常在晚上,因为鬼魂是暮光之物,挂在墙上的方灯(路灯)会照亮死者返回旧居之路。远离祖坟的人们——距离太远而无法亲自祭祀的——会准备装满冥钱的纸袋。每个袋子都贴有写着祖先名讳和死亡日期的红纸。然后将纸包放在临时祭坛上。

---

① 这些普度仪式使我们想起天主教也有纪念死者的诸灵节(Jour des Trepaasee)——在西历的 11 月 2 日——以安抚炼狱中的灵魂。两者之间有明显的相似之处——至少在情感上。

当僧侣诵经的时候，家人轮流向祖先的灵魂磕头——即使还不懂什么是孝顺的小孩也一样。仪式结束时在院子里点燃纸袋，人们发现保持严肃太难了。"哦，漂亮的篝火！"小男孩喊道。"嘘！小龙。"母亲小声说道，并把他拉到旁边，告诉他这个美丽动人的习俗出现的原因。"今天，"她轻声说道，"所有死者都离开坟墓回到我们的身边。天空簇拥着无形的鬼魂。"

"他们为什么会回来，妈妈？"孩子喃喃说道。

"我的宝贝，因为他们爱我们，期望我们也爱他们，祭祀他们。因此，无礼是错误和残忍的。"同样危险的是，七月有顽皮的鬼魂会伤害小男孩和小女孩，因此夜幕降临后人们不许小孩外出。

现在，小龙彻底清醒了，摇摇晃晃地磕了头，向鬼魂道歉。通过非常温柔的方式，中国孩子学会了善待死者。

南方省份尤其是厦门，人们在家门口摆放供桌。点燃的香能使节日的食物更可口，燃着的蜡烛将鬼魂引到供桌上吃饭、喝酒、玩乐，就好像他们还活着一样。狭窄的小巷充满令人窒息的烟雾和热气，这一切显得很怪异。① 我们不时听到有人低声祈祷，一位母亲为她死去的孩子点亮一根蜡烛："蜡烛，小蜡烛，为我的长子燃烧吧，让他今晚靠近我！"她相信虔诚和关爱可以引导鬼魂靠近她，她可以像孩子活着的时候一样把他拉进怀里。

目前，一群身穿刺绣长袍的僧侣在街上念诵阿弥陀佛，以作为祈祷，尤其是为死者祈祷。为了供养无数的亡魂，他们在每张桌子前重复这一仪式，这似乎会神奇地增加食物的数量。仪式在一座寺庙结束，祭坛的上方挂有幡，幡上装饰有旗子、彩带和灯笼。祭坛上有寺庙预先准备好的供品，以及信众个人带来的祭品，如排成塔状的糕饼或肉类。

按照规定，寺庙的住持将一个土偶放在祭坛上。土偶代表阎王（见"二

---

① 从剩下的大量食物中可以看出在七月流行的晚供习俗中，喝酒玩乐并不是糟糕的形式，还有令人兴奋的划拳游戏即酒令，使节日的气氛更活跃。这类似于古罗马人的数字游戏，意大利如今仍然存在这类习俗。在中国，猜拳的两人都伸出右手的某些手指，并说出相加的数字，如果两人都猜错了游戏会重新开始，猜错的人必须喝一杯酒。由于猜拳游戏非常快，因此人们需要心态良好而且反应敏捷。

月"）或观音，我们知道观音可以救助地狱的鬼魂，而且能够维持饿鬼的秩序。

除了食物，祭品还包括人们认为鬼魂所需要的各种纸扎，诸如纸房屋、纸花园、纸家具、纸靴子、纸衣服、冥币，也包括渡过河流和湖泊，来回地狱和祭祀地点之间可能需要的纸船、纸马、纸轿椅等。接着，僧人举手示意人们点燃这些纸扎。为了满足数百万饥饿和无衣可穿的鬼魂，必须燃烧所有的纸扎，人们相信燃烧的方式可以增多这些祭品的数量。甚至燃了一半的香枝也要扔进火中，成为享用供品的鬼魂的扁担，这样鬼魂就可以带走剩下的食物。仪式将在火中结束。纸神像燃起来了，火焰蔓延至大雕像的底座，接着火舌舔了舔神像的下肢，然后升至神像的躯体，直到神像倒地并成为一团烟雾和灰烬。

仪式结束之前，写着捐赠者名字的红纸条也要烧毁，这样鬼魂就知道是谁记得他们了。接着是一场争夺食物的斗争：人们来回推搡，发疯地挤在一起抓祭坛上的供品，有时候发生孩子被踩伤的事故。在庄严的仪式之后，出现这种俗称"抢孤"的行为，是相当令人震惊的。

像往常一样，我们在鬼节的仪式活动中发现各地有不同的习俗。有时，孩子们会存钱供养小伙伴的鬼魂，并用微薄的钱财祭祀他们。有时候——在江苏——妇女们在屋内点燃冥灯，然后在闪烁的火花旁脱下裙子，这种非常古老的求子仪式叫脱裙。有时，人们会组织戏曲演出以取悦鬼魂。

更为流行的习俗是烧法船，纸做的法船把佛教和道教神职人员的灵魂送到天河以普度地狱中的苦难者。① 船可能长二十或三十尺，载有很多的神像：鬼王，这很好辨认，他的头上有两簇毛发，脸画着虎纹，手拿三叉戟；守卫十王地狱的牛头和马面（见"二月"）；地藏王以及古代渔家女；由于鱼篮与盂兰谐音，渔家女的神像也出现在纸船上。

人们浩浩荡荡地把纸船以及纸船上的神灵运到寺庙、湖边或河边，甚至是淤塞了的运河两岸的空地上。栈桥上架起了简单的祭坛，普度的

---

① 据报道，最近为了祭祀内战中丧生的士兵，人们在长江边烧毁一艘纸船。为了纪念南口通道的守卫者，一辆纸制的装甲车也被烧得浓烟滚滚。在类似的仪式中，人们给被拖欠薪水的死者，提供大量纸钱和"天地银行"票据（有外文签名）。

经文被吟唱，灯倒映在水中，火气球飘浮在空中。仪式以烧法船结束。在极短的时间内，鬼王以及其他神鬼的痕迹都消失了，只剩下一团灰烬。然后围观的人群散去了，祭祀者分成不同的队列，他们的助手边摇铃边在祭台前踱步。

七月十五的晚上，孩子们拿着形似莲花，或用荷叶和蜡烛做成的灯走上街头，唱着感叹万物无常的歌谣："莲花灯！莲花灯！今天我们点灯，明天您就不见了！"

为了祭祀水鬼，莲花、小船甚至未涂漆的方形木的小灯，被放在水上。虔诚之人相信在波浪和潮汐中起伏的鬼魂会抓住这些灯，从而重生为人，或者在灯光的引导下找到救他们的东西。

在崇尚唯物主义的中国，却盛行放河灯这种诗意的习俗。放河灯在沿海地区以及靠河地区都常见。放河灯习俗从广州延伸到北京，北京通州运河、北海的船员会，会把数千盏灯放在水面上，内置有由佛教僧侣开光神龛的大驳船来回浮动。但是，位于长江宜昌风箱峡的仪式比其他地方的都更感人。没有比佛教更悠久、更强大的信仰，使人确信水中充满了鬼魂。黄昏时分，聚在河岸边的农民放下一小群闪烁的河灯。暗淡的光随着水流逐渐远去。轻柔的微风和水流将河灯分开，然后漂至狭窄的峡谷。每盏河灯及其闪烁的火焰都像一个鬼魂，害怕看不见的水流将它们推到更远的黑暗之中。灯火很快熄灭了，"残破的灯架以及灯火所留下的一切永远消失了"。碰到河灯不吉利，因而河中没有一艘船开动，渔民也不在鬼节捕鱼。也许是为了缅怀亲朋好友，在向河灯小声告别之后，回到家中的人们希望并相信某个渴望重返人间的亡魂已抓住了河灯。

地藏

鬼节在七月三十结束了，地狱大门再次关上，返回地狱的鬼魂又要忍受一年的折磨。七月三十也是地藏菩萨的诞辰，外国人认为地藏是地狱之王，将他与阎罗王（见"二月"）相混淆了，其实阎罗王是雅利安人的古老神明，佛教使得阎罗王信仰传播到了中国。前者最常见的头衔是地藏王，但是并不意味着地藏是地狱的冷血法官或是地狱的统治者。其实地藏和阎罗王截然不同！地藏实际上是地狱的征服者，痛苦灵魂的救世主。

在日本，这个温柔而亲切的神明被称为Jizo，即地藏菩萨。在路边的许多神社中，我们发现其装饰有棉围兜的雕像，许多母亲将他视为死去的婴儿的保护者和玩伴（从小泉八云的《陌生日本之一瞥》可了解有关地藏崇拜的详细情况）。

怜悯众生的中国地藏有十八臂，佛陀给了他一个打开地狱大门的锡杖和一颗为灵魂释放救赎之光的宝珠。

地藏菩萨非常受欢迎的化身之一是目连。像佛陀一样，目连是新罗国的王子，该国在灭绝之前统治着朝鲜半岛的东南部。像佛陀一样，目连也舍弃了豪华宫殿出家为僧。公元8世纪，目连前往中国并居于安徽省的九华山。目连在一个白色的石头小屋住了半个多世纪，这个小屋建在一件袈裟就可覆盖的土地上，这是目连向地方官求得的。①

传说，李白曾拜访目连并给九华山取名。当李白从长江的船上第一次看到九华山时，山峰使他想到了莲花的花瓣。不管真实与否，居住在山上的目连与诗人互相交流，尽管他们没有谈及佛教，但是论诗非常有趣。目连（不然就是李太白）的名声，吸引了许多游客来到九华山。有些人成了目连的弟子，其中一位叫胜瑜的弟子为目连建造了一座美丽的寺庙。目连在九十九岁逝世的时候，所有人诚挚哀悼他，溪流和山峰之神也很悲伤，从山上可以听见岩石的撞击声和悲叹声。

时至今日，九华山仍是中国最受欢迎的朝圣地之一。9月到11月是长江流域最宜人的旅行季节，有十万多忠实的信众前来朝圣，高声祷告："看不见的救世主，请您将我们从罪恶和苦难中拯救出来！请展示您的爱与同情。"许多老年妇女头上别有形似佛像的金色发夹，艰难攀爬蜿蜒曲折的石砌山路，祈求地藏打开地狱大门。许多年轻人头戴镶嵌有金属亮片的头带——这表示他在替年老体弱的母亲来朝圣——老人希望死后将这个头带绑在额上，富有同情心的地藏将会相信她生前曾敬拜他。好心的地藏被欺骗了吗？如果没有，地藏肯定会宽恕源于爱的欺骗——年轻人为了母亲而犯错。

---

① 与九华山有联系的是金乔觉，外国人因对中国文化的误解，将金乔觉与目连视为同一人。——译者

目连的母亲虽有慧根，但只是个凡人。有一次，沉思的目连看到地狱里的母亲变成了饿鬼的猎物。孝顺的目连匆忙跟随母亲，但是饿鬼拿走了母亲的食物，所以他也无能为力。之后，目连又来地狱寻找母亲，但是没有找到。母亲已重生为狗了。经过长时间的寻找，目连认出了已转世为狗的母亲，于是救下了小狗并悉心照料。

从那时起，目连成了地藏菩萨的化身，继续关心所有受苦的灵魂。目连在佛陀的宝座前发愿，将一切生命带到和平幸福的天堂。"万恶之徒不能吓跑他，悲伤、危险和痛苦不能使他畏缩。他将担起所有信任他之人的重担，只要有亡魂在悲伤或痛苦中，他就不会认为自己的工作已完成。"

佛教的地狱不是永恒的诅咒。因此，地藏的任务并非不可完成。所有人最终都会得救。卑微的朝圣者登上地藏殿，他们坚信地藏是人类苦难的保护者，尤其是在地狱，地藏的锡杖会逐个打开地狱的大门，宝珠会照亮黑暗的世界。聪慧的朝圣者明白，不是在黏土或铜制的地藏神像中，也不是在装饰精美的地藏庙或地藏殿，而是在自己的内心深处找到真正的地藏。每个人自身都有打开地狱之门的锡杖和照亮灵魂的宝珠。只有陷于妄想、罪恶、自私，因虚无的财富或世俗荣誉误入歧途的灵魂才会被困扰盲人的危险包围，在陌生的土地上游荡。地藏王的本意是指土地（地）深处有宝藏（藏），如果清除了掩藏在人心上的尘土，就会成为永恒不朽的佛陀。同样，人唯一需要恐惧的是恶念和恶行带来的地狱。善念是宝珠，品格乃锡杖，这才是地狱之门不能抵御的武器。

第十二章　八月·丰收月

八月是丰收之月。中国农民一年要收割数种农作物，这时收割的是高粱。他们收回家的高粱，绿叶好似翡翠，红穗犹如勃艮第的葡萄酒。华北的打谷场上回荡着连枷乏味的声响，村子里到处都能听到蒙着眼睛的驴子拉磨时吱扭吱扭的声音。

结束了辛勤的劳作，农民又要祭拜土地神了，这与他们在二月时举行的仪式相似。① 这种丰收节的习俗相当古老，《诗经·颂》（公元前8世纪）中便记录有与之类似的祭典场面："丰年多黍多稌，亦有高廪，万亿及秭。为酒为醴，烝畀祖妣。以洽百礼，降福孔皆。"这一仪式的下半部分是为秋末播种、来年五六月收割的冬小麦祈福。

社戏

如今，中国农民在祭神时不再弹琴了。但是，我们在中国的很多乡村大概都能找到社戏这一习俗。社戏是乡村少有的一种娱乐形式，其真正动机在于祀奉相当通人性的神明。因此，露天戏台坐落在家户的院墙之外，通常依寺庙而建，面向主神的神龛，这样"看不见的神"就可以在观众之上欣赏戏剧。

有学者尝试将社戏与欧洲大教堂门廊举行的神迹戏剧进行比较。但是两者之间并没有什么实在的关联。中国的社戏没有宗教意义，即使是在寺庙演出剧目，通常也与宗教无关，而是取材于传说、历史或著名

---

① 皇帝再次在社稷坛举行庄严的祭典。（见《国家祭典》）

图 2-31 社戏

小说。

如果寺庙没有建造戏台的话，人们会在演出前一晚搭建一个临时戏台，待演出结束后立即撤掉。当演员来到镇上的时候，帐篷已经搭好了，还设有饮食店、厨灶和小贩摊位。演出道具，要么是戏班自己带过来，要么是由组织演戏的村子运过来。当地的长者与跑单的即项目负责人（对应于西方的代理人），会一起把这些事情都安排好。

戏班游走于不同的乡村以寻求演出机会。戏班可能是城镇富人资助的，他们花钱给戏班买服装和道具，被称为箱主。戏班从春季开始演出，夏天进入雨季时歇息，最后在秋天以丰收月的庆典结束。

幸运的是，取悦农民观众并不困难。农民们看戏不必非得有座位，他们可以站着、蹲着，或在空地上松开骡子，在面向舞台的板车上耐心地观看演出。他们不奢望戏剧能有什么别出心裁的设计，也不要求复杂的情节。戏台很简单，完全露天，观众的想象力弥补了演出的不足。最后，农民不要求戏班全是名角，寒酸的戏班也能让他们感到心满意足。

在农民的眼中，粗糙但鲜艳的戏服使演出别有意趣。主人公穿着脏污的龙袍跨过戏台，并在关键时刻翻身，花面（花脸）负责搞笑，女主人公为强化戏剧气氛发出刺耳的假音，以及在光线下闪闪发光的镀金长矛，这一切足够让人感到美妙无穷。对他们来说，伴奏是永无止境的欢乐，尽管我们的耳朵对此还不习惯而且感到心惊肉跳。在富有戏剧性的时刻，锣和钹最为响亮。器身修长、蛇皮包裹着的二胡发出刺耳的声音，鹅颈状的唢呐激昂雄浑，而形如葫芦的琵琶如怨如诉。

对于知之甚少的外国观众来说，中国的观众和戏剧一样有趣。这些睁大眼睛看戏的农民，对娱乐有着天生的热爱，他们的日常生活充斥着饥饿与辛劳，而这种超越平日的娱乐令他们感到高兴。他们孤陋寡闻，任何的娱乐形式都很容易让他们感到愉悦，因为无论是多么不足挂齿的戏剧，都不是他们日常生活的组成部分。花了钱看戏而只在头天晚上精神兴奋的我们，猜想中国农民欣赏简单事物的能力是否代表着东方文明的优越性——至少在看戏方面。由此，我们思考一个老生常谈的话题，最好是回顾西方人有关文明一词的定义与内涵，即西方文明是否是进步的？或者西方人不易于满足？我们有责任解答这个问题——一个重大的责任。

有时,农民在秋收后会成立业余戏班,表演小戏。他们喜欢变化和刺激。从实际层面来说,尽管收入微薄,但他们享受了免费的食物和演出的乐趣。

舞狮

每个村庄都有类似于流动戏班的舞狮者,他们有两只或三只简陋但漂亮的狮子。舞狮起源于印度,至唐朝时中国才有驯兽师。中国没有真正的狮子,因此布狮子有了用武之地。舞狮需要两人配合,一人舞由硬纸板搭起来的狮头,一人舞狮尾。这在早先叫作耍狮子,具有驱邪的作用,因为狮子象征着佛陀,是佛教的护法。"在北京,人们组织杂耍班,训练舞狮。在锣的伴奏下,蓝狮子和黄狮子组成的行列表现惊人,眼睛、舌头、下巴、耳朵和尾巴迅捷转动,狮子脖子上挂的铃铛叮当作响。由于狮子喜欢滚球,因此舞狮的主要特征是追逐狮子前的大绣球。舞狮者甚至能跳上房顶,或者从房顶跳到院子里。"

踏高跷

和舞狮一样,踏高跷以及高跷上的神明也广受欢迎。这些高跷表演者贴上假胡须、画上脸谱,在乡村游行时还会唱歌。踏高跷者男扮女装,模仿小脚女人走路的步伐。为了逗乐农民,他们还模拟人们熟悉的角色,如渔夫、化缘僧、老妇人、伐木工等。为了使行动和举止惟妙惟肖,每个表演者都欢呼雀跃地大步朝前走,熟练地翻着筋斗,与其他表演者比试一番以显得与众不同。接着是非常有趣的杂技表演,只见两人的肩上放了一根杆子,表演者立于杆上,一手拿着假鸟儿,一只手握着扇子,同时努力保持平衡。在遥远的甘肃省,踏高跷有了奇怪的变化。在这里,小女孩被固定在一根高杆的小木板上,然后由众人抬着走,他们的动作使人联想到移动的僧人。这种习俗被称作秧歌,秧的意思是扬起。这是古傩的遗存,旨在驱除瘟疫,传说孔夫子曾经"朝服而立于阼阶"观看乡人傩以表明他"无所不用其诚敬也"。孔子时代的宗教仪式已经消亡,如今的踏高跷只为娱乐。

图 2-32 舞狮(一)

图 2-33 舞狮（二）

在娱乐活动结束后，如果附近恰好有泉水的话，按习俗中国农民还要酬神。我们在北京附近的黑龙潭见过这项酬神仪式。六名农民作为村庄派出的代表，来到水边，其中一人引领大家完成仪式。他跪下，额头触到地上，一次、两次、三次，同伴们也跟着磕头。然后，他们以村庄的名义，烧掉写在黄表纸上的祈祷文，并点燃一把香。随着浓郁的烟雾在池中弥漫，一条鱼在明亮的池水中游过，一只蓝色翠鸟俯冲而下。

中秋节——第三个人节

丰收节恰逢月神生日，因此八月十五具有双重的意义，这是中国历书中最重要的节日之一。月神代表着宇宙元素的流动，因为中国人很早就发现了月亮与海洋潮汐的联系。他们说，月亮"由阴或水组成"。根据中国人的理论，大自然受两种元素控制：阳和阴，即男和女。太阳代表阳气，属阳，是光和热的来源；月亮属阴，是水的来源，尤其是通过云和雨的形式表现出来。作为太阳在夜间的伴侣，月亮在很早的时候就被人们视为一位女性化的神明，代表着黑暗、水、寒冷以及女性特质的顺从——而不是光、热以及男性特质的统治。月亮既象征皇后，也象征官员对帝王的效忠、妻子对丈夫的忠诚。

太阳和月亮组成了掌管世间事务的一对天神——这一观念并不是中国所独有的。大多数民族有都日月婚的神话。我们在宙斯和欧罗巴、米诺斯和布里托玛耳提斯的神话中，[①] 也发现这种观念的遥远回响。西方人的祖先将月亮描绘成一位腼腆或荒唐的少女，每个月要么逃避太阳，要么追逐太阳，直到日月之光融为一体，而这正好是两次新月相隔的时间[②]。据说奥运会起源于庆祝神秘的日月婚，但是后来是为了纪念

[①] 相传，化身为白牛的宙斯在克里特岛向腓尼基公主欧罗巴求爱，然后诞生了米诺斯等儿子。布里托玛耳提斯是克里特岛的女神，也是宙斯的女儿，猎人、渔夫和航海者的庇护神。苦于米诺斯的追求，她从悬崖上跳海，但是渔网救了她的命。——译者

[②] 根据巫术的相似性原理，人们认为该间隔是人类婚姻的有利时期。古人同样选择在八月为男神和女神举行神圣的婚宴。

死者。①

中国人将中秋节定在八月，即大自然阴盛阳衰的季节。也就是说，这时夏天的炎热正在让位于秋天的凉爽，夏天的明亮正在让位于冬天的黑暗。十五之夜的月亮在远地点。②其他的任何时候，月亮都不会如此明亮、皎洁。只有中国人会说月亮真圆。

月亮本身的女性色彩，很自然地使她成为女性的守护神。在每个家庭，祭拜月亮都是女性的责任。有一种说法："男不祭月，女不祭灶。"唯一的例外是皇帝，他可以祭祀天庭上的姊妹。

曾几何时，歌舞是仪式的重要组成部分。在中秋节，有时是一个女孩，有时两个，其中一个跳舞，另一个唱歌。古雅的颂歌说："一尘不染的月亮，像抛了光一样。什么都无法削弱其光辉。这是爱情的象征，也是爱情的应有之义。"③

现在没有了皇帝，女童们也不再跳舞了。如今的仪式已经简化，但节日依旧热闹非凡。遵照母亲的指示，女儿和儿媳在院落里一丝不苟地布置祭坛。五个盘子装满圆滚滚的苹果、桃子、石榴（象征子嗣绵延）、葡萄以及像绿色小球的瓜果。它们的形状不仅代表月亮，而且象征家庭和睦。月饼是中秋节特有的食物。它们由略带灰色（月色）的面粉制成，十三块月饼堆放成塔状，因为十三代表着一个完整的农历年（见《中国年历》），同时十三代表着圆满。

公元14世纪，在蒙古人统治下的汉人悄悄利用月饼传递消息。蒙古人在每个家庭安插一个监视者。这些监视者横行霸道，"他们夺取家庭的统治权，要求所有成员的屈服……尤其是受奴役的女人"。极大的愤慨掩盖了无助，直到汉人想到在月饼中藏小纸条传信。共同在午夜起义的号召，通过亲朋好友互赠月饼的方式悄悄传开了。被压迫的百姓尽管

---

① 中国皇帝和大臣的关系常被比喻为日月或阴阳，因为"人类统治者视天为父，地为母，太阳是他的哥哥，月亮是他的妹妹"。主要的行星当然都属于天子的亲族。

② 月亮与地球的远近只是使得月亮看起来大小不同。月亮在近地点（perigee）时显得小，在远地点（apogee）时显得大。一般认为月上中天的时候，月光最明亮、最皎洁。——译者

③ 具体的中文诗句未知。——译者

没有武器，但是仇恨鼓舞了他们的士气。突袭成功了，人们最终彻底推翻了元朝的统治。

为了纪念祖先从压迫中解放，有些妇女动手做月饼，这是虔诚的行为，如果经济条件还可以的话，还会毫不吝惜地在月饼里塞满猪油、香料、瓜子、杏仁、陈皮和糖。城里的糕点铺将月饼卖给穷人——正如俗语所说，"梦见月饼，财运亨通"，乡村常常有月饼社。手艺精湛的师傅为社首，社员每月捐出几枚铜钱，以便中秋节来临之际，每家都能享用到装饰有月兔或蟾蜍图案的甜美月饼。

月兔也出现在祭坛上，一块特制的灵牌或一个小土偶代表月兔，祭坛上还会摆放一堆月兔爱吃的豆苗。

当月亮越过树顶，像一艘船驶向苍穹时，仪式便开始了。温柔的月光洒落人间，千千万万个穷人家的小小院落化为人间仙境。月光拭去日常事物粗糙的一面，消除人们疲倦面庞上的皱纹，为供桌旁的人们留下优雅的剪影。女人们一个接一个地上前行礼。这套习俗从点燃两支蜡烛开始。成捆的香在香炉中燃烧，在月光的抚照下，闪烁着微微的香火。整个祭祀会持续些许工夫，最后在墙上贴一张精美的画像——画着桂树和捣不老药的月兔，人们会祭拜这一古朴的小动物。然后，取下这张画像烧毁。中秋节的祭月仪式就结束了。

这时还要举行庆祝活动，时间可长可短，有的讲究，有的简单。宴会通常在午夜举行，即月亮升至最高处的时刻。庆祝活动通常持续三天。夜间赏月的习俗始于汉武帝时期，当时建有一个特殊的露台金蟾台，能够瞧见月中蟾蜍。中秋节还有精心制作的宴席。中国古代社会讲求男女授受不亲，女士们要趁男宾不在的时候，才能走到露台上赏月。李太白曾祭拜夜之女王——月神，并为她写下诗篇。这时，盲人音乐家会吟诵李太白的这首名作。

故事说，月圆之夜，李太白醉酒入水死了。下面这首词改编自李太白为纪念月神而作的诗。[①]

　　明月几时有？把酒问青天。

[①] 这首词并非照搬李太白的诗，而是进行了最自由的改编，词人像李太白一样表达了中国人对月亮女神的喜爱。

我欲乘风归去，又恐琼楼玉宇，高处不胜寒。

起舞弄清影，何似在人间。转朱阁，低绮户，照无眠。

人有悲欢离合，月有阴晴圆缺，此事古难全。但愿人长久，千里共婵娟。①

中秋节也是一个占卜未来的节日。女士会悄悄从人群中溜走，躲在门后，点燃三根香，低声祈祷，等待遇见的第一个人，以其说的话来占卜吉凶。欧洲也存在着许多类似的迷信，这再次证明了古代民众的心智和幻想都是相似的。

广东的中秋节持续三天，人们通常会给术士尤其是给精通炼制丹药的术士送礼，让术士给自己催眠。"在月光的照耀下，被催眠者将额头靠在一根直立杆的顶端，一只手扶着杆子。然后，催眠者在他的头顶和身上挥动燃香，通常有两个或三个人一起帮他催眠，他们反复低声向月亮祈祷。在半个小时之内，被催眠者跌倒又被扶起，催眠者向其脚部做各种动作。最终，被催眠者的疾病或身上的魔鬼就会被驱除。"

邀约宾朋赏玩家藏的古玩也是这个节日的习俗之一，去除了包裹物的古玩被摆在桌子和橱柜上，以便临时展出。孩子们拿出各自的玩具给伙伴们炫耀，尤其是收到的礼物。人们津津有味地饱赏玩具，大多数迷人的礼物花几分钱就能够买到。有一堆几寸的土偶，如精灵、仙女或神仙可供选择。还有多彩的宝塔和颜色相似的兔儿爷。有些兔儿爷打扮成官员，有些衣着朴素，有些如同背插旗子的战士。拴娃娃在某些省份也很流行，尤其是福建省。年内生下孩子的父母要购买一个娃娃，并在娃娃身上写下婴儿的名字。从此，它作为孩子的替身，在各种家庭仪式中代表孩子，若孩子在成人之前（十六岁）死亡，这个娃娃也一同被埋入墓中。

月兔

中国人都知道，兔子和蟾蜍是住在风景如画的月宫里的两种动物。事实上，生活在月宫中的人和动物，都是中国神话中最有趣的角色。

---

① 这首词出自宋代大文学家苏轼的《水调歌头》，作者将其译为英文的时候，有漏译——译者

图 2-34　作为玩具出售的兔儿爷

图 2-35 中秋节的露天祭坛

他们是怎么到达月宫的？神话如何解释他们的起源？世界上的月亮神话，包括中国的月亮神话，很可能有一个共同的来源——夜空下看守羊群的牧羊人，或者生活在天穹之下的原始游牧民族。他们躺下时，目光便转向了夜空，黑暗激发着他们的想象力。当他们凝视月亮，看到月光勾勒或者想象着自己看到月光勾勒出动物的轮廓。没过多久，他们交谈这些现象，于是神话诞生了，并传到了现在的时代。

月亮上的斑点勾起了各个民族丰富的幻想，但巧合的是，我们发现各个民族都把月兔说成月宫的居民，或者把它和月亮联系在一起。我们在希腊历史学家保塞尼亚斯（Pausanias）的著作中读到，占卜者询问月亮女神应该在哪里建造城市，月亮女神给出神秘的答案是野兔挖洞的地方。俄罗斯流传着一种迷信，如果兔子从一对订婚夫妇的马车轮下跑过，他们的婚姻生活注定不会幸福。俄罗斯人相信兔子代表月亮——婚姻的守护神——月亮派月兔来反对这门亲事。如果月神故意途经恋人之路，他们注定会痛苦不堪。

在霍屯督人（Hottentots）以及许多其他非洲部落的传说中，月亮把兔子选为信使，令其告知人们：当月亮再次变圆时，凡人能够死而复生。为了证明自己腿脚快，兔子匆匆上路。但欲速则不达！上气不接下气的兔子，一时慌乱传错了信息。"月亮说，"兔子呼哧呼哧地说道，"因为她死而重生，所以你们死了便永不复生。"可悲的是，人们相信了兔子的话，直到第二个信使，那个在途中被兔子超越的乌龟，告诉了人们可以永生的消息。那些听信兔子的人非常生气，其中一个人抓起一块石头想砸死兔子。石头砸裂了兔子的嘴唇，这就是直到今天，兔子都有裂唇的原因，我们仍然称之为兔唇。在某些神话中，人们相信被愤怒和痛苦折磨的兔子，飞向月亮并把月亮划伤了。因而月亮的脸上仍留有兔子的爪痕。①

显然，中国人很早就把兔子与月亮联系在一起了，因为古代的《礼记》

---

① 重要的是，大多数原始民族将人类的死亡归因于某种生物（鸭、羊，甚至是蜥蜴）传错了信息，并相信由于信使的过失或故意欺骗，上帝使人永生的良好计划破灭了。（参见弗雷泽《旧约中的民间传说》）

提到兔子是祭月的供品之一，并把兔子称作明视。① 中国和日本都有这样的迷信，即兔子（永不闭眼）分娩的时候双眼盯着月亮，并且都相信中秋的月光照在兔子身上，明年将有很多兔子。一句古老的俗语使人有着同样的联想："只有兔子和月亮睁着眼睛睡觉。"

但是，佛教的盛行是月兔在中国流行的真正原因，因为从印度传过来的佛教解释了兔子为什么以及如何到了月宫。这个美丽而悲伤的传说，旨在倡导敢于牺牲和大公无私的美德，随时散发着柔和的光泽！

过去，佛陀在一片树林中打坐，那是一个美丽的天然花园，里面种满了水果和鲜花，嫩草遍地，流水泛着粼粼波光，空气清新，蓝天宛若琉璃。这块福地上生活着一只兔子，有着胜过其他全部动物的千般美德。它以言传身教的方式引导同伴虔诚地恪守宗教职责，直到"它们的名声传到了天神那里"。

有一天晚上，佛陀来到花园里打坐。一众门徒围坐在佛陀的身边，虔诚地聆听佛陀讲解佛法。佛陀讲了一夜，直到次日中午，这时候太阳投下耀眼的光束，地面被一张由跳动的光织成的网覆盖着，其所涵盖的热量本身就已经很高了，蝉发出刺耳的聒噪声，生灵万物都躲到了荫凉处，佛陀也又热又累。

这时，佛陀化身为婆罗门，像一位疲惫而悲伤的迷路者一样哭道："我迷失了方向，失去了同伴，饥渴难耐！帮帮我吧，佛祖保佑你！"居住在小森林里的动物们听到苦难的呼声，一个接一个地跑出来找佛陀，恳求他别走了，留在这里接受他们的款待。大家以自己的方式送吃的给佛陀。水獭带来七条鱼，说道："收下这些鱼，并留在我们身边吧。"胡狼带来它的猎物，说道："您的出现是我们的荣耀，您将佛说赐给我们。"当轮到兔子的时候，它两手空空地走近佛陀，谦卑地说："师父！我在草木丰美的大森林的呵护下长大，除了我的身体，别无他物可奉献给您。请圣洁的您在这里安息吧，我保证会以自己的肉身供养您，因为我没有别的东西给您！"说话间，兔子感到有一堆看不到烟雾的木炭在燃烧。兔子停下来轻轻捡出留在皮毛里的小生物，然后跳入火焰中。"我

---

① "兔曰明视"，出自《礼记·曲礼》。——译者

将为圣洁者牺牲自己的身体",它自语道,"但我无权夺取你们的生命。"将小昆虫安放在地上后,"以极大的喜悦,就像渴望财富的人看到宝藏一样,投入熊熊大火"。

佛陀变回自己,称赞这种牺牲的崇高:"忘记自我的兔子是世上最谦卑的生物,将到达永恒的和平之海。让大家以它为榜样,学习、劝导同情和怜悯的行为。"此外,为了奖励兔子,佛陀下令以兔子的形象装饰月宫,让它永远都是光辉的榜样。至于森林中的其他动物,由于神圣的兔子,它们也升天了。自从森林发生这件事以来,月宫就被佛教打上了兔子的标记。

美好的月兔聚拢着大众的想象,并从月宫落到家庭的祭坛之上,这对道教来说是一个绝妙的讽刺。他们不能罢黜月兔。因此,在这种情况下,道教照例也将月兔纳入万神殿,并将之命名为"玉兔"①。按照道教的喜好,兔子被描绘为前腿很短,后腿很长,白色的尾巴像羽毛一样卷曲的形象。道教徒将兔子留在月宫捣长生不老药,有时被称为玉液(兔子也因此得名)。这些药可使人长生不老,并具备西方魔法石的所有特质。

让玉兔总是握着手中的杵是一项沉闷的工作。但是,道家至少给月兔营造了一个迷人的环境——神圣的桂树下垂的枝叶拥有神奇的力量与超然的美丽。诗人称颂中秋时节桂子飘香,医生宣称芳香的桂皮可治愈任何疾病。②在公元4世纪的专门著作中,我们发现了一个古老的处方:"桂可合竹沥饵之,亦可以龟脑和服之。七年能步行水上,长生不死。"简言之,就是成仙了。

有个想要砍倒桂树的伐木工是月兔的同伴。类似于西方的西西弗斯(Sisyphus),这个可怜人曾经是一位士人,因犯了某些过错而受罚,要不停地砍桂树。但是,无论多么卖力,他都无法完成目标。被砍的桂树会神奇地愈合。能给予他人生命者本身就是不朽的,高贵的桂树没有怨恨,具备许多美德,其中就包括宽恕的美德。这位士人想要砍掉桂树,

---

① 更确切地说是"翡翠兔子"——中国不存在此种兔子。
② 桂花树与产桂皮的肉桂树是两种不同的植物,其中桂花树系木樨科常绿灌木或小乔木,而肉桂属于樟科中等大乔木。——译者

但桂树恰恰又是士人的知己，在乡试①中名列乙榜的优雅说法叫"蟾宫折桂"。

前一节提到的为纪念玉兔而烧掉的画像，画有塔楼和尖塔，月宫上建有精美的宫殿。但是这些粗糙的画像，不会给人一丝缥缈的感觉。想象一下，大地和天空闪闪发光，透射出玉石和香木建造的五彩斑斓的水晶宝塔、层层叠叠的银色阁楼，沿着玛瑙台梯通往花园的露台，花园里长满了奇妙的花蕾和深色的树木，好似樟脑球般的白色鸟儿在树枝上筑巢！在这个迷人的月宫，可以找到所有的这一切。

然而，只有一位凡人觐阅过月宫的这种美好。这个幸运者是唐明皇，他在登基之后第一年（公元713年）的八月十五晚上，与一位满腹经纶的大臣散步，问到月宫是什么样子的。"陛下是否想要亲眼去看看？"大臣问道。皇帝当然说乐意。大臣把手杖（有人说是腰带）抛向空中，化为两人通向月宫的桥梁。他们目睹了一切：月兔在桂树下捣不死药；月宫里的嫦娥，我们将在这本书中讲到她的传奇故事；陪侍嫦娥的仙女，在欢乐的花园里跳舞；最后，他们看见一只可怕的白虎。明皇知道是离开这里的时候了。

在回到人间的途中，以演奏家而闻名的唐明皇，弹起了随身携带的琵琶，悠扬的乐曲让归途充满活力。从天上传下来的音乐，使都城的百姓纷纷上街、跪拜。大臣建议唐明皇向城里撒钱。这是一个绝妙的建议——可以证实君主夜游月宫的经历。君主刚开始认为这一定是一场梦，直到他见到总督的奏折记述的乐曲和从天而降的钱币。②

嫦娥

和佛教的月兔传说差不多，一则印度神话提到，迎接唐明皇的月亮女神变成了三足蟾蜍。不过，早在佛教传入中国之前，中国就已经有这样的传说了，他们把月亮和水联系在一起，并认为两栖动物本质上属阴。

---

① 乡试每三年一次，于每年八月举行。
② 中国现代戏院的起源可以追溯到唐明皇的月宫之行。明皇对月宫仙子的歌舞印象深刻，回到人间后，向一些宫廷青年传授歌舞，这些年轻人被叫作梨园弟子。现在仍然用梨园弟子来称呼演员。

毫无疑问，有关月神的神话是中国人自己发明的。现在，人们不再认为"月亮女神"嫦娥是稻田雨蛙的化身，但是在三足蟾蜍的神话中仍有体现。蟾的喉咙状似"八"字，因此它属于八月。蟾足可分泌蟾酥，因此将蟾与水联系在一起。蟾蜍皮肤上的毒腺能使箭头发生偏移，因此与嫦娥的丈夫后羿有关。最后，蟾长生不老——蟾蜍长寿广为人知——这与月神吞下长生不老药相吻合，证实了存在着永生或不死的观念。

嫦娥和丈夫后羿生活在约公元前2000年的尧帝时代。后羿是仙人，他平步青霄，以花露为食。同时，他是帝国的军官和卓尔不群的弓箭手，有一张非同寻常的神弓。某天，天上升起十个太阳，把大地照得明光铮亮，地上的人们热不可耐。尧帝唤来后羿。"已经很多次了，"陛下说，"您为国为民。大家都莫敢忘怀，您把箭射入洪水，洪水退去。现在，把多余的太阳射下来吧，拯救苦难的人民。"鞠躬尽瘁的后羿誉满天下。远在昆仑山上的西王母（见"三月"）也知道了这位前途无量的年轻人，并命他为自己建造一座富丽堂皇的宫殿——显然后羿多才多艺。西王母把长生不老药赏给后羿，作为对他的奖励。聪慧的西王母对于男人及其贪婪的本能洞若观火，便劝诫后羿："不要急着吃下不老药，先要祷告天地、斋戒十二个月。"睿智的后羿听后，打心底里信服现在还不是吃不老药的时候。他回到家中，把长生不老药藏在了屋顶的椽子底下，开始斋戒。不幸的是，斋戒期间，后羿被派去追捕一个名叫凿齿的罪犯。当后羿不在家的时候，嫦娥看到屋顶发出一束白光，闻到一阵香气，她把不老药吞了下去。不久，她就摆脱了地心引力，发现自己能够飞起来了。当她听到丈夫进入家门、想要责骂她时，她飞向了窗外。后羿紧随其后，手持弓箭，在追到半空的时候，被风刮了回来。气喘吁吁的嫦娥飞到了月宫，她咳嗽了一下，吐出来的不老药外壳马上变成了玉兔，而她自己变成一只三足蟾蜍——或许是因为她欺骗了丈夫。无论如何，从那个多事的夜晚起，她一直生活在月宫，而后羿则在太阳上建造了自己的宫殿。一阴一阳，他们决定着宇宙的万事万物，在每月的十五，后羿和嫦娥见面。抬头望月的人会告诉你，这就是十五的月亮特别明亮的原因。

月老

月宫上的另一个仙人是月老,这个白胡子老头主管世间姻缘,是中国人的媒人。他用一根红绳拴住有缘之人,让他们做终身伴侣。俗话说:"自古姻缘由天定,月老自有好安排。"我们可以在唐传奇中看到,缘分天定,逃也逃不掉。一个叫韦固的年轻人,走在路上的时候,见到一位老人坐在月光下,手里拿着一本书。韦固上前,彬彬有礼地问道这是一本什么书。老人说:"这本书包含着世间的姻缘。""看!"老人从袖子上拉出一条红线,接着说道,"我用红绳把男女的脚绑住,他们命中注定会在一起。有缘人必会结婚,无论他们是相隔天涯,还是仇敌之家。现在,如果你愿意的话,我可以告诉你未来的娘子是谁。她是一位卖菜的老人家的女儿。"啊!她出身如此低微,韦固希望打破这个不幸的预言,所以他想要杀了这位未来的娘子。但是,韦固派来杀她的人只是划破了她的眉间。十四年后,韦固完全忘记了月老和这个预言,他在另一个省迎娶了一位漂亮的女孩。当新娘的盖头被掀开的时候,韦固看到新娘眉间有一道疤痕,询问才得知,她就是月老为自己匹配的少女。①

任何一个月老神话都反映了神秘的日月婚,而且都把月亮作为婚姻的象征。因为每个月,月亮都会投入太阳的怀抱,迎接光芒,只有当太阳再次升起时,才会离开。因此,中国的姑娘会对着月老和月亮点燃蜡烛,想知道自己坐上大红花轿嫁的如意郎君是谁。苏格兰和英格兰的姑娘,也向黑暗夜空中的月亮鞠躬,恳求月亮能够在梦乡中告诉她们未来丈夫的名字。像二十五个世纪前的中国人一样,荷兰的恋人望月兴叹。"蜜月"一词根植于月亮崇拜。实际上,从印度到奥克尼群岛,人们都认为月亮主管着姻缘。

婚姻神

大多数民族都有自己的姻缘神,中国人也不例外。月老将姻缘事务分给各个神管理,既有促成姻缘的,也有破坏姻缘的,其中与众不同的一位是喜神。他声名狼藉,是臭名昭著的纣王的化身。纣王是商朝最后

---

① 故事出自《续玄怪录·定婚店》。——译者注

图 2-36 算命者

图 2-37　路边的狐仙坛

一位统治者，他解剖活人，有时被称为中国的尼禄（Nero）。他的好色之心似乎被夸大了，甚至胆敢亵渎女神。一日，他前去女娲庙祭祀，在墙上写下了垂涎女娲美貌、渴望鱼水之欢的文字。女娲是伏羲的妹妹，人首蛇身。为了惩罚纣王的荒淫无道，女娲制订了一项计划，派出三个女人。第一个女人是雉鸡变的，但唯独鸡爪没有变为人脚。她尽力把鸡爪掩饰起来，这种装扮在中国女性中一时掀起一股潮流。第二个是玉石琵琶变的。第三个是九尾狐狸精——讨人喜欢的代名词①。九尾狐非常机灵、残忍，因而成为皇后。为什么这个生性残暴、坏事做尽、涂炭生灵的纣王，却代表着婚姻的理智、安全与欢乐，这是个谜。这位臭名昭著的神明没有殿宇，也没有供品祭奉，但是每个出嫁的中国姑娘在婚礼当天都要转头望向喜神所在的金星方向。她们趁着没人的时候，偷偷地小声祈祷，因为人们认为向喜神祈祷是不妥的。新娘这样做，或许怀着某种不可言说的心愿，希望丈夫对她宠爱有加，而不是像喜神那样善变。所有的女人都是如此，越是还没有得到的，越想得到。

　　与喜神截然不同的是子孙娘娘（见"四月"），一位受欢迎的女神，不过，人们会把对子孙娘娘的崇拜与喜神崇拜搅和在一起。子孙娘娘的丈夫位高权重、妻妾成群。她非常贤惠，选择自杀以逃避喜神的垂涎。她是贤妻良母的典范，育有七子——五个男孩和两个女孩，被人们神化为光辉的榜样、婚姻的守护神。婚礼庆典结束，新婚夫妇并排坐在炕上，吃一种叫作子孙饽饽的食物，以祭祀子孙娘娘。

　　在中国，有一个奇怪的神明也与婚姻有关，我们会记得被称为净土佛或无生命佛陀的真武（见"一月"）。真武将一把剑及剑鞘变成一儿一女。发誓守贞的妹妹是婚姻的敌人，相反哥哥却会帮助恋人以消除妹妹的影响。在较大的庙宇中，有时会在偏殿的一堆小神之中见到真武及其儿女。

---

　　① 中国人认为狐狸是一种具有神奇能力且令人害怕的神兽，狐狸的传奇故事在中国得到广泛的传播。人们特别害怕那些以年轻漂亮女性面目出现的狐狸。对狐狸保持礼貌是明智的，以免她成为自己的亲属。在中国，祭祀狐狸虽然没有日本那么普遍，但是也相当流行，人们通常在很小的神社中祭祀狐狸。姆霖神父（Father Mullins）在《快乐中国》（Cheerful China）中提到山东有座结构奇特的小庙，庙门太窄了，信众不得不爬进爬出。供品有小巧的女鞋以及粘着纸花的杉树枝。这座祭祀狐三老爷的小庙，原来可能是狐狸的巢穴。

偶然经过的信众——也许是一群已经给其他神明烧过香的妇女——留一根香给这些小神和真武。更罕见的是邪恶的凶神,真武的女儿有时会用凶神让新娘毁容以破坏姻缘。凶神丑陋异常,以至于当他看到镜子里的自己时,也吓得跑了一万里。在人间作恶的时候,凶神有另外两个帮手:高个子和矮个子。当人们上吊自杀时,高个子引导人们进入套索。矮个子则引诱人们钻空子,即一种秘密差事,我们怀疑是做坏事。

福星和寿星

婚宴上,比较怜悯凡人的是身穿蓝色官袍的福神,以及生日画卷中额头高高隆起的寿星。

福星原本是生活在梁武帝时期的道士,与其他神仙相比,岁数还比较小。梁武帝喜欢宫殿里的矮小仆人和戏院里的矮小演员。这些不幸的小矮人是从湖南地区征调的,这严重影响了他们的家庭生活。因此,一位重臣大胆提醒陛下,根据法令,矮人和其他人一样都是百姓,而不是奴隶。皇帝深以为然,下令停止征调。这些为人父、为人夫的小矮人从皇宫中被释放出来,不必再饰演仆人,这令小矮人的家人也非常高兴!他们把劝谏的大臣当作福星祭拜。还有什么比这更合适的呢?羽化登仙者不胜枚举,但没有一个比福星之位得来的容易、人性化了。福星的塑像和画像遍布全国,与财神一样流行。

福星的同伴寿星无处不在,他高高的额头好像很容易被撞倒。① 传说将寿星与南极老人联系在一起。在道教的影响下,统一中国的秦始皇为寿星建造了一座庙宇。唐朝皇帝在秋分日祭祀南极老人。相反,明朝却不怎么重视。中国的诸神信仰盛衰起伏不定,在一个政权下淡出,在另一个政权下再次兴起,往往是一个皇帝压制削弱,下一个皇帝又大肆崇信!只有虔诚的百姓始终信仰南极老人即南斗,认为其主宰着生。而另一位留有白胡子的老绅士,代表北方即北斗,则控制着死。

逢特定时节,祭拜北斗或南斗的习俗非常普遍,尤其是在中国南方。人们钟情于在中秋节,或者是在子女生日的时候,举行小型的家庭拜斗仪式。斗是一个测量谷物的方形石器。皇宫前面的大理石露台上有一个

---

① 老寿星吃砒霜——活得不耐烦。

大斗。我们知道北京法源寺也有一个大斗。

爱诗客（Ayscough）在《中国镜子》（*A Chinese Mirron*）中描述了江苏的拜斗仪式。她说，每家每户都有量米斗，"斗的尺寸大小不一，里面装有很多香屑（为节日准备的），香屑上插着一炷香，香上粘有华丽的月宫纸。清晨，人们点燃这炷香，它会慢慢地燃一整天，直到午夜时燃尽。纸月宫里放有读书士子的守护神，因为据说他居住在北斗的一颗星星上"①。我们不禁想问，读书士子的守护神是如何被关联到拜斗仪式之中的？整个祭祀聚合了多个星神信仰（见"三月"），寿星也在其中。在祭坛前燃烧的纸马（见"十二月"）就有寿星像。显然，没有比传说更好的解释了。很久以前，一个小男孩遇到一位远近闻名的算命先生。这一切发生在一个夏天，白云像一群巨鸟飞过山丘，分散在空中。"你是个好孩子。"算命先生说道，"但你的生命如此短暂，真是可惜！""请告诉我，告诉我，我能活多久？"男孩恳求道。"嗯，最好不要提这件事了，但是如果你非要知道的话，我不得不说，你只能活十九年。"男孩跑回家哭着向母亲说了这件事，母亲也落泪了，然后急忙把他带到算命先生那里，问怎么办。"我的建议是，"算命先生说，"拿上鹿肉和一壶酒去不老山，你会发现两位老先生在那里下棋。你一声别吭，把食物摆下，等他们下完棋，然后，求他们帮你。"算命先生低声告诉男孩需要怎么说这些话。

男孩立即出发，找到了下棋的人，等他们对弈完毕，在他们享受美酒和美食的时候，男孩流着眼泪，恳求他们救自己免于早逝。男孩彬彬有礼，打动了仙人，他们拿出命运簿，将十九中的一改成了九，命运簿上的数字变成了九九。"现在，年轻人"，他俩一起齐声说，"回家并告诫算命的，再也不要向凡人泄露他们命定的寿数了。我们不可能老是改写命运簿。还有就是，人类预卜未来不是什么好事。知晓未来会让人类傲慢自大或悲伤难过，而这不是人类应该知道的事情。"

我们可以想象，当更改了寿数的儿子回到家时，母亲会多么喜悦。也许是出于感激——尽管这则传说并没有指出这一点，人们有了第一次

---

① 读书士子的守护神指的是魁星，南京人将类似的仪式称为"斗香拜月"。——译者

423 对北极老人和南极老人的祭拜。你可以猜到,他们是棋手。孩子体弱多病,父母就会烧香,为孩子求得长寿和功名。对卑谦的母亲来说,一个古老的神明与度母宫七颗星中的一颗联系在了一起。过去还有一种美好的习俗,客栈或茶馆的老板在节日悬挂七星旗,以祝愿客人长命百岁。遗憾的是,现在这种习俗已经消失了。

小偷守护神

由于斗隐喻着丰收,天然与收获相连,我们发现贼神的生日也在十七。偷是一种获得财富的实在手段,如果是出于善意而偷窃的话,中国人认为向这种莫名其妙的神明焚香也不是不可以。除了忙于偷盗的小偷,其他人也会祭拜贼神。从他的称号"天宫中途"来看,贼神不愿来到人间,也不想接受庙宇的庇护。这就是人们没有为他立像,而在屋外祭拜他的原因。毫无疑问,贼神生前害怕封闭空间,作为一个聪明的小偷,他不想很快就被抓进监狱。盗贼喜欢宽敞的空间,偷盗意味着自由。

现在,谴责贼神是合理的。但是,最凶恶的神也不是十恶不赦的,
424 他有赎罪的品格。举一个例子,一个人如果是为了母亲而偷取食物的话,孝道就抵消了他的罪行,这种动机使他更讨人喜爱。同情淡化了谴责,就像水冲淡酒一样。

第十三章　九月·菊月

东方诗人说："春天是眼睛的季节，秋天是耳朵的季节。"这意味着，在春天目之所及，皆是春色：树木碧绿的嫩芽，神秘的晨雾，山坡上如雾的粉红色花朵；而在秋天我们可以听到蟋蟀鸣叫，蜻蜓振翅，树叶在微风中摇摆，黄叶拍打着黄叶，当疾风吹过松树时树枝发出噼啪声。

中国北方的四季更加分明，深秋时节尽是光秃秃的赤褐色小山和光秃秃的棕色田野，我们完全沉浸在此起彼伏的声响里：云雀的歌声、昆虫展翅声、青蛙低沉的叫声。

金黄的柿子园为单调的秋天增添了一抹亮色。古籍记载了一个关于柿子树的美丽故事。农民摘下金黄的柿子，装入篮子，让灰色小驴载回家，农妇会给孩子讲柿子的故事。过去，明朝开国皇帝朱元璋，人称"乞丐王"，还是个穷人时，已经两天没有吃东西的他来到一个被战乱破坏的果园。这个果园的墙倒了，大部分柿子树也被毁了。不过，幸运的他循着蟋蟀声来到遥远的角落，发现了一棵树上长满了柿子。他充饥后，继续前行。几年后，"乞丐王"带领将士们成功推翻了元朝。他再次经过这个果园时，下马并转身对将士们说："看那树！当我疲倦的时候，它给了我树阴。感恩是一种高贵的美德！"他用身上的深红色战袍披在这棵树上，册封这棵树为"凌霜侯"。①

九月盛开的菊花似乎抚慰了无花可赏的爱美之人，并为中国园林

---

① 这个封号与九月的寒露有关。

增添了色彩。菊花象征年景的丰饶，因为它标志着"春天的金色婚宴，是五月婚宴在十一月的追忆"。中国人对菊花有这样的说法："我花开后百花杀。"因此，秋天意味着忧郁和离别，但是品种繁多、色彩绚烂的菊花给人们带来极大的乐趣。大户人家搭起高矮不一的菊山，目的是炫耀他们最好的菊花——燃烧的战车——这是自然界中的杂色菊花。其花冠似轮子，花瓣似火球。放在瓷罐中的每棵菊花如镶有宝石的星星，本身就是艺术品，但是与伟大艺术家描绘的美丽花朵相比仍略有逊色。其他赏花者也会在家中设花塔，把金色的、淡紫色的、铜红色的菊花放在客厅的某个角落。

登高，重阳节

九月初九适合赏菊。九月初九通常也被称为登高节或重阳节，其起源与阳元素相关。阳用奇数表示，尤其是用数字九。很久以前的九月初九也可能与祭天有关，但是这一传统在被记载之前就消失了。

重阳节的传说早于汉代，这个古老的传说是原始神话的延续。故事讲一位占卜者警告一位道德高尚的读书人会发生可怕的灾难。"赶快！"占卜者对读书人说道，"和你的家人爬到山顶避难，直到你与天空之间什么也没有，并随身携带食物和水。"这位读书人谢过占卜者，并按照其建议带上一个纸袋的食物和一壶菊花酒。① 在九月初九那天的傍晚，回到家的读书人发现牛和家禽都暴毙了。读书人对家人说："这可能就是我们的命运，但只是为了警告。"

历史记录不涉及他们逃脱了什么灾难，也不涉及为什么灾祸会降临。人们仍然在山上野餐以纪念这次神奇的得救。农民不兴这种习俗，而富人尤其是读书人，会在风景如画的地方写诗并讨论经典作品。除了菊花酒之外，短途旅行者还随身携带登糕。汉字都有谐音，"糕"与"高"

---

① 菊花酒被认为有延年益寿的功效。菊花具有神奇的特性，因为菊花的形态与太阳很像。因此，菊花的旧称是"日精"。象征长寿的菊花经常出现在中国艺术品中，几乎所有的装饰，无论装饰性多么突出，都有特定的寓意。一个很好的例子是故宫的画檐，画中有一只蹲着的猫看着在菊花上飞舞的蝴蝶。这样的环境装饰在我们看来非常随意，甚至微不足道，直到我们意识到花朵、动物和昆虫等常由于名字与其他事情谐音，而寓意着永恒和长寿。

同音。吃了这些糕点据说可以官路亨通，就像攀登高峰隐喻着攀登读书的阶梯一样。

北京以往流行的时令美味是用产自良乡（位于北京附近的北京—汉口铁路线上）的酒烹制小螃蟹。中国美食家喜爱这种酒，就像法国人钟爱勃艮第葡萄酒一样。户外野餐通常在北京的古城墙下，即元大都的所在地；在望海楼，以前钓鱼的地方；在天宁寺塔；在外城的小丘上，其前面是先农坛；在西山的寺庙。

宫廷过去也举行非常典雅的文人聚会，赏菊会上的紫色菊花为这些聚会增添了无限的乐趣。身穿飘逸长袍的读书人穿过宫殿花园的仙境，在树木笼罩的梦幻池塘边停下，从腰间拿出纸、墨和毛笔，写下记录此情此景的诗句。或者到凉亭休息，凉亭里挂了一幅画，画中有松树和远山，读书人在凉亭畅饮菊花酒，交换彼此的诗作。

高延在《厦门岁时记》中对登高节提出了有趣且合理的观点。他将节日的起源追溯到史前时期，认为丰收时节发生过抢夺相邻部落收成的冲突（见"十一月"），一些人很有可能被派往山上并作为运送粮食的先遣部队。因此在这个季节，保守的中国人（在忘记了节日起源之后的很长一段时间，人们仍延续这一习俗）每年都携带食物和菊花酒登高。这种习俗曾经像战争那样令人紧张，现在变成了轻松的郊游。

这一想法可以在中国人身上至少可在福建省得到证实，人们相信吃了九月初九的糕饼就会具有未卜先知的能力。古人向神明献上这种糕饼很可能是希望及时发现敌人并且抵御他们的进攻。

纸鸢

纸鸢早在成为玩具之前已是战争工具。我们可以将这一观点推得更远，并猜想需要远距离传递信息才是发明纸鸢的原因。

许多地方在九月初九放纸鸢。如果天气好的话，福州附近的山上聚集成千上万的民众，并且有专门的巡警维持秩序，因为放纸鸢有时会导致冲突。九月初九放纸鸢是一件大事。放纸鸢需要四到五名成年男子操作，既要手臂有力量，又要手腕像专业击剑运动员那样灵活。不喜欢剧烈运动的中国绅士组织会社并购买大纸鸢与邻居比赛。某些行会专门为这种场合制作纸鸢和放纸鸢。

431　　每逢重阳节，福州附近的乌石山上空布满了龙、青蛙、蝴蝶、蜈蚣等各种造型的纸鸢，风一吹，纸鸢的眼睛、爪子、翅膀便动了。地上密集的人群打算放新奇的纸鸢，加入已经漂在头顶的纸鸢中。纺织公司的纸鸢是一条有鳍和很多条尾巴的八尺长金鱼。纸鸢艰难地从地面升起，念诵咒语会加快上升速度。修补匠的蜈蚣很难操控。站在凳子上的每个人握着纸鸢的一角，当微风从右边吹来时，他们喊叫着让蜈蚣迎风升起。这是一个激动人心的时刻。因为气流变化无常，错误的操作可能会使纸鸢坠地。但是娴熟之人很少出错，在观众的呼声中，巨大的纸鸢像真蜈蚣一样升起来了。旁人的嘲讽刺激了落伍的参赛者，铜匠们仍然牵着一条又长又难放的龙纸鸢。最终，龙纸鸢也离开了地面，划出优美的曲线，绿宝石般的眼睛闪耀着光芒。向上，向上，放纸鸢的人拉紧手中的线想超越对方。有时，人们会用钩子或刀将对方的纸鸢放倒。

432　　纸鸢比赛伴随着诡异的声音——这是附在纸鸢上的小竖琴发出的。[①] 一个美丽的传说解释了瑶琴的起源：汉初，一位眷恋旧朝的将军决心奋力一搏，把篡位者赶下台。未能成功的将军发现自己的部队困入陷阱，并有覆没的危险，他想到的最后计策是用装有瑶琴的纸鸢来吓唬敌人。将军等风来等到夜深人静。睡在营地、被夏日寂静和柔和的夜晚包围着的敌军，被天上的声音叫醒。声音似乎在说："当心！当心！听着！"敌军惊恐说道："那些声音一定是警告我们危险，让我们逃跑！"敌军逃跑了，忠诚的将军和士兵穷追不舍。

　　一些人会带着愿望放纸鸢，希望放完纸鸢之后笼罩在家中的邪祟也会消失，或者相信飞得比绳线还高的自由纸鸢预示着亲朋好友会获得功名。

433　　当太阳落山时，大部分人回到福州城，但一些热爱纸鸢之人一直等到天黑，把灯系在纸鸢上再放。纸鸢就像仙女，像银河系中散落的小星星，缓缓地飘在夜空中。从地上看，漆黑的夜空中有深红色、天蓝色、翡翠色、金色的纸鸢稳步上升。它们乘着高空中凡人无法感受到的微风，互相打

---

① 文献提到一种特殊的竖琴，被称为瑶琴，形似葫芦，有几根细竹子横固在竹架上。这种琴附在纸鸢上，发出嗡嗡的声响。瑶琴属于管乐器，通过空气振动发声。

招呼，互相鞠躬，黑暗像食人族一样吞噬了小小的火焰，直到夜色淹没一切。

斗蟋蟀

另一种季节性娱乐是斗蟋蟀。① 夏末，尤其是在南部的省份，人们上山捉蟋蟀，用龙眼诱使它们离开巢穴。好斗的蟋蟀是埋在地下的羽毛产生的，而且一只好蟋蟀经常有两只蜈蚣甚至是蛇保护。

上品的蟋蟀要专门喂养和训练，每只会花费许多银子。蟋蟀叫声越响价格越高。受欢迎的品种有着古怪的名称，如"白马头""黄马头""梅花翅""蟹壳青""琵琶翅""竹节须"。

品种好的蟋蟀就像宝马一样珍贵，中国有很多年轻的蟋蟀爱好者因为购买蟋蟀而变得穷困。蟋蟀的价格昂贵，喂养蟋蟀也很费钱。蟋蟀需要专门的喂养员，就像马需要饲马者，并且要把配备有精细器具和小水杯的蟋蟀罐分开。为了让蟋蟀变得强壮，喂养的食物精致而多样——两种鱼，一些幼虫，特制面粉，煮熟的栗子、米饭，以及蜂蜜。如果胃胀，就喂红虫；如果感冒，就喂蚊子；如果发烧，就喂植物的嫩芽；如果呼吸困难，就喂"竹蝴蝶"。喂养者的生活习惯也不能忽视。养蟋蟀的房间不许吸烟，因为这会影响蟋蟀的脾气，每晚隔两个小时可以往公蟋蟀的罐子放一只母蟋蟀。

比赛当天，蟋蟀被小心地带到蟋蟀场，数以百计的观众聚在一个大棚里。真正的竞技场是一个圆形的平底碗。两只大小、重量、力量、颜色相当的蟋蟀被放在碗里，它们的背被毛笔挠得痒痒的，这让它们兴奋又愤怒。蟋蟀像斗鸡一样互相碰对方，发出战斗的叫声，直到其中一只在斗场上被打败——而且很可能少了几条腿。

在这些比赛中，有人下注数百美元，下注者在下注之前先参考标牌，上面列出了以前比赛赢得的奖金。除了钱以外，赌注还包括烤猪、丝绸和像鲜花一样的镀金装饰品。

在斗蟋蟀的过程中，观众异常激动。像英国赛马会的冠军一样，获胜蟋蟀的主人会受到人们的祝贺。获胜的蟋蟀有了巨大的价值，因可能

---

① 会唱歌的蟋蟀，是初秋的一种乐趣。（见"七月"）

赢得更多的比赛而价格飙升。连胜多次的蟋蟀被冠以"蟋蟀王，死后被葬在一个小小的银棺材里，人们希望明年能在其坟墓附近，找到更多被光荣葬礼所吸引的好斗的蟋蟀"。最著名的蟋蟀场曾在广州附近。大多数中国乡村小伙子沉迷于斗蟋蟀。他们捉到蟋蟀后便在尘土飞扬的街巷，让蟋蟀在一个破碗里相斗。在赌铜板的时候，他们和赌银锭的富人一样兴奋。

九月的大多数娱乐活动和节日都属阳，这与人们特别感兴趣的事物和人有关。

斗蟋蟀之后将会有祭旗神仪式（见高延《厦门岁时记》和本书的"十一月"）。士兵们穿着如画的制服——绣有黑色文字的红色外套，头缠头巾，手拿十尺长的长矛、弓箭、在阳光下闪闪发光的箭袋以及绣着猛兽的三角旗——祭祀旗神。军官们随着鼓声踏步，在校场上公开祭祀旗神。举行仪式的这一天是霜降。

颜子

与此同时，那些看不起士兵的读书人悄悄地祭祀与孔子关系密切的两位名人。九月十一祭拜颜子（颜回）。颜回是孔子最喜欢的弟子，其作为圣徒的名声随着时间而变得像悬钟一样响亮。当其他的聪明学生学得更快、理解得更好时，颜回却实践了孔子所传授的理念。因此，颜回代表着最好的弟子，他不愿将自己的声誉建立在对老师的孝敬上，而是追随孔子的思想步伐。伟大的史学家司马迁将颜子比喻为"一只紧紧尾随着先师，飞得又远又快的飞蛾"。二十九岁，颜回已头发灰白，三十一岁便去世了。孔子哀悼他，视他为最喜爱的弟子。在所有的孔庙中，颜回的灵位在孔子的左边，占据荣耀的位置。

朱熹

九月十五，读书人在中国哲学家朱熹或朱夫子的灵牌前烧香。青年时代的朱熹是一名佛教徒，后来却成为佛教和道教的反对者，并提倡建立更多的学校以减少寺庙的数量。朱熹的仕途生涯多有波折。他多次出仕为官，其中两次担任省级官员。后来朱熹在鄱阳湖附近的白鹿洞隐退了。白鹿洞是历史上有记录的最古老的大学之一，如同欧洲最古老的大学萨勒诺（Salerno）。不幸的是，朱熹不得不再出仕为官，尽管他可以在必要的时候从哲学家变为一名优秀而务实的官员，但出现了荒唐可笑的指控：朱熹不忠诚、不孝顺和煽动叛乱。那时，指控可能会毁了一个人。朱熹因政敌的指控而被罢了官。后来，当朱熹年老无法再为朝廷服务时才被证明是无辜的。最后一次，朱熹回到心爱的居所度过余生。传说朱熹有超人的智慧，因为狐仙给了他一颗珍珠，并化身为美丽的年轻女子侍奉他。狐仙诱朱熹吞下珍珠，"珍珠成了智慧的源泉，这样的智慧是凡人所没有的"。[①]珍珠赋予朱熹创作灵感，让他写出传世佳作。的确，朱熹永远不会被忘记，因为他是儒家经典最著名的注解家，他既实用又深刻的注解向民众普及了儒家学说。

朱熹的棺材像穆罕默德的棺材一样悬在空中。当女婿跪下时，棺材才降到地上，这使人想起"朱熹生前非常杰出，死后其灵魂也是崇高的"。朱熹的尸体与其主张保持一致，而不是通过黑魔术来愚弄凡人，这是中国实用哲学的另一个标志。

城隍

九月二十五是城隍的诞辰，安徽是城隍神的起源地，现在仍然存有历史悠久的城隍庙（可追溯到公元前240年）。

有时，身为各地民众保护神的城隍神被比作罗马的乌尔巴尼（Urbani）。然而，城隍和西方神明有一个重要的区别：城隍是人，而欧洲的古老神明——例如雅典的智慧女神雅典娜、战神、罗马的守护神以及塞浦路斯岛的阿芙洛狄特——却不是。

中国人的城隍由人而成神，而不是被降格的神。城隍也是官方祭典与民众需求之间的纽带。大众祭祀的城隍是神界的代理者——有资格处理人间的琐事。

[①] 实际上，有两位女仙服侍朱熹，一个是狐仙，一个是蛙仙。她们无法和平共处，软弱的哲学家长期为妻妾的争吵所困扰。最终，有一天，在一场激烈的争吵之后，"人们在朱熹寓所附近发现了一只死青蛙和一只死狐狸，并在白鹿洞举行了相应的仪式，如今仍然有一块小石头标记那是她们居住的地方"。

图 2-38 城隍庙演戏

图 2-39 地方小庙

传说将城隍崇拜的起源追溯到尧的时代，守卫城池的人被神化并被认为是城隍的原型。尧在公元前 2357 年即位，设立了蜡祭，以在秋收后即大约九月酬神。祭仪包括八个独立的仪式。第七个仪式祭祀所谓的畜牧神，农舍和田界的监督神——地方神。城隍又被称为水庸，"水"意为池，"庸"即泥墙。最终，庸变成了城即城墙，虽然确切的时间未知；水变成隍，即深挖后留下的护城河。此后城隍崇拜获得了发展。后来城隍与城市联系在一起。城隍仍被视为看守中国城墙的神明，城隍与"土地、灶神（至少存在了千年之久）可能是当今中国最受欢迎的神明，因为他们都与地下世界、与鬼神之事密切相关"[①]。

城隍的地位在唐朝得到提升，守卫首都西安府的城隍升格为侯。"城隍崇拜遍及整个国家，但是祀典没有规定祭仪的时间，也没有记录城隍庙的存在。"为了祭祀城隍，人们立起简单的祭坛或土坛，或者在另一个神明的庙宇建立一个小神龛……直到朱元璋称帝后，城隍祭典得到了充分的提升。"登基后的第二年，朱元璋下令设立许多城隍庙并规定其大小。城隍庙似官邸，城隍作为官员审判犯人，城隍所担任职位的重要性不同其等级也不同。"

城隍的等级制度建立之后，所有的城隍组成了一个天神部门，通常由都城隍担任他们的首领。各个城隍与人间的官员完全一致。在至高无上的上帝之后是皇帝，接着是对应中央行政部门的土地神，然后是按等级排序的其他神明，直到最小的城隍，他就像一个资历尚浅的地方官管辖着一个城镇。官僚体系使得一个州府有两个城隍，即一个金身和一个副使，而只有一个县令的县城便只有一个城隍。

像官员任职一样，城隍从一个城镇到另一个城镇，这对中国人来说并不荒谬。如果城隍不履行职责，甚至其城隍头衔都会被撤销。道教"教宗"张天师（见"五月"）在玉皇的授意下不时罢免城隍，选拔已故的德高望重的官员为新城隍。人们认为神明像凡人一样应为履行职责时的懈怠付出代价，而认真履职的城隍应获得晋升。城隍通过到较大的城市任职提高地位，就像凡人死后被神化一样，这证明官职不一定在此生就结束。

---

① 见爱诗客的《城隍老爷崇拜》（《皇家亚洲文会北华支会会刊》1924 年第 28 卷），也见《中国镜子》。

重要城镇必须由负责的城隍来掌管，因为能力超强的城隍，其全部职责是保护人们免受疾病和瘟疫的侵害。①城隍也有责任报告辖区内人民的行为，有权向天神提议赏赐贤人，向地狱之王建议惩罚恶人。最重要的是城隍会照顾死者，并让侍从陪伴即将离去的灵魂前往阎罗殿。

与有权势的神明建立良好的关系非常必要，人们经常到城隍庙祭拜城隍。每月的初一和十五人们在城隍庙举行定期的礼拜活动，在新年的日出时分向城隍献祭。每位官员上任后都去城隍庙磕头。在面临危险或受灾的时候，官员都到城隍庙烧香或祈祷城隍帮助。州府官员在城隍诞以官府的名义向城隍赠送丝绸衣服。官员首先亲手洗净神像的脸，接着为城隍更换新袍。信众聚在一起观看仪式，为了得到城隍的眷顾，许多祈愿者恳求官员用城隍的玉印在患病亲属的衣服上盖印，盖印只有在城隍诞才有。盖印造成了信众的拥挤，民众对获得神龛中的铜印盖章也感到满意。在信徒的眼中，两者都能治病。

大城市的城隍庙通常与官府衙门完全相似，庙门前设有旗杆，大殿上的神像身穿长袍，头戴官帽，脚穿厚厚白鞋底的黑缎面靴子。城隍佩戴着与凡间官员等级相对应的徽章。深色的神台投下的影子使得神像有伦勃朗肖像画的效果，坐在雕花大椅上的神像的对面有一张桌子，上面摆有城隍印。城隍的侍从手握有编号的箭头，这表示他们已经接过了城隍的命令。猩红色的板子刻着"火令和巡检"。竖放的仪仗武器——方天画戟、偃月刀和装在红木棍上的狼牙锤——象征着城隍的权威。站在城隍两边的侍从排成两排，手里拿着笔和本子，记下人们的德行和罪行，城隍身后手持棍棒的侍从会惩罚罪人。城隍旁边有一对"替男"和"替女"，您经常会看到为人父母者在其面前磕头，他们认为城隍想要生病的孩子作为男仆或女仆。当地的占卜者建议他们准备祭品到城隍庙，请求"替男"或"替女"同意替代。如果请愿得到回应而且孩子的病情好转，这些父母发愿将身穿红衣参加下一次城隍出巡仪式。

在同一个大殿中，有时我们会发现一个副身在替代出巡的城隍；有时一群善良的民众自愿照料城隍。城隍庙门上通常悬有一个衡量善恶的

---

① 都城隍曾受到清朝皇室的祭祀，但是城隍并不总是显灵。例如在1900年，位于北京顺直门大街的城隍庙被改成了巡警部。

算盘。

在某些城隍庙的庭院摆放有石膏神像，这些神像代表地狱十王，其细节令人恐惧。这提醒人们城隍与冥界的距离非常近。实际上城隍的统治权来自阎罗王（见"二月"），是阎罗的代理和官方的监察。

这就是人们在每年的三大鬼节，让城隍在非凡的游行中穿过城市，在任何需要帮助的时候——干旱、瘟疫或灾难发生时，抬坐在镀金轿子上的城隍出巡的原因。但是城隍春季出巡的固定日期是清明节，城隍神像被带到城西门外释放灵魂，因为清明节那天灵魂从地狱回来探访尘世的房屋（见"三月"）。

七月十五，城隍被抬到同一地方去"数鬼"，鬼魂再次从地狱中被放出来。城隍专门掌管没有后代祭祀的饿鬼，因此必须在节日施食。在十月初一那天（见"十月"），城隍将主持"会鬼"仪式，在一年中最后一个鬼节之后将鬼魂集中起来并送回地狱。在这种情况下，城隍在有墙的房子中而不是在城隍庙过夜。由于工作尚未完成，城隍可能无法回到庙里休息。第二天早晨，在州长的陪同下，城隍到南部郊区，然后从通衢大道回来，沿途的信众会向城隍鞠躬、祈愿、忏悔和感恩。

游行队伍所抬的神像并不是城隍庙中供奉的城隍。就像在大多数中国寺庙中一样，神明有两个雕像代表，一个神像位于祭坛的后面总是不动的，另一个小而便携的神像是按照第一个雕刻的。两个神像都受到同等的尊重。因此，抬着城隍副身游行代表祭祀伟大的城隍——其有崇高威望和高级职务。所有这些古老、错综复杂、无休止的仪式构成了宗教信仰的核心。

城隍崇拜在明朝达到鼎盛，游行队伍绵延数里，有横幅、乐队、士兵、旗子、忏悔者、彩绘的恶魔——整个行列都带有原始的色彩：朱红色、洋红色、橙色、蓝色以及地狱火焰的铜金色。

就在几年前，我们目睹城隍出巡，虽然不如之前那么盛大，但是仍然令人印象深刻甚至使人恐惧。位于中央的小神像是城隍，匠人事先为他更换了长髭，在毫无表情的泥脸上打一个新洞并缠上新鲜的马毛。之后，城隍坐在椅子上，拿着一根魔杖——重得几乎拿不动。在神像的身后，侍从牵着一匹有马鞍和缰绳的马以备城隍要骑马。城隍的旁边是忠实的白无常和黑无常。白无常非常可怕，高八到十尺，由一个只能看见膝盖和脚的人背着。难怪孩子们被他吓哭，巨大的竹架上覆盖着白棉布，他的头和脸由可怕的白色板粘成，高帽有红色带子，手中挥舞着扇子和工具，眼睛突出，鲜红的舌头从嘴里垂下来。"别害怕，别害怕，"母亲们安慰道，"白老爷，有银子。嘴上挂着绳子！如果我们礼貌地索要，他会给婴儿一个绳子挂在脖子上，这样可以赶走邪祟并带来财富。"

矮仔鬼也很可怕，矮小，黑脸，头戴高高的黑帽，帽子有红色的带子，一根绳子系着他伸出的舌头。矮仔鬼在街上翻来覆去，与后面的其他鬼怪亲如兄弟。伴随城隍的一群精灵、小鬼、侏儒，显得怪异又可怕。有一只角的、有两只角的、纺锤形的、长毛的或畸形的带有棍棒的鬼；一群脸刻了花纹、有着巨大鼻子、头戴纸帽子的鬼以"金面具"为其头领；鬼用巨大的指甲刺破了头脸，衣服也渗出了鲜血；手拿酒壶把饮酒者引入歧途的恶鬼；绞死鬼的脖子上挂着铁链；淹死鬼的手里拿着柳枝；"牛头""马面""鸡头""鸭嘴"，这些巨大的怪物有着古怪的脸；最后是可怕的自杀鬼，像最近被杀的猪一样，其一半内脏从身上露了出来。人们对这些鬼怪感到震惊，这种想象将迷信牢牢地绑在了人们的身上。深陷于迷信的忏悔者真可怜！他们穿着囚犯穿的红色衣服，脚拖着铁链，恐惧地走着。脖子上套有枷锁的人，带着燃香的人，他们在鼻子、耳朵或手臂上，用钩子钩入肉中或者在脸上挂铁环，或者是拿刀子划破自己的皮肤。所有的一切都在庄严而令人印象深刻的沉默中进行，人们一个接一个认罪并用自残的方式洗净自己的罪孽。在游行队伍里甚至还有一群孩子扮演城隍随从的角色，他们背贴有一封写给城隍的信，手里拿着旗子。如前所述，这些小家伙通常在履行父母为他们所起的誓言——感谢城隍让他们康复。

整个队伍充满了象征的意味，一位持怀疑态度的中国绅士亲切地向我们解释游行。我们在他家门口看着队伍在夜晚手持火把回来，可是黑暗使得队伍相当怪异。鬼代表着激情、罪孽、疾病和各种恶行。因为与冥界的联系，城隍主管着地狱中的生命。这就是为什么城隍出巡时有那么多本性善良的鬼怪随从。

忠诚的岳飞

事实上,美德是每个城隍的首要品质。正如历史记载的那样,远古时代的城隍生前往往非常正直,当官期间有很好的名声,有很高的道德修养。

在人物志上我们发现了许多先贤的名字,但是没有人比岳飞更高尚。岳飞曾是杭州的守护神,与关帝类似(见"五月");岳飞是黑暗年代的英雄,品德高尚的爱国者以及崇高美德的榜样。[①]岳飞生逢宋朝衰落的动荡岁月,出生时有一只大鸟神奇地降落在屋顶上。[②]岳飞的家人世居湖南。他们宁愿自己挨饿也要养活穷人,并且把土地分给耕种者。当然,他们得到了一个好儿子岳飞,一个聪明而朝气蓬勃的青年,其高尚的美德感动了一代人。但是,岳飞不是弱者。相反,岳飞成为著名的弓箭手,不断替君主抗击入侵北部各省的金人。岳飞击败了金人的十万大军,但是却引起小人的嫉妒。成就越伟大树敌就越多,因为伟大会招来嫉妒,而嫉妒往往是仇恨的种子。

宰相秦桧和妻子是宋皇室的卖国贼,他们讨厌忠诚的岳飞。意识到自己虚伪和卑鄙的他们侮辱并迫害忠良,希望借此减少与岳飞的差距。历史一次又一次证明,个人越引人注目,诽谤的诱因就越多,因为忠良越优秀,越容易招致小人的诽谤。

岳飞因莫须有的罪名入狱,庭审时他突然脱掉衣服,展示当他还是孩子时母亲在他背上刺的四个大字——"精忠报国"。根据这一奇特的证据,岳飞获释了,但是在秦桧等的煽动下岳飞又被捕入狱并在监狱中被秘密杀害(公元1141年)。

去世后,朝廷恢复了岳飞的名誉甚至册封岳飞,而奸诈的秦桧及其妻子则注定要忍受永远的耻辱。岳飞在死后重获所有头衔,而秦桧则名

---

① 海尔氏 1924 年发表在《皇家亚洲文会北中国支会》(*Journal of the North China Branch of the Royal Asiatic Society*)的《中国人的神明》(Gods of the Chinese)一文指出:"袁世凯在位时,颁布法令,将岳飞封为战神……与主管战争、决定中国战事胜败的战神关帝平起平坐。在杭州西湖的北岸,刚刚建成了一座宏伟的岳飞庙……庙内有中国历史上最受尊敬的爱国者的坟墓。"

② 岳飞名字中的第二个字"飞",与飞机的"飞"相同,属表意文字。

誉扫地。人们只记得后者的虚伪和邪恶，秦桧甚至成了痰盂的代名词。

岳飞也有一个体面的墓茔。在杭州西湖边，人们仍然可以看到岳飞坟，坟墓位于岳飞家人的土地上。在身经百战之后，岳飞安息在一片阴凉的小树林中，笔直的树干象征他的正直。母亲在他背上刺下的"精忠报国"四字适合做他的墓志铭。一群石像宣示了岳飞的尊贵地位。秦桧和妻子也在岳飞墓前，但是没有任何体面的位置。靠近坟墓入口的两个铁雕像代表那些卑鄙的叛徒，跪着并被绑着的他们仿佛在等待处决。为了行善，路人踢雕像或朝雕像吐口水。命运之轮经过数个世纪的转动，终于纠正了所有的错误。秦桧和妻子一生未受到惩罚，他们的肖像却永远被无情地暴露在风吹日晒中。献殷勤之人会被人藐视；暴君永远不会被冠冕而只有落叶覆盖他的陵墓。

451

一个古老的传说解释了岳飞和秦桧之间的纠葛。一次，正在沉思的佛陀被古老的白蝙蝠（似乎是由混沌产生的神灵）发出的刺耳尖叫声打断了。守护佛陀的凤凰气愤地将蝙蝠撕成碎片以安慰佛陀。尽管如此，佛陀还是斥责了凤凰，将凤凰贬落凡尘赎罪并且给了他白鹰的身体，白鹰是一种猛禽。凤凰误解了佛祖的善意，在制订赎罪计划时展露了本能。诱惑力太强了。当看见在河岸边睡着的乌龟时，凤凰忘记了佛陀的命令"不可杀生"而吃了乌龟。因为犯下新的罪行，根据佛陀的命令，凤凰又要重生以改过自新。因此，凤凰进入岳飞的身体，而乌龟则转生为秦桧。白蝙蝠转生为一个名叫王氏的美丽少女。命运使她嫁给秦桧，他们的女儿成了皇后，秦桧也成了宰相。这个传说清楚地表明了所有悲剧和复仇的动机是给人赎罪的机会。传说添加了许多可怕的细节，涉及岳飞在狱中遭受酷刑和死亡时的痛苦。最后，由于岳飞的善良，凤凰洗清了罪孽，其元神始终陪着佛陀，凤凰拿着一瓶芬芳的牡丹；而作恶的秦桧和王氏却被罚重生为苦命人八万次。他们甚至不能转生为动物，因为不幸的野兽比不幸之人要幸运。

452

城隍的传说非常多。每个城市都有城隍的传说。有一个有趣的城隍传说，讲的是江苏盐津①的城隍。因为忘记证明被指控犯了盗窃罪的信众

453

---

① Yen Chin 的音译。——译者

是无辜的,这个城隍丢脸了。恼怒的信众回到城隍殿责骂城隍。石膏从受到指责的城隍神像的脸上脱落,每当匠人试图修补城隍神像时,石膏从神像脸上掉下来的速度跟匠人涂抹石膏的速度一样快。直到今天,丢脸在中国还属于一种过失。

有个传说讲杭州的城隍周新非常严厉,老老少少都不愿接近他。有一次审理案件的时候,一场风暴把叶子吹到桌上。周新用冰冷的语气下令:"找到长这些叶子的树。"人们找遍了附近也没有找见,最终在一个遥远的佛教寺庙中发现了这棵树。然后,周新指控寺庙的住持杀了人,并下令砍了这棵树,而树下藏着的一具女尸证明寺庙的僧侣犯了罪。无论如何,寺庙的僧侣都因此受到了惩罚。

在《狮龙共舞》中,庄士敦讲述了山东荣成城隍的离奇故事。"正如我们所看到的,中国人认为一年中有三个鬼节。城隍在鬼节应该视察他的城市……传说有一次城隍出巡,当地名门大族的一个年轻女孩对游行队伍表现出极大的兴趣。当城隍的轿子经过女孩站立的地方时,女孩看到了神像(或认为自己看到了神像)特意朝自己的方向转过脸并且友善地对她微笑。几天之后,那个女孩患了重病……城隍出巡不到一个月女孩就死了。女孩死去的那个夜晚,女孩母亲做了一个奇怪的梦。女儿在梦里说自己现在很幸福,因为她已经成了城隍的新娘。这个梦很快就被左邻右舍热议并且传到了县长的耳中。在充分考证之后,人们认为城隍表示了他的意愿,不这样做将给整个城市带来灾难。因此,人们举行隆重的仪式把女孩的尸体埋在城隍庙内,她穿着绸服的塑像被安置在城隍的旁边,作为城隍的配偶得到官方的认可。"

这样的奇幻故事之所以有趣,是因为它们比任何科学或历史解释都更好地说明了城隍的灵力与个性以及城隍在民众心中的崇高地位。人们可能会忘记城隍与古老的蜡祭之间的联系,却祈求城隍给他们改过自新的机会,医治他们的疾病,宽恕死者。

土地神

中国的每个城镇都有城隍,每个村庄也都有土地神。这些土地神以地仙为代表,管辖着较小的地方,可能守护着一个地区、建筑物、大院或村庄①。这些地方守护神比城隍更能满足人们的实际需求，并且在道教等宗教形成之前就存在，以安慰和保护民众。农民或许不信佛教或道教，但是他们需要土地神，并祈求土地神保佑他们，"免受疾病的侵害，在战争中获胜，顺利度过饥荒或瘟疫流行的岁月"。即使在今天，我们也知道农民不是向佛陀、观音或玉皇大帝祈求丰收；在收获的季节，他们也不向这些神明表示感谢，而是向土地的统治者（见"二月"）以及地方保护神献上供品并祈祷。人们相信每一块土地仍然有古老的地神守护，祭祀土地神代表着"村落的道德经验，最珍贵的传统习俗，不成文的规矩，责任感"。此外，由于习俗被视为道德规范，因此任何违反中国乡村习俗的行为都被视为渎神，威胁到了公众的福利。一个人可能遭遇的最惨下场，便是因行为不端而被逐出村落，这超出了土地神的保护范围。

作为一个群体的土地神，可能是朦胧时期的英雄或神话时代的绅士，也可能是第一批定居者的祖先。有一个恒久的习俗证明了这一点，任何人死亡都需要报告土地，就像报告祖先有家庭成员死亡一样。实际上，土地神在村庄中担任着登记生死的职务。我们不止一次被穿白色丧服的乡民感动，他们头缠着麻布，沿着乡村小路走到祭坛前报告有人死了。有人鞠躬，有人哭泣，有人低声哀悼，有人燃香。人们在街上举行简单的仪式。因为土地不像城隍那样拥有宏伟的庙宇。实际上，土地庙通常很小，没有人能进入。高一尺或两尺的粗糙陶土雕像代表了土地及其配偶。土地有时还有一个妾，妾的雕像更小，摆在土地的右边即土地配偶的位置。土地神的周围有红布在微风中飘扬，这些红布要么挂在小旗杆上（仿制官府大门两侧的旗杆），要么挂在一根树枝遮住了土地庙的大树上。庄士敦认为这些由病愈者供奉的红布可能代表了三种古老信仰的融合：对地方守护神的祭拜、对巫术治病的信仰和对神树的崇拜。类似的习俗也盛行于西藏、内蒙古以及其他较为偏远的地方，其逻辑是患病者已经把疾病转移到了红布上。

当我们在阳光明媚的早晨看到一块红布时，就会想起吉卜林（Kipling，1865—1936）所说的"迷信一块破布、一根骨头或一缕头发

---

① 家神（见"十二月"）实际上也属于土地神，家神崇拜与城隍崇拜息息相关。

的人是傻瓜"。尽管如此，迷信有抚慰人心的作用。相信身体的疾病可以通过简单的方法治愈，这对农民来说一定是莫大的慰藉。令人心安的是，这些红布毫无疑问会激励土地庙中破碎的石像，使得土地神关心民众。

土地神是民众公认的守护神，只在特定的区域有神力。因此，俗话说："东头的土地，西头不灵。"土地信仰在宋代被朝廷视为迷信，之后被道教列入万神殿中。尽管朝廷禁止民众祭祀土地，但是土地信仰仍然存在。实际上，独立于官方祭典之外的土地神，其灵力比官方供奉的许多神明更强大。如果其他神明都消失了，作为乡村的守护神、农民的朋友，土地神无疑会继续受人祭祀。①

---

① 日本的土地神叫 Uji，神社内的居民则被称为 Ujigo，即守护神的孩子。与中国的土地神相似，古希腊和古罗马这两个祖先崇拜很发达的地区也有土地信仰，每个家庭都有祭坛，每个社区都有一个地方作为公共的祭坛，据说公共祭坛比家庭祭坛大。

第十四章　十月·良月

十月的雅称有良月、吉月、露月等。华北地区在十月有望迎来小雪，雪花是上天给干旱大地的礼物。当第一片雪花轻轻亲吻田野，农民们兴高采烈。接着厚厚的大雪铺满了平原，好像在说："休息吧，疲倦的劳作者，直至春天到来。"

中国穷人有句老话，"现在是时候抱着臂膀了"，也就是说像感到寒冷一样把双臂交叉挽在胸前。根据习俗，人们在十月初一点燃放在铁架上的陶火盆，大量热气从装满煤球的火盆口散发出去。由于不使用管道，热气直接逸入房间。因此，在北京每年都有人在门窗关得很紧的小隔间窒息。为免于一氧化碳中毒，人们将松花扔到火中，同时吃糖葫芦。尚不清楚糖葫芦为何有此功效。也许这种迷信只是北京人在十月享用甜食的借口。天气晴朗的冬日适宜做糖葫芦。在炎热或潮湿的天气不宜搅拌糖浆。中国糖果商在十月展览各种蜜饯，小贩们兜售成串的葡萄、樱桃和陈皮。可以看到成年人和孩子边吃糖葫芦，边漫步在北京小巷里。从集市回家的路上，他们享用串在一起，像项链一样戴着的红山楂。

这个时节，街上别的美味还有烤栗子。在小吃店的旁边，小贩用盛满黑沙的大锅炒熟栗子。旧芦苇垫可作燃料，手持铁锹的学徒一遍又一遍翻动栗子防止烧焦。他们用不着大声吆喝，因为烤栗子的香味吸引着食客。

图 2-40　卖冰糖葫芦的小贩

图 2-41 泰山之巅

第三个鬼节

十月初一是三个鬼节中的最后一个。家人再次去扫墓,尽管这次并不像清明节和中元节那么隆重,但是人们仍严格遵守习俗,在坟墓前重复我们已经描述过的仪式。一个叫作掩骼会的社会组织会在秋收之后比较闲暇的时候,查看荒芜的墓地并派人维修需要修缮的坟墓,以及为穷人提供棺材和墓地。① 为了做慈善,每个成员都捐出点钱——也许只有几个铜钱。成员还应抽出一个月的时间维护无人祭扫的墓地,无论该墓地是公共的还是私人的。在掩骼会的守护神文王(文王是周武王的父亲,因行善和尊重死者而获得人们的纪念,约公元前 1100 年)生日那天祭祀孤魂之后,掩骼会成员在树荫下聚餐。

无论是否再次祭拜先人的坟墓,中国人十月都在家里"烧衣"。

人们认为死者与生者有相同的需求,因此在初冬要将保暖的衣物和其他生活必需品寄给死者。放在包裹里的冥钱会寄给特定的鬼魂在阴间使用。麦都思(Medhurst)说:"文书是在有见证人的情况下起草并签名的,以证明财产的转移,人们希望在到达阴间时被妥善移交给指定的鬼魂。"该文书写明了寄到阴间的所有物品,无论是金钱、衣服,还是男仆或女仆的纸像,都与祭品一起烧毁,如此祭祀者"相信自己的朋友会收到他们寄出的东西。因此,他们在坟前禀告祖先,并与阴间进行沟通"。

人们通常将包裹放在吊架或砖砌的平台上,在点燃包裹前盛情款待鬼魂,请他们接受包裹。善良的人们给孤魂野鬼也准备一个包裹。这既可帮助孤魂野鬼,又可防止他们从祖先那里偷走衣物。

值得一提的是,福建人在十月初一有两个独特的习俗。已婚妇女会给已经去世的父亲或母亲准备一个纱布箱子,箱子里铺有架子和各种家用器具如儿童用的小筷子、小饭碗,以及小床、小椅子、小桌子等小家具,交给在世的父亲或母亲,如果父母都已去世则送给其兄弟。箱子等物品必须在父母居住的地方焚烧。

---

① 值得注意的是,凯尔特人在初冬也有一个关于死者节日,生长力量最弱的冬季自然而然地与凡人的死亡联系起来。这个节日在现代的各种民俗中有遗留,特别是在爱尔兰,人们认为死者可以从坟墓回到生前的家,家里已生好了火迎接他们。

另外，已婚妇女需要给娘家送饭，菜肴一定要有一只鸭子，娘家人将其中半只分给她。这在当地叫分鸭。因此，已婚妇女每年都会祭拜已故的父母。这些祭品不仅表明了孝道深刻地影响着中国社会，而且表明已出嫁的中国妇女仍然与娘家保持联系。尽管娘家在法令层面不能再约束已婚妇女，但是娘家通常会影响到她的婚姻生活，这一点很少有外国人会怀疑。

菩提达摩

十月初五是菩提达摩的生日，中国人称他为达摩①——第一位来到中国的僧人。梁武帝在位的公元526年，达摩从印度出发，三年后到了广州。达摩是印度某个国王的儿子，出家后承袭了迦叶佛的学说并成为禅宗第二十八代祖，然后离开印度去布道。虔诚的达摩在印度并不受欢迎，因为他引起了佛教徒的仇恨，他们认为迦叶佛创办的禅宗靠冥想传播思想，即不用念佛或读经而觉悟。根据这一教义的传统，信徒应该直接通过冥想来体悟佛教的教义或教义的关键。相传，"当佛祖在灵鹫山讲法时，大梵天突然出现，向佛祖献上金花，并请佛祖说法。接受了金花的佛祖沉默不语，众人惊讶于佛祖的沉默，但是迦叶佛微微一笑，佛祖对迦叶佛说：'对涅槃我有个奇妙的想法，现在传给你的是真法之眼……'凭借冥想禅宗的教义传给了迦叶佛，接着凭借冥想又传给了阿南达，此后又凭借冥想传给了别的祖师，直到中国禅宗第一代祖菩提达摩传至其继承者那里"。

史载梁武帝召达摩入宫并与他讨论佛教。武帝说："自信佛以来，我建造了许多寺庙，写下了许多神圣的铭文。我有什么功德吗？""什么都没有，"达摩诚恳地回答，"因为所有这些东西就像水滴到了房间，或者像跟随物体的云影，象征没有实相，影子没有实物。"武帝比我们预想的要耐心得多，再次询问："什么是真实的功德？"达摩的回答是：

---

① 人们有时会将达摩与皈依印度教的圣托马斯（St. Thomas）相混淆，不过庄士敦在《佛教徒的中国》（*Buddhist China*）中指出该错误是因为"Ta Mo"与"Thomas"的汉译名称太相似而引起的。

"舍弃拥有的一切,并从内心寻找圣洁者的胚胎。"

达摩天真地指出:"皇帝仍然没有开悟。"事实上,达摩指出武帝"热爱拜佛的形式,而很少同情贤哲,并要求他既不在圣书,也不在佛陀,而是在自己的心中寻找佛性"。对拜访不满意的达摩离开梁朝的宫殿,以一叶芦苇渡过长江前往魏国,他有理由相信自己的非实相学说在魏国更容易被接受。①

达摩在魏国进入了洛阳的一个寺院②,并连续九年面壁静坐,这使我们想起了西蒙·斯特利特(Simon Stylites)和其他的基督教圣人,他们有着非凡的意志,通过冥想寻求救赎的方法。传说提及"凝住壁观"的达摩的腿在冥想的时候掉了下来。因此,迄今为止,日本的达摩像都没有腿。在东京义卖市场的玩具架上看到的达摩像,身穿一件红色长袍,头戴让人想起印度披风的头饰,而且倒了的达摩像可以重新变回坐姿。"在中国有被称为'不倒翁'的玩具,达摩像最初是按照相同的原理制作的。"

有关达摩生平的传说是中国艺术家喜爱的主题,中国人通常以黑脸和卷曲的胡须来形容达摩,其一头卷发和一双拖鞋明显不是中国的风格。传说当达摩躺在棺材里的时候,前来检查他尸体的门徒发现他手里拿着一只鞋子。当被问到要去哪里时,尸体回答:"到西方天堂。"几天后门徒打开棺材时,除了达摩掉下的拖鞋之外,棺材是空的。

菩提达摩创立的中国禅宗属于汉传佛教的一种学说,中国仍然有无数的信众(禅宗在日本也有许多信仰者)真心信仰达摩,追求心灵的开悟而轻视典籍。汉传佛教有五个流派,它们的不同更多通过如何得到救

---

① 《祖堂集》卷二:"帝曰:'朕自登九五已来,度人造寺,写经造像,有何功德?'师曰:'无功德。'帝曰:'何以无功德?'师曰:'此是人天小果,有漏之因,如影随形。虽有善因,非是实相。'武帝问:'如何是真功德?'师曰:'净智妙圆,体自空寂。如是功德,不以世求。'武帝不了达摩所言,变容不言。达摩其年十月十九日,自知机不契,则潜过江北,入于魏邦。"——译者

② 著名的少林寺位于河南省少林山,始建于公元5世纪,现在仍然有一群佛教僧侣居住。这些美丽的建筑一半已成为废墟,但圣殿最大的宝藏仍然完好无损——在达摩冥想的影石上,刻着"冥想、空旷、静止"。真正的信众仍可从上面看到圣人的影子。

赎和成佛的方式来体现而非通过戒律。五个流派之间的竞争导致了汉传佛教祖师的更替。禅宗第六代祖师没有任命继承者，因为达摩说："一花开五瓣，结果自然成。"[1]在庐山举行的某次僧团会议导致了佛教不同宗派的独立。创立佛教宗派没有太大的困难，因为汉传佛教的祖师没有统治权，他们只是佛教的捍卫者、先师以及佛家生活的榜样，尽管他们像道教神仙一样飞过天空，以树叶渡河，进入迷狂的状态。

许多佛教徒认为禅宗并不正统。戴遂良神父甚至认为禅宗不属于佛教，但是禅宗本质上发展了婆罗门教《吠陀经》《奥义书》中的一元论。戴遂良指责达摩的禅宗导致了中国寺院学习传统的衰落，因为"僧侣的精力集中在欣喜若狂的冥想上"，而不是对知识的追求上。从表面上看，达摩的教义在很多情况下无疑导致了精神上的嗜睡。另一方面，禅宗毫无疑问使汉传佛教摆脱了僧团，摆脱了对图像、文物、教条和神圣典籍的盲目崇拜。这些崇拜抑制了佛教在印度和锡兰的发展。

对佛教和道教的管理

公元800年前后，当祖师制终止时，官府对佛教的管理几乎没有发生变化。绝大多数僧人仍然住在地方民政部门管理的寺院中。每个省或州府都有两个主官（僧录司），他们的级别低于寺院的方丈。方丈由寺院的僧众推举，并且符合佛陀的旨意，管理寺院的事务和收支明细，寺院的实际运行掌握在住持的手中。住持在其他僧侣的协助下监督僧人礼拜、进餐等行为。大寺庙还会有一名管理建筑物的僧侣。寺院还会任命一名僧人为知客师，其职责是满足信众的需求，甚至取悦信众。

中国的佛教寺院有严格的规定，要求僧人每天凌晨一点起床，参加早课直到三点，除了一点干粮和茶水之外，这段时间不吃其他食物。早上五点到七点诵经，十点到十二点又诵经，之后吃素餐，理论上这是一天中唯一的正餐。最后一次仪式在晚上六点到八点，随后僧人休息睡觉。实际的修行可能比我们描述得还要艰苦，还要缓慢。正如一位年老的住

---

[1] 这句话自出《六祖大师法宝坛经》。佛教传入中国后，禅宗以达摩为祖，称"一花"；而"五叶"指的是佛教发展演变为五个流派，它们分别是伪仰、临济、曹洞、法眼、云门。——译者

持向我们承认的那样:"太阳上有黑点,佛教也并非没有缺陷。"

道观也有相似的管理制度,管理道观的机构叫道录司而不是僧录司,管事的道士有不同的称号,此外还有正一、演法、至灵、至义等道士,他们都是张天师(见"五月")的下属。值得注意的是,民国对寺院的管控与帝制晚期的控制非常相似,因为民国原封不动地继承了这个运行良好的制度。

五岳神

尽管不同地区的山神诞有不同的日期(通常是这样的),但是十月初六是五帝(五岳神)的诞辰,请不要将五岳与五圣(见"二月")相混淆,也不要将五岳理解成五皇——伏羲、神农、黄帝、尧和舜。五岳是五座圣山、五方、五色、五行甚至五个季节①。五帝是一群掌管着时间和空间的神明。五帝的神格和职能如此模糊,以至于完整描述五帝只会令读者感到困惑和疲倦。然而,五帝很有趣,因为五帝崇拜仍然流行。人们崇拜位于中岳河南嵩山的黄帝(被称为中心之神),湖泊、河流、运河和森林的主神;南方赤帝,湖南衡山之神,星辰和所有居住在水域的生物,包括龙王;西方白帝,陕西华山之神,矿物和空中鸟类的统治者;北方黑帝,直隶的恒山之神(此恒山与南方的衡山发音相同,无法用英语表达),四大江河和动物的统治者;东方青帝,山东泰山之神,人类命运的统治者。

上述这些神话时代的统治者,其实际起源已迷失在历史中。五帝崇拜出现在公元前不久,在祭祀天和地的露天祭坛周围,人们朝各个方向祭拜天地的下属。这种祭拜神的活动在山脚下的寺庙一直延续着,寺庙促使了五帝信仰的形成(如何形成以及形成的原因,我们马上就会看到),最终五帝信仰在中国流行开来。没有更好的例证可说明人类如何先发明了神明然后继续将其神化了,因为我们发现这些起源模糊的神明不但享有祭坛和祭祀用具,而且被朝廷封王封帝(由宋朝授予),神明的妻子则被朝廷封后。

五帝崇拜在华南地区仍然特别流行。广州有祭祀五帝的寺庙,在庙

---

① 有关农历年的这种奇怪划分,见《中国年历》。

里可以看到五块石头，人们认为这些石头是五只羊的化身，身穿白色、黄色、青色、黑色和红色的衣服，手拿稻穗的五位仙人骑羊来到了广州。在前行的过程中，仙人在市集休息，羊立即变成了石头，仙人在预言饥荒永远不会降临广州城之后，消失在空中了。此后，为纪念这些仙人，广州被称为羊城。

五帝和瘟疫似乎也存在某种联系。炎热的夏季，在人口太稠密的南方城市，人们在不能迁移到高山或海边之时，将五帝（如果我们这样称呼）从神殿抬到街上游行，希望神明能抵御瘟疫尤其是可怕的霍乱。五帝出游极为壮观。每个神明都有神轿和抬轿者。神像穿过红旗的海洋，鲜艳的色彩使巡游的场面非常醒目。位于五帝身后而在游行者之前的乐人，敲锣打鼓，发出像铃铛一样单调而刺耳的声音。我们已经从巡游中见过的成千上万的黑白无常纸神像，在城隍出巡时（见"九月"）他们作为城隍的随从。装满纸神像的法船也叫瘟疫船，被信众高高抬起。在游行队伍的后面，我们发现有一人穿着考究，提着两个水桶，里面装有的猪血、牛毛、鸡毛等象征着引起疾病的污垢。很久以前，这项仪式由乞丐执行，但是我们看到名门望族的立誓者担着沉重的水桶缓缓走着，以感激神明治愈近亲的疾病。

壮观的游行队伍遍及整个城市，如果街道宽敞的话，捐款者有权要求神像经过他们的大门。在穿过许多曲折的路径之后，游行队伍到达了河岸或海滨。在烈日之下，载着五帝和瘟疫的法船下水漂走了。如果船直接漂浮在海上，那就更好了。如果船漂到了河岸，就会将瘟疫传到着陆点。一种不那么自私的做法是在水边烧掉法船，坐在神轿上的五帝和跪着的黑白无常神像会注视着燃烧的法船，似乎神明也理解了人们的祈祷。

山岳崇拜

为了驱疫避瘟而祭祀的五帝与五岳的联系更为明显。在地理上，五岳的位置非常好，自然而然代表了四个基点和中心。然而，自远古以来山岳崇拜就是中国自然崇拜的一部分，早在五岳之前就存在的山岳崇拜神秘地与宇宙结合在一起。对大多数人而言，山岳崇拜是宗教经验的起源和核心。在道教或佛教出现的数百年甚至数千年之前，神秘的苍穹就是人们敬拜的对象。古人在高处祭祀众神。因此，攀登山岳就是接近神明，离天空越近，祭品就越容易被神明接受。"举目仰望那山，你的力量来自那里"，这个号召会获得人们的赞同，因为灵魂想在高耸的山峰上翱翔，而且人类极目远眺的最高点便是山峰。

中国有一片广袤平坦的农业平原，古人想象那些罕见的山峰上住有神仙，因此非常钦佩山神。随着时间的流逝，死者被埋在斜坡上，山岳崇拜得到了加强。根据中国人的观念，祖先的魂魄徘徊在坟墓附近，在获得超自然力量后可成为神明。还有什么比让拥有坟墓的祖先成为山神更合适的呢？从这个观念出发，古人有了人格化山峰的传统。这与人类觉得神明有配偶和诞辰仅一步之遥。然后，中国人为神明划分出不同的等级，将较高的山峰对应较高级的神明，较低的山峰对应较次要的神明，这是对人类官僚系统的模仿。简而言之，这解释了原始信仰的产生。

随着山岳崇拜的发展与传播，整个山岳崇拜体系很快就超出了五座圣山的范围。尽管五岳的出现满足了原始的泛灵论信仰，但是道教和佛教也希望拥有自己的圣山。先出场的道教将山岳崇拜纳入自己的万神殿，就像道教其他的神明源自中国本土就有的神明一样，道教的这些山神实际上模仿了五岳，但是这没有妨碍古老的国家祭祀。公元1714年，人们在泰山上建了一座孔庙以纪念孔子曾到访泰山。

当道教有了各路山神时，佛教徒同样焦急地在山上寻找和平而有益的归隐处和圣地，因为佛教来自喜爱山的印度。佛教也把四座山称为佛教圣山，并使圣山有利于佛教的传播。山西的五台山由睿智的文殊菩萨（见"四月"）主管；四川的峨眉山（见"四月"）有神圣的普贤菩萨；安徽九华山有地藏的神殿（见"七月"）；浙江的海岛普陀山由慈悲的观音守护（见"二月"）。

佛教的四座圣山分别对应着佛教的四种元素——气（五台）、火（峨眉）、水（普陀）、土（九华），这是由每座山的地理特点而决定的。除了上述的圣山外，佛教和道教都根据各地的传统将许多较小的山峰圣化，并在其中建满了寺观。①

然而，没有山神能够与古老的五岳崇拜竞争，因为仍然保持着卓越地位的五岳曾属于官方祭典的一部分，并且在信众中闻名遐迩，不仅迷信的民众，许多受过教育的儒士也崇拜五岳。

泰山

上述这些山峰都是神圣的，但泰山是所有神山中最强大、最受人尊敬的，是所有圣山的祖先。泰山神被认为是道教玉皇的孙子，是每座山峰的主神（见"正月"）。泰山神的神力无可争议，甚至以地狱王的身份审判死者。死者魂归泰山，即归于地主。诗人说："人生何其短，死归于泰山。"即使是妖魔鬼怪也害怕泰山，他们知道取自泰山的石头也有泰山的神力。因此，在中国的许多地方，十字路口，桥梁附近，或是邪祟出没的地方，会设立一块巨石或粗糙的石板，上面刻上铭文"泰山石敢当"，意思是抵挡一切妖魔鬼怪。其中一些巨石可能不是泰山的，"但是魔鬼不知道"。沙畹（Chavannes）说："泰山神是中国最活跃的神明之一，信众仍然认为泰山神管辖着人类的今世和来世。"的确，没有比早春朝拜泰山更好的证据可以证明中国的山岳崇拜了，尤其是见证泰山神的生命力，见证成千上万的朝圣者到泰山顶朝拜伟大的泰山神。宋朝皇帝将泰山升格为"岱宗"，后来泰山还获得"天下第一山"和"五岳独尊"的称号，"五岳独尊"是因为泰山位于太阳升起、万物生生不息的东方。

朝圣者在泰安就可以远远瞥见泰山，其雄伟的山峰高耸于山东省的其他山峰之上，对朝圣者来说这是神力和庇护的象征。像早期中华民族的先祖从黄河泛滥的沼泽地到斜坡上避难一样，泰山也成为"古代文化的中心，我们也许可以称之为中国圣地的核心"。

---

① 道教和佛教有太多圣山，无法在此一一列举，可参考中国的多卷本《山志》。但是，一些著名的圣山应该被提及，包括浙江省的天台山，江苏省的云台山和茅山、云南的鸡足山，海南岛的五指山，安徽的齐云山，湖北的武当山，福建的武夷山。这些美丽的圣山每年都有许多人朝圣。北京附近有妙峰山和上方山。最后，有许多适合仙人居住的圣山，例如江西省的龙虎山是道教张道陵的家乡，天师第六十二代传人依然居住在龙虎山上。

每个时代都增加泰山的光环,直到无数的历史光环聚集在泰山顶的周围。岩石上雕刻的无数铭文记录了泰山的光辉历史。现在,整个山峰已经变成一本记录在石头上的浩瀚史书。使我们感到惊讶的是,每处悬崖峭壁都提供了新的证据,这些碑刻见证了岁月和传统如何增加泰山神的神力。难怪今天的朝圣者仍毕恭毕敬地攀登着同样的山路,许多中国统治者历尽艰辛就是为了向泰山报告他们登基为王,就像日本天皇仍在伊势神宫向祖先报告他们又有新皇登基一样。

根据周朝的《礼记》记载,王室会定期祭祀五岳,而泰山祀通常在二月。有时,浩浩荡荡的皇室朝圣队伍除了有来自国外的大使及其妻妾之外,还包括文武官员。皇室朝圣泰山对百姓来说是巨大的负担,最终在公元1008年的奢侈朝圣之后,再也没有如此辉煌的皇室朝圣了。①

让我们与聚集在泰安的信众一起,跟随过去朝圣者的步伐。佛教徒、道教徒和儒士都希望泰山会因为个人的请求而调整宇宙的秩序。

在开始上山之前,信众习惯先在城内参观岱庙。岱庙占据了泰安城的四分之一,里面有无数的神殿。忠实的信徒从前亭一路爬上小山顶。山顶有一个宏伟的神殿,里面供奉的一个身穿黄袍的神像,神殿的下面有绿色的碑林,高大的灰色石头记录了明清皇帝的请愿和回报。

在岱庙的后院,我们发现东岳寝宫与泰山神主殿是分开的,这是中国人神化神明的又一个例证。废弃的卧房有东岳大帝、东岳淑明后以及穿着更糟糕的东宫娘娘和西宫娘娘的神像。附近的一个荒废神殿里还有泰山神儿子的神像。泰山神儿子是碧霞元君的父亲,而泰山顶则有碧霞

---

① 据传有七十二位皇帝登过泰山,有确切历史记载的是十七位。长城的建造者秦始皇曾在泰山封禅。唐高宗是最著名的朝圣者之一。康熙皇帝两次在泰山封禅。根据官方记录,偏爱佛教的雍正帝,曾下令维修许多庙宇;乾隆皇帝在1770年在泰山封禅,就像太庙壁画上记录的一样,朝圣队伍中有数百个鲜艳的旗子,由骑马的贵族护卫,同时有大象随行。

元君的巨大神像。①

朝圣者穿过寝宫，走过城门，路过平原，来到了白石砌成的拱门，这标志着上山的开始。在一条破旧不堪的石板路上，我们发现了许多的神庙。信众的虔诚奉献使得宽敞的建筑物得到良好的维修；一些小庙安静的身影就像树枝上的雨滴；不受重视的神殿，其摇摇摆摆的栏杆上的石块剥落成了碎片。只有少数的著作谈及山岳崇拜，这里需要提的是泰山信仰的多样性。诸如诡异的东岳庙，里面的泰山神是严峻的法官；三皇庙中的伏羲、神农和黄帝是原始中国神话中的统治者（见《百神》）；风景如画的玉皇顶，山顶还有一个玉皇殿；玉皇顶附近的斗母宫在神诞期间很受欢迎，神坛上堆满了谷物和糕饼等祭品；老君堂的石刻保存了唐代最好的作品——刻着中国黄金时代文学作品的精美铭文像黑暗中的珠宝。

蜿蜒曲折的石板路被无数朝圣者磨得滑溜溜的，有三个被称为"天门"的石拱门，每个石拱门都标志着朝圣的一个阶段。第一个指向长石阶的天门是攀爬的开始。此门之下的所有山都被视为山脚。

随着坡度的增加，每座寺庙成了疲倦的男女的休息之地。不管信奉什么神明，信众都在泰山上的佛教寺院红门宫烧香。这里有一种奇怪的现象：属于道教的碧霞元君祠，其中一个神殿供奉有两个菩萨像。远点的地方有弥勒殿，供奉着胖胖的笑佛。弥勒殿满足了朝圣者的休息需求，其附近有一个迷人的开放式凉亭可供人们坐着喝茶，同时欣赏桃花峪上空的山峰景色。在远古时代，这里是更衣亭。更衣亭以及远点儿的回马岭使人想起古代帝王朝圣的图景，他们身穿华服兴奋地出发了，但是朝圣使他们疲惫不堪，在更衣亭过后他们不再穿着绫罗绸缎，而是像普通人一样徒步攀登最后一段陡峭的山路。

弥勒殿旁有一座观音殿，里面的观音被称为"南海大士"。但奇怪的是，

---

① 这与我们在妙峰山看到的是同一个女神，即碧霞元君（见"四月"）。由于在泰山之上，女神有时也被称为"黎明女神"，并获得了"碧霞"的称号。碧霞元君倍受崇敬，其父母虽统摄十八个省份，但是代表他们的神像却隐藏在一个破败的神殿中而快速湮没无闻。禄是遒在《中国民间崇拜》（第二卷和第九卷）中详细介绍了泰山以及其他的山神。

观音似乎被忽略了,与碧霞元君相比黯然失色。

　　山路以东的一个小丘有一座奇特的纪念碑——白骡冢。关于它有一个奇怪的传说。中古的史书记载:"公元726年,唐明皇(武则天的孙子)遵循古老习俗计划到东岳举行封禅大典……山东益州的太守有一头非常强壮的白骡,被派到泰山作为皇帝的坐骑。虽然先贤曾斥责焚书坑儒的秦始皇不尊重泰山,坐马车上山,但他们没有理由反对皇帝坐骡子。坐骡子爬山和下坡都非常安全,因为通往山顶的小径是一条没有铺石板的土路。当皇帝脚着地时……坚强的白骡在没有任何征兆或明显疾病的情况下死了。皇帝坚信这种动物很神奇,会护佑唐朝,立即封死去的白骡为将军,还派人用山石制了一个特殊的棺材,为白骡举行了一场盛大的葬礼。"用石头是出于尊重,因为泰山石(如我们所提到的)能够抵御所有的恶魔。

　　接下来是万灵塔,它曾经是一座繁荣的寺院,现在成了废墟,其倒塌的地方被乞讨者占据。这些乞食者用成堆的石头标示属于自己的角落,他们的疮口暴露在烈日下,像麻风病人一样躺着向路人乞求:"正直的先生,行行好!施舍给穷人,神明也会眷顾您。"这样的乞讨是很难抗拒的,因为喜欢以理服人的中国人觉得乞讨者说得有道理。

　　穿过一条长有常绿乔木的蜿蜒道路,到了斗母宫(读书人向斗母的儿子文昌祈祷),再穿过能喷出漂亮瀑布的水帘洞,就到了刻有《金刚经》的经石峪,最后到达第二道天门。

　　中天门被认为是朝圣的中点。实际上,这已超过朝圣路程的一半,因为中国人对距离的计算并不准确,中点代表的是到达目的地所需能量的一半,而不是实际距离的一半。

　　朝圣者在宜人的露台上休息。这个地方挤满了泰山特有的两人椅子。这些简单的交通工具只有一个网兜,上面木制的靠背和脚凳用皮带固定在粗杆上,粗杆由抬椅子的挑夫扛在肩上。这些挑夫从属于某些行会,住在泰安府附近的小棚屋里。他们的脚板像钢铁一样,背上青铜色的肌肉就像弹簧一样。从童年时代开始,他们就接受艰苦的训练,快速地走过最陡峭的山路(稍有不慎就会丧命)。但是他们从不滑倒。他们的父辈曾是泰山挑夫,冒着致命的危险,无视人类骨骼和肌肉的正常能力,在攀登过程中创造着奇迹。

中天门之后，往上走就到了步云桥，在泰山的斜坡有微风吹拂。每个转弯处的岩壁上都有石刻。塔楼上方是傲徕峰和九女寨，传说公元6世纪时，九女曾在此避难。

整个攀登过程最困难的部分始于龙门，从十八盘（泰山的台阶一共有七千阶）开始，石阶变得非常陡峭，悬挂在两侧的铁链方便了疲倦而头昏眼花的朝圣者攀登。把十八盘想象成雅各布的阶梯，其石阶上有忠实的攀登者，因为人类的翱翔精神或对神明的向往不会被任何东西压抑。但是，这些拄着朝圣杖痛苦前行的朝圣者，却没有光亮的翅膀。每天都有很多人朝圣，他们没有神秘主义者的光芒，从外观看很多人似乎还吃不饱。

高高耸立在石阶之上的最后一道天门，背后有一片碧绿的天空。尽管道路越来越崎岖，攀爬越来越艰难，朝圣者每隔几分钟就要停下来休息，但是他们知道，再努力一下，痛苦的朝圣就会结束了。看到接近天穹使他们有勇气继续攀爬，直到注视着雄伟的夕阳，"并试图伸手触摸附近的星星"。

实际上，泰山有数个山峰，包括日观峰、月观峰和最高峰——玉皇顶。每个峰顶都立有圣殿。天门附近的两个神殿"辟支塔"（带有神秘的象征意义）和关帝庙形成了奇怪的对比。天空近在咫尺，奇怪的是战神掌管了战略的关卡，人间纷争的观念也侵入这里了！

朝圣者主要集中在尽头的碧霞祠（见"四月"）。公元1008年，人们在山顶发现了一尊粗糙的石像，石像后来被一尊玉雕像取代，这使得碧霞元君与泰山结缘。现在，泰山顶的碧霞元君祠有着宏伟的圣殿、钟楼、鼓楼、一个用于燃烧供品的焚化炉以及一个覆盖着铜瓦的圣物。圣殿被木栅栏围了起来。没有人可以进入圣殿，但是在栏杆前虔诚鞠躬的朝圣者可以瞥见正好在眼光娘娘和主生娘娘之间的碧霞元君坐像。糕饼、钱、女鞋、泥娃娃和硬纸板等供品，被扔过了栏杆。如果供品落在祭坛上，也许会带来好运。否则，盲人离开时就像来时一样什么都看不见；求子的母亲会觉得神明对她的祈祷充耳不闻。

大殿附近的一座小神殿，有碧霞元君的替身，这非常罕见。在一张挂有布帘的床上,碧霞元君一年中的九个月都在睡觉。但是信众会在雨季请碧霞元君起床,以免女神的长袍因潮湿而毁坏。每年的四月十八都有唤碧霞元君起床的仪式,念着祈祷文、弹着乐器的道士们进入女神的房间,最后将神像放在椅子上。碧霞元君睡觉时盖的被子、穿的长袍、头上有铜吊坠的镀金头饰,都是女性祭拜者送给女神的礼物。总的来说,碧霞元君非常友善,如沙畹所言"她更像身穿节日盛装的普通农妇,而非贵妇或公主"。

山顶也有一个供奉泰山神的庙宇,但是与我们的期望相反,这个庙很小,无趣且无人问津。然而,在碧霞元君偷走泰山神声望的很久以前,它似乎是朝圣者最喜欢的地方之一。如今,主管万物生长的青帝,其庙宇在碧霞元君诞会期间也很少有朝圣者;位于泰山顶的玉皇殿同样也不是很受欢迎。在玉皇殿,作为泰山最高峰的巨石被石制的栏杆围住了。令人遗憾的是,玉皇的小神像没有丝毫威严的气息。事实上,玉皇大帝的小神像显得很悲凉,神像身穿镀金长袍,头戴前端悬挂有十三串红珠子以表明其帝王身份的帽子,梨形的脸上有着悲伤的神情,那下垂的黑色胡子露出了威严的假象。

比玉皇小神像更令人印象深刻的是没有铭文的著名石碑。玉皇殿门外的这块巨石,其光滑的表面只刻有一个字符"帝",但是石碑比上面的文字更古老。确实,传说秦始皇下令将石碑放在这里。公元前219年,秦始皇在泰山封禅。不过这个传说值得怀疑。现在的历史学家认为石碑很可能是汉武帝于公元前110年在泰山封禅时留下的。

由于孔子设计了帝国封禅,自然会有一座纪念孔子的寺庙,因而登上日观峰的是历史协会的爱好者,而不是虔诚的朝圣者。古代帝王封禅的地方,以祭坛遗址上的一块石碑为标志,因历史奇妙的连续性,中国文化的仰慕者感到这是山上最神圣的地方。从很久远的时代开始,中国统治者就向天神鞠躬,最早的仪式仅由皇帝主持。后来,仪式变得更加复杂了,在泰山顶举行祭天仪式(封),而在泰山脚下的小丘除地举行祭地仪式(禅)。沙畹认为,选择这两个地方不仅仅因为"它们在物理上更接近天或接近地……这两个地方本身具有神性,在天地之间扮演着中介的角色。因此,向天祈祷的对象仅限于泰山神,向地祈祷的对象仅

图 2-42 北京碧云寺五百罗汉

图 2-43 女尼们

限于土地神，以便神明可以满足其愿望"。沙畹的解释使人更容易理解古老的封禅。封禅与其他仪式的不同之处在于：不焚烧任何祭品；皇帝的封禅书不是烧了，而是刻在石碑上，并特地放在接近神的地方。大约在公元 1480 年，人们在这个地方发现了一些被精心封装在一个几何形石棺中的石碑。明朝皇帝担心移动石碑会打扰到泰山神，遂将这些石碑就地埋葬。然而，乾隆欣赏石碑的美胜过对移动石碑的恐惧，他派人将石碑运到了北京。

爱身崖在封禅遗址的附近，往往有信众在这处不吉祥的悬崖自杀。纵身一跳，疲惫的灵魂就会从身体中解脱出来。但是，更高尚的动机常常引发人们在这处悬崖做出很大的牺牲——孝道驱使忠诚的儿女牺牲自己以便父母可以从疾病中康复。有一种观念认为献出生命就可以避免家庭的灾难，这处悬崖的旧名字舍身崖表达了舍身的观念。

然而，"普罗大众跟随着中国过去时代的学者、皇帝、诗人和农民的脚步而朝圣，他们认为在舍身崖有充分的理由继续活下去"。我们的下方是宁静的泰山，那是大自然的一幅壮丽的全景图。孔子故乡有无与伦比的景色，大汶河"似一条蜿蜒的巨龙在附近的耕地上散布下沙质的鳞片，泰安城上方的寺庙屋顶在太阳下闪闪发光"。当信奉各路神明的朝圣者俯视着最后的夕光散落大地、延伸至远处有坟堆的地平线上时，他们感觉自己什么也看不见了。自然之神包括泰山神，似乎就是信仰的恩赐。这种信仰或消逝在繁华的都市中，或掩藏在昏暗的教堂、人迹罕至的寺庙中，但是置身泰山山顶，却有一种庄严肃穆的感觉。

第十五章 十一月·冬月

491　　十一月，中国北方已是寒冬腊月。寒气在新年过后才稍微退去，然后天寒地冻的日子渐渐不再。所有的河流、湖泊和池塘都结冰了。岩石和弯曲的常绿植物在光秃秃的花园变得很显眼。即使在南方，原本翠绿的山谷也变成了棕色的方形棋盘，上面布满了庄稼的残茎，看上去像是用旧刷子刷过的鬃毛丛。

　　北京人在十一月初一塞窗，把每个房屋的裂缝用粗纸塞住以防风。因为通风在中国人眼中总是很危险的，寒冷天气完全不需要通风。帝制时期，有权穿皮服的官员应在此日穿上皮服。对穿着等细节的规定，
492　证明以前的中国社会，个人的行为会受到舆论的约束。从政治上说，汉人的社会生活并不自由，现在比以前自由多了。个人主义和偏离常规无法蓬勃发展，因为人们认为反常的行为背离了习俗，因而不合于常规，"争取个性化不能为社会带来有价值的结果……传统总是比平凡的个体更聪明"。

　　然而，尽管人们在小事上反对不守常规，认为这在大事上有构成危险的预兆，但是像什么时候换穿厚衣服，什么时候换薄衣服，对中国人来说并不难，因为年历可以非常准确地预测季节。即使在饮食方面，也可以依靠年历。例如，当年历建议在十月吃兔子时，我们可以肯定在十月之前人们会养有很多兔子，因为这些建议是出于明智的经济考虑。

　　在最冷的大寒时节，人们知道哪一天可以将雪橇安全地放在通州运河的冰面上。通州运河是大运河的延续，几个世纪以来，人们一直通过

大运河将南部各省的漕粮运到北京。此外，人们确信立春前运河可以安全运送重物，根据节气表，立春之后河里的冰块就不结实了，无法承载重物。

排子之所以被称为排子，是因为它们类似于安装在支架上的普通木床，带有滑轮的排子由两个人一拉一推前行。当运河冰封的时候，根据当地人的说法，整个夏天都繁忙的重型驳船会被拖到岸边，扎在淤泥中的荆棘丛可固定驳船，乘客和轻便的货物便用排子从一个地方运到另一个地方。蜷缩在棉衣里的农民，带着篮装的小鸡或猪蹄、被绑在一起的尖叫着的猪，来到城镇。一群头上戴花的妇女以及穿着鲜艳棉大衣的孩童，他们的彩色衣饰为单调的冬季增添了色彩，正在和排子的老板讨价还价，以便购物后搭载他们的排子回到村庄。

沿河两岸的生活似乎暂停了。室外的茶馆关闭了，在夏季为顾客遮阴的藤蔓其根部现在也枯萎了，土制的长凳和桌子空无一人。但是，冰冻的道路却充满生机，风景如画。一位渔民独自在河岸附近的冰上打了一个洞，发出我们无法理解的神秘信号，聚集附近所有的狗都来喝水。鸭贩在早晨用沉重的杆子凿出一处清澈水面，并小心翼翼地守着游水的胖白鸭子。那边，采冰者正在切割冰块，然后将它们拖到河岸，埋在深深的窖房中，并覆盖上泥土，这些冰将在夏季供民众使用。①

然而，这些人都没有干扰到航道，排子在航道上来来往往，年轻人和男孩子沉迷于简便的冬季运动。一些孩子用带金属尖的杆子划得飞快，他们弓着腰使重心比站着的时候低，以免偶然撞到他人。其他人则用皮带将乡村铁匠锻造的铁刀绑在布鞋上，然后在冰上滑行。大多数年轻人只用一只溜冰鞋，而另一只则借给弟弟。当然，只用一只溜冰鞋不可能滑出八字形，但是有些男孩却在粘着灰尘、被排子划花了的冰上滑出了"八"字形。即使是小孩子也会整日自娱自乐，他们将一只脚放在另一只脚上，凭借单个冰刀长时间在冰面上滑行。如果摔倒了，孩子们身上穿着的厚厚的棉衣可以让他们避免受伤。

---

① 自周代以来，人们就一直沿袭这种方法采冰，周代皇帝会任命官员主管采冰的事务。从运河和池塘中取冰是否干净常常使人怀疑，但是习俗认为"三九"（见下文）时节采的冰是最好的，尽管在我们看来，"三九"前后采的冰并没有什么不同。

以前，满族青年在北海或中南海接受滑冰训练，皇帝会赏赐滑得最好的人。乾隆天生爱好运动，似乎特别关注年轻人，并且在诗词创作中提及滑冰："马在陆上最快。船在水上最快。鸟在空中飞得最快。借助特殊的鞋子，人们可以像马、船、鸟一样，在冰上快速滑行。因此，我们可以说滑冰确实是一项轻便又快速的运动。"① 伟人也会表述显而易见的事情，有一颗珍贵的东方之心！

人们说，"十一月十五的月亮在头顶上"。这一晚，"佛塔的影子就是一个点，人的影子也变得非常小"。尽管成年人似乎并不害怕跟随他们一生的黑脸鬼，但是黑脸鬼只在这一晚看得见，当它们漆黑的手指落在玩具上并留下阴影时，会吓到躺在床上还没有入睡的小孩子。

冬至

十一月的主要节日是冬至，这标志着一个农业周期和天文年②（假定其不是自然年）的结束，因为地球已经公转了一次，即将开始下一轮公转，而且新的农业周期也要开始了。

不单是中国人在这个时节有冬至的习俗，许多民族和国家也有相关的习俗。这对原始民族来说是很自然的，他们敬畏地注视着白天和漫漫长夜并忍受大自然的寒冷和阴暗。③ 光明战胜黑暗之时也是庆祝之时。事实上，西方的圣诞节也大约在这个时候，圣诞节是由罗马人、英国人和日耳曼人保留的古老节日转变而来的。中国冬至后的十二天正好对应于日耳曼人的尤尔节。④ "洋冬至"这一术语，有时被用来称呼圣诞节，"洋"

---

① "陆行之疾者，吾知其为马。水行之疾者，吾知其为舟、为鱼。云行之疾者，吾知其为鹍、鹏、雕、鹗。至于冰，则向之族，莫不蹩躠、胶滞、滑擦，而能施其技。"出自乾隆的《御制冰嬉赋》。——译者

② 对应的英文单词为 astronomical year，指的是太阳连续两次通过春分点的时间间隔。冬至时太阳直射点南移到了南回归线。——译者

③ 在冬至之前，即冬天最寒冷的时候，总而言之，在自然的死亡季节，旧中国有处决犯人的习惯。那些被判刑的罪犯，不管他们什么时候被定罪，如果可能的话，都应保留到合适的时候处决。因此，十一月又被称为"处决之月"。

④ "Yule"一词被认为来源于太阳。里格·韦达（Rig Veda）认为，冬至后的第十二天是太阳的假日，这一天太阳休息，让另一个小神来负责。这种小神相当于灶神，后来成为西方的圣诞老人，见《中国科学与艺术杂志》，1925年12月，第638页。

的意思是外国。

在废除封建帝制之前，皇家在冬至日举行庄严的祭天仪式（见《国家祭典》）。过去祭祀天地和先皇先祖非常重要，以至于有俗话说："如果不举行冬祭，皇朝就会灭亡。"

尽管祭祀仪式被认为不够民主，但民国至今仍允许一些官员在冬至休假，人民也像过去一样在家里举行简单的仪式。馄饨是家庭宴会的主菜，就像春节吃年糕（见"五月"）和夏至吃面条一样。说到这些糕饼，一些省份保留了非常古老的习俗，在年内嫁过去的新媳妇仍然要提前穿上红裙子准备馄饨等食物。穿着新衣服的媳妇第一次在夫家祈福时，要准备足够的吃穿用品供给先祖。在将面团揉成所需的稠度后，每个家庭成员都要拿一块搓成小球放在水中煮熟，第二天早晨供给门神。有些家庭将馄饨限制为十二个，以报答神明每个月的恩赐。其他家庭则供奉额外的糕饼，这些糕饼被粘在门外的柱子上和窗台上，就像美国学龄儿童在桌子下粘一团口香糖。为了祈求丰收，农民的妻妾经常在祭坛摆放猪形和鸡形的粗糙物件。她们模拟中国十二生肖（见《中国年历》）是为了祈求六畜兴旺。

比这些迷信更重要的是像往常一样祭祖，祭祖贯穿了整个农历年，就像交响乐中反复出现的某个音符一样。这一次，人们不是在死者的坟墓前祭祀，而是在祠堂挂出的死者的遗像前。整个家族的成员都出席这次祭祖仪式。祖先坐的椅子列在祭坛的北边，站在南边的一家之主虔诚地面对着死者遗像。当一家之主邀请祖先"享用冬季的盛宴"时，在场的所有人都不说话，礼貌地等着，祖先的鬼魂在坐下来吃晚饭前，会先享受缥缈的食物香气。如此实现了团圆，整个家族都团聚了，无论是活人还是死人。

在冬至祭祀死者，最初是为了纪念军事英雄，这可以追溯到传说的时代。在中国成为由不同部族组成的帝国之前，不同的部族间经常开战。此外，秋收之后的农耕部族必须特别警惕，他们不得不抵抗游牧的部族，因为游牧的部族急于掠夺其他部族的粮食。因此冬天成了防御或进攻的自然季节。然后，休闲的农民可以把武器换为锄头，结冰的道路也使运输变得更容易了。当家里不需要劳动力时农民才有了空闲，而且他们往往想要报复之前的敌人,或从邻居那里掠夺粮食,于是农民成了士兵。

众所周知,《礼记》规定了统治者及其下属在冬季有检查武器、招募新兵、加固城墙、准备战车的任务。如此说来,为了激发臣民的爱国热情,统治者选择在冬季祭祀战死的战士并奖励还活着的杰出士兵,因为没有别的季节比冬季更自然的了。

早期历史似乎与20世纪相去甚远,然而我们必须将以面团祭祀门神的习俗追溯至遥远的时代,那时人们祈求门神保佑他们在战斗中获胜,现在人们祈求门神保佑他们和平与富足。

像所有农业国一样,冬天也是中国人结婚的自然季节,因为人们在收成后的冬天不再在野外劳作,而且也有钱有闲来处理家庭事务了。此外,在东方冬至是生命重生之前阴阳转换的一个重要节点。天地神秘地结合在一起,随时准备回应春天万物复苏的呼唤。人类也遵循自然的规律。高延认为牛郎织女传说的起源在于顺应自然,这是中国非常诗意和浪漫的神话(见"七月")。现在象征着恋人的牛郎星和织女星在远古时代的冬至相会。两者都是冬季的标志。霜降时节牧民把牛带回棚里,牛郎星成为畜牧的守护神;寒冷的冬天妇女只能留在室内缝制来年的衣服,织女星成了妇女们的守护神。因此,牛郎星和织女星被赋予了不同性别,成为恋人的守护神。斗转星移,牛郎星和织女星相会的时间如今不在冬季而是移到了七月,即我们已经提过的七夕。尽管如此,当牛郎星和织女星相会在天上时,习俗认为这一天成亲是吉利的,保守的家庭依然沿袭这一习俗,即使它源自史前时期。

数九

冬至之后开始数"九九",这标志着寒冷天气的结束,人们称之为数九。中国人还发明了"九九消寒图"。该图由九条线组成,每条线上绘有九个圆圈,每个圆圈又分为五部分:中心有一个小圆圈和四条线。上部用来标记多云的天气,下部标记晴朗的天气,左侧表示刮风天,右侧表示下雨天,中间表示下雪天。① 确定了当天的天气后,在小圆圈内做相应的标记。这种原始方法记录了准确的天气情况。有些消寒图画有八十一朵

---

① 上点阴来下点晴,左风右雨雪当中。——译者

梅花，每天都给一朵梅花涂色，这模仿了西安府在公元1488年建造的灵碑。灵碑上刻有一个花瓶，上面有九个分支，每个分支上都开有九朵花。这种记录简单明了，即使是不识字的乡下人也知晓播种的适当日期。当涂到最后一个圆圈，或标记到最后一朵梅花时，农夫就开始劳作了。从那时起，阳气回升，美丽的春天似乎在庆祝阳气的到来。

乡下人经常说"数九"的谚语。例如"一九二九，风如牛""三九四九，不出手"（这说明了天气极度寒冷，不戴手套的中国人将手藏在袖子中保暖）"五九六九，沿河看柳""七九河开""八九雁来""九九冰消，耕牛遍地走"。

从气候来说，至少在华北地区（中国历法由北方人制定，并且针对北方而言），这些充满智慧的谚语简单地提示了：一九二九可能有大寒，但是三九四九仍然非常寒冷，人们仍将双手放在袖子里；五九六九温度略有上升，每年的春季从六九开始。我们要注意，中国的春季比西方人的早四十五天，因为西方人的春天从春分开始。（见《中国年历》）

阿弥陀佛

有一位受人崇拜的贤者在十一月散发出金色的光芒，他就是中国人最喜欢的阿弥陀佛。阿弥陀佛与大势至菩萨、观世音菩萨一起出现在佛殿上，甚至比他们还要耀眼。受人敬拜的阿弥陀，曾是个有钱有势的国王，他非常爱自己的子民，以至于甘愿放弃王位成为一名僧人，随后在乔达摩面前成佛。在佛祖面前，阿弥陀发愿："他将致力于建立一个有福的天国，这个天国的所有活物永远处于极乐、无罪和证悟之中。"这就是阿弥陀经常被亲切地称为接引佛——"将灵魂引导到天宫的佛陀"的原因。

实际上，他的誓愿并不正统。佛教创始人乔达摩教导说，只有当疲惫的世俗生活结束时，人才会涅槃。涅槃是一种精神状态，而不是到达某个确定的阶段。事实上，涅槃只是意味着内心完全平和。乔达摩几乎没有向弟子描述来世，也没有给他们提供今生的乐趣。乔达摩只说一切苦难终将消逝，所有的热情都将消失，仇恨和恶念的火花将会熄灭。

对于超凡脱俗之人来说，没有天宫可以期待，除非把修行作为一种生活方式，并且达到无欲无求的状态。渴望天宫的芸芸众生却并不如此，他们更关注内心的欲望。

　　净土宗认为人们对永生的渴望主导了往生极乐净土的思想。① 净土宗由一位山西人在公元4世纪创立，其信条是通过信仰阿弥陀佛实现救赎，在净土而不是通过释迦牟尼的涅槃达到极乐状态。净土宗成为中国最繁荣的教派，在所有阶级中都很受欢迎。如今，几乎每一个中国佛教徒都或多或少地受到净土宗的影响，甚至法师也设法将这一宽慰人心的信仰与正统的佛教教义相结合，尽管严格说来两者是对立的。

　　净土宗描绘了净土的奇妙图景，即所谓的西方天宫，尽管"阿弥陀佛的天宫是虚幻的"。在那个有福的国度，河流里有纯金的沙子，树木有珊瑚树干，树干上有钻石树枝，树枝上有闪亮的金属叶子和闪闪发光的宝石果实。七重栏楯和七重罗网环绕着莲池。信净土宗者，当他们把遮住了实相的幕帘轻轻推开时，会在一朵莲花的花萼中重生。莲花一遇到纯洁的灵魂便立即绽放，所以他们可以马上进入极乐天宫并且接受阿弥陀佛的佛光照耀。污秽的灵魂会关在花苞中，囚禁的时间由在世时的罪行而定，"这个阶段叫无痛苦的炼狱，他们到了天宫，但是还不属于天宫"。但是所有人都会得到极乐，没有人会被永远排除在极乐天宫之外，因为阿弥陀佛相信所有的不完美都是暂时的，而且"整个宇宙最终都会有佛性……净土宗认为所有人都是平等的。没有优劣，没有等级"。

　　净土宗还认为"人们只要念诵南无阿弥陀佛，信奉阿弥陀佛，一朵对应他的莲花便会出现在圣湖中。如果他在尘世生涯中虔诚、品行端正而热心于净土宗，莲花就会茁壮成长，反之，莲花就会凋零"。此外，正义之士临终时，观音会手持莲花降临他的床前，一旦他的灵魂离开身体，便将其放在莲花的花蕊上，然后使者将莲花送到净土，灵魂从虚幻的黑暗中被放出来的那一刻，就似绽放的花苞溢出香气，莲花重新绽放。

　　有许多漂亮的佛教符号与莲花有关——可以说佛教的莲花对应基督教的十字架。释迦牟尼以莲花自喻："莲花生于水，长于水，高出水面而不受污染；我也似莲花，生于世，长于世，高出俗世。"诵经的地方都能找到佛教的莲花，所有佛寺的佛陀都有莲花座。有丰富想象力的东

---

① 这些学说与早期佛教的教义相去甚远，以至于有些人倾向于将它们归为独立的教派，这一派经由波斯人传入中国，而且受到基督教和诺斯替教（Gnosticism）的影响。

方人也想象不出比西方天宫更美的图景了,圣湖的莲花有着粉色的花萼,花萼里面孕育着有福之人的灵魂。

为了到达天宫,净土宗教导人们要信仰阿弥陀佛,尤其是要不断念诵阿弥陀佛。实际上,"南无阿弥陀佛"(或简称为"阿弥陀佛")一词在中国具有辟邪的作用。"南无阿弥陀佛"被刻在寺庙的墙壁上、圣山的岩石上。僧侣和俗人都念诵"阿弥陀佛"。"让他们呼唤我,"阿弥陀佛说,"他们将得到极大的幸福。"因此,每日每时,净土宗的信徒都会念佛,虔诚之人会购买纸张,并准备印有阿弥陀的纸。阿弥陀的光环布满了小圆圈,可以记录念诵的次数。在重复念诵一百或一千次之后,信众在圆圈上标上红色的墨点,当一张纸用完时,继续用另一张。因此,他们一张又一张地标记,并仔细放好,直到观音手持莲花将他们的灵魂接走,标记念诵次数的纸张才被烧掉,希望它们能作为通向净土的凭证。

我们可能会觉得这种机械念诵"阿弥陀佛"圣号就是做功德很幼稚很好笑,但正如庄士敦在《佛教徒的中国》中所说:"其他的民族和宗教也有相似的做法。例如,孟加拉的毗湿奴派(Vaishnanvas)相信仅仅念诵克利须那神(Krishna)的圣号就是在做功德,尽管这种念诵并没有显示出宗教的虔诚。一位欧洲观察家反对批评的做法,为克利须那神的崇拜者辩护道,重复念诵圣号建立在合理的原则上,因为这个习惯源自虔诚的意图,只要这种行为仍然进行,这种意图实际上就会继续存在。"天主教作家格罗斯(Growse)在谈及类似的基督教习俗时说:"没必要在整个过程中都保持意图的真实性,只需要一个虚拟的意图就可以了,也就是说,这个意图已经存在并且会继续下去,尽管我们可能因为疏忽或分心而忽略了它。"

毋庸置疑,开悟的净土宗信仰者并没有像农民那样将"阿弥陀佛"视为一种祈祷,而是相信念佛能唤醒自己灵魂深处的佛性,在六根清净之后,他们就能成佛。他们也不相信"阿弥陀莲湖的故事和佛陀的存在,今天受过教育的基督徒不相信存在有翼的小天使,金色的皇冠,洛可可天堂的宝石街道和玻璃海。乔治·泰瑞尔(George Tyrrell)称这些东西为'赞美诗和启示录'。基督教神父说,'这是神圣真理的象征'。佛教僧侣说,'这是佛性的隐喻'"。

中国佛教受净土宗的影响很深。虽然净土宗关于人重生的理念是后世对佛教教义的补充，却对佛教的传播做出了重大贡献。若没有印度本土的许多严格正统教义，佛教也可能传遍整个中国，但是仅凭崇高的道德信条无法确保佛教在中国持续传播。若是没有救世主阿弥陀，佛教可能不会赢得大众的喜爱。因为朴实的人们一直以来需要的，不仅仅是修德行善和心如明镜，更是佛教承诺的天宫，在天宫，疲倦之人会感到轻松，不幸之人最终也会幸福。

参考书目

Ayscough, Florence, *A Chinese Mirror*, London, 1925.

Ayscough, Florence, "Cult of the Ch'êng Huang Lao Yeh", Shanghai, *The Journal of the N. C. B. R. A. Society*, 1924.

Backhouse, E. & Bland, J. O. P., *Annals and Memoirs of the Court of Peking*, London, 1914.

Backhouse, E. & Bland, J. O. P., *China under the Empress Dowager*, London, 1914.

Baker, D. C., *The T'ai Shan*, Shanghai, 1925.

Ball, J. Dyer, *Things Chinese*, Shanghai, 1903.

Baranoff, "A Visit to Chinese Temples"(Ajiho, Manchuria), Harbin, *The Far Eastern Monitor*, 1926.

(Bichurin), Father Hyacinth, *China's Civil and Moral Condition*, I-IV, St. Petersburg, 1848(in Russian）.

(Bichurin), Father Hyacinth, *Description of the Religion of the Literati*, St. Petersburg, 1844(in Russian）.

Bouillard, G., *Usages et Coutumes à Peking*, Peking, 1923.

Bredon, Juliet, *Peking*, Shanghai, 1922.

Brunnert, H. & Hagelstrom, V., *Contemporary Political Organisation of China*, Peking, 1910(in Russian）.

Carus, Paul, *Lao Tze's Tao-Teh-King*, Chicago, 1898.

Chavannes, Edouard, *Le Tai Chan, etc.*, Paris, 1910.

Cordier, Henri, *Bibliotheca Sinica*, 2nd Ed., Paris, 1904–1924.

Cormack, Mrs. J. G., *Chinese Birthday, Wedding, Funeral and Other Ceremonies*, Peking, 1923.

Cornaby, W. Arthur, *A String of Chinese Peach-Stones*, London, 1895.

Couling, Samuel, *Encyclopaedia Sinica*, Shanghai, 1917.

Doolittle, Rev. Justus, *Social Life of the Chinese*, I–II, New York, 1867.

Doré, le Père Henri, *Recherches sur les Superstitions en Chine*, I–XIV, Shanghai, 1911–1919.

Edkins, Rev. Joseph, *Ancient Symbolism among the Chinese*, London, 1889.

Edkins, Rev. Joseph, *Chinese Buddhism*, London, 1888.

Eitel, (Rev.) Ernest J., *Handbook of Chinese Buddhism, etc.*, Hongkong, 1888.

Fiske, John, *Myths and Myth-makers*.

Forke, Alfred, *World Conception of the Chinese*, London, 1925.

Frank, Harry A., *Roving Through Southern China*.

Frank, Harry A., *Wanderings in Northern China*, New York, 1923.

Fraser, J. G., *Folk-lore in the Old Testament*.

Fraser, J. G., *The Golden Bough*.

Gailey, Charles Mills, *Classic Myths*.

Geil, William Edgar, *The Sacred Five of China*, London, 1925.

Giles, Herbert A., *Adversaria Sinica*, Shanghai, 1914.

Giles, Herbert A., *The Civilisation of China*, London, 1911.

Giles, Herbert A., *A Chinese Biographical Dictionary*, London, 1898.

Giles, Herbert A., *Confucianism and Its Rivals*, London, 1915.

Giles, Herbert A., *Chuang Tzǔ, etc.*, London, 1889.

Giles, Herbert A., *Strange Stories from a Chinese Studio*, Shanghai, 1908.

Granet, Marcel, *Fêtes et Chansons Anciennes de la Chine*, Paris, 1919.

Gray, John Henry, *China, etc.*, I-II, London, 1878.

Green, G. P., *Some Aspects of Chinese Music*, London, 1913.

Groot, J. J. M. de, *Les Fêtes Annuellement Célébrées à Émoui(Amoy)*, I-II, Paris, 1886.

Groot, J. J. M. de, *The Religious System of China*, I-VI, Leyden, 1892-1910.

Groot, J. J. M. de, *Sectarianism and Religious Persecution in China*, Amsterdam, 1903.

Groot, J. J. M. de, *Universismus*, Berlin, 1918(in German).

Grube, wilhelm, *Fêng-Shêng-Yên-I, (Metamorphoses of the Gods)*, Leyden, 1912(in German).

Grube, Wilhelm, *Zur Pekinger Volkskunde*, Berlin, 1901.

Grube, Wilhelm, *The Religion of the Ancient Chinese*, Tübingen, 1911(in German).

Gueorguievsky, S., *Mythical Conceptions and Myths of the Chinese*, St. Petersburg, 1892(in Russian).

Gueorguievsky, S., *The Principles of the Life of China*, St. Petersburg, 1888(in Russian).

Hastings, James, *Encyclopaedia of Religious Ethics*.

Hayes, Newton A., "The Gods of the Chinese", Shanghai, *The Journal of the N. C. B. R. A. Society*, 1924.

Headland, Isaac Taylor, *Court Life in China*, New York, 1909.

Headland, Isaac Taylor, *Home Life in China*, London, 1914.

Hearn, Lafcadio, *Some Chinese Ghosts*, Boston, 1906.

Hearn, Lafcadio, *Japan, an Attempt at Interpretation*, London, 1904.

Hoang, Father Peter, *A Notice of the Chinese Calendar*, Zi-Ka-Wei, 1904.

Hoang, Tsen-yue, *Étude Comparative sur Les Philosophies de Lao Tseu, Khong Tseu, Mo Tseu*, Lyon, 1925.

Hu Shih, *The Development of the Logical Method in Ancient China*, Shanghai, 1922.

Imbert, Henri, *Le Nélombo de l'Orient(Lotus)*, Peking, 1922.

Imbert, Henri, *La Pivoine, etc.*, Peking, 1922.

Imbert, Henri, *Poésies Chinoises, etc*, Peking, 1924.

Johnston, R. F., *Buddhist China*, London, 1913.

Johnston, R. F., *Lion and Dragon in Northern China*, London, 1910.

Johnston, R. F., "The Cult of Military Heroes in China", Shanghai, *The New China Review*, 1921.

Kayserling, Count, *The Travel Diary of a Philosopher*, I-II.

(Kulchitsky), Father Alexander, *Chinese Marriage*, Peking, 1908(reprint in Russian).

Kupfer, Carl F., *Sacred Places in China*, Cincinnati, 1911.

Laufer, Berthold, *Jade*, Chicago, 1912.

Legge, James, *The Chinese Classics*.

Leong, Y. K. & Tao, L. K., *Village and Town Life in China*, London, (1915).

Li Ung-bing, *Outlines of Chinese History*, Shanghai, 1914.

Lowell, Percival, *The Soul of the Far East*, London, 1888.

Macgowan, Rev. John, *Chinese Folk-lore Tales*, 1910.

Mackenzie, Donald A., *Myths of China and Japan*, London.

Maybon, Pierre B., *Essai sur les Associations en Chine*, Paris, 1925.

Montuclat, *Articles on Chinese Astronomy in La Chine*, Peking, 1923.

Obata Shigeyoshi, *The Works of Li Po*.

Plopper, C. H., *Chinese Religion Seen Through the Proverb*, Shanghai, 1926.

Pokotiloff, D. *Wu T'ai, Past and Present*, St. Petersburg, 1893(in Russian).

Popoff, P. S., *The Chinese Pantheon*, St. Petersburg, 1907(in Russian).

Richard, Timothy, *A Mission to Heaven, etc.*, Shanghai, 1913.

Rockhill, W. Woodville, *The Life of the Buddha, etc.*, London.

Ross, John, *The Original Religion of China*, London, 1909.

Russian Ecclesiastical Mission, *Works of the*, I-IV, Peking,

1909-1910(reprintin Russian).

Saussure, Léopold de, "The Lunar Zodiac", Shanghai, *The New China Review*, 1921.

Saussure, Léopold de, *Le Système Astronomique des Chinois*, London, 1921.

Shkurkin, P., *Chinese Legends*, Harbin, 1921(in Russian).

Smith, Arthur H., *Chinese Characteristics*, London, 1892.

Smith, Arthur H., *Proverbs and Common Sayings from the Chinese, ete.*, Shanghai, 1902.

Smith, Arthur H., *Village Life in China*, New York, 1899.

Soothill, Rev. W. E., *The Three Religions of China*, London, (1913).

Spencer, Herbert, *Principles of Sociology*.

Staël-holstein, Baron A., *Lectures on Buddhism*, Peking, 1927.

Suzuki, D. T., *A Brief History of Chinese Philosophy*, London, 1914.

Vassilieff, V., *Religions of the East: Confucianism, Buddhism, Taoism*, St. Petersburg, 1873(in Russian).

Vitale, Baron Guido, *Pekingese Rhymes, etc.*, Peking, 1896.

Waidtlow, Rev. C., "Ancient Religions of China", Shanghai, *The New China Review*, 1922.

Werner, E. T. C., *Descriptive Sociology, etc.*, Chinese, London, 1910.

Werner, E. T. C., *Myths and Legends of China*, London, 1922.

Wieger, le Père L., *Folk-lore Chinois Moderne*, Hsien hsien, 1909.

Wieger, le Père L., *Morales et Usages*.

Wieger, le Père L., *Histoire des Croyances Religieuses et des Opinions Philosophiques en Chine, etc.*, Hsien hsien, 1917.

Wilhelm, R. & Martens, Frederick H., *The Chinese Fairy Book*, New York, 1921.

Williams, Edward T., *China Yesterday and Today*, London, 1923.

Williams, S. Wells, *The Middle Kingdom*, New York, 1883.

索 引[1]

（所注页码为英文原书页码，即本书编码）

A

Almanac, Chinese 历书

Amida Buddha 阿弥陀佛 50，456，461-463，497-498，502-508

Ancestor Worship 祈祷祖先 30-32，40，92，96-99，104-105，219-229，377

Arbor Day（See Ch'ing Ming）清明节 218

Arhats（See Lo Hans）罗汉

Artemisia（mugwort）艾蒿 314-315

Artillery, Gods of 火炮大将军（五虎神） 364

B

Board of Mathematicians 钦天监 5

Bodhidharma（Ta Mo）达摩 463-468

Buddha Sakyamuni 释迦文佛 257-262，271-272，503，504

Buddhism 佛教 49-51，71，180-196，155-265，269，275-278，331，386-390，463-468，481，502-508

Buddhist Triads 佛教三宝 271-273

---

[1] 索引中的中文单词分两类：一类是原书标注的中文单词；一类是译者补充的中文单词（此类中文词加了下划线以示区别）。——译者

C

Calendar, Chinese Chapter 中国年历 1，500，502

Calendar, God of the 年神 23-28

Carpenters, God of（See Lu Pan）木匠祖师爷，鲁班

Cassia Tree, Sacred 桂树 409，410，411

Cattle, God of（Niu Wang） 牛王 360-361

Ch'an, the Moon Toad（See Hêng O）嫦

Chang Fei 张飞 325-327

Chang Kuo, Immortal 张果 294-295

Chang Tao-ling（See Chang T'ien Shih）张道陵

Chang T'ien Shih 张天师 46，319-323，342，441，475

Ch'êng Huangs（See"City Gods"）城隍

Chêng Wu（Chin Tu Fo）真武 138-140，418-419

Chih Ma（posters）纸马 95-96，146

Ch'in Shih Huang Ti（The First Emperor） 秦始皇帝 42-43

Ch'in Kuang, King of Hell 秦广 173

Ch'ing Ming Festival 清明 63，69，218-221

Chiu Hua, Mt. 九华山 338-389，475

Chou Wang（Hsi Shen）纣王 37，416-417

Chrysanthemums 菊花 426-429

Chuan Lun, a King of Hell 转轮 179

Ch'u Chiang, King of Hell 楚江 176

Chu Hsi（Chu Fu Tzu）朱熹 437-438

Chung Kuei 钟馗 313

Ch'ü yüan（see "Dragon-Boat festival"）屈原

City Gods（Ch'eng Huangs）城隍 36，68，82，94，438-455

Clouds, Gods of 云神 57，351，358-359

Confucius（"K'ung Tzǔ"）孔子 40-45，64，203-213，488

Constellations, Twenty Eight 二十八宿 13-17，57

Cowherd and Weaver 牛郎织女 370-376，500

岁时 | 531

Crickets 蟋蟀 368，369，433-435

Cyclical Signs 轮回 9-10，141

D

Dragon-Boat Festival（"Tuan Yang"）端阳 69，80，300-308

Dragon Boats 龙舟 303-308

Dragon Cult 龙崇拜 67，332-333，334-351，396-397

E

Earth Goddess 土地神 35，163

Earth Worship 土地信仰 61-62，93，104，129，162-165，391-392

Emperors, Perfect 五帝 29-30，57，308，469，480

Erh Lang 二郎 172-173

Exorcism（Exorcists）驱邪术 122-124，312，322-323

F

Fasting 斋戒 56，116-117

Feast of Lanterns（"Têng Chieh"）灯节 84，133-141

Feng Hsien Tien（Palace temple）奉先殿 63

Fêng Shui 风水 53，159

Festivals of the Dead（Kuei Chieh）鬼节 69，218-229，376-386，460-463

Festivals of the Living（Jen Chieh）人节 69，Chapter V，300-308，397-404

Fire-crackers 爆竹 78

Fire God 火圣 67，74，149，361-364

Five Planets 五行星 57

Five Poisonous Animals 五毒 308，317-319

Five Sacred Mountains 五岳 470，474-490

Five Rulers（"Wu Yo Shên"）五岳神 24，469-473

Four Diamond Kings（"Chin Kang"）四金刚 266-268

Foxes, Spirits of 狐仙节 417

Frog Worship 青蛙神 165-167

Fu Hsi, Perfect Emperor 伏羲 29，47，308-309，469，480

Fungus 木耳 244-245

Fu Shên, God of Luck 福神 419

G

Gate Gods 门神 86-88，94

Graves, Chinese 坟墓 221-229

Great Bear Constellation（"Northern Measure"）度母 57，420-423，480-483

H

Han Chung-li, Immortal 汉钟离 288，293

Han Hsiang Tzu 韩湘子 295

Han Shih（Cold Food Feast）寒食 216-218

Hariti, Goddess 哈里提 182

Harvest Moon Festival 中秋节 69，80

Hearth God（See "Kitchen God"）灶神

Heaven, worship of 祭天仪式 54-61，93，104

Hells, Chinese 地狱 136，173-180，379，444-448，480

Hêng and Ha, Marshals（郑伦，陈西）268-269

Heng O（The Moon Lady）垣娥 412-414

Ho Hsien-ku, Immortal 何仙姑 296

Horses, God of（Ma Wang）马王 360-361

Hou Chi 后稷 64

Hours, Chinese 时辰 23

Household, Chinese 家神 36，90，92，94-95，105-106，455

Hou T'u 后土 35-36，64，164

岁时 | 533

Hou Yi（The Divine Archer）后羿 412-414

Hsien Nung（See Shên Nung 先农） 65

Hsien Ts'an T'an（Altar of Silkworms 先蚕坛） 66

Hsi Shên（God of Toy）（Sec "Chou Wang"）喜神 416-417

Hsi Wang Mu 西王母 47，184，231-234，413

Hua T'o, physician 华佗 311-312

Hundred Gods, Gathering of 百神 144-147

Huo Shêng（See Fire God）火神

I

Idols 神像 49

Immortals, Eight 八仙 288-298

Imperial Ancestors 先皇先祖 57，62-63

Incense 香 111

Intercalary Moons 闰月 7

J

Jade 玉 220

Jade Emperor（"Yü Huang"）玉皇 47，77，145，147-148，173，189，441，476，480，487

Jade Rabbit（See "Moon Hare"）玉兔

"Joints and Breaths" of the year 中气，节气 18-22

Jupiter, planet 太岁 26-27，67

K

Kites 纸鸢 430-432

Kitchen God 灶君（灶王） 73-78，94，106，371

K'o t'ou 磕头 102

Kuan Ti（God of War）关帝 67，176，323-332

Kuan Yin（Goddess of Mercy）观音 71，180-196，481，502

K'uei Hsing（God of Literature）魁星 238-239

L

Land and Grain, Gods of 社稷 63，64

Lan Ts'ai-ho, Immortal 蓝采和 296

La pa ch'ou 腊八粥 71

Lao Tzǔ 老子 38-39，40，47，201-203，480

Lei Kung（See Thunder, god of）雷公

Lightning, Goddess of 电母 354

Lion Dancers 狮舞 395

Li Pu（Board of Rites）礼部 54

Literature, Gods of（"Wen Ch'ang"）文昌 67，237-240，331

Li Ti'eh-kuai, Immortal 李铁拐 293-294

Liu Hai, Immortal 刘海 166-167

Liu Mên Chiang Chün（See Locusts, God of）刘猛将军

Liu Pei 刘备 325-327

LiuTung-pin, Immortal 吕洞宾 240，288，292-293

Local Gods 土地 36

Locusts, God of（"Liu Mên Chiang Chün"）刘猛将军 165

Lo Hans（Arhats）罗汉 273-275

Lotus 莲花 355-358

Luck Posters 幸运符 28-86

Lung T'ai T'ou 龙抬头 170-172

Lung Wang（See"Dragon Cult"）龙王

Lu Pan（Patron of Carpenters）鲁班 364-367

M

Ma Chu, Maritime Goddess 妈祖 196-197

Maitreya（"Mi Lo Fo", see Pu Tai）弥勒佛，布袋

Manicheism 摩尼教 182

岁时 | 535

Manjusri（See Wên Shu Pusa）文殊菩萨

Maritime Goddesses 海洋女神 196-200

Marriage, Gods of 婚姻神 414-419

Ma T'ou Niang（See Patroness of Silkworms）马头娘

Ma Tsǔ P'o, Maritime Goddess 妈祖婆 198，337

Ma Wang（See Horses, God of）马王

Medicine, Gods of 药王 67，308-312

Metonic Cycle 默冬周期 8

"Ministry of Earth" 地祇 62-67

"Ministry of Heaven" 天神 57，67

Monkey, Heavenly 齐天大圣 172-173

Moon cakes 月饼 399-400

Moon Hare 月兔 400-401，404-410，414

Moon Worship 祭月 57，65，397-416

Mo Tzǔ, philosopher 墨子 39

Mountain Cult 山岳崇拜 34，469-490

Mugwort（See Artemisia）艾

Mu Kung（See Tung Wang Kung）穆王

Mu Lien（"Ti Tsang Wang"）目连 387-389

Music, Chinese 音乐 206-208

N

Nature Cult 自然崇拜 32

Neo-Confucian School 新儒家 44-45

New Year 新年 69，80，Chapter V

Niang Niangs 娘娘 281-311，417-418

O

O Mei, Mt. 峨眉山 277-278，475

P

P'an Ku 盘古 33，47，162

P'an Kuan 判官 312

Paper money 冥钱 95

Peach, symbolism of the 桃子 84，318

Peonies 牡丹 251-255

Pien Ch'êng, a King of Hell 卞城 179

Pi Hsia Yüan Chün（Princess of the Coloured Clouds）碧霞元君 281，479，485-486

Pilgrimages 圣地游 279-288

Ping Têng, a King of Hell 平等 179

Ploughing Ceremony 籍田礼 65，68

Polar Star 紫微星 26，68

P'u Hsien Pusa 普贤菩萨 277-278

Pusa（Bodhisattva）菩萨 181

Pu Tai（The Laughing Buddha）布袋 269，481

P'u T'o, Island of 普陀 188，191-196，475

R

Rain Gods（See"Dragon Cult"）雨师 57，353-354

Rain prayers and processions 祈雨 340-351

Rats' Wedding Day 老鼠嫁女日 143-144

Riches, God of（See Tsai Shên）财神

River Spirits 水神 34

S

Sacred Mountains 五岳 62

Sacred Rivers 四渎 62

Sacrifices：Great, Medium, Small 祭祀 chapter Ⅲ

San Ch'ing（The Three Pure Ones）三清 47

San Kuan 三官 168

Sao Ching Niang Niang 扫晴娘娘 358-359

Shang Ti 上帝 32-33，35-36，57，60

Shê Chi T'an（Altar of Land and Grain）社稷坛 63

Shên Nung, Patron of Agriculture 神农 64-66，132，163，308-309，469，480

Shou Huang Tien, Palace hall 寿皇殿 63

Shou Hsing（God of Longevity）寿星 420-423

Shui Kuan 水官 168

Silkworms, Patroness of 蚕女 66

Smallpox, Gods of 痘神娘 281，311

Snakes, worship of 拜蛇 336，340，344，348-349

Spring, Ox of 春牛 129，133

Star Festiva 168 星节 141-143

Stilt-walkers 踏高跷 395-396

Story-tellers 说书者 151-153

Sung Ti, a King of Hell 宋帝王 176

Sun Worship 太阳崇拜 57，65，158-162，230，414，415

T

T'ai Miao 太庙 62

T'ai Shan, Mt. 泰山 68，179，234，243，476-490

T'ai Sui（See Jupiter, Planet）太岁 26，67

T'ai Yi（T'ai Chi）太乙，太极 26，43，133

T'ai Chê Ssǔ, temple of 潭拓寺 240，241，244

Talismans 驱邪符 314-319

Tao, the 道 38，43-44，53

Taoism 道教 45-49，289-290，319-323，339

Ta Shih Chih（Mahasthamaprapta）大势至 502

Temple of Agriculture 先农坛 65

Temple of Earth 地坛 61

Temple of Heaven 天坛 55

Teng Kao Festival 登高（Chung Yang Chieh）重阳节 427-430

Theatre, Chinese 社戏 155-157，392-394，412

Thieves, God of 小偷守护神 423-424

Thunder, God of 雷公 57，242，352-353

T'ien Fei, Maritime Goddess 天妃 198-200

T'ien Kuan 天官 168

Tiger, symbolism of 虎 316

Ti Kuan 地官 168

Ti Tsang Pusa 地藏菩萨 386-390

Ti Wang Miao, "Temple of Emperors and Kings" 帝王庙 65

Tree Worship 树崇拜 229-231，241-249

Tsai Shên（God of Riches）财神 108-113，170

Tsao Chün 灶君

Tsao Wang （See Kitchen God）灶王

Ts'ao Kuo-ch'iu, Immortal 曹国舅 295

Tuan Wu Festival（See "Dragon Boat Festival"）端午节

T'u Kung, Earth God 土地公 164

T'u Mu, Earth Goddess 土地母 164

Tung Wang Kung 东王公 47，231-232

Tung Yo Miao, temple 东岳庙 147，234-235

Tu Shih, a King of Hell 都市 179

T'u Ti（Local God）土地 36，94，455-458

Tz'ǔ Hsi, Empress 慈懿太后 54

Tzǔ Ssǔ 子思 212

V

Verbiest, Father 南怀仁 6

W

Wealth, God of（See Tsai Shên）财神 330

Wei T'o 韦陀 269-270

Wên Ch'ang, God of Literature 文昌 237-238

Wên Shu Pusa 文殊菩萨 275-276

Willows, symbolism of 柳树 133，229-231，245-247，318，344

Wind, God of 风伯 57，354-355

Winter Solstice 冬至 495-499

Wu Kuan, a King of Hell 五官 177

Wu Shêng（Five Saints）五圣 111，168-170

Wu T'ai Shan（Mt.）五台山 191，275-276，475

Wu Yüeh Chieh（See "Dragon—Boat Festival"）五月节

Y

Yama（See Yen Lo Wang）阎罗王

Yang and Yin principles 阴阳 35-43，47，60-61，65，70，133，231，338，397，398，414，427，435-436，499

Yang Chu, philosopher 杨朱 39

Yao Wang, God of Medicine 药王 310

Yen Lo Wang 阎罗王 136，175，177-178，188，382，386，444

Yen Tzǔ（Yen Hui）颜子（颜回） 212，436-437

Yo Shih Fo, the Buddha of Healing 药师佛 308

Yü Huang（See Jade Emperor）玉皇

Yü lan pên（Magnolia Festival）盂兰盆会 69，376-386

Yü Shih（See Rain, Gods of）雨师

Z

Zodiac, Chinese Lunar 黄道 11-12，147

Zodiac, Chinese Solar 日道 10，492

附录　裴丽珠著作文章目录

1901 年

"A Lady in Besieged Pekin", *The Wide World Magazine,* Vol. 7, Iss. 41, (Aug., 1901):452-457.

1908 年

"Sir Robert Hart: The Personal Side", *The Pall Mall Magazine*, May 1893-Sept. 1914,Vol. 42, Iss. 185, (Sept., 1908): 249-285.

1909 年

Sir Robert Hart: The Romance of a Great Career, London: Hutchinson & Co., 1909.

1910 年

"The Matchmaker", *The Pall Mall Magazine*, May 1893-Sept. 1914, Vol. 46, Iss. 210, (Oct., 1910): 625-626.

1911 年

"The Land of the Morning Calm", *The Wide World Magazine,* Vol. 26, Iss. 154, (Jan., 1911):359-367.

---

① 文章的统计主要基于民国时期期刊全文数据库（1911—1949 年）和 Pro Quest 下属的英国期刊全文数据库（British Periodicals）。由于查找外文文献比较困难，此次未收录裴丽珠以笔名发表的文章。

"Among the Chinese Shans", *The Wide World Magazine,* Vol. 28, Iss.165,(Dec., 1911):263-272.

1912 年

"Through the Yangtze Valley With a Camera", *The Wide World Magazine,* Vol. 31, Iss. 182 (May, 1913): 142-150.

"The Second Sack of Peking: A Three Day's Regin of Terror", *The Lady's Realm* , Vol. 32, Iss. 189, (July., 1912) :216-224.

"Near the Dragon Throne: A Picture of the Chinese Court Before the Revolution", *The Pall Mall Magazine,* May 1893-Sept. 1914, Vol. 50, Iss. 233, (Sept., 1912) :393-398.

1917 年

"Six Weeks among the Buddhas", *The Wide World Magazine,* Vol. 40, Iss. 236, (Nov., 1917): 109-114.

1916 年

"A Holiday in Mongolia", *The Wide World Magazine,* Vol. 37, Iss. 218, (May, 1916): 171-180.

1918 年

《京师戒台寺游记》，刘凤生译，载《约翰声》1918 年第 29 卷第 7 期，第 20—24 页。

《京师戒台寺游记（续）》，刘凤生译，载《约翰声》1918 年第 29 卷第 8 期，第 23—28 页。

1922 年

Peking: A Historical and Intimate Description of Its Chief Places of Interest, Shanghai: Kelly&Walsh Limited, 1922.

Chinese Shadows, Peking: The Pei Kuan Press, 1922.

1923 年

"The Children of the Wilderness: A Journey in Little Known Mongolia", *The Wide World Magazine,* Vol. 51, (Jul., 1923): 268–278.

"The Children of the Wilderness: A Journey in Little Known Mongolia", *The Wide World Magazine,* Vol. 51, (Aug., 1,1923): 386–395.

1926 年

"Guests of Buddha: Monastic Life in Peking's Western Hills: Island of Peace and Contentment", *The North-China Daily News*, 1 February 1926, p. 10; *The North-China Herald and Supreme Court & Consular Gazette*, 6 February 1926, p. 40.

1927 年

Juliet Bredon & Igor Mitrophanow, *The Moon Year: A Record of Chinese Customs and Festivals*, Shanghai: Kelly&Walsh Limited, 1927.

1929 年

"Byways of Old Pekin", *The Wide World Magazine,* Vol. 63, (Apr., 1929): 52–58.

1930 年

Chinese New Year Festivals: A Picturesque Monograph of the Rites, Ceremonies and Observances in Relation Thereto, Shanghai: Kelly and Walsh Limited,1930.

"Noel Coward Passes By", *The North-China Daily News*, 10 February 1930, p. 7.

"Lunar New Year Dies Hard: Peking Passively Resists", *The North-China Daily News*, 17 February 1930, p. 7; *The North-China Herald and Supreme Court & Consular Gazette*, 18 February 1930, p. 38.

"Peking Invaded by Tourists: Our Ancient City's New Role", *The North-China Daily News*, 24 February 1930, p. 13.

"Peking Invaded by Tourists: The Ancient City's New Role", *The North-China Herald and Supreme Court & Consular Gazette*, 25 February 1930, p. 10.

"Tolet— Apartments in Summer Palace", *The North-China Herald and Supreme Court & Consular Gazette*, 4 March 1930, p. 37.

"Little Weary-wings: Why the Birds Go North: A Story of the Yakouts", *The North-China Daily News*, 8 April 1930, p. 7; *The North-China Herald and Supreme Court & Consular Gazette*, 8 April 1930, p. 35.

"Publishing Back the Past: The Discoveries in Honan", *The North-China Daily News*, 13 April 1930, p. 7; *The North-China Herald and Supreme Court & Consular Gazette*, 15 April 1930, p. 35.

1931 年

"Koya San—the Mysterious Temple City: A Visit to a Japanese Temple During the Strange Festival of the Dead", *The North-China Sunday News Magazine Supplement*, 6 December 1931, p.13.

1932 年

"Behind the Scenes in a Chinese Theatre: What a Highly Privileged Woman Saw on the Reverse Side of the Medal", *The North-China Sunday News Magazine Supplement*, 24 January 1932, p. 8.

"Winter Sports in Midsummer", *The North-China Sunday News Magazine Supplement*, 10 April 1932, p. 3.

"The Mysteries of a Forbidden City", *The North-China Sunday News Magazine Supplement*, 29 May 1932, p. 6; 12 June 1932, p. 6; 31 July 1932, p. 8.

"Dawn and a Javanese Volcano", *The North-China Sunday News Magazine Supplement*, 11 December 1932, p. 13.

1934 年

Hundred Altars, New York: Dodd, Mead and Company, 1934.

1935 年

"A Trip To the Bromo", *The Wide World Magazine,* Vol. 75, Iss. 448, (Jul., 1935): 297-300.

1937 年

《岁时》被翻译为德文出版：*Das Mondjahr: Cehinesische Sitten, Bräuche und Feste, Darstellung und Kulturberich*t, Richard Hoffmann trans., Berlin: Zsolnay, 1937.